Sachverständigenhaftung nach deutschem und englischem Recht

Europäische Hochschulschriften
Publications Universitaires Européennes
European University Studies

Reihe II
Rechtswissenschaft

Série II Series II
Droit
Law

Bd./Vol. 3389

PETER LANG
Frankfurt am Main · Berlin · Bern · Bruxelles · New York · Oxford · Wien

Felix Nieberding

Sachverständigenhaftung nach deutschem und englischem Recht

Eine Untersuchung unter Berücksichtigung gegenwärtiger Reformbestrebungen

PETER LANG
Europäischer Verlag der Wissenschaften

Die Deutsche Bibliothek - CIP-Einheitsaufnahme

Nieberding, Felix :

Sachverständigenhaftung nach deutschem und englischem Recht : eine Untersuchung unter Berücksichtigung gegenwärtiger Reformbestrebungen / Felix Nieberding. - Frankfurt am Main ; Berlin ; Bern ; Bruxelles ; New York ; Oxford ; Wien : Lang, 2002
(Europäische Hochschulschriften : Reihe 2, Rechtswissenschaft ; Bd. 3389)
Zugl.: Osnabrück, Univ., Diss., 2001
ISBN 3-631-38313-4

D 700
ISSN 0531-7312
ISBN 3-631-38313-4

www.peterlang.de

Vorwort:

Gegenstand dieser Dissertation ist die Haftung von Sachverständigen nach deutschem und englischem Recht. Die Haftungsregime beider Länder zu vergleichen, lag nahe, da sich diese sowohl in Deutschland wie auch in England im Umbruch befanden. Während der Reformvorschlag zur Novellierung der Haftung des gerichtlichen Sachverständigen nicht in das deutsche Recht umgesetzt worden ist, hat in England nach einer jahrzehntelangen Diskussion nun mit königlicher Zustimmung („royal assent") eine umfassende Reform der sog. „Third party rule" statt gefunden. Die Auswirkungen des Schuldrechtsmodernisierungsgesetzes auf die Haftung des privaten Sachverständigen nach deutschem Recht werden ebenfalls berücksichtigt.

Die Dissertation ist berufsbegleitend während meiner Tätigkeit als Rechtsanwalt für die Sozietät ROTTHEGE WASSERMANN & PARTNER (www.rwp.de) entstanden. Für das nötige Entgegenkommen danke ich allen Partnern, insbesondere Herrn RA Dr. Jörg Zerhusen. Auch schulde ich meinem Doktorvater, Herrn Prof. Dr. Wulf Eckart Voß, großen Dank für seine engagierte Betreuung und für wertvolle Anregungen.

Inhalt

Literaturverzeichnis XV
Verzeichnis englischsprachiger Gerichtsentscheidungen XXXI
Einleitung 1
Grundlagen: Sachverständige in Deutschland, England u. Europa 4
§ 1 Das deutsche Sachverständigenwesen 4
§ 2 Das englische Sachverständigenwesen 14
§ 3 Das europäische Sachverständigenwesen 19
Erster Teil: Die Haftung des privaten Sachverständigen 23
§ 4 Die private Sachverständigentätigkeit 23
A. Deutschland 26
§ 5 Vertragliche Haftung nach deutschem Recht 26
§ 6 Deliktische Haftung nach deutschem Recht 43
§ 7 Dritthaftung nach deutschem Recht 53
B. England 98
§ 8 Vertragliche Haftung nach englischem Recht 98
§ 9 Deliktische Haftung nach englischem Recht 113
§ 10 Dritthaftung nach englischem Recht 128
Zweiter Teil: Die Haftung des gerichtlichen Sachverständigen 166
§ 11 Die gerichtliche Sachverständigentätigkeit 166
A. Deutschland 172
§ 12 Vertragliche Haftung nach deutschem Recht 172
§ 13 Deliktische Haftung nach deutschem Recht 177
B. England 201
§ 14 Relative Haftungsimmunität nach englischem Recht 201
Dritter Teil: Die Haftung des behördlichen Sachverständigen 204
§ 15 Die behördliche Sachverständigentätigkeit 204
A. Deutschland 213
§ 16 Vertragliche Haftung nach deutschem Recht 213
§ 17 Deliktische Haftung nach deutschem Recht 215
B. England 235
§ 18 Vertragliche Haftung nach englischem Recht 235
§ 19 Deliktische Haftung nach englischem Recht 236
Vierter Teil: Ergebnisse und Fazit der Sachverständigenhaftung 244
I. Haftung des privaten Sachverständigen 244
II. Haftung des gerichtlichen Sachverständigen 247
III. Haftung des behördlichen Sachverständigen 248
IV. Fazit 248

Inhaltsverzeichnis

Literaturverzeichnis: XV

Verzeichnis englischsprachiger Gerichtsentscheidungen: XXXI

Einleitung 1

Grundlagen: Sachverständige in Deutschland, England u. Europa 4

§ 1 Das deutsche Sachverständigenwesen 4
I. Sachverständigenarten 4
1. Öffentlich bestellte und vereidigte Sachverständige 5
2. Amtlich anerkannte Sachverständige 7
3. Freie Sachverständige 8
4. Weitere Sachverständigenarten 9
II. Private, gerichtliche und behördliche Sachverständige 11
III. Berufsbild 11
1. Keine amtliche Berufszulassung 12
a) Streitstand 12
b) Stellungnahme 13
2. Freie Berufswahl 14

§ 2 Das englische Sachverständigenwesen 14
I. Begriff des „expert" 15
II. Organisation 16
III. Sachverständigenarten 18

§ 3 Das europäische Sachverständigenwesen 19

Erster Teil: Die Haftung des privaten Sachverständigen 23

§ 4 Die private Sachverständigentätigkeit 23
I. Betätigungsschwerpunkte 23
1. Wertgutachten 23
2. Zustandsfeststellung 24
3. Außergerichtliche Streitschlichtung 24
II. Primärer Vermögensschaden 25

A. Deutschland 26

§ 5 Vertragliche Haftung nach deutschem Recht 26
I. Werkvertragsrecht 26
II. Gewährleistung 28

1. Mangel des Sachverständigengutachtens ... 29
2. Zusicherbare Eigenschaften des Sachverständigengutachtens ... 30
a) Begriff der Zusicherung ... 30
b) Zusicherung kraft Gesetzes ... 30
c) Zusicherung positiver Beurteilung ... 31
3. Nachbesserung, Wandelung, Minderung ... 32
a) Ausschluß der Nachbesserung? ... 32
b) Wandelung, Minderung ... 33
III. Schadensersatz ... 33
1. Verschulden ... 34
2. § 635 BGB oder positive Vertragsverletzung ... 35
IV. Schuldrechtsmodernisierungsgesetz ... 37
1. Werkvertragsrecht ... 37
2. Gewährleistung ... 37
a) Mangel des Sachverständigengutachtens ... 38
b) Nachbesserung, Rücktritt, Minderung ... 38
3. Schadensersatz ... 39
a) Anwendbarkeit des allgemeinen Schuldrechts ... 39
b) Voraussetzungen ... 40
4. Verjährung ... 41
5. Ergebnis ... 42

§ 6 Deliktische Haftung nach deutschem Recht ... 43
I. § 823 Abs. 1 BGB ... 43
1. Absolute Rechtsgüter ... 44
2. Sonstige Rechte und Vermögen ... 45
a) Sonstige Rechte ... 45
aa) Persönlichkeitsrecht ... 45
bb) Eingerichteter und ausgeübter Gewerbebetrieb ... 45
b) Vermögen ... 46
II. § 823 Abs. 2 BGB ... 47
1. Schutzgesetz ... 47
2. Sachverständigenordnung ... 47
3. Verkehrspflichtenlehre ... 48
a) Streitstand ... 48
b) Stellungnahme ... 50
III. § 826 BGB ... 52

§ 7 Dritthaftung nach deutschem Recht ... 53
I. Rechtsprechung ... 54
1. Stillschweigender Auskunftsvertrag ... 54
a) Unmittelbare Auskunftserteilung außerhalb einer Geschäftsverbindung ... 54
b) Bestimmungsgemäße Weitergabe eines Gutachtens ... 55
c) Feststellung des Rechtsbindungswillens anhand von Sachkriterien ... 55

aa) Rechtsbindungswille des Sachverständigen ... 56
bb) Rechtsbindungswille des Auskunftsempfängers ... 57
cc) Erkennbarkeit des Rechtsbindungswillens ... 57
d) Zeitpunkt der Vertragsabschlusses ... 59
e) § 675 Abs. 2 BGB ... 60
f) Anspruchsgrundlage ... 60
2. Vertrag mit Schutzwirkung für Dritte ... 60
a) Voraussetzungen des Drittschutzes ... 61
aa) Bestimmungsgemäßer Leistungskontakt ... 61
bb) Schutzwürdiges Interesse des Auftraggebers ... 62
(1) Objektiviertes oder subjektives schutzwürdiges Interesse ... 62
(2) Auslegung anhand von Sachkriterien ... 63
(3) Abgrenzung des geschützten Personenkreises ... 65
(4) Interessengegensatz ... 65
cc) Schutzbedürfnis des Dritten ... 67
b) Kausalität ... 67
c) Einwendungen des Sachverständigen ... 68
3. Ergebnis ... 69
II. Literatur ... 70
1. Kritik an der Rechtsprechung ... 70
2. Berufshaftungslösungen ... 72
a) Reine Berufshaftungslösungen ... 72
b) Verkehrspflichten zum Schutz fremden Vermögens ... 74
c) Verschuldensabhängige Expertenhaftung ... 75
3. Vertrauenshaftungslösungen ... 76
a) Allgemeine Vertrauenshaftungslehre ... 76
b) Lehre vom einseitigen Leistungs- oder Haftungsversprechen ... 78
4. Erklärungshaftungslösungen und Stellungnahme ... 79
a) Lehre von der Selbstbindung ohne Vertrag ... 79
b) Rein objektive Erklärungshaftung ... 82
c) Stellungnahme ... 83
aa) Keine Vertragsfiktion ... 83
bb) Tauglichkeit der Sachkriterien ... 85
d) Ergebnis ... 85
III. Das Kriterium der besonderen Sachkunde ... 86
1. Herausragende Bedeutung ... 86
2. Objektive Feststellung der besonderen Sachkunde ... 86
a) Objektivierung der besonderen Sachkunde ... 87
b) Untauglichkeit des Kriteriums der staatlichen Anerkennung ... 87
IV. Teilnahme am Rechtsverkehr als Sachverständiger - Taugliches Kriterium besonderer Sachkunde ... 89
1. Hypothese ... 89

2. Einheitliche persönliche Anforderungen an Sachverständige 90
a) Öffentliche Bestellung und Vereidigung 90
b) Amtliche und staatliche Anerkennung 90
c) Private Verbandsanerkennung 92
d) Anforderungen an freie Sachverständige 94
aa) Allgemeiner Sprachgebrauch 94
bb) Wettbewerbsrechtliche Anforderungen an den Sachverständigenbegriff 95
cc) Zwischenergebnis 97
3. Ergebnis: Die Verwendung des Sachverständigenbegriffs ist ein taugliches Kriterium für die Begründung des Vertrauens auf eine besondere Sachkunde 98

B. England 98

§ 8 Vertragliche Haftung nach englischem Recht 98
I. „Stare-Decisis-Doctrine“ 98
II. Voraussetzungen des „contract“ 101
1. Einigung und Form 101
2. „Consideration“ 102
3. Vertragsinhalte 103
III. „Breach of contract“ 104
1. Haftungsbegründende Pflichten 105
2. Garantiehaftung 106
3. Rechtsfolgen 107
4. Schadensersatz 108
a) Ersatzfähiger Nachteil 109
b) Schadensformen 110
c) Umfang 110
d) Begrenzung des Schadensumfangs 111

§ 9 Deliktische Haftung nach englischem Recht 113
I. Relevante „Torts“ 113
1. „Deceit“ 113
2. „Negligence“ 114
II. Entwicklung der Fahrlässigkeitshaftung 115
1. Heaven v. Pender 115
2. Le Lievre v. Gould 116
3. Donoghue v. Stevenson 117
4. Anns v. Merton London Borough Council 119
5. Murphy v. Brentwood District Council 121
6. Caparo Industries plc. v. Dickman 121
III. Voraussetzungen der Fahrlässigkeitshaftung 122
1. Sorgfaltspflicht 122
2. Konkurrenz deliktischer und vertraglicher Sorgfaltspflichten 123

3. Sorgfaltspflichtverletzung ... 123
4. Einzelaspekte der Haftung ... 125
a) „Overvaluation" ... 125
b) Unvollständige Schadensfeststellung ... 126
5. Schaden ... 127
a) Voraussetzungen ... 127
b) Ersatz primärer Vermögensschäden ... 127

§ 10 Dritthaftung nach englischem Recht ... 128
I. Gegenwärtige Rechtslage ... 129
1. Strenge Relativität des Vertragsverhältnisses ... 129
2. Entwicklung der Fahrlässigkeitshaftung im Dreipersonenverhältnis ... 132
a) Cann v. Willson und das Votum von Denning L.J. in Chandler v. Crane, Christmas & Co. ... 132
b) Hedley Byrne & Co. Ltd. v. Heller & Partners Ltd. ... 134
aa) Sachverhalt ... 134
bb) Sorgfaltspflichtbestimmung ... 135
cc) Haftung für primäre Vermögensschäden ... 136
3. Sachverständigenhaftung seit Hedley Byrne & Co. Ltd. v. Heller & Partners Ltd. ... 137
a) Dritthaftung für unrichtige Sachverständigengutachten ... 138
b) Leitentscheidung der Sachverständigenhaftung: Smith v. Eric S. Bush, Harris v. Wyre Forest District Council ... 142
aa) „Duty of Care" ... 143
bb) „Reasonableness-Test" ... 145
c) Etablierung der Sachverständigenhaftung ... 146
4. Ergebnis ... 148
II. Reformvorschlag der Law Commission ... 149
1. Vorarbeiten ... 149
2. Reformmotive ... 150
a) „Privity of Contract" - Beseitigung eines Fremdkörpers ... 150
aa) Tragfähigkeit der „Doctrine of Privity" ... 151
bb) Trennung der „Third Party Rule" ... 152
b) Vereinfachung vertraglicher Drittbegünstigung ... 154
c) Sicherheit des kaufmännischen Rechtsverkehrs ... 154
d) Anerkennung sekundärer Vertragsrechte Dritter ... 155
3. Grundzüge der Reform ... 155
a) Methode und Schwerpunkt der Reform ... 155
b) Tatbestandliche Voraussetzungen der Drittbegünstigung ... 156
c) Bestimmtheit und Bestimmbarkeit des begünstigten Dritten ... 158
d) Umfang etwaiger Drittbegünstigung ... 158
e) Bestandskraft der Drittbegünstigung ... 158
f) Drittwirkung von Einwendungen ... 159

4. Bewertung ... 160
III. Ausblick: Reformwirkungen ... 161
1. Anwendung des „Dual Intention Test" ... 161
2. Vereitelung der Reform durch „Consideration-Doctrine"? ... 164
3. Ergebnis ... 165

Zweiter Teil: Die Haftung des gerichtlichen Sachverständigen ... 166

§ 11 Die gerichtliche Sachverständigentätigkeit ... 166
I. Deutschland ... 166
1. Begriff ... 166
2. Der Sachverständige im Prozeß ... 167
3. Pflichten ... 168
II. England ... 169
1. Begriffe ... 169
a) „Expert witness" ... 169
b) „Court expert" ... 170
2. Der Sachverständige im Prozeß ... 170
3. Pflichten ... 171
4. Übereinstimmungen ... 171

A. Deutschland ... 172

§ 12 Vertragliche Haftung nach deutschem Recht ... 172
I. Privatrechtlicher Vertrag mit Schutzwirkung für Dritte ... 172
II. Öffentlich-rechtlicher Vertrag mit Schutzwirkung für Dritte ... 173
III. Vertragsähnliche Sonderrechtsverhältnisse ... 174

§ 13 Deliktische Haftung nach deutschem Recht ... 177
I. § 823 Abs. 1 BGB ... 177
1. Freiheitsverletzung ... 177
2. Kausalität ... 178
3. Verschulden ... 179
II. § 823 Abs. 2 BGB ... 180
1. §§ 153-163 StGB ... 181
a) Schutzgesetzcharakter der Aussagedelikte ... 181
b) Mündliche Gutachtenerstattung ... 181
c) Schriftliche Gutachtenerstattung ... 182
aa) Tatbestandsmäßige Aussage ... 182
bb) Tatbestandsmäßiger Meineid ... 184
2. §§ 410 Abs. 1 ZPO, 79 Abs. 2 StPO ... 184
3. Ergebnis ... 186
III. § 826 BGB ... 186
IV. § 839 Abs. 1 BGB, Art. 34 S. 1 GG ... 186

1. Haftungsrechtlicher Beamtenbegriff ... 187
2. Ausübung eines öffentlichen Amts ... 187
a) Ablehnung des inneren Zusammenhangs ... 188
b) Gegenauffassung ... 188
c) Stellungnahme ... 190
3. Amtspflicht der gewissenhaften Gutachtenerstattung ... 191
4. Drittbezogenheit der Amtspflicht ... 193
5. Schuld ... 194
a) Keine Haftungsprivilegierung ... 194
aa) Innere Unabhängigkeit des gerichtlichen Sachverständigen ... 195
bb) Rechtssicherheit ... 195
cc) Vorrang staatsbürgerlicher Sachverständigenpflicht ... 196
b) Unanwendbarkeit des Spruchrichterprivilegs ... 196
6. Ergebnis ... 198
V. Reformvorschlag der Bundesregierung der13. Legislaturperiode ... 198
1. § 839a BGB de lege ferenda ... 198
2. Begründung ... 198
3. Bewertung ... 199
4. Ergebnis ... 200

B. England ... 201

§ 14 Relative Haftungsimmunität nach englischem Recht ... 201
I. Haftung für vorprozessuales Gutachten ... 201
II. „Immunity of Expert Witness from Civil Action" ... 201

Dritter Teil: Die Haftung des behördlichen Sachverständigen ... 204

§ 15 Die behördliche Sachverständigentätigkeit ... 204
I. Deutschland ... 204
1. Beweismittel nach VwVfG ... 204
2. Beurteilung persönlicher Eignung ... 205
a) Fahrerlaubnis ... 205
b) Luftfahrterlaubnis ... 206
3. Kontrolle technischer Sicherheit ... 206
a) Kfz-Hauptuntersuchung ... 206
b) Kontrolle überwachungsbedürftiger Anlagen ... 207
aa) Sachverständige in der technischen Überwachung ... 207
bb) Verbote mit Erlaubnisvorbehalt ... 209
cc) Angeordnete Prüfungen ... 209
4. Zusammenfassung ... 210
II. England ... 210
1. Träger der öffentlichen Verwaltung ... 211

2. Sachverständige in der öffentlichen Verwaltung 213

A. Deutschland 213

§ 16 Vertragliche Haftung nach deutschem Recht 213

§ 17 Deliktische Haftung nach deutschem Recht 215
I. §§ 823, 826 BGB 215
II. § 839 Abs. 1 BGB, Art. 34 S. 1 GG 215
1. Der behördliche Sachverständige im nichtförmlichen und förmlichen Verwaltungsverfahren 215
a) Rechtsprechung 215
b) Literatur 216
c) Stellungnahme 217
d) Amtshaftung 217
aa) Nichtförmliches Verwaltungsverfahren 217
bb) Förmliches Verwaltungsverfahren 218
cc) Ergebnis 219
2. Der amtlich anerkannte Sachverständige in der technischen Überwachung 219
a) Ausübung eines öffentlichen Amts 219
b) Entwicklung der Rechtsprechung 220
aa) Bis zur Anerkennung des öffentlichen Amts 220
bb) Entscheidung zum Prüfingenieur für Baustatik 221
cc) Entscheidung zum amtlich anerkannten Sachverständigen für den Kraftfahrzeugverkehr 222
dd) Strukturelle Unterschiede 222
ee) Jüngere Rechtsprechung zur Amtshaftung 224
(1) Zugelassener Sachverständiger nach § 19i Abs. 2 S. 3 WHG 224
(2) TÜV-Sachverständiger nach der Druckbehälterverordnung 225
(3) Autowerkstätten bei der Abgasuntersuchung nach § 47a StVZO 226
(4) Negativabgrenzung 226
c) Ergebnis: Kriterien der Ausübung eines öffentlichen Amts 227
3. Der nicht amtlich anerkannte Sachverständige in der technischen Überwachung 227
a) Gesetzliche Prüfungsermächtigungen 228
b) Ergebnis: Gleichbehandlung mit dem amtlich anerkannten Sachverständigen 229
4. Passivlegitimation des Anspruchsgegners 229
5. Aktivlegitimation des betroffenen Bürgers 230
a) Drittgerichtetheit der Amtspflicht 231
aa) Technische Überwachung 231
bb) Kraftfahrzeugüberwachung 232
cc) Ergebnis 233

b) Umfang des Amtshaftungsanspruchs 233
6. Subsidiarität der Amtshaftung 235

B. England 235

§ 18 Vertragliche Haftung nach englischem Recht 235

§ 19 Deliktische Haftung nach englischem Recht 236
I. Relevante „Torts“ 236
1. „Misfeasance in Public Office“ 236
2. „Breach of Statutory Duty“ 237
3. „Negligence in a Statutory Context“ 240
a) Grundzüge 240
b) Besonderheiten 240
c) Ergebnis 242
II. Gesamtschuldnerische Haftung 243

Vierter Teil: Ergebnisse und Fazit der Sachverständigenhaftung 244

I. Haftung des privaten Sachverständigen 244
II. Haftung des gerichtlichen Sachverständigen 247
III. Haftung des behördlichen Sachverständigen 248
IV. Fazit 248

Literaturverzeichnis

Den deutschsprachigen Abkürzungen wurden die Vorschläge von *Kirchner*, Abkürzungsverzeichnis der Rechtssprache, zugrunde gelegt. Die ausländischen Abkürzungen sind dem Werk von *Raistrick*, Index to legal citations and abbreviations, entlehnt. Auf diese Publikationen wird anstelle eines Abkürzungsverzeichnisses verwiesen.

Andresen, Helge: Zur Haftung des Sachverständigen im Strafverfahren, NJW 1962, 1759.

Aring, Achim / *Assmann*, Heinz-Dieter / *Bergmann*, Thomas, / *Brinkmann*, Thomas: Der praktische Fall. Bürgerliches Recht: Die Anwaltsauskunft, Jus 1973, 39.

Arndt, Herbert: Die Haftung des gerichtlichen Sachverständigen, DRiZ 1973, 272.

Atiyah, P. S.: Consideration in Contracts: A Fundamental Restatement, Oxford 1971.

Atiyah, P. S.: An introduction to the law of contract, 5th edition, Oxford 1995.

Austin, Christopher: The expert's role in rent disputes, S.J. 1996, 140 (14) 362.

v. *Bar*, Christian: Liability for Information and Opinions causing pure economic Loss to third Parties: A Comparison of English and German Case law. Abgedruckt in B. S. Markesinis, The Gradual Convergence. Foreign Ideas, Foreign Influences, and English Law on the Eve of the 21st Century, Oxford 1994, S. 98.

v. *Bar*, Christian: Verkehrspflichten. Richterliche Gefahrsteuerungsgebote im deutschen Deliktsrecht, Köln 1980.

v. *Bar*, Christian: Anmerkung zu BGH, Urteil v. 15.05.1979 (abgedruckt in JZ 1979, 725), JZ 1979, 728.

v. *Bar*, Christian: Entwicklungen und Entwicklungstendenzen im Recht der Verkehrs(sicherungs)pflichten, Jus 1988, 169.

v. *Bar*, Christian: Entwicklung und rechtsstaatliche Bedeutung der Verkehrs(sicherungs)pflichten, JZ 1979, 332.

v. *Bar*, Christian: Vertrauenshaftung ohne Vertrauen. Zur Prospekthaftung bei der Publikums-KG in der Rechtsprechung des BGH, ZGR 1983, 476.

v. *Bar*, Christian: Negligence, Eigentumsverletzung und reiner Vermögensschaden. Zu den Grenzen der Fahrlässigkeitshaftung für reine Vermögensschäden in der neueren Entwicklung des Common Law, RabelsZ 56 (1992) 410.

v. *Bar*, Christian: Gemeineuropäisches Deliktsrecht. Erster Band: Die Kernbereiche des Deliktsrechts, seine Angleichung in Europa und seine Einbettung in die Gesamtrechtsordnung, München 1996.

Ballerstedt, Kurt: Zur Haftung für culpa in contrahendo bei Geschäftsabschluß durch Stellvertreter, AcP 151 (1950/51), 501.

Bartling, Heiner: Die Haftung für fehlerhafte Gutachten der gerichtlich beauftragten Sachverständigen im Spannungsfeld von Deliktsrecht und Staatshaftungsrecht, Diss. jur., Göttingen 1982.

Baumbach, Adolf / *Lauterbach*, Wolfgang / *Albers*, Jan / *Hartmann*, Peter: Zivilprozeßordnung mit Gerichtsverfassungsgesetz und anderen Nebengesetzen, 57. Auflage des von Adolf Baumbach begründeten Werks, München 1999.

v. Bernstorff, Christopf Graf: Einführung in das englische Recht, München 1996.

Beyleveld, Deryck / *Brownsword*, Roger: Privity, Transitivity and Rationality, (1991) 54 M.L.R. 48.

Bleutge, Peter: Die Hilfskräfte des Sachverständigen - Mitarbeiter ohne Verantwortung?, NJW 1985, 1185.

Bleutge, Peter: Ist das Sachverständigenwesen in Deutschland befriedigend geregelt? Eine kritische Betrachtung zum Ergebnis der parlamentarischen Anfragen in 16 Bundesländern, DS Juli/August 1997, 72.

Bleutge, Peter: Die Novellierung des § 36 GewO, GewArch 1994, 447.

Blomeyer, Jürgen: Schadensersatzansprüche des im Prozeß Unterlegenen wegen Fehlverhaltens Dritter, Habil. jur., Köln 1971.

Blomeyer, Jürgen: Zur zivilrechtlichen Haftung des gerichtlichen Sachverständigen, ZRP 1974, 214.

Boecken, Tobias Heinrich: Die Haftung der Stiftung Warentest für Schäden der Verbraucher aufgrund irreführender Testinformationen: zugleich ein Beitrag zur Dogmatik der außervertraglichen Auskunftshaftung, Diss. jur., Berlin 1996.

Bohrer, Michael: Die Haftung des Dispositionsgaranten. Ein Beitrag zur Lehre von der negativen Vertrauenshaftung, Diss. jur. München 1978.

Das Bonner Grundgesetz, Kommentar in 14 Bänden. 3. Auflage des von Hermann von Mangoldt begründeten und von Friedrich Klein fortgeführten Werks, div. Bearbeiter, München 1991 (zitiert: Bearbeiter in Bonner Kommentar).

Boyle, Martin: Das Sachverständigenwesen in Großbritannien: ein Überblick, DS Dezember 1995, 4.

Brandner, Hans Erich: Das allgemeine Persönlichkeitsrecht in der Entwicklung durch die Rechtsprechung, JZ 1983, 689.

Breinersdorfer, Stefan: Die Haftung der Banken für Kreditauskünfte gegenüber dem Verwender. Ein Beitrag zur dogmatischen Vertiefung, Diss. jur. Mainz 1990.

Bremer, Heinz: Der Sachverständige. Seine Stellung im privaten und öffentlichen Recht, 2. Auflage, Heidelberg 1973.

Brox, Hans: Allgemeiner Teil des BGB, 22. Auflage, Köln 1998.

Brühl, Raimund: Die Sachverhaltsermittlung im Verwaltungsverfahren und ihre Bedeutung für den Entscheidungsprozeß, JA 1992, 193.

Canaris, Claus-Wilhelm: Schutzgesetze - Verkehrspflichten - Schutzpflichten. Abgedruckt in Festschrift für Karl *Larenz* zum 80. Geburtstag, S. 27 ff., München 1983 (Canaris, FS *Larenz* 1983).

Canaris, Claus-Wilhelm: Die Vertrauenshaftung im deutschen Privatrecht, München 1971 (zitiert: *Canaris*, Vertrauenshaftung).

Chitty on Contracts, General Principles. General Editor: A. G. Guest, 26th edition, London 1989.

Clerk J. F. / *Lindsell*, W.H.B.: *Clerk & Lindsell* on Torts. General Editor: R. W. M. Dias, 16th edition, London 1989 (zitiert: *Clerk & Lindsell*).

Collins, Nicholas; White v. Jones: a new approach to solicitor's negligence, (1995) 11 P.N. 97.

Damm, Reinhard: Entwicklungstendenzen der Expertenhaftung, JZ 1991, 373.

Damm, Reinhard; Die zivilrechtliche Haftung des gerichtlichen Sachverständigen, JuS 1976, 359.

Decku, Gregor W.: Zwischen Vertrag und Delikt. Grenzfälle vertraglicher und deliktischer Haftung, dargestellt am Beispiel der Berufs- und Expertenhaftung zum Schutz des Vermögens Dritter im deutschen und englischen Recht, Diss. jur., Trier 1997.

Degenhart, Christoph: Das allgemeine Persönlichkeitsrecht, Art. 2 I i.V. mit Art. 1 I GG, JuS 1992, 361.

Deutsch, Erwin: Das Persönlichkeitsrecht des Patienten, AcP 192 (1992), 161.

Deutsch, Erwin: Zivilrechtliche Verantwortlichkeit psychatrischer Sachverständiger, VersR 1987, 113.

Deutsch, Erwin: Unerlaubte Handlungen, Schadenersatz und Schmerzensgeld, 3. Auflage, Köln, Berlin, Bonn, München 1995.

Dickes, Claus: Der Vertrag mit Schutzwirkung für Dritte in den Fällen der Auskunftshaftung, Diss. jur., Mainz 1992.

Diederichsen, Uwe: „Schadensersatz wegen Nichterfüllung" und Ersatz von Mangelfolgeschäden, AcP 165 (1965), 150.

DIN, Deutsches Institut für Normung e.V. (Hrsg.): Qualitätsmanagement, Statistik, Zertifizierung: Begriffe aus DIN-Normen, 2. Auflage, Berlin, Wien, Zürich 1995.

Döbereiner, Walter: Die vertragliche Haftung des Bau- und Bewertungssachverständigen für private Gutachten und Empfehlungen, BauR 1982, 11.

Döbereiner, Walter: Die Haftung des gerichtlichen und außergerichtlichen Sachverständigen nach der neuen Rechtsprechung des BVerfG und des BGH, BauR 1979, 282.

Döbereiner, Walter / *v. Keyserlingk*, Graf Alexander: Sachverständigen-Haftung: mit Haftungsbegrenzung sowie Versicherung des privaten und gerichtlichen Sachverständigen, Wiesbaden, Berlin 1979.

Downes, T. Antony: A Textbook on Contract, 3rd edition, London 1993.

Dreier, Horst (Hrsg.): Grundgesetz: Kommentar, Band 2: Artikel 20 - 82, bearbeitet von Hartmut Bauer, Tübingen 1998.

Dugdale, A. M. / *Stanton*, K. M.: Professional Negligence, 2nd edition, London, Edinburgh 1989.

Dugdale, Tony: The personal liabilty of the employed professional, (1994) 10 P.N. 28.

Dugdale, Tony: Negligence liability and public service professionals, (1994) 10 P.N. 82.

Ebke, Werner F. / *Fechtrup*, Benedikt: Anmerkung zu BGH, Urteil v. 19.03.1986 (abgedruckt in JZ 1986, 1111), JZ 1986, 1112.

Ebke, Werner F. / *Scheel*, Hansjörg: Die Haftung des Wirtschaftsprüfers für fahrlässig verursachte Vermögensschäden Dritter, WM 1991, 389.

Eickmeier, Jens: Die Haftung des gerichtlichen Sachverständigen für Vermögensschäden. Eine Bewährungsprobe für das allgemeine Rechtsinstitut drittschützender Sonderrechtsbeziehungen, Diss. jur., Hamburg 1993.

Ensthaler, Jürgen: Zertifizierung, Akkreditierung und Normung für den europäischen Binnenmarkt, Berlin 1995.

Ensthaler, Jürgen: Juristische Aspekte des Qualitätsmanagements, Berlin, Wien, Zürich 1997.

Erichsen, Hans-Uwe (Hrsg.): Allgemeines Verwaltungsrecht, bearbeitet von Peter Badura u.a., 11. Auflage, Berlin, New York 1998 (zitiert: Bearbeiter in *Erichsen/Martens*).

Erman: Handkommentar zum Bürgerlichen Gesetzbuch mit Abzahlungsgesetz, Haustürwiderrufsgesetz, AGB-Gesetz etc. in zwei Bänden, diverse Bearbeiter, 1. Band (§§ 1 bis 853), 8. Auflage des von Walter Erman begründeten Werks, Münster 1989 (zitiert: *Erman*-Bearbeiter).

Esser, Josef / *Schmidt*, Eike: Schuldrecht: ein Lehrbuch. Band 1 Allgemeiner Teil, Teilband 1 Entstehung, Inhalt und Beendigung von Schuldverhältnissen, 8. Auflage des von Josef Esser begründeten Werks, Heidelberg 1995.

Etzel, Thomas: Außergerichtliche Schadensfeststellung durch Sachverständige bei Straßenverkehrsunfällen, VersR 1993, 405.

Evans, R.C.: Damages for unlawful administrative action: The remedy for misfeasance in public office, (1982) 31 I.C.L.Q. 640 (zitiert: *Evans*, Damages).

Evans, Hugh: The application of Caparo v. Dickman, (1990) 6 P.N. 76.

Fennell, Steven: The solicitor's profession since 1984: duties to third parties, (1994) 10 P.N. 142.

Fennell, Steven: Representations and statements by solicitors to third parties, (1990) 6 P.N. 25.

Fikentscher, Wolfgang: Die Theorie der Fallnorm als Grundlage von Kodex- und Fallrecht (code law and case law), ZfRV 1980, 161.

Flannigan, Robert: Privity - The End of an Era (Error), (1987) 103 L.Q.R. 564.

Foulkes, David: Administrativ Law, 8th edition, London, Dublin, Edinburgh 1995.

Friedrichs, Helmut: Zur Haftung des gerichtlichen Sachverständigen, DRiZ 1973, 113.

Fuchs, Elmar: Das Berufsbild des Kfz-Sachverständigen aus technischer, juristischer und wirtschaftlicher Sicht, DS März 1997, 13.

Fuchs, Elmar: Zwei mögliche Konsequenzen für Kfz-Sachverständige aus einer Entscheidung des OLG Dresden zum Dritthaftungsprivileg für freie Sachverständige, DS Dezember 1997, 29.

Furmston, M. P.: Return to Dunlop v. Selfridge?, (1960) 23 M.L.R. 373.

Gieseke, Paul / *Wiedemann*, Werner / *Czychowski*, Manfred: Wasserhaushaltsgesetz unter Berücksichtigung der Landeswassergesetze und des Wasserstrafrechts: Kommentar. 6. Auflage, München 1992.

Göhler, Erich: Gesetz über Ordnungswidrigkeiten, 12. Auflage, München 1998.

Götz, Volkmar / *Lukes*, Rudolf: Zur Rechtsstruktur der technischen Überwachungs-Vereine, 2. Auflage, Heidelberg 1980.

Götz, Volkmar / *Söllner*, Alfred: Einheitlichkeit und Unabhängigkeit der Technischen Überwachung, Heidelberg 1978.

Griffith, J. A. G. / *Street*, H.: Principles of Administrativ Law, 5th edition, London 1973.

Grunewald, Barbara: Die Haftung des Experten für seine Expertise gegenüber Dritten, AcP 187 (1987), 285.

Grunewald, Barbara: Zur Haftung von Fachleuten im Zivilrechtsverkehr, JZ 1982, 627.

Haedrich, Heinz: Atomgesetz mit Pariser Atomhaftungs-Übereinkommen. Kommentar, Baden-Baden 1986.

Hahn, Carl: Die gesammelten Materialien zu den Reichs-Justizgesetzen. Band 2: Materialien zur Zivilprozeßordnung (Neudruck der Ausgabe Berlin 1881, 2. Auflage), Heidelberg 1983.

Hall, Jean Graham / *Smith*, Gordon D.: The Expert Witness, 2nd edition, Little London, Chichester 1997.

Hansen, Wolfgang: Zertifizierung und Akkreditierung von Produkten und Leistungen in der Wirtschaft, München 1993.

Handbuch des privaten Baurechts: von Nils Kleine-Möller, Heinrich Merl und Winfried Oelmaier †, 2. Auflage, München 1997 (zitiert: Bearbeiter in HdbPrivBauR)

Heesch, Peter Cornelius: Privatrechtliche Haftung für fehlerhafte Information. Eine rechtsvergleichende Untersuchung am Beispiel des englischen Rechts, Diss. jur., Münster 1982.

Heiermann, Wolfgang / *Riedl*, Richard / *Rusam*, Martin: Handkommentar zur VOB, Teile A und B, 8. Auflage, Wiesbaden, Berlin 1997.

v. Hellingrath, W.: Anmerkung zu AG Beckum, Urteil v. 16.06.1950 (abgedr. DAR 1951, 15), DAR 1952, 30.

Hendrix, Peter: Die Haftung des Sachverständigen für ein fehlerhaftes Gutachten, BB 1961, 996.

Henrich, Dieter: Einführung in das Englische Privatrecht, 2. Auflage, Darmstadt 1993.

Hermann, Harald: Die Sachwalterhaftung vermögenssorgender Berufe. Zu den berufssoziologischen und wirtschaftsrechtlichen Grundlagen der culpa in contrahendo, JZ 1983, 422.

Herrmann, Gerold: Zum Nachteil des Vermögens. Eine (un)rechtsvergleichende Betrachtung des Common Law of Negligence und der deutschen Fahrlässigkeitshaftung für „bloße" Vermögensschäden, Diss. jur., Köln 1976.

Herschel, Wilhelm: Rechtsfragen der technischen Überwachung, 2. Auflage, Heidelberg 1980.

Herschel, Wilhelm: Die Haftung der Technischen Überwachungs-Vereine. Ein Beitrag zur Frage der Staatshaftung, NJW 1969, 817.

Hodgkinson, Tristram: Expert Evidence. Law and Practice, London 1990.

Hoffmann, Werner E.: Die Organisation der Technischen Überwachung in der Bundesrepublik Deutschland, Düsseldorf 1980.

Hoffmannn, Ulrich: Die Haftung des vom Gericht bestellten Sachverständigen, Diss. jur., Marburg 1978.

Hofmann, Max / *Grabherr*, Edwin: Luftverkehrsgesetz. Kommentar, 2. Auflage, München, Loseblattsammlung (Stand: 20.11.1997).

Hohenlohe-Oeringen, Peter Prinz zu: Die Rechtsprechung zur Auskunftshaftung, BB 1986, 894.

Hohloch, Gerhard: „Vertrauenshaftung“ - Beginn einer Konkretisierung?, NJW 1979, 2369.

Honsell, Heinrich: Anmerkung zu BGH, Urteil v. 23.01.1985 (abgedruckt in JZ 1985, 951), JZ 1985, 952.

Honsell, Heinrich: Probleme der Haftung für Auskunft und Gutachten, Jus 1976, 621.

Hopt, Klaus J.: Nichtvertragliche Haftung außerhalb von Schadens- und Bereicherungsausgleich. Zur Theorie und Dogmatik des Berufsrechts und der Berufshaftung, AcP 183 (1983), 608.

Hopt, Klaus J.: Anmerkung zu BGH, Urteil v. 05.02.1974 (abgedruckt in JZ 1974, 547), JZ 1974, 551.

Huber, Konrad: Verkehrspflichten zum Schutz fremden Vermögens. Abgedruckt in Festschrift für Ernst *von Caemmerer* zum 70. Geburtstag, Tübingen 1978, S. 359 (zitiert: *Huber*, FS *v. Caemmerer*).

Hübner, Heinz: Zurechnung statt Fiktion einer Willenserklärung. Abgedruckt in Festschrift für Hans Carl *Nipperdey* zum 70. Geburtstag, 21. Januar 1965, Band 1, S. 373 ff., München, Berlin 1965 (zitiert: *Hübner*, FS *Nipperdey* 1965, Bd. 1).

Hübner, Ulrich: Haftungs- und versicherungsrechtliche Probleme der Schadenserkennung durch Sachverständige, insbesondere TÜV, VersR 1985, 701.

Hübner, Ulrich: Haftungsprobleme der technischen Kontrolle, NJW 1988, 441.

Hutchison, Dale / *Zimmermann*, Reinhard: Murphy's Law. Die Ersatzfähigkeit reiner Vermögensschäden innerhalb des „negligence“-Tatbestands nach englischem Recht, ZVglRWiss 94 (1995) 42.

Ingenstau, Heinz / *Korbion*, Hermann: VOB, Verdingungordnung für Bauleistungen, Teile A und B. Kommentar, 13. Auflage, Düsseldorf 1996.

Jacobs, Wolfgang: Nicht jeder darf sich „Sachverständiger“ nennen!, DS Mai 1995, 3.

Jacobs, Wolfgang: Zur Haftung für ein falsches Gebäudewertgutachten, DS Juli/August 1995, 2.

Jagusch, Heinrich / *Hentschel*, Peter: Straßenverkehrsrecht. Straßenverkehrsgesetz, Straßenverkehrs-Zulassungs-Ordnung etc., 34. Auflage des von Johannes Floegel begründeten Werks, München 1997.

Jahn, Ralf: Zur Bedürfnisprüfung im Sachverständigenwesen - BVerfG, NJW 1992, 2621, Jus 1993, 643.

James, Michael F.; Negligence and the auditor's duty of care after Caparo, (1990) 6 P.N. 69.

James, Philip S.: Introduction to English law, 12$^{th.}$ edition, London 1989.

Jarass, Hans D. / *Pieroth*, Bodo: Grundgesetz für die Bundesrepublik Deutschland: Kommentar, 4. Auflage, München 1997.

Jauernig, Othmar: Bürgerliches Gesetzbuch mit Einführungsgesetz. Kommentar, diverse Bearbeiter, 8. Auflage, München 1997 (zitiert: *Jauernig*-Bearbeiter).

Jessnitzer, Kurt / *Frieling*, Günter: Der gerichtliche Sachverständige, 10. Auflage, Köln, Berlin, Bonn 1992.

Jones, Brian L. / *Thompson*, Katharine: *Garner's* Administrative Law, 8th edition, London, Edinburgh, Dublin 1996.

Jost, Fritz: Vertragslose Auskunfts- und Beratungshaftung, Baden-Baden 1991.

Kamphausen, Peter-Andreas: Dritthaftungsprivileg für freie Sachverständige?, DS September 1997, 8.

Keidel, Theodor / *Kuntze*, Joachim / *Winkler*, Karl: Freiwillige Gerichtsbarkeit. Teil A: Kommentar zum Gesetz über die Angelegenheiten der freiwilligen Gerichtsbarkeit, 13. Auflage, München 1992.

Kirchner, Hildebert: Abkürzungsverzeichnis der Rechtssprache, 4. Auflage, Berlin 1993.

Klein, Michael: Die Rechtsstellung und Haftung des im Zivilprozeß bestellten Sachverständigen, Diss. jur., Mainz 1994.

Kleinknecht, Theodor / *Meyer-Goßner*, Lutz: Strafprozeßordnung. Gerichtsverfassungsgesetz, Nebengesetze und ergänzende Bestimmungen, 43. Auflage des von Otto Schwarz begründeten Werkes, München 1997.

Klocke, Wilhelm: Der Sachverständige und seine Auftraggeber. Grundlagen und Aufgaben der Sachverständigen-Tätigkeit, selbständiges Beweisverfahren und private Beweissicherung, Schiedsgutachten und Arbeitshilfen für Gutachtertätigkeit, kleine Rechtskunde für Sachverständige und Laien, 3. Auflage, Wiesbaden, Berlin 1995.

Knack, Hans Joachim: Verwaltungsverfahrensgesetz (VwVfG). Kommentar, 6. Auflage, Köln 1998.

Köhler, Helmut: BGB Allgemeiner Teil: ein Studienbuch, 24. Auflage des von Heinrich Lange begründeten Werks, München 1998.

Kolb, Emil: Nicht jeder Gutachter ist ein Sachverständiger, DS Januar/Februar 1996, 25.

Köndgen, Johannes: Selbstbindung ohne Vertrag. Zur Haftung aus geschäftsbezogenem Handeln. Tübingen 1981.

Kopp, Ferdinand O.: Verwaltungsgerichtsordnung, 11. Auflage, München 1998.

Kopp, Ferdinand O.: Verwaltungsverfahrensgesetz. Kommentar, 6. Auflage, München 1996.

Lammel, Siegbert: Zur Auskunftshaftung, AcP 179 (1979), 337.

Landmann/Rohmer: Gewerbeordnung und ergänzende Vorschriften. Kommentar von Peter Marcks u.a., Band I: Gewerbeordnung, Band II: Ergänzende Vorschriften, München, Loseblattsammlungen (Stand: 01.06.1998) (zitiert: Bearbeiter in *Landmann/Rohmer*, GewO (I) und (II), Gesetz)

Landmann/Rohmer: Umweltrecht. Kommentar, Band III: Sonstiges Umweltrecht, herausgegeben von Klaus Hansmann, diverse Bearbeiter, München, Loseblattsammlung (Stand: 15.06.1998) (zitiert: Bearbeiter in *Landmann/Rohmer*, UmweltR).

Larenz, Karl: Lehrbuch des Schuldrechts, 2. Band: Besonderer Teil, 1. Halbband, 13. Auflage, München 1986 (zitiert: *Larenz*, Schuldrecht II 1).

Larenz, Karl: Methodenlehre der Rechtswissenschaft, 2. Auflage, Berlin, Heidelberg, New York, London u.v.m. 1992.

Larenz, Karl / *Canaris*, Claus-Wilhelm: Lehrbuch des Schuldrechts, 2. Band: Besonderer Teil, 2. Halbband, 13. Auflage, München 1994.

Larenz, Karl / *Wolf*, Manfred: Allgemeiner Teil des bürgerlichen Rechts: ein Lehrbuch, 8. Auflage des von Karl Larenz begründeten Werks, München 1997.

The *Law Commission*: Privity of Contract: Contracts for the Benefit of Third Parties. Consultation Paper (1991) No. 121.

The *Law Commission*: Privity of Contract: Contracts for the Benefit of Third Parties. Item 1 of the Sixth Programme of Law Reform: The Law of Contract. Presented to Parliament by the Lord High Chancellor by Command of Her Majesty, London July 1996. Consultation Paper (1996) No. 242.

The *Law Revision Committee*: Sixth Interim Report (1937), Cmd. 5449.

Leipziger Kommentar: Strafgesetzbuch. Grosskommentar in sieben Bänden, diverse Bearbeiter, Band 4 (§§ 80 bis 184c), 10. Auflage des von Ludwig Ebermayer begründeten und von Hans-Heinrich Jeschek u.a. herausgegebenen Werks, Berlin, New York 1988 (zitiert: Leipziger Kommentar-Bearbeiter).

Loges, Rainer: Die Begründung neuer Erklärungspflichten und der Gedanke des Vertrauensschutzes, Diss. jur., Göttingen 1990.

Lorenz, Werner: Contracts and Third-Party Rights in German and English Law. Contract Beneficiaries in German Law. Abgedruckt in B. S. Markesinis, The Gradual Convergence. Foreign Ideas, Foreign Influences, and English Law on the Eve of the 21st Century, Oxford 1994, S. 65 (zitiert: *Lorenz*, The Gradual Convergence).

Lorenz, Werner: Das Problem der Haftung für primäre Vermögensschäden bei der Erteilung einer unrichtigen Auskunft. Abgedruckt in Festschrift für Karl *Larenz* zum 70. Geburtstag, München 1973, S. 575 (zitiert: *Lorenz*, FS *Larenz* 1973).

Lorenz, Werner: Dogmatismus, Evolution und Reform im englischen Fallrecht: Privity of Contract. Abgedruckt in Festschrift für Arthur *Kaufmann* zum 70. Geburtstag, Heidelberg 1993, S. 709 (zitiert: *Lorenz*, FS *Kaufmann*).

Lorenz, Werner: Reform des englischen Vertragsrechts: Verträge zugunsten Dritter und schadensrechtliche Drittbeziehungen, JZ 1997, 105.

Löwe-Rosenberg: Die Strafprozeßordnung und das Gerichtsverfassungsgesetz, Großkommentar, diverse Bearbeiter, Band 1 (Einleitung, §§ 1 bis 111), 24. Auflage des von Peter Rieß herausgegebenen Werks, Berlin, New York 1988 (zitiert: *Löwe-Rosenberg*-Bearbeiter).

Madission, David / *Tetlow*, Christopher / *Wood*, Graham N.: *Bingham's* Negligence Cases, 4th edition, London 1996 (zitiert: *Bingham's* Negligence Cases).

Markesinis, B.S.: An expanding tort law - The price of a rigid tort law, (1987) 103 L.Q.R. 354.

Martin, Robyn: Caparo v. Dickman applied, (1990) 6 P.N. 122.

Maurer, Hartmut: Allgemeines Verwaltungsrecht, 11. Auflage, München 1997.

McMillan, Jacques: Zertifizierung von Personen und Akreditierung von Zertifizierungsstellen in Europa, DS Juli/August 1997, 81.

Medicus, Dieter: Vertragliche und deliktische Ersatzansprüche für Schäden aus Sachmängeln. Abgedruckt in Tübinger Festschrift für Eduard *Kern*, Tübingen 1968, S. 331 (zitiert: *Medicus*, FS *Kern*).

Medicus, Dieter: Zivilrecht und Umweltschutz, JZ 1986, 778.

Medicus, Dieter: Probleme um das Schuldverhältnis. Vortrag gehalten vor der Juristischen Gesellschaft zu Berlin am 20.05.1987, Berlin, New York 1987 (zitiert: *Medicus*, Probleme um das Schuldverhältnis).

Mertens, Hans-Joachim: Deliktsrecht und Sonderprivatrecht. Zur Rechtsfortbildung des deliktischen Schutzes von Vermögensinteressen, AcP 178 (1978), 227.

Michalski, Lutz: Die Systemwidrigkeit der Differenzierung nach Mangel- und Mangelfolgeschäden im werkvertraglichen Sachmängelgewährleistungsrecht, NJW 1988, 793.

Mildred, R. H.: The Expert Witness, London, New York 1982.

Motive zu dem Entwurfe eines Bürgerlichen Gesetzbuches für das Deutsche Reich, Band II: Recht der Schuldverhältnisse, Berlin, Leipzig 1888.

Müller, Fredy: Auskunftshaftung nach deutschem und englischem Recht. Eine rechtsvergleichender Untersuchung der dogmatischen Grundlagen der Haftung gegenüber Dritten für fahrlässig verursachte primäre Vermögensschäden, Diss. jur., Freiburg (Breisgau) 1994 (zitiert: *Fredy Müller*).

Müller, *Klaus*: Der Sachverständige im gerichtlichen Verfahren. Handbuch des Sachverständigenbeweises, 3. Auflage, Heidelberg 1988 (zitiert: *Klaus Müller*).

Münchener Kommentar zum Bürgerlichen Gesetzbuch: Ulmer, Peter (Red.) Band 5, Schuldrecht - Besonderer Teil III (§§ 705-853), 3. Auflage, München 1997 (zitiert: MüKo-Bearbeiter).

v. Münch, Ingo / *Kunig*, Philip: Grundgesetz-Kommentar in drei Bänden, diverse Bearbeiter, Band 2 (Art. 21 bis Art. 69), 3. Auflage des von Ingo von Münch begründeten und von Philip Kunig herausgegebenen Werks, München 1995 (zitiert: Bearbeiter in v. *Münch/Kunig*)

Musielak, Hans-Joachim: Die Haftung der Banken für falsche Kreditauskünfte. Zugleich ein Beitrag zur Lehre von den vertraglichen Schutzwirkungen für Dritte, VersR 1977, 973.

Musielak, Hans-Joachim: Haftung für Rat, Auskunft und Gutachten, Berlin, New York 1974.

Müssig, Peter: Falsche Auskunftserteilung und Haftung, NJW 1989, 1697.

v. Mutius, Albert: Zur Staatshaftung bei Erfüllung staatlicher Aufgaben durch Private, VerwArch 64 (1973), 433.

Nicklisch, Fritz: Technische Überwachungsorganisationen und öffentlich bestellte Sachverständige. Zum Problem der Zulassung öffentlich bestellter Sachverständiger zur technischen Überwachung, DB 1982, 2277.

Nicklisch, Fritz: Sachkunde, Neutralität und Unabhängigkeit technischer Sachverständiger und Sachverständigenorganisationen - am Beispiel des Kraftfahrzeugwesens -, BB 1981, 1653.

O'Dair, Richard: *Murphy v. Brentwood District Council*: A house with firm foundations?, (1991) 54 M.L.R. 561.

Ortloff, Karsten-Michael / *Rapp*, Angela: Genehmigungsfreies Bauen: Neue Haftungsrisiken für Bauherren und Architekten, NJW 1996, 2346.

Ossenbühl, Fritz: Staatshaftungsrecht, 4. Auflage, München 1991.

Otto, Harro: Die Aussagedelikte, §§ 153-163 StGB, JuS 1984, 161.

Palander, Harro / *Schiek*; Dagmar: Forschung als Gegenstand von Werkverträgen, RdA 1990, 219.

Palandt: Bürgerliches Gesetzbuch mit Einführungsgesetz (Auszug), AGB-Gesetz etc., bearbeitet von Peter Bassenge u.a., 57. Auflage des von Otto Palandt begründeten Werks, München 1998 (zitiert: *Palandt*-Bearbeiter).

Palmer, Vernon Valentine: The Paths of Privity, San Francisco 1992.

Pawlowski, Hans-Martin: Allgemeiner Teil des BGB. Grundlehren des bürgerlichen Rechts, 5. Auflage, Heidelberg 1998.

Percy, R. A. / *Walton*, C. T.: *Charlesworth & Percy* on Negligence, 9th edition, London 1997 (zitiert: *Charlesworth & Percy*).

Peters, Karl: Strafprozeß. Ein Lehrbuch, 4. Auflage, Heidelberg 1985.

Peters, Egbert: Sachverständigeneid ohne Gerichtsbeschluß?, NJW 1990, 1832.

Picker, Eduard: Positive Forderungsverletzung und culpa in contrahedo. Zur Problematik der Haftungen „zwischen" Vertrag und Delikt, AcP 183 (1983), 369.

Picker, Eduard: Vertragliche und deliktische Schadenshaftung. Überlegungen zu einer Neustrukturierung der Haftungssysteme, JZ 1987, 1041.

Pieper, Helmut / *Breunung*, Leonie / *Stahlmann*, Günther: Sachverständige im Zivilprozeß. Theorie, Dogmatik und Realität des Sachverständigenbeweises, München 1982.

Praxishandbuch Sachverständigenrecht: Bearbeitet von Walter *Bayerlein* u.a., 2. Auflage, München 1996 (zitiert: Bearbeiter in PraxisHdb SachverständigenR).

Raistrick, Donald: Index to legal citations and abbreviations, 2nd. edition, London 1993.

Reynolds, F. M. B.: Privity of contract, the boundaries of categories and the limits of the judicial function, (1989) 105 L.Q.R. 1.

RGRK: Das Bürgerliche Gesetzbuch mit besonderer Berücksichtigung der Rechtsprechung des Reichsgerichts und des Bundesgerichtshofs. Kommentar herausgegeben von den Mitgliedern des Bundesgerichtshofs. Band II, 5. Teil (§§ 823 - 831), 12. Auflage, Berlin, New York 1989 (zitiert: RGRK-Bearbeiter, BGB).

Rogers, W. V. H.: *Winfield & Jolowicz* on Tort, 13th edition, London 1989 (zitiert: *Rogers* in *Winfield & Jolowicz*).

Rollmann, Dietrich: Der Bund und die freiberuflichen Sachverständigen, DS Juli/August 1997, 5.

Rosenberg, Leo / *Gottwald*, Peter: Zivilprozeßrecht, 15. Auflage des von Leo Rosenberg begründeten Werks, München 1993.

Roßnagel, Alexander: Kritischer Verstand für die praktische Vernunft? - Die Rechtsprechung zu „kritischen" Sachverständigen in atomrechtlichen Verwaltungsverfahren -, DVBl. 1995, 644.

Roth, Herbert: Die Reform des Werkvertragsrechts, JZ 2001, 543.

The Royal Institution of Chartered Surveyors: Professional Conduct. Rules of conduct and disciplinary procedures, 2nd edition, London 1998 (zitiert: *RICS*, Professional Conduct).

The Royal Institution of Chartered Surveyors: Chartered Surveyors in Employment. Professional Liability. A Memorandum of Guidance for Chartered Surveyors, London 1993 (zitiert: *RICS*, Professional Liability).

The Royal Institution of Chartered Surveyors: Your Liability: Are You Aware of Your Business and Personal Risks? An Information Paper, London 1998 (zitiert: *RICS*, Your Liability).

Rüth, Karl / *Berr*, Wolfgang / *Berz*, Ulrich: Straßenverkehrsrecht. Kommentar zu Straßenverkehrsordnung (Auszüge), Straßenverkehrsgesetz und Straßenverkehrs-Zulassungs-Ordnung, 2. Auflage, Berlin, New York 1988.

Scherer, Joachim: Umwelt-Audits. Instrument zur Durchsetzung des Umweltrechts im europäischen Binnenmarkt?, NVwZ 1993, 11.

Schmitthoff, Clive M.: Systemdenken und Fallrecht in der Entwicklung des englischen Privatrechts, JZ 1967, 1.

Schmitz, Bernhard: Die Vertragshaftung des Wirtschaftsprüfers und Steuerberaters gegenüber Dritten. Eine Auseinandersetzung mit den Haftungsausdehnungstendenzen der Rechtsprechung des BGH, DB 1989, 1909.

Schneider, Egon: Haftungsausschluß für falsche Gutachten gerichtlicher Sachverständiger, JurBüro 1975, 433.

Schönke, Adolf / *Schröder*, Horst / *Lenckner*, Theodor: Strafgesetzbuch. Kommentar, 25. Auflage des von Adolf Schönke begründeten Werks, München 1997.

Schreiber, Klaus: Die zivilrechtliche Haftung von Prozeßbeteiligten, ZZP 105 (1992), 129.

Siegburg, Peter: Gewährleistung beim Bauvertrag, 3. Auflage, Köln 1994.

Soergel: Bürgerliches Gesetzbuch mit Einführungsgesetz und Nebengesetzen. Kommentar, 12. Auflage des von Hs. Th. Soergel begründeten und W. Siebert neu herausgegebenen Werks, Stuttgart, Berlin, Köln, Mainz 1988 ff. (zitiert: *Soergel*-Bearbeiter, BGB).

Stahl, Michael: Zur Dritthaftung von Rechtsanwälten, Steuerberatern, Wirtschaftsprüfern und öffentlich bestellten und vereidigten Sachverständigen. Zugleich ein Beitrag zur Lehre von den Schuldverhältnissen mit Schutzwirkung für Dritte, Diss. jur., Tübingen 1989.

Stanton, K. M.: Is there a general theory of professional negligence liability in tort? (1994) 10 P.N. 110.

Stanton, K. M.: The modern Law of Tort, London 1994.

Stapleton, Jane: Duty of Care an Economic Loss: A Wider Agenda, (1991) 107 L.Q.R. 249.

Staudinger: Kommentar zum Bürgerlichen Gesetzbuch mit Einführungsgesetz und Nebengesetzen, diverse Bearbeiter. Zweites Buch: Recht der Schuldverhältnisse, Teilbände §§ 328 bis 361 (1995), §§ 631 bis 651 (1994) und §§ 652 bis 704 (1995) in 13. Auflage und Teilbände §§ 823 bis 832 (1986) und §§ 833 bis 853 (1986) in 12. Auflage des von J. von Staudinger begründeten Gesamtwerks, Berlin.

Steffen, Erich: Verkehrspflichten im Spannungsfeld von Bestandsschutz und Handlungsfreiheit, VersR 1980, 409.

Stein/Jonas: Kommentar zur Zivilprozeßordnung, 20. Auflage, Tübingen 1977 ff. (zitiert: *Stein/Jonas*-Bearbeiter, ZPO).

Stelkens, Paul / *Bonk*, Heinz Joachim / *Sachs*, Michael: Verwaltungsverfahrensgesetz. Kommentar, 4. Auflage des von Klaus Leonhardt mitbegründeten Werks, München 1993.

Stober, Rolf: Der öffentlich bestellte Sachverständige zwischen beruflicher Bindung und Deregulierung, Köln, Berlin, Bonn, München 1991.

Stober, Rolf: Der Sachverständige als Beruf, DS Mai 1995, 8.

Stober, Rolf: „Der zertifizierte Sachverständige wird künftig das Bild bestimmen", DS November 1997, 5.

Stoll, Hans: Vertrauensschutz bei einseitigen Leistungsversprechen. Abgedruckt in Festschrift für Werner *Flume* zum 70. Geburtstag, Köln 1978, Band 1, S. 741 (zitiert: *Stoll*, FS *Flume*).

Strauch, Dieter: Rechtsgrundlagen der Haftung für Rat, Auskunft und Gutachten, Jus 1992, 897.

Stuhr, Hans-Jürgen: Die Haftung eines Sachverständigen gegenüber Dritten, Wirtschaftsrecht 1993, 345.

The Supreme Court Practice 1997: Volume 1, Part 1: Rules of the Supreme Courts. Editor-in-chief: The Right Hon. Sir Richard Scott, London 1996 (zitiert: RSC).

Tettinger, Peter J. / *Pielow*, Christian: Die aktuelle Rechtsentwicklung bei der öffentlichen Bestellung und Vereidigung von Sachverständigen, GewArch 1992, 1.

Theuer, Andreas: Akkreditierung von Prüflaboratorien und Zertifizierungsstellen aus der Sicht der Industrie. Abgedruckt in Klaus *Petrick*, Qualitätssicherung und Zertifizierung im Europäischen Binnenmarkt, Berlin, Köln 1993, S. 65 (zitiert: *Theuer* in *Petrick*, Qualitätssicherung).

Thomas, Heinz / *Putzo*, Hans: Zivilprozeßordnung mit Gerichtsverfassungsgesetz und den Einführungsgesetzen, dem Brüsseler EWG-Übereinkommen und dem Luganer Übereinkommen über die gerichtliche Zuständigkeit und die Vollstreckung gerichtlicher Entscheidungen in Zivil- und Handelssachen, 20. Auflage, München 1997.

Thüsing, Gregor / *Schneider*, Stefan: Die Haftung für Rat, Auskunft, Empfehlung, JA 1996, 807.

Treitel, G. H.: Damages in Respect of a Third Party`s Loss, (1998) 114 L.Q.R. 527.

Treitel, G. H.: The Law of Contract, 9th. edition, London 1995.

Tröndle, Herbert: Strafgesetzbuch und Nebengesetze, 48. Auflage des von Otto Schwarz begründeten Werkes, München 1997.

Volkmann, Dietrich: Europäische Aktivitäten auf dem Gebiet der Zertifizierung, DIN-Mitt. 70. 1991, Nr. 4, S. 209. Abgedruckt in Klaus *Petrick*, Qualitätssicherung und Zertifizierung im Europäischen Binnenmarkt, Berlin, Köln 1993, S. 53 (zitiert: *Volkmann* in *Petrick*, Qualitätssicherung).

Wade, H. W. R.: Administrative Law, 5th. edition, London 1988.

Warner, Alfred: Normung und Zertifizierung nach 1992, DIN-Mitt. 70. 1991, Nr. 4, S. 199, 201. Abgedruckt in Klaus *Petrick*, Qualitätssicherung und Zertifizierung im Europäischen Binnenmarkt, Berlin, Köln 1993, S. 43 (zitiert: *Warner* in *Petrick*, Qualitätssicherung).

Wasner, Gert: Die Haftung des gerichtlichen Sachverständigen, NJW 1986, 119.

Weimar, Wilhelm: Haftung des Sachverständigen bei fehlerhaften Gutachten, VersR 1955, 263.

Wellmann, Carl R.: Der Sachverständige in der Praxis, 6. Auflage, Düsseldorf 1997.

Wenzl, Dieter / *Meinhardt*, Peter: Zertifizierung von Sachverständigen nach EN 45013 auf dem Gebiet Bewertung unbebauter und bebauter Grundstücke in der Landwirtschaft, DS Oktober 1997, 11.

Werner, Ulrich / *Reuber*, Norbert: Der staatlich anerkannte Sachverständige nach den neuen Bauordnungen der Länder. Seine rechtliche Einbindung in die Prüfung und seine Haftung, BauR 1996, 796.

von *Westphalen*, Friedrich Graf: Die Neuregelung des Entwurfs eines Schuldrechtsmodernisierungsgesetzes für das Kauf- und Werkvertragsrecht, DB 2001, 799.

Wiegand, Annette: Die Sachwalterhaftung als richterliche Rechtsfortbildung, Diss. jur., Göttingen 1990.

Wiesenack, Günter: Wesen und Geschichte der Technischen Überwachungs-Vereine, Köln 1971.

Wightman, John: Negligent Valuations and a Drop in the Property Market: the Limits of the Expectation Loss Principle, (1998) 61 M.L.R. 68.

Wlodka, Monika: Das deutsche Akkreditierungssystem. Abgedruckt in Klaus *Petrick*, Qualitätsmanagement, Umweltmanagement und Zertifizierung in der Europäischen Union, 2. Auflage, Berlin, Wien, Zürich 1997, S. 45 (zitiert: *Wlodka* in *Petrick*, Qualitätsmanagement).

Wolff, Hans J.: Verwaltungsrecht I, 8. Auflage, München 1971.

Woolf, Rt. Hon. The Lord / *Jowell*, Jeffrey: Judicial Review of Administrative Action, 5th edition, London 1995.

Zeller, Friedrich / *Stöber*, Kurt: Zwangsversteigerungsgesetz. Kommentar zum ZVG der Bundesrepublik Deutschland, 14. Auflage des von Friedrich Zeller begründeten Werks, München 1993.

Zerhusen, Jörg: Mandatspraxis: Privates Baurecht, Köln, Berlin, Bonn, München 1999.

Zimmermann, Peter: Haftungsrechtliche Folgen einer schuldhaften Falschbegutachtung für den Grundstückssachverständigen, DS März 1993, 15.

Zimmermann, Walter: Das neue Verfahren in Unterbringungssachen, FamRZ 1990, 1308.

Zöller, Richard: Zivilprozeßordnung mit Gerichtsverfassungsgesetz und den Einführungsgesetzen. Bearbeitet von Reinhold Geimer u.a., 20. Auflage des von Richard Zöller begründeten Werks, Köln 1997 (zitiert: *Zöller*-Bearbeiter, ZPO).

Zweigert, Konrad / *Kötz*, Hein: Einführung in die Rechtsvergleichung auf dem Gebiete des Privatrechts, 3. Auflage, Tübingen 1996.

Verzeichnis englischsprachiger Gerichtsentscheidungen

Den deutschsprachigen Abkürzungen wurden die Vorschläge von *Kirchner*, Abkürzungsverzeichnis der Rechtssprache, zugrunde gelegt. Die ausländischen Abkürzungen sind dem Werk von *Raistrick*, Index to legal citations and abbreviations, entlehnt. Auf diese Publikationen wird anstelle eines Abkürzungsverzeichnisses verwiesen.

Anns v. Merton London Borough Council [1978] A.C. 728 (HL).

Arenson v. Casson, Beckman, Rutley & Co. [1977] A.C. 405 (HL).

Axa Equity & Law v. Goldsack & Freeman (1994) E.G.130.

Baxter v. F.W. Gapp & Co. Ltd. [1938] 4 All E.R. 457 (KBD).

Beaton v. Nationwide Building Society [1991] 2 E.G.L.R. 145.

Beaumont v. Humberts [1990] 2 E.G.L.R. 166 (CA).

Beswick v. Beswick [1968] A.C. 58 (HL).

Bolam v. Friern Hospital Management Committee [1957] 2 All E.R. 118 (QBD).

Bourne v. McEvoy Timber Preservation Ltd. (1975) 237 E.G. 496.

Bunge Corp. v. Tradax Export S.A. [1981] 1 W.L.R. 711 (HL).

Cann v. Willson (1888) 39 Ch.D. 39 (ChD).

Caparo Industries Plc. v. Dickman and Others [1990] 2 A.C. 605 (HL).

Chandler v. Crane, Christmas & Co. [1951] 2 K.B. 164 (CA).

Chappel & Co. Ltd. and Others v. Nestlé Ltd. and Others [1959] 2 All E.R. 701 (HL).

Clayton v. Woodman & Son (Builders) Ltd. [1962] 2 Q.B. 533 (QBD).

Currie v. Misa (1876) 1 App.Cas. 554 (HL).

Davis v. Johnson [1978] 1 All E.R. 841 (CA).

Dawson's Ltd. v. Bonnin and Others [1922] 2 A.C. 413 (HL).

Derry v. Peek [1889] 14 App.Cas. 337.

Dominion Mosaics & Tile Co. Ltd. v. Trafalgar Trucking Co. Ltd. [1990] 2 All E.R. 246 (CA).

Donoghue v. Stevenson [1932] A.C. 562 (HL).

Dorset Yacht Co. Ltd. v. Home Office [1970] A.C. 1004 (HL).

Dunlop Pneumatic Tyre Co. Ltd. v. Selfridge & Co. Ltd. [1915] A.C. 847 (HL).

Dutton v. Bognor Regis Urban District Council [1972] 1 Q.B. 373 (CA).

Evans v. London Hospital Medical College (University of London) and Others [1981] 1 W.L.R. 184 (QBD).

Ford v. White [1964] 1 W.L.R. 885.

Galoo Ltd. (in liq) and Others v. Bright Grahame Murray and Another [1995] 1 All E.R. 16 (CA).

Gandy v. Gandy (1885) 30 Ch.D. 57 (CA).

Governors of the Peabody Donation Fund v. Sir Lindsay Parkinson & Co. Ltd. and Others [1985] A.C. 210 (HL).

Greaves & Co. Ltd. v. Baynahm Meikle & Partners [1975] 1 W.L.R. 1095 (CA).

Hadley v. Baxendale (1854) 9 Exch. 341.

Hall v. Brooklands Auto-Racing Club [1933] 1 K.B. 205 (CA).

Harbutt's „Plasticine" Ltd. v. Wayne Tank & Pump Co. Ltd. [1970] 1 Q.B. 447 (CA).

Harris v. Wyre Forest District Council [1988] 1 All E.R. 691 (CA).

Heaven v. Pender, trading as West India Graving Dock Company (1883) 11 Q.B.D. 503 (CA).

Hedley Byrne & Co. Ltd. v. Heller & Partners Ltd. [1962] 1 Q.B. 396 (CA).

Hedley Byrne & Co. Ltd. v. Heller & Partners Ltd. [1963] 2 All E.R. 575 (HL).

Heskell v. Continental Express Ltd. and Another [1950] 1 All E.R. 1033 (KBD).

Investors in Industry Commercial Properties Ltd. v. South Bedfordshire District Council (Ellison & Partners (a firm) and others, third parties) [1986] 1 All E.R. 787 (C.A.)

Jarvis v. Moy, Davies, Smith, Vandervell & Co. [1936] 1 K.B. 399 (CA).

Junior Books Ltd. v. Veitchi Co. Ltd. [1983] 1 A.C. 520 (HL).

Koufos v. C. Czarnikow Ltd. (The Heron II) [1969] 1 A.C. 350 (HL).

Le Lievre (and Dennes) *v. Gould* [1893] 1 Q.B. 491 (CA).

Lloyd v. Butler [1990] 2 E.G.L.R. 155.

London Streets Tramways Co. v. London County Council [1898] A.C. 375 (HL).

Marc Rich & Co. A.G. and Others v. Bishop Rock Marine Co. Ltd. and Others [1995] 3 W.L.R. 227 (HL).

Mariola Marine Corporation v. Lloyd's Register of Shipping (The Morning Watch) [1990] 1 Lloyd's Rep. 547 (QB).

Marrinan v. Vibart and Another [1963] 1 Q.B. 528 (CA).

McLoughlin v. O'Brian and Others [1983] 1 A.C. 410 (HL).

Midland Silicones Ltd. v. Scruttons Ltd. [1962] A.C. 446 (HL).

Morrison Steamship Co. Ltd. v. Greystoke Castle [1947] A.C. 265 (HL).

Murphy v. Brentwood District Council [1990] 2 All E.R. 908 (HL).

Peach v. Iain G. Chalmers & Co. [1992] 2 E.G.L.R. 135.

Perera v. Vandiyar [1953] 1 All E.R. 1109 (CA).

Perry v. Sidney Phillips & Son [1982] 1 W.L.R. 1297 (CA).

Phillips v. Ward [1956] 1 W.L.R. 471.

Photo Production Ltd. v. Securicor Transport Ltd. [1980] 1 All E.R. 556 (HL).

Pollway Ltd. and Another v. Abdullah [1974] 1 W.L.R. 493 (CA).

R. (The Queen) *v. Silverlock* [1894] 2 Q.B. 766 (CCR).

In re McArdle [1951] Ch. 669 (CA).

Reed and Others v. Madon and Others [1989] Ch. 408 (ChD).

Shankie-Williams v. Heavey (1986) 279 E.G. 316.

Singer and Friedlander Ltd. v. John D. Wood & Co. (1977) 243 E.G. 212.

Smith v. Eric S. Bush (a firm) [1987] 3 All E.R. 179 (CA).

Smith v. Eric S. Bush, Harris v. Wyre Forest District Council [1990] 1 A.C. 831 (HL).

Spring v. Guardian Assurance Plc. and others [1994] 3 All E.R. 129 (HL).

Stevenson v. Nationwide Building Society (1984) 272 E.G. 663.

Strover and Another v. Harrington and Others [1988] 1 All E.R. 769 (ChD).

Surrey County Council and Another v. Bredero Homes Ltd. [1992] 3 All E.R. 302 (ChD).

Sutcliffe v. Thackrah and Others [1974] A.C. 727 (HL).

Sutherland Shire Council v. Heyman (1985) 60 A.L.R. 1 (High Court of Australia)

Swain and Another v. Law Society [1983] 1 A.C. 598 (HL).

Thomas v. Thomas (1842) 2 Q.B. 851.

Town Investments Ltd. v. Department of the Environment [1978] A.C. 359 (HL).

Treml v. Ernest W. Gibson & Partners (1984) 272 E.G. 68

Tweddle v. Atkinson (1861) 1 B & S 393.

Victoria Laundry (Windsor) Ltd. v. Newman Industries Ltd.; Coulson & Co. Ltd. (Third Parties) [1949] 2 K.B. 528 (CA).

Weedon v. Hindwood Clarke and Esplin (1974) 234 E.G. 121

Weld-Blundell v. Stephens [1920] A.C. 956 (HL).

William v. Roffey Bros & Nicholls (Contractors) Ltd. [1991] 1 Q.B. 1 (CA).

Woodar Investment Development Ltd. v. Wimpey Construction U.K. Ltd. [1980] 1 W.L.R. 277 (HL).

X (Minors) *v. Bedfordshire County Council* (1995) The Times Law Reports 375 (HL).

Yianni v. Edwin Evans and Sons [1982] 1 Q.B. 438 (QBD).

Young v. Bristol Aeroplane Co. Ltd [1944] K.B. 718 (CA).

Einleitung

Ohne die Mitwirkung von Sachverständigen würde kein Bereich unserer modernen, arbeitsteiligen Gesellschaft funktionieren. Beispielsweise würde die Regulierung von Unfallschäden ebenso wie die Vorbereitung und der Abschluß von Grundstückskaufverträgen oder grundpfandrechtlich gesicherten Kreditgeschäften erschwert oder gar ausgeschlossen. Gerichtliche und behördliche Verfahren könnten ohne die Möglichkeit der Hinzuziehung Sachverständiger nicht oder nur mit erheblicher Verzögerung durchgeführt werden, da die Entscheidungsträger sich zunächst selbst in die speziellen Sachgebiete einarbeiten müßten, deren Kenntnis oftmals zwingende Voraussetzung einer hoheitlichen Entscheidung ist. Mit dem besonderen gesellschaftlichen Stellenwert des Sachverständigen und der Vielfalt seiner Tätigkeit geht dessen haftungsmäßige Relevanz einher. Gutachten und Auskünfte dienen nicht nur Privatrechtssubjekten als Dispositionsgrundlage, sondern auch Gerichten und Behörden als Beweismittel, so daß sich ein Fehler des Sachverständigen nicht selten in einer objektiv unrichtigen Entscheidung realisiert und einen Schaden verursacht. Dieser tritt bei dem Auftraggeber der Sachverständigenleistung oder bei einem Dritten ein.

Gleichwohl existieren nur wenige gesetzliche Bestimmungen, welche die Sachverständigentätigkeit regeln; diese beziehen sich zumeist auf spezielle Sachgebiete. Eine umfassende Kodifikation des Berufsbilds des Sachverständigen, die mit der Wirtschaftsprüferordnung, der Bundesrechtsanwaltsordnung oder dem Steuerberatergesetz vergleichbar wäre, liegt nicht vor. Die Haftung für fehlerhafte Auskünfte und Gutachten richtet sich deshalb nach den allgemeinen Grundsätzen des Vertrags- und Deliktsrechts. Rechtsprechung und Literatur haben diese weiterentwickelt, wenn die nach dem Wortlaut des Gesetzes erzielten Ergebnisse als untragbar empfunden wurden; beispielhaft sei auf den Schutz primärer Vermögensinteressen Dritter bei unzutreffenden Auskünften privater Sachverständiger und auf die Haftungsprivilegierung gerichtlicher Sachverständiger hingewiesen.

Hierdurch haben sich Widersprüche in die Sachverständigenhaftung eingeschlichen.

So hat sich unter dem Stichwort der „Auskunftshaftung"[1] in Rechtsprechung und Literatur für die als Haftungsvoraussetzung erforderliche besondere Sachkunde des Auskunftgebers dessen staatliche Anerkennung als objektives Kriterium etabliert. Dies führt zur Ungleichbehandlung von öffentlich bestellten und freien Sachverständigen, da letztere nicht über eine hoheitliche Anerkennung verfügen. Hiervon ist vor allem auch der zertifizierte Sachverständige betroffen, dessen privatrechtliche Anerkennung auf der Grundlage europäischen Gemeinschaftsrechts erfolgt; er gilt als europäischer

[1] Unter diesem Stichwort wird die Dritthaftung für fehlerhafte Auskünfte von Wirtschaftsprüfern, Steuerberatern, Rechtsanwälten, öffentlich bestellten Sachverständigen und anderen Berufsträgern diskutiert, deren besondere Sachkunde durch einen staatlichen Akt hoheitlich anerkannt wird. Für die vorliegende Untersuchung sind die o.g. Berufe von dem Berufsbild des Sachverständigen zu unterscheiden.

Sachverständiger der Zukunft. Die Ungleichbehandlung mag auf die hohe Anzahl von Sachverständigenarten und deren unterschiedliche Bestellungsvoraussetzungen zurückzuführen sein. Daher sind eingangs dieser Arbeit die Grundlagen des deutschen Sachverständigenwesens darzustellen, bevor im ersten Teil die Tragfähigkeit der Lösungsvorschläge aus Rechtsprechung und Literatur für die Haftung des privaten Sachverständigen unter besonderer Berücksichtigung des Kriteriums der staatlichen Anerkennung untersucht wird.

Die existierenden Haftungslösungen für den gerichtlichen und behördlichen Sachverständigen fügen sich ebenfalls nicht widerspruchslos ineinander. Dies zeigt sich insbesondere bei der Amtshaftung, die etwa für den amtlich anerkannten Sachverständigen eingreift, wenn diesem ein Fehler bei der sogenannten TÜV-Prüfung (Hauptuntersuchung) eines PKW unterläuft. Dagegen wird die Amtshaftung für den gerichtlichen Sachverständigen verneint. Dies soll durch einen Reformvorschlag der Bundesregierung der13. Legislaturperiode gesetzlich verankert werden. Die Haftung des gerichtlichen und des behördlichen Sachverständigen ist daher Gegenstand des zweiten und dritten Teils dieser Arbeit; der Reformvorschlag wird dargelegt und bewertet.

Die Sachverständigenhaftung erhält durch das Zusammenwachsen der Staatengemeinschaft in der EU eine europäische Dimension, die durch den zertifizierten Sachverständigen zum Ausdruck kommt. Durch die hiermit bezweckte Aufhebung von Handelshemmnissen und den anwachsenden freien Verkehr von Waren und Dienstleistungen bewegen sich aber auch nationale Rechtsordnungen aufeinander zu. Die kodifizierten Rechtsordnungen Kontinentaleuropas stehen den fallrechtlich geprägten Rechtssystemen Großbritanniens und Irlands gegenüber. Der englische Lordrichter Lord *Diplock* sagte in einem Interview für die englische Zeitschrift „Economist" große Schwierigkeiten für die Zusammenarbeit der Engländer, Schotten und Iren einerseits und der Kontinentalen andererseits voraus; er hielt die Kluft zwischen „case law" und „code law" für unüberbrückbar.[2] Sicherlich würde es ihn nicht überraschen, daß sich die Ergebnisse der Sachverständigenhaftung nach deutschem und nach englischem Recht dennoch ähneln; schließlich gleichen sich auch die Gesellschafts- und Werteordnungen dieser Länder. Interessanter ist dagegen ein Vergleich, auf welchem Wege und anhand welcher Kriterien die jeweiligen Lösungen erzielt werden. Der Untersuchung der Haftung des Sachverständigen nach deutschem Recht wird daher immer eine Prüfung nach geltendem, englischen Recht angeschlossen, freilich nicht ohne zuvor die Grundlagen des englischen Sachverständigenwesens darzustellen.

Die Dritthaftung des privaten Sachverständigen nach englischem Recht ist mittelbar von einem Reformvorschlag der englischen Law Commission zur sogenannten „Doctrine of Privity of Contract" betroffen, welche bisher noch der vertraglichen Vereinbarung einer durchsetzbaren Drittbegünstigung entgegensteht; sie ist Grund für die Einordnung der Dritthaftung des privaten Sachverständigen in das englische Deliktsrecht.

---

[2] The Economist, vom 04.12.1971, S. 23 f., zitiert nach *Fikentscher*, ZfRV 1980, 161, 162.

Der Reformvorschlag der Law Commission wird im ersten Teil dieser Arbeit hinsichtlich etwaiger Auswirkungen auf die Dritthaftung des privaten Sachverständigen geprüft.

Im vierten Teil wird die Sachverständigenhaftung beider Länder gegenübergestellt und einem Fazit zugeführt.

Grundlagen: Sachverständige in Deutschland, England u. Europa

§ 1 Das deutsche Sachverständigenwesen

Das deutsche Sachverständigenwesen ist nicht einheitlich geregelt. Gesetzliche Vorschriften über Sachverständige bestehen für die öffentliche Bestellung und Vereidigung, für die amtliche Anerkennung, für die staatliche Anerkennung und für die Zulassung als Umweltgutachter.

Da die Bezeichnung des Sachverständigen gesetzlich nicht geschützt ist, unterliegt sie dem Risiko rechtsmißbräuchlicher Verwendung. Jeder kann sich als Sachverständiger bezeichnen und zudem Eigenschaftswörter wie „anerkannt", „zugelassen" oder „zertifiziert" verwenden. Es besteht kein normierter Pflichtenkatalog für Sachverständige.[1]

Dies wird vielfach als inakzeptabel bewertet. Kritiker fordern vom Gesetzgeber ein einheitliches Rahmengesetz für Sachverständige, das einen Pflichtenkatalog statuiert und die Berufsbezeichnung des Sachverständigen schützt.[2] Eine Reform des Sachverständigenwesens ist jedoch nicht zu erwarten. Parlamentarische Anfragen in den 16 Bundesländern haben ergeben, daß das Sachverständigenwesen befriedigend geregelt sei.[3] Es bestehe kein Handlungsbedarf, weil Mißstände oder Zersplitterung nicht erkennbar seien.[4]

I. Sachverständigenarten

In Deutschland lassen sich verschiedene Sachverständigenarten unterscheiden, z.B. der öffentlich bestellte und vereidigte Sachverständige, der amtlich anerkannte Sachverständige oder der zertifizierte Sachverständige. Im allgemeinen Sprachgebrauch werden die verschiedenen Sachverständigenarten jedoch unter dem Begriff des Sachverständigen zusammengefaßt, weil bereits nach der Wortbedeutung dieses Begriffes besondere Erwartungen an die Kenntnisse und Fähigkeiten der hierunter zusammengefaßten Berufsträger geknüpft werden. Denn das Wort „sachverständig" ist aus dem Substantiv Sache und dem Adjektiv verständig gebildet. Letztes bedeutet einsichtig, aufgeklärt, gebildet oder erfahren. Darüber hinaus kommt dem Wort sachverständig ein eigener, weitergehender Bedeutungsgehalt zu. Es steht für Spezialkenntnisse, besondere Sachkunde und herausragende berufsmäßige Fertigkeit auf einem bestimmten Fachgebiet, welches in der Regel spezieller Teil eines Berufsbildes ist.[5]

---

[1] *Wenzel/Meinhardt*, DS Oktober 1997, 11, 13; *Bleutge*, DS Juli/August 1997, 72, 73.

[2] *Wenzel/Meinhardt*, DS Oktober 1997, 11, 13; *Bleutge*, DS Juli/August 1997, 72, 73; *Rollmann*, DS Juli/August 1997, 5, 7; *Kolb*, DS Januar/Februar 1996, 25.

[3] Zusammenfassung bei *Bleutge*, DS Juli/August 1997, 72 ff.

[4] Kritisch *Bleutge*, DS Juli/August 1997, 72.

[5] BVerwG GewArch 1973, 263, 264; *Heck* in PraxisHdb SachverständigenR, § 1 Rz. 7; *Bleutge* in *Landmann/Rohmer*, GewO (I) § 36 Rz. 10.

Die Bezeichnungen der eingangs erwähnten Sachverständigenarten werden - ausgehend von dieser Wortbedeutung - von öffentlich-rechtlichen oder privatrechtlichen juristischen Personen verliehen, um die Fachkenntnisse der Sachverständigen hervorzuheben. Die Bezeichnungen werden unbefristet und nicht für den Einzelfall verliehen. Öffentliche Bestellung und amtliche Anerkennung erfolgen ebenso wie Anerkennungen durch private Sachverständigenorganisationen für bestimmte Sachgebiete.

1. Öffentlich bestellte und vereidigte Sachverständige

Die öffentliche Bestellung und Vereidigung von Personen, die als Sachverständige auf dem Gebiet der Wirtschaft einschließlich des Bergwesens, der Hochsee- und Küstenfischerei sowie der Land- und Forstwirtschaft einschließlich des Garten- und Weinbaus tätig sind oder werden wollen, ist gemäß § 36 GewO geregelt.[6] Die öffentliche Bestellung erfolgt gemäß § 36 Abs. 1 S. 1 GewO auf Antrag des Sachverständigen durch die zuständige Stelle, welche sich nach Verordnungsrecht der Länder bestimmt, § 36 Abs. 4 GewO. Die Länder haben die Zuständigkeit auf eine Vielzahl von Körperschaften verteilt, z.B. die Industrie- und Handelskammern[7], die Landwirtschaftskammern[8], die Architektenkammern[9] oder die Ingenieurkammern.[10] Da keine Abgrenzungskriterien für die jeweiligen Sachgebiete normiert sind, können verschiedene Stellen für dieselben Sachgebiete Sachverständige bestellen. Darin wird von Kritikern ein Grund für die Zersplitterung und Unübersichtlichkeit des deutschen Sachverständigenwesens gesehen.[11]

Gemäß § 91 Abs. 1 Nr. 8 HandwO ist es Aufgabe der Handwerkskammern, Sachverständige zur Erstattung von Gutachten über die Güte der von Handwerkern gelieferten Waren oder bewirkten Leistungen und über die Angemessenheit der Preise zu bestellen und zu vereidigen. Die für § 36 GewO zuständigen Stellen sind nicht befugt, Sachverständige im Handwerksbereich zu bestellen, § 36 Abs. 5 GewO.

---

[6] Siehe zur öffentlichen Bestellung und Vereidigung ausführlich *Bleutge* in *Landmann/Rohmer*, GewO (I), § 36 m.w.N.

[7] § 6 des Niedersächsischen Ausführungsgesetzes zum Bundesgesetz zur vorläufigen Regelung des Rechts der Industrie- und Handelkammern vom 20.12.1957 (GVBl. S. 136); § 6 des Gesetzes über die Industrie- und Handelskammern im Lande Nordrhein-Westfalen vom 23.07.1957 (GV NW S. 187).

[8] § 2 Abs. 2 g des Gesetzes über die Landwirtschaftskammern i.d.F.v. 01.06.1967 (GVBl. S. 223); § 2 f des Gesetzes über die Errichtug von Landwirtschaftskammern im Lande NW i.d.F.v. 20.06.1989 (GV NW S. 436).

[9] § 9 Abs. 1 Nr. 8 des Architektengesetzes i.d.F.v. 28.03.1990 (GVBl. S. 127); § 9 Abs. 1 Nr. 8 des Geseztes über den Schutz der Berufsbezeichnungen „Architekt/in" etc. v. 15.12.1992 (GV NW S. 534).

[10] § 19 Abs. 1 Nr. 8 des Gesetzes über den Schutz der Berufsbezeichnung „Beratender Ingenieur" und die Einrichtung der Ingenieurkammer vom 28.03.1990 (GVBl. S. 132); § 29 Abs. 1 Nr. 8 des Geseztes über den Schutz der Berufsbezeichnungen „Architekt/in" etc. v. 15.12.1992 (GV NW S. 534).

[11] *Bleutge* in *Landmann/Rohmer*, GewO (I), § 36 Rz. 50 m.w.N.

Die Bestellungsvoraussetzungen für den handwerklichen Bereich unterscheiden sich nicht von den in § 36 GewO geregelten Voraussetzungen.[12] Im Folgenden wird daher keine Unterscheidung nach gewerberechtlich und handwerksrechtlich bestellten öffentlichen Sachverständigen getroffenen.

Die Bestellungsvoraussetzungen sind nach objektiven und subjektiven Anforderungen zu unterscheiden. In objektiver Hinsicht muß für das Sachgebiet, für das eine öffentliche Bestellung beantragt wird, ein allgemeiner Bedarf an Sachverständigenleistungen vorliegen.[13] Die Bestellungskörperschaft hat zu prüfen, ob auf einem bestimmten Fachgebiet nennenswerte Nachfrage nach spezialisiertem Sachverstand besteht. Ist das nicht der Fall, fehlt ein Grund für ein staatliches Eingreifen durch die öffentliche Bestellung, so daß der Antrag zurückzuweisen ist.[14] In subjektiver Hinsicht erfordert die öffentliche Bestellung besondere Sachkunde und persönliche Eignung des Sachverständigen. Er muß überdurchschnittliche Kenntnisse, praktische Erfahrung und die Fähigkeit, nachvollziehbare und nachprüfbare Gutachten zu erstatten, besitzen.[15] Persönliche Eignung setzt voraus, daß keine Bedenken gegen Zuverlässigkeit und Vertrauenswürdigkeit des Sachverständigen bestehen und er für die Dauer seiner Bestellung die Gewähr für Unparteilichkeit, Unabhängigkeit, Objektivität und Einhaltung der Pflichten eines öffentlich bestellten Sachverständigen bietet.[16]

Bei Vorliegen dieser Voraussetzungen hat der Sachverständige einen Rechtsanspruch auf die öffentliche Bestellung und Vereidigung.[17] Er wird vereidigt, seine Aufgaben unabhängig, weisungsfrei, persönlich, gewissenhaft und unparteiisch zu erfüllen und seine Gutachten ebenso zu erstatten. Der Eid hat keine konstitutive Bedeutung, da der Sachverständige bereits gemäß § 36 Abs. 3 Nr. 3 a GewO als Voraussetzung seiner persönlichen Eignung die Sachverständigenpflichten zu beachten hat.[18]

---

[12] *Wellmann*, Rz. 347; *Stober*, S. 22; *Döbereiner/v. Keyserlingk*, Rz. 7.

[13] Diese abstrakte Bedürfnisprüfung ist mit Art. 12 GG vereinbar. Das BVerfG erklärte hingegen die konkrete Bedürfnisprüfung wegen unverhältnismäßigen Eingriffs in die Berufsausübungsfreiheit und des vom Regelungszweck des § 36 GewO nicht beabsichtigten Konkurrenzschutzes begünstigter Sachverständiger für verfassungswidrig, NJW 1992, 2621, 2622f. Diese Entscheidung wird besprochen von *Jahn*, Jus 1993, 643.

[14] BVerfG NJW 1992, 2621, 2623; *Jahn*, Jus 1993, 643, 645; *Bock* in PraxisHdb SachverständigenR, § 3 Rz. 28; *Bleutge* in *Landmann/Rohmer*, GewO (I), § 36 Rz. 59.

[15] BVerwG GewArch 1973, 263, 264; 1974, 333, 334; *Bremer*, S. 85; *Wellmann*, Rz. 350, 355; *Tettinger/Pielow*, GewArch 1992, 1, 5; *Bleutge* in *Landmann/Rohmer*, GewO (I), § 36 Rz. 60.

[16] BVerwG GewArch 1992, 64; *Wellmann*, Rz. 355; *Tettinger/Pielow*, GewArch 1992, 1, 7; *Bleutge* in *Landmann/Rohmer*, GewO (I), § 36 Rz. 71.

[17] *Bleutge*, GewArch 1994, 447, 448; *Bleutge* in *Landmann/Rohmer*, GewO (I), § 36 Rz. 9, 49.

[18] *Stober*, S. 92f.; *Bleutge* in Landmann/Rohmer, GewO (I), § 36 Rz. 96f.; *Bock* in PraxisHdb SachverständigenR, § 3 Rz. 55.

Gerichte haben bei der Beweiserhebung öffentlich bestellte Sachverständige bevorzugt zu beauftragen.[19] Zu ihren historisch gewachsenen Tätigkeitsbereichen zählen außerdem Qualitätsbegutachtungen von Waren oder Leistungen, die Beurteilung der Angemessenheit von Preisen, die Bewertung von beweglichen und unbeweglichen Sachen, die Schadensbegutachtung sowie die Beteiligung bei der außergerichtlichen Streitschlichtung.[20]

2. Amtlich anerkannte Sachverständige

Den amtlich anerkannten Sachverständigen obliegt gemäß § 14 GSG die Überwachung der technischen Sicherheit bei bestimmten gefährlichen und daher fortlaufend kontrollbedürftigen technischen Systemen, Anlagen und Geräten.[21] Ihre Tätigkeit beruht immer auf einer besonderen gesetzlichen Grundlage[22] und ist, anders als für öffentlich bestellte und vereidigte Sachverständige, auf die Überprüfung bestimmter Sachen und Einrichtungen beschränkt. Bei sonstiger gutachterlicher Tätigkeit ist es ihnen untersagt, sich auf die amtliche Anerkennung zu berufen.[23]

Die amtliche Anerkennung erfolgt auf Antrag durch die zuständige Stelle, die sich nach speziellen Rechtsverordnungen der Länder über die Organisation der technischen Überwachung bestimmt.[24] Die amtliche Anerkennung bedingt, daß der Sachverständige geistig und körperlich für die auszuübende Tätigkeit geeignet ist, in geordneten wirtschaftlichen Verhältnissen lebt und keine Tatsachen vorliegen, die ihn für die Tätigkeit eines Sachverständigen als unzuverlässig erscheinen lassen. Weiterhin muß er fachlich geeignet sein und seine aufgrund beruflicher Ausbildung oder Erfahrung erworbenen Kenntnisse nachweisen können.[25] Amtliche Anerkennung erfordert schließlich, daß der Sachverständige einer amtlich anerkannten technischen Überwachungsorganisation angehört.[26] In Hessen und Hamburg werden Sachverständige für die techni-

---

[19] §§ 404 Abs. 2 ZPO, 73 Abs. 2 StPO.

[20] *Nicklisch*, DB 1982, 2277, 2282.

[21] *Bleutge* in *Landmann/Rohmer*, GewO (I), § 36 Rz. 19.

[22] §§ 14 Abs. 1, 2 Abs. 2 a) GSG, 3 Abs. 2 Nr. 3, 10, 11, 11 a), 12, 20 Abs. 2, 21 StVZO. Außerdem § 29 StVZO mit den Anlagen VIII und IX zu § 29 StVZO.

[23] *Bleutge* in *Landmann/Rohmer*, GewO (I), § 36 Rz. 19.

[24] Ausführlich zur Zulassung und Anerkennung *Meyer* in *Landmann/Rohmer*, GewO (II), § 14 GSG Rz. 22, 42. Siehe auch §§ 15 Nr. 1 KfSachvG, 14 Abs. 4 GSG i.V.m. Rechtsverordnungen der Länder. In Nordrhein-Westfalen spricht der Regierungspräsident die Anerkennung aus, in dessen Bezirk der Sitz der technischen Überwachungsorganisation liegt, bei der der Sachverständige angestellt ist, § 1 Abs. 2 der VO über die Organisation der technischen Überwachung v. 02.12.1958 (GVBl NW 1959, S. 174 - OrganisationsVO -).

[25] § 2 Abs. 1 KfSachvG und die nach § 14 Abs. 4 GSG durch die Länder erlassenen OrganisationsVOen, die *Meyer* in *Landmann/Rohmer*, GewO (II), § 14 GSG Rz. 58 auflistet.

[26] §§ 2 Abs. 1 Nr. 2 KfSachvG, 14 Abs. 1 S. 2 GSG. Es kann sich auch um eine technische Prüfstelle für KFZ handeln, die entweder als besondere Abteilungen innerhalb der TÜV geführt oder einer

sche Überwachung von staatlichen Überwachungsämtern als Beamte oder Angestellte im öffentlichen Dienst beschäftigt.[27]

Eine technische Überwachungsorganisation wird durch die jeweils zuständige Aufsichtsbehörde eines Landes amtlich anerkannt, wenn sie zur Gewährleistung einer ordnungsgemäßen Prüfung erforderlich ist.[28] Bisher haben die Länder nur die TÜV amtlich anerkannt.[29] Die TÜV unterliegen staatlicher Fach- und Dienstaufsicht.[30] Sie sind verpflichtet, den Aufsichtsbehörden nachteilige Tatsachen über Sachverständige zu berichten, wenn sie für die Anerkennung von Bedeutung sein können.[31]

3. Freie Sachverständige

Eine große Gruppe bilden die freien Sachverständigen. Sie unterliegen der Berufs- und Gewerbefreiheit, bedürfen keiner behördlichen Zulassung oder Bestellung und haben bei gewerbsmäßiger Betätigung lediglich das Gewerberecht zu beachten. Sie bezeichnen sich selbst als Sachverständige oder werden als solche von privatwirtschaftlichen Verbänden anerkannt.[32] Diese teilweise als „Selbsternennung durch Selbstqualifizierung"[33] mißbilligte Berufsbezeichnungsauswahl ist zulässig, da der Begriff des Sachverständigen gesetzlich nicht geschützt ist. Verletzt der Sachverständige jedoch wettbewerbsrechtliche und/oder strafrechtliche Vorschriften, kann ihm die Bezeichnung als Sachverständiger gerichtlich verboten werden, z.B. wenn er sich in der Öffentlichkeit als Sachverständiger bezeichnet oder für Gutachtentätigkeit wirbt, obwohl er die erforderliche Sachkunde und/oder die persönliche Eignung nicht besitzt.[34] Es kann ferner

---

Behörde angeschlossen werden und der Verordnungsmacht der Länder unterliegen, §§ 10 Abs. 1, 15 KfSachvG, 14 Abs. 4 GSG.

[27] Hessen: Gesetz über die Neuordnung der technischen Überwachung v. 19.08.1947 (GVBl. S. 78) geändert am 18.03.1970 (GVBl. S. 256) sowie § 1 VO über Sitz und Organisation der Staatlichen Technischen Überwachung v. 04.11.1977 (GVBl. S. 448). Hamburg: Bekanntmachung über die Zuständigkeit zur Überwachung von Dampfkesseln und Maschinen v. 26.09.1946 (AAnz. S. 359) sowie die VO gleichen Titels v. 09.05.1947 (AAnz. S. 205).

[28] §§ 7 der OrganisationsVO der Länder (außer Saarland). Siehe auch BVerwG GewArch 1986, 54; *Meyer* in *Landmann/Rohmer*, GewO (II), § 14 GSG Rz. 60.

[29] Der DEKRA ist von den TÜV zu unterscheiden, da der DEKRA keine amtlich anerkannten Sachverständigen beschäftigt, sondern gemäß Abschnitt 7.2 und 4.2 der Anlage VIII zu § 29 StVZO als Rechtssubjekt für die Durchführung von KFZ-Untersuchungen amtlich anerkannt wurde. Der DEKRA beschäftigt Ingenieure, die gemäß Abschnitt 7.3 der Anlage VIII zu § 29 StVZO mit KFZ-Untersuchungen betraut werden. *Heck* in PraxisHdb SachverständigenR, § 1 Rz. 19.

[30] § 12 OrganisationsVO NW. *Heck* in PraxisHdb SachverständigenR, § 1 Rz. 18.

[31] Für den Bereich der Kraftfahrzeugüberwachung ist dies gemäß § 13 Abs. 3 KfSachvG ausdrücklich klargestellt.

[32] *Heck* in PraxisHdb SachverständigenR, § 1 Rz. 21; *Wellmann*, Rz. 8; *Bleutge* in *Landmann/Rohmer*, GewO (I), § 36 Rz. 21.

[33] *Stober*, S. 40.

[34] BGH NJW 1984, 2883 (unzulässiger Hinweis auf öffentliche Bestellung); OLG München WRP 1995, 57, 60 (Anforderungen an Sachverständige); 1976, 202 (Irreführung durch Mißbrauch des

gemäß § 132 a Abs. 1 Nr. 3, Abs. 2 StGB Freiheitsstrafe bis zu einem Jahr oder Geldstrafe verhängt werden, wenn sich jemand unbefugt als „öffentlich bestellter" Sachverständiger bezeichnet oder eine zum Verwechseln ähnliche Bezeichnung führt.[35]

In einigen Bereichen werden Sachverständige von privaten Verbänden nach einer fachlichen und persönlichen Prüfung privatrechtlich anerkannt, z.B. durch einen Berufsverband, einen Automobilclub, eine gemeinnützige Institution oder eine Verbrauchervereinigung. Die rechtliche Zulässigkeit dieser Anerkennung ist gesetzlich nicht ausdrücklich geregelt und richtet sich nach wettbewerbsrechtlichen Grundsätzen, §§ 1, 3 UWG. Die Zulässigkeit der Anerkennung ist zu bejahen, wenn die Vereinigung über ausreichende sachliche Qualifikation, Unabhängigkeit und Objektivität verfügt und durch ein geeignetes Prüfverfahren sicherstellt, daß nur besonders fähige und geeignete Personen als Sachverständige anerkannt werden.[36]

4. Weitere Sachverständigenarten

Die folgenden Sachverständigenarten werden aufgrund der Aktualität der jeweiligen gesetzlichen Grundlage oder der Berücksichtigung durch die jüngere Rechtsprechung exemplarisch dargestellt.

Auf der Grundlage der Beleihungsgrundsätze für Sparkassen agieren die *verpflichteten Bausachverständigen der Kreissparkassen*[37], die Gegenstand der jüngeren Rechtsprechung des BGH[38] waren. Nach den Beleihungsgrundsätzen können Sachverständige vom Vorstand der Kreissparkasse für die Schätzung von Beleihungsgegenständen, insbesondere Grundstücken, bestellt und verpflichtet werden. Vergleichbare Sachverständige werden auch von Hypothekenbanken zur Vorbereitung von Entscheidungen über die Beleihung von Grundstücken vorgehalten.[39]

Eine neue Sachverständigenart bilden die *Umweltgutachter* nach dem Umweltauditgesetz.[40] Ein Umwelt-Audit ist eine systematische, umwelttechnische und umweltrechtli-

---

Sachverständigenbegriffes); OLG Frankfurt WRP 1990, 340 (Mangelnde personelle Eignung eines Sachverständigen); OLG Saarbrücken WRP 1988, 489, 491 (Unzulässigkeit der Bezeichnung als „Bundesprüfer" im Bereich Philatelie); LG Duisburg GewArch 1987, 20, 21 (Irreführung durch Verwendung des Landeswappens).

[35] LG Bonn WRP 1978, 922, 923 (Strafbewährung unbefugter Bezeichnung als anerkannter Sachverständiger); AG Krefeld BB 1961, 197 (Unbefugte Bezeichnung als vereidigter Sachverständiger).

[36] BGH NJW 1984, 2365; OLG Hamm VersR 1989, 151.

[37] In Nordrhein-Westfalen beruhen die Beleihungsgrundsätze auf dem Runderlaß des Ministers für Wirtschaft, Mittelstand und Verkehr vom 04.09.1969, den dieser gemäß § 20 Abs. 1 S. 1 der Mustersatz für die Sparkassen, nunmehr § 12 S. 1 SparkassenVO NW i.d.F.v. 08.11.1988 (GVNW S. 461) erlassen hat.

[38] BGHZ 127, 378 ff.

[39] OLG Köln NJW-RR 1986, 1222.

[40] Gesetz zur Ausführung der Verordnung Nr. 1836/93 des Rates vom 29.06.1993 über die freiwillige Beteiligung gewerblicher Unternehmen an einem Gemeinschaftssystem für das Umweltmanagement und die Umweltbetriebsprüfung, - UAG -, vom 07.12.1995.

che Betriebsprüfung, die Ende der 70er Jahre als Managementinstrument in den USA entwickelt wurde.[41] Das UAG soll gewerblichen Unternehmen Anreize geben, auf freiwilliger Basis betriebliche Umweltmanagementstrukturen mit dem Ziel der kontinuierlichen Verbesserung des betrieblichen Umweltschutzes aufzubauen und die Funktionsfähigkeit des Umweltmanagementsystems prüfen zu lassen.[42]

Umweltgutachter prüfen bestimmte Umwelterklärungen der Unternehmen und erklären diese für gültig, wenn sie den gemeinschaftsrechtlichen Anforderungen entsprechen. Nach der Gültigkeitserklärung dürfen die Unternehmen im Rechtsverkehr das Umweltzeichen zu Marketingzwecken führen.[43]

Die Bezeichnung des „Umweltgutachters" ist gemäß § 4 Abs. 4 S. 2 UAG gesetzlich geschützt. Die Zulassung richtet sich nach § 9 Abs. 1 UAG. Danach ist als Umweltgutachter zuzulassen, wer die in §§ 5 bis 7 UAG geregelte Zuverlässigkeit, Unabhängigkeit und Fachkunde besitzt.[44] Zuständige Zulassungsstelle ist die vom Bundesverband der Deutschen Industrie, dem Deutschen Industrie- und Handelstag, dem Zentralverband des Deutschen Handwerks und vom Bundesverband freier Berufe getragene „Deutsche Akkreditierungs- und Zulassungsstelle für Umweltgutachter mbH - DAU", die im März 1995 in Bonn gegründet wurde.[45] Die DAU übt Hoheitsbefugnisse aus und unterliegt als Teil der mittelbaren Bundesverwaltung staatlicher Aufsicht.[46]

Die *staatlich anerkannten Sachverständigen* stellen ebenfalls eine neue Sachverständigenart dar. Sie wurden durch die Novellierungen der Landesbauordnungen[47] der Ländern eingeführt, um Genehmigungsverfahren zu verschlanken und zu beschleunigen. Der staatlich anerkannte Sachverständige nimmt Prüfungsaufgaben im Rahmen oder anstelle der Bauaufsicht wahr.[48] Er ist berechtigt, in seinem Fachbereich Nachweise auszustellen, Prüfungen vorzunehmen und Bescheinigungen zu erteilen.[49] Im einzelnen bestimmen sich die Aufgaben des staatlich anerkannten Sachverständigen nach spezi-

---

[41] *Scherer*, NVwZ 1993, 11.

[42] *Scherer/Bartsch* in *Landmann/Rohmer*, UmweltR, Vorb. UAG, Rz. 11.

[43] Einzelheiten bei *Scherer/Bartsch* in *Landmann/Rohmer*, UmweltR, Vorb. UAG.

[44] Siehe zu den Einzelheiten des Verfahrens § 11 UAG sowie die VO über das Verfahren zur Zulassung von Umweltgutachtern und Umweltgutachterorganisationen sowie zur Erteilung von Fachkenntnisbescheinigungen nach dem UAG v. 18.12.1995.

[45] § 1 der VO über die Beleihung der Zulassungestelle nach dem UAG v. 18.12.1995.

[46] *Scherer/Bartsch* in *Landmann/Rohmer*, UmweltR, Vorb. UAG, Rz. 84.

[47] Die Neuregelungen sind aufgezählt bei *Ortloff/Rapp*, NJW 1996, 2346 ff. Die Begriffe können sich von Bundesland zu Bundesland unterscheiden.

[48] *Werner/Reuber*, BauR 1996, 796, 797.

[49] *Werner/Reuber*, BauR 1996, 796, 797.

ellen Sachverständigenverordnungen (SV-VO)[50], soweit sie nicht bereits in den Landesbauordnungen beschrieben werden.

Die staatliche Anerkennung wird dem Sachverständigen auf Antrag durch die nach Landesrecht zuständige Körperschaft erteilt, wenn er die persönlichen und fachlichen Voraussetzungen erfüllt. Er wird unmittelbar durch den Bauherrn beauftragt und ist damit aus dem Subordinationsverhältnis zwischen der Bauaufsichtsbehörde und dem Bauherrn herausgenommen.[51]

II. Private, gerichtliche und behördliche Sachverständige

Während die Bezeichnung einer Sachverständigenart unbefristet besteht, richtet sich die Unterscheidung nach privater, gerichtlicher oder behördlicher Sachverständigentätigkeit nach der Beauftragung des Sachverständigen im Einzelfall.

Der Gruppe der privaten Sachverständigen sind alle vorgenannten Sachverständigen zuzuordnen, wenn sie Leistungen aufgrund eines privatrechtlichen Gutachtenvertrags erbringen. Dieser Status besteht vom Abschluß bis zur endgültigen Erfüllung des Gutachtenvertrags, der die Rechte und Pflichten des privaten Sachverständigen regelt.

Abzugrenzen sind private Sachverständige von den gerichtlichen und den behördlichen Sachverständigen. Diese erbringen ihre Leistungen nicht aufgrund privatrechtlichen Vertrags, sondern aufgrund gerichtlichen, behördlichen oder gesetzlichen Auftrages. Die Bezeichnung des „gerichtlichen Sachverständigen" bestimmt sich danach, daß ein Sachverständiger durch ein Gericht für einen Einzelfall nach einer deutschen Prozeßordnung zum gerichtlichen Sachverständigen ernannt wird, § 407 Abs. 1 ZPO, § 75 Abs. 1 StPO.[52] Der „behördliche Sachverständige" wird in nichtförmlichen und förmlichen Verwaltungsverfahren im Einzelfall von Amts wegen als Beweismittel hinzugezogen, §§ 26, 63 bis 71 VwVfG; er übernimmt zudem wichtige Aufgaben im Bereich der präventiven Gefahrenabwehr.

III. Berufsbild

Es ist festzustellen, daß in Deutschland eine Vielzahl von Sachverständigenarten existieren. Fraglich ist, ob gleichwohl ein einheitliches Berufsbild des Sachverständigen vorliegt oder ob zwischen verschiedenen Sachverständigenberufen (öffentlich bestellter und vereidigter, amtlich anerkannter oder freier Sachverständiger) zu unterscheiden ist.

---

[50] Siehe etwa SV-VO nach § 85 Abs. 2 Nr. 4 BauO NW v. 14. Juni 1995, GV NW S. 592. Für Niedersachsen siehe § 69 a NBauO.

[51] *Werner/Reuber*, BauR 1996, 796, 798.

[52] *Eickmeier*, S. 9; *Jessnitzer/Frieling*, S. 1; *Bayerlein* in PraxisHdb SachverständigenR, § 10 Rz. 2; *Stober*, S. 42.

1. Keine amtliche Berufszulassung

Es ist umstritten, ob die öffentliche Bestellung und Vereidigung und die amtliche Anerkennung amtliche Zulassungen zu eigenen Sachverständigenberufen darstellen.[53]

a) Streitstand

Die Berufszulassung wird von einem großen Teil der Literatur und von der Rechtsprechung abgelehnt. Bei natürlicher Betrachtungsweise und unter Berücksichtigung der Verkehrsanschauung, der Ausbildung, der rechtlichen Ausgestaltung der Tätigkeit, ihrem besonderen Zuschnitt und den wirtschaftlichen Chancen sei eine wesensgemäße und unabhängige Wahrnehmung der Tätigkeit öffentlich bestellter und vereidigter Sachverständiger nicht möglich.[54] Die öffentliche Bestellung eines Sachverständigen beinhalte lediglich die Zuerkennung einer besonderen Qualifizierung, die der Aussage des vereidigten Sachverständigen einen erhöhten Wert verleiht. Eine Zulassung zu einem eigenen Beruf werde hingegen nicht eröffnet, da die Tätigkeit als Sachverständiger jedermann offen steht, ohne daß es hierzu einer besonderen Zulassung bedarf.[55] Die öffentliche Bestellung und Vereidigung eröffne für den Sachverständigen auch keine neuen Berufsmöglichkeiten und ändere nicht das Berufsbild. Deshalb sei sie lediglich eine besondere Form der Berufsausübung.[56]

Dagegen wird eingewendet, daß gerade die Tätigkeit als öffentlich bestellter und vereidigter Sachverständiger neue Berufsmöglichkeiten erschließe, die anderen Sachverständigen verschlossen blieben. Viele Gesetze erforderten für die Tätigkeit eines Sachverständigen im gesetzlich geregelten Bereich die öffentliche Bestellung und Vereidigung des Sachverständigen, z.B. §§ 29 StVZO, 29 a BImSchG. In anderen Regelungen würden öffentlich bestellte und vereidigte Sachverständige bei der Auswahl ausdrücklich bevorzugt, etwa gemäß §§ 73 Abs. 2 StPO, 404 Abs. 2 ZPO.[57] Zudem verschaffe die öffentliche Bestellung Vorteile im Wettbewerb.[58] Weiterhin werde die Eigenständigkeit des Berufes der öffentlich bestellten und vereidigten Sachverständigen nunmehr gesetzlich klargestellt und besonders hervorgehoben. Für diese Annahme wird auf die Hervorhebung der hauptberuflichen Tätigkeit als öffentlich bestellter und vereidigter Sachverständigen gemäß §§ 36 Abs. 3 letzter Halbs. GewO, 3 Abs. 3 ZSEG und § 1 Abs. 2 PartnerschaftsgesellschaftsG verwiesen.[59] Hierdurch schreibe der Gesetzgeber fest, daß sich der öffentlich bestellte und vereidigte Sachverständige heute zu

---

[53] *Meyer* in *Landmann/Rohmer*, GewO (II), § 14 Rz. 64 ff.

[54] *Jahn*, Jus 1993, 643, 645; BVerfG NJW 1992, 2621, 2622.

[55] BVerfG NJW 1992, 2621, 2622.

[56] BVerfG NJW 1992, 2621, 2622; *Wellmann*, Rz. 346; *Bleutge* in *Landmann/Rohmer*, GewO (I), § 36 Rz. 47..

[57] *Stober*, DS Mai 1995, 8, 10.

[58] BVerwGE 5, 97; 86, 28, 37.

[59] *Stober*, DS Mai 1995, 8, 11.

einem nicht mehr hinwegzudenkenden essentiellen Bestandteil der Berufswirklichkeit entwickelt habe.[60]

b) Stellungnahme

Der Auffassung von der Zulassung zu einem eigenen Berufsbild kann jedoch nicht gefolgt werden. Das erste Argument dieser Auffassung verkennt, daß sich die Tätigkeit in den gesetzlich geregelten Bereichen, die öffentlich bestellten und vereidigten und amtlich anerkannten Sachverständigen vorbehalten sind, nicht von den Aufgaben anderer Sachverständiger unterscheidet. Jede Sachverständigentätigkeit beinhaltet entweder die Beurteilung oder die Feststellung von Tatsachen oder die Mitteilung von Erfahrungssätzen. Folglich werden mit gesetzlich geregelten Betätigungsfeldern keine neuen Berufsmöglichkeiten geschaffen, sondern bestehende Aufgaben spezifiziert. Wollte man darin die Schaffung eigener Berufsbilder erblicken, wäre es inkonsequent, nur die eines öffentlich bestellten oder eines amtlich anerkannten Sachverständigen zu befürworten. Vielmehr müßte man die gesetzliche Spezifizierung der Tätigkeiten einbeziehen und eigene Sachverständigenberufe nach StVZO, GSG etc. anerkennen.[61] Ein dahingehender Wille des Gesetzgebers ist jedoch nicht erkennbar.

Aus der Bevorzugung öffentlich bestellter Sachverständiger in den Prozeßordnungen der ZPO und der StPO kann ebenfalls kein Argument für ein eigenes Berufsbild abgeleitet werden. Nach der herrschenden Berufbildlehre[62] stellt eine Erwerbstätigkeit nur dann einen Beruf dar, wenn sie auf Dauer angelegt ist. Die Ernennung zum gerichtlichen Sachverständigen erfolgt jedoch nur für den Einzelfall. Dies gilt zudem für freie Sachverständige ebenso wie für öffentlich bestellte und vereidigte Sachverständige.

Weiterhin kann das Kriterium der Hauptberuflichkeit nicht überzeugen. Denn für die Begründung eines Berufsbildes kommt es auf dessen Ausübungsform nicht an. Lediglich eine reine Nebentätigkeit oder eine Tätigkeit aus dem privaten Bereich (Hobby) kommt als Beruf nicht in Betracht.[63] Außerdem ist kein entsprechender Wille des Gesetzgebers bei der Aufnahme der Hauptberuflichkeit in § 36 GewO erkennbar.[64]

Schließlich sagt es über das Berufsbild des öffentlich bestellten Sachverständigen nichts aus, daß dem Institut der öffentlichen Bestellung und Vereidigung eine bedeutende ökonomische und soziale Position zukommt.[65] Niemand kann unter Berufung auf das Recht der freien Berufswahl durch die jederzeit mögliche Erfindung untypischer Betätigungsformen fordern, daß ein Berufsbild von eigenem sozialen Gewicht und charakterischem Gepräge aufgelöst und in eine Vielzahl allein dem Belieben des Ein-

[60] *Stober*, DS Mai 1995, 8, 11.

[61] *Fuchs*, DS, März 1997, 13.

[62] *Dreier*, GG, Art. 12 Rz. 42 ff. m.w.N.

[63] *Jarass/Pieroth*, GG, Art. 12 Rz. 4 f.

[64] BT-Drucks. 12/8005, S. 28 Nr. 12; *Bleutge* in *Landmann/Rohmer*, GewO (I), § 36 Rz, 139 a.

[65] *Stober*, DS Mai 1995, 8, 11.

zelnen anheim gegebener Berufe unterteilt wird.[66] Ein eigener Beruf des öffentlich bestellten Kfz-Sachverständigen ist daher abzulehnen.[67] Die Fixierung der Berufsbilder obliegt grundsätzlich dem Gesetzgeber, so daß jedem Deutschen die Berufswahlfreiheit nur in diesem Rahmen zusteht. Der Gesetzgeber hat das Sachverständigenwesen zwar nicht umfassend gesetzlich geregelt. Dennoch hat er durch § 36 GewO kein Berufsbild des öffentlich bestellten Sachverständigen fixiert. Ganz im Gegenteil weist die Formulierung in § 36 Abs. 1 GewO, daß „Personen, die als Sachverständige (...) tätig werden wollen", darauf hin, daß der Gesetzgeber nur den Beruf des Sachverständigen vor Augen hatte, nicht jedoch ein eigenes Berufsbild des öffentlich bestellten und vereidigten Sachverständigen.

Dies gilt gleichermaßen für die amtliche Anerkennung eines Sachverständigen für einen bestimmten Bereich der technischen Überwachung. Hierin kann ebenfalls keine Zulassung zu einem eigenen Berufsbild des amtlich anerkannten Sachverständigen gesehen werden. Die einschlägigen Vorschriften des GSG und der Organisationsverordnungen der Länder verstoßen demnach nicht gegen die Berufswahlfreiheit des Art. 12 GG. Sie regeln lediglich die Ausübung des Sachverständigenberufes.[68]

Für die Untersuchung der Sachverständigenhaftung ist somit von einem einheitlichen Berufsbild des Sachverständigen auszugehen.

2. Freie Berufswahl

Der Beruf des Sachverständigen ist für jeden Deutschen frei wählbar. Die Tätigkeit ist ein Beruf im Sinne des Art. 12 GG, da sie in ideeller wie in materieller Hinsicht der Schaffung und Erhaltung einer Lebensgrundlage dient oder dazu beiträgt und auf Dauer angelegt ist. Unerheblich ist, ob die Tätigkeit selbständig oder angestellt, hauptberuflich, nebenberuflich oder im öffentlichen Dienst ausgeübt wird.[69] Für die Berufswahlfreiheit spielt es auch keine Rolle, ob die Sachverständigentätigkeit öffentlich bestellt und vereidigt, amtlich anerkannt oder frei ausgeübt wird.

§ 2 Das englische Sachverständigenwesen

Das englische Sachverständigenwesen ist ebenso wie das deutsche nicht gesetzlich geregelt. Es kommt ohne staatliche Eingriffe aus, da keine mit der amtlichen Anerkennung oder öffentlichen Bestellung vergleichbare Institute bestehen. Das englische Sachverständigenwesen wird vielmehr durch ein selbstregulierendes System getragen. Es kann ebenfalls nach privaten, gerichtlichen und behördlichen Sachverständigen unterschieden werden.

---

[66] BVerfGE 17, 232, 241 f.; *Dreier*, GG, Art. 12 Rz. 44.

[67] *Fuchs*, DS März 1997, 13 ff.

[68] BVerfG, GewArch 1987, 267; BVerwG, GewArch 1986, 54; *Meyer* in *Landmann/Rohmer*, GewO (II), § 14 GSG Rz. 64 ff.

[69] BVerfGE 7,377, 397; 32, 1, 28; 21, 173, 179; *Jarras/Pieroth*, GG, Art. 12 Rz. 4.

I. Begriff des „expert“

Nach dem Wörterbuch bedeutet Sachverständiger in der englischen Sprache „expert“.[70] Dieser Begriff hat als Adjektiv zwei relevante Bedeutungen: „(i) experienced; (ii) trained by experience or practice, skilled, skillful“, ebenso als Substantiv: „(i) one who is expert or who has gained skill from experience; (ii) one whose special knowledge or skill causes him to be regarded as an authority; a specialist.“[71] Der Begriff des „expert“ dient im englischen Recht jedoch eher einem umfassenden Verständnis von einer durch Erfahrung und/oder Ausbildung besonders befähigten Person.[72] Daher deckt er sowohl die Vornahme von Sicherheitsüberprüfungen und Bewertungen als auch die Gutachtenerstellung bei Gericht sowie für Behörden und in unstreitigen Angelegenheiten ab.[73]

Synonym wird Sachverständiger auch mit „specialist“ übersetzt.[74] Dieser Begriff hat als Berufsbezeichnung jedoch keine Bedeutung, sondern definiert eher den Fachmann oder die Fachkraft innerhalb eines Berufsstands, etwa den „medical specialist“ (Facharzt).[75] Wichtiger sind dagegen die Begriffe „surveyor“ und „valuer“. Bei diesen handelt es sich um Sachverständige für Schadensfeststellungen und Wertberechnungen sowie für Schätzungen aller Art.

Wie bereits angedeutet, ist das englische Sachverständigenwesen nicht gesetzlich geregelt. Es finden sich keine Bestimmungen, die den Begriff des „expert“ definieren oder schützen. Worauf das nach allgemeinen Verständnis des „expert“-Begriffs erforderliche Fachwissen („expertise“) beruhen muß, ist nicht gesetzlich vorgegeben. Lediglich die Regelung in sec. 4 (1) des Civil Evidence Act 1972, die sich mit der Beweiserhebung über ausländisches Recht durch einen Sachverständigen befaßt, gibt einen Hinweis. Danach wird vorausgesetzt, „that expertise might be derived from 'knowledge or experience'“[76] Dem ist zu entnehmen, daß das erforderliche Fachwissen nicht zwingend Folge einer bestimmten Ausbildung oder beruflicher Erfahrung sein muß. Dieses Verständnis ist auch der Entscheidung des Crown Court in *R. v. Silverlock*[77] zu entnehmen. Lord *Russell of Killowen* C.J. hat zu einem graphologischen Gutachten, das von einen Solicitor erstellt worden war, festgestellt, daß es keine rechtliche Anforderung darstelle, daß der gerichtliche Sachverständige sein Wissen durch eine bestimmte Ausbildung erworben haben oder seine berufliche Ausübung Gegenstand der Beweis-

---

[70] *Romain*, Wörterbuch der Rechts- und Wirtschaftssprache, Band 2, 4. Auflage, S. 674.

[71] *Hodgkinson*, S. 10 f.

[72] „There is little doubt, that the law follows the first general rather than the second more limited meaning of both the noun and the adjectival form of 'expert'.“, so *Hodgkinson*, S. 11.

[73] *Boyle*, DS Dezember 1995, 4.

[74] *Romain*, S. 674.

[75] *v. Beseler/Jacobs-Wüstefeld*, Law Dictionary, Englisch-Deutsch, 4. Auflage, Berlin, New York 1986, S. 1572.

[76] *Hodgkinson*, S. 11.

[77] *R. v. Silverlock* [1894] 2 Q.B. 766.

frage sein muß.[78] Eine negative Eingrenzung erfolgte durch *Vaughan-Williams* J.: „No one should be allowed to give evidence as an expert unless his profession or course of study gives him more oppertunity of judging than other people."[79] Demnach ist ebenfalls eine besondere Sachkunde des Sachverständigen erforderlich.

Da der Begriff des „expert" in England ebenfalls keinen gesetzlichen Schutz genießt, kann sich zunächst jeder ohne staatliche Zulassung und ohne Nachweis besonderer Sachkunde als Sachverständiger ausgeben, Gutachten erstellen oder als „expert witness"[80] vor Gericht aussagen.[81] In letzterem Fall ist es freilich Sache des Gerichts festzustellen, ob es sich bei dem Gutachten um eine sachverständige Aussage handelt, oder ob der Zeuge lediglich als „lay witness", also nicht-sachverständiger Zeuge, behandelt wird.[82]

II. Organisation

In England existieren keine den deutschen § 36 GewO oder § 14 GSG vergleichbaren gesetzlichen Bestimmungen.[83] Deutschland ist sogar das einzige Land in Europa, das Sachverständige öffentlich bestellt und amtlich anerkennt. Ein Grund hierfür mag sein, daß Industrie- und Handelskammern oder Handwerkskammern als Körperschaften des öffentlichen Rechts in England nicht vorhanden sind. Die britischen *Chambers of Commerce and Industry* sind keine öffentlich-rechtlichen Einrichtungen, sondern privatrechtliche Organisationen.[84]

Demnach unterliegt der englische Sachverständige keiner hoheitlichen Aufsicht. Gleichwohl ist das englische Sachverständigenwesen nicht weniger vertrauenswürdig oder zuverlässig als das deutsche. Diese Ziele werden in England mittels eines selbstregulierenden Systems erreicht.

Die Selbstregulierung beruht darauf, daß der für eine bestimmte Berufsgruppe tätige Berufsverband gleichzeitig als berufsständische Organisation für diese Branche fungiert. Der bedeutendste Sachverständigenverband ist die *Royal Institution of Chartered Surveyors* - RICS -[85], die Sachverständige im Bereich der Bau- und Grundstücksbewertung- und -begutachtung benennt. Die RICS wurde bereits im Jahre 1868 gegrün-

---

[78] *R. v. Silverlock* [1894] 2 Q.B. 766, 771 per Lord *Russell of Killowen* C.J. Siehe auch *Hodgkinson*, S. 11.

[79] *R. v. Silverlock* [1894] 2 Q.B. 766, 769 per *Vaughan-Williams* J.

[80] Der „expert witness" ist ein sachverständiger Zeuge, der auf Seiten der Partei, die ihn beauftragt hat, in einem gerichtlichen Verfahren aussagt. Siehe ferner unten § 11 II. 1. a).

[81] *Boyle*, DS Dezember 1995, 4.

[82] *R. v. Silverlock* [1894] 2 Q.B. 766.

[83] *Boyle*, DS Dezember 1995, 4 und 6.

[84] *Boyle*, DS Dezember 1995, 4.

[85] Die RICS stellt sich auf folgender Homepage im Internet dar: www.rics.org.uk, aufgerufen am 21.01.1999.

det, als in Deutschland soeben die ersten Dampfkesselüberwachungsvereine als Vorläufer der TÜV gegründet worden waren. Die RICS ist nach eigener Darstellung die weltgrößte Sachverständigenorganisation mit über 70.000 praktizierenden und weiteren 20.000 in der Ausbildung befindlichen Mitgliedern.[86] Mitglieder der RICS nennen sich „Chartered Surveyors".[87] Sie arbeiten zum Teil selbständig in privaten Sachverständigenbüros. Viele gehen ihrer Gutachtentätigkeit nebenberuflich nach, während sie in ihrem Hauptberuf als Grundstücks- oder Wohnungsmakler, Kunst- und Antiquitätenschätzer, Denkmalschutzbeamte oder als land- oder forstwirtschaftliche Berater tätig sind. Sie arbeiten bei Projektentwicklern, Bauunternehmen oder Behörden, im öffentlichen und privaten Bau- und Ingenieurwesen, in wissenschaftlichen Einrichtungen oder im staatlichen und behördlichen Auftrag. Sie nehmen weitere Aufgaben im staatlichen Gesundheitswesen, in Industrie und Handel sowie in der Landwirtschaft und im Bergbauwesen wahr.[88]

Kern des selbstregulierenden Systems ist, daß die „Chartered Surveyors" durch ihre Mitgliedschaft an die Berufsordnung („Rules of Conduct") der RICS gebunden sind. Hierdurch sind sie zu Verschwiegenheit, Unparteilichkeit und Gewissenhaftigkeit sowie zum Abschluß einer Berufshaftpflichtversicherung und zur Weiterbildung verpflichtet.[89] Ein Verstoß gegen das Berufsrecht kann mit dem Ausschluß aus der RICS sanktioniert werden.[90]

Wird ein zuverlässiger Sachverständiger benötigt, so benennt die RICS auf Anfrage ein Mitglied, daß als Sachverständiger in dem gewünschten Fachbereich tätig ist.[91] Da die RICS an Sachkunde und persönliche Eignung ihrer Sachverständigen hohe Anforderungen stellt, werden auf diese Weise nur zuverlässige Sachverständige benannt.

Dieses System der Selbstregulierung wird durch weitere Maßnahmen flankiert. So werden unqualifizierte oder unzuverlässige Sachverständige auch durch die existierenden Sachverständigen-Suchsysteme aussortiert. Dies betrifft vor allem die in gerichtlichen Verfahren auftretenden „expert witnesses", welche dem Gericht durch die Partei-

---

[86] Die RICS ist nach eigenen Angaben „leading source of professional advice on land, property and construction throughout the world", Quelle im Internet: http://www.rics.org.uk/about.html, aufgerufen am 21.01.1999.

[87] Darüberhinaus sind nur Charted Surveyors berechtigt, die Abkürzungen ARICS oder FRICS (Professional Associate or Fellow of The Royal Institution of Chartered Surveyors) an ihren Namen anzuhängen. Siehe im Internet: http://www.rics.org.uk/chartered/chartered. Html, aufgerufen am 21.01.1999.

[88] Sämtliche in Betracht kommenden Hauptberufe der Chartered Surveyors können hier nicht aufgezählt werden. Vergleiche dazu im Internet: http://www.rics.org.uk/careers/, aufgerufen am 21.01.1999.

[89] *RICS*, Professional Conduct.

[90] *RICS*, Professional Conduct, sec. II Disciplinary Powers an Procedures, Bye-Law 21(1) (d) und (e).

[91] *Boyle*, DS Dezember 1995, 4.

en eines Rechtsstreits benannt werden.[92] Bei den diversen Suchsystemen handelt es sich um teilweise jährlich aktualisierte Listen von Personen, die als sachverständige Zeugen zur Verfügung stehen. Die Aufnahme in eine Sachverständigenliste bedingt zumeist, daß der Sachverständige bereits einmal als „expert witness" aufgetreten ist und die instruierenden Anwälte (Solicitors) bescheinigt haben, daß er seine Aufgabe auf zufriedenstellende Weise erfüllt hat.[93] Zum Teil muß sich der Sachverständige zusätzlich verpflichten, bestimmte „Rules of Conduct" einzuhalten.[94]

Weiterhin existiert seit dem Jahre 1987 die *Academy of Experts.*[95] Sie wurde mit dem Ziel gegründet, für das Sachverständigenwesen in England Maßstäbe zu setzen und ein hohes Berufsethos zu fördern.[96] Hierzu verpflichtet die Akademie ihre Mitglieder auf einen „Code of Practice", der mit den wesentlichen Bestimmungen der „Rules of Conduct" der RICS übereinstimmt.[97] Zusätzlich wird ein Sachverständigen-Suchdienst angeboten. Voraussetzung für die Aufnahme in die Sachverständigenliste ist, daß eine Berufsausbildung in dem jeweiligen Fach vorliegt und die Fähigkeiten von einem unabhängigen Ausschuß der Akademie geprüft werden. Bei gerechtfertigten Beschwerden eines Auftraggebers muß ein Akademie-Sachverständiger mit disziplinarischen Maßnahmen einschließlich der Beendigung seiner Mitgliedschaft rechnen.[98]

III. Sachverständigenarten

Eingangs wurde bereits angedeutet, daß in England ebenfalls nach privaten, gerichtlichen und behördlichen Sachverständigen unterschieden wird. Das heißt jedoch zunächst nur, daß sowohl private natürliche und juristische Personen als auch Gerichte und Behörden die besondere Sachkunde von Sachverständigen in Anspruch nehmen. Die Wahl derselben Begriffe zur Unterscheidung der Sachverständigenarten darf nicht dahingehend mißverstanden werden, daß die Rechtsverhältnisse zwischen Sachverständigen und Auftraggebern in Deutschland und England gleich ausgestaltet sind. Mag dies auch bei privaten Sachverständigen insofern der Fall sein, als ein privatrechtlicher Vertrag mit dem Inhalt abgeschlossen wird, daß sich der Sachverständige verpflichtet, gegen eine Vergütung ein Gutachten zu erstellen. So bestehen dagegen Unterschiede bei den gerichtlichen und behördlichen Sachverständigen, da diese in

[92] In der Praxis sind unparteiische Gutachten von gerichtlich bestellten Sachverständigen zwar grundsätzlich möglich („court appointed expert"), werden jedoch wenig durch die Gerichte in Anspruch genommen. Siehe RSC Ord. 40 r. 1-6 Rz. 40/1-6/2.

[93] *J.S. Publications*, U.K. Register of Expert Witnesses, 2.000 sachverständige Zeugen, 11.000 Fachgebietsstichworte, jährliche Erscheinungsweise.

[94] *F T Law and Tax*, The Law Society Directory of Expert Witnesses, 3.500 sachverständige Zeugen, 600 Fachgebiete, jährliche Erscheinungsweise.

[95] 2 South Square, Gray`s Inn, WC1R 5HP London.

[96] *Boyle*, DS Dezember 1995, 4, 5.

[97] Internet: http://www.academy-experts.org/codeprac.html, aufgerufen am 21.01.1999.

[98] *Boyle*, DS Dezember 1995, 4, 5.

England oftmals in einem privatrechtlichen Rechtsverhältnis zum Auftraggeber stehen. Beispielsweise ist die Ernennung gerichtlicher Sachverständiger in der englischen Gerichtspraxis unüblich. Der Sachverständige wird nicht vom Gericht bestellt, sondern von der beweisbelasteten Partei als Zeuge benannt. Er erstattet das Gutachten in Form einer Zeugenaussage im Auftrag seiner Partei.[99]

Die technische Überwachung von Anlagen durch Sachverständige ist in England ebenfalls anders ausgestaltet. Es existiert keine mit § 14 GSG vergleichbare gesetzliche Regelung der Sachverständigentätigkeit für die Pflichtprüfung gefährlicher Anlagen oder Produkte. Vielmehr ist die technische Überwachung in bereichsspezifischen Einzelregelungen zahlreicher, weit verstreuter Gesetze und Verordnungen geregelt. Für die Kontrolle vieler überwachungsbedürftiger Anlagen sind verschiedene Abteilungen des Handelsministeriums (*Department of Trade and Industry*) zuständig, das durch den Handelsminister unabhängige Drittstellen als Zertifizierungsstellen amtlich akkreditieren kann. Auf diese Weise werden Prüfungsaufgaben auf die Zertifizierungsstellen delegiert. Entsprechendes gilt für die Durchsetzung der Schutzvorschriften zur Gesundheit und Sicherheit von Arbeitnehmern und der Allgemeinheit bei Bauwerken und Fabrikationsanlagen, Atomkraftwerken und diversen potentiell gefährlichen Produkten, für deren Überwachung die *Health and Safety Executive* zuständig ist.[100]

Die Überprüfung von Kraftfahrzeugen in periodischen Abständen erfolgt in staatlich zugelassenen Werkstätten durch „MOT-testers". Diese werden vom Verkehrsministerium, genauer der *Vehicle Inspectorate Executive Agency*, in einem besonderen Verfahren zugelassen. Sie müssen mindestens vier Jahre berufliche Erfahrung aufweisen, an einem besonderen Ausbildungskurs teilgenommen und eine Prüfung bestanden haben.[101]

§ 3 Das europäische Sachverständigenwesen -Zertifizierung in Deutschand und England-

Die Unterschiede der Sachverständigenwesen in Deutschland und England gibt bereits einen Überblick auf die Probleme, die durch die landesspezifischen Unterschiede im Rahmen des zusammenwachsenden Europas verursacht werden. Um aufgrund national divergierender Prüfungsverfahren für die Qualitätssicherung von Produkten, Dienstleistungen und Personal bestehende technische Handelshemmnisse in der EG abzubauen, wurde 1985 die „Neue Konzeption auf dem Gebiet der technischen Harmonisierung und Normung" beschlossen. Den europäischen Normungsinstitutionen - CEN/CENELEC[102] - wurde deshalb die Aufgabe zugewiesen, ausgehend vom Stand

---

[99] RSC Ord. 38 Part IV. Ferner *Hodgkinson*, S. 60.

[100] *Boyle*, DS Dezember 1995, 4, 5.

[101] *Boyle*, DS Dezember 1995, 4, 6.

[102] CENELEC = Europäisches Komitee für elektotechnische Normung, 1976 gegründet mit dem satzungsmäßigen Zweck, Handelshemmnisse, die sich durch die in den Mitgliedsstaaten angewendeten Bestimmungen über die Normungskonfomität ergeben können, zu beseitigen. CEN = Europäisches

der Technik Normen zu erstellen, durch die Hersteller in die Lage versetzt werden, richtlinienkonforme Produkte in den Verkehr zu bringen.[103] CEN/CENELEC haben das Akkreditierungs- und Zertifizierungssystem[104] geschaffen, EN 45.000ff., das das *Deutsche Institut für Normung e.V.* - DIN - durch die DIN-Vorschriften 45.000 ff.[105] national übernommen hat. Es handelt sich um ein privatrechtliches, gesetzlich nicht geregeltes, selbstregulierendes System der Wirtschaft, das nur dann hoheitlichen Charakter erhält, wenn es der Gesetz- oder Verordnungsgeber auf entsprechende gesetzliche Grundlagen stellt.[106]

Akkreditierung ist ein Akt formeller Anerkennung der Kompetenz einer bestimmten Einrichtung, z.B. eines Prüf- oder Kalibrierlabors, einer Zertifizierungsstelle oder einer Überwachungsorganisation.[107] Akkreditierung bezweckt, die Glaubwürdigkeit von Prüfergebnissen zu erhöhen und den Wissenstransfer bei der Akkreditierung zur Verbesserung der Qualität im Prüf- und Zertifizierungswesen zu nutzen.[108] Durch Akkreditierung wird eine Stelle ermächtigt, als unparteiischer Dritter die Übereinstimmung eines Erzeugnisses, Verfahrens oder einer Dienstleistung mit europäischen Vorgaben, die durch spezielle Abkommensgruppen der Europäischen Organisation für Prüfung und Zertifizierung - EOTC -[109] aufgestellt werden, zu bestätigen.[110] Diese Bestätigung wird als Zertifizierung bezeichnet. Zertifizierung ist somit die Maßnahme eines unparteiischen Dritten, durch die hinreichendes Vertrauen darauf bescheinigt wird, daß ein entsprechend bezeichnetes Erzeugnis, Verfahren oder eine Dienstleistung mit einer bestimmten Norm oder einem bestimmten anderen normativen Dokument übereinstimmt.[111]

Komitee für Normung, 1961 durch Zusammenschluß internationaler Organisationen, u.a. des DIN Deutschen Instituts für Normung e.V., gegründet. CEN/CENELEC = Die gemeinsame Europäische Normeninstitution, Dachorganisation.

[103] *Volkmann* in *Petrick*, Qualitätssicherung, S. 53.

[104] Ausführliche Darstellungen bei *Ensthaler*, Zertifizierung, Akkreditierung und Normung für den europäischen Binnenmarkt, Berlin 1995; *Ensthaler*, Juristische Aspekte des Qualitätsmanagements, Berlin, Wien, Zürich 1997; *Hansen*, Zertifizierung und Akkreditierung von Produkten und Leistungen in der Wirtschaft, München 1993.

[105] Das DIN ist als Mitglied der CEN verpflichtet, „EN"-Vorschriften auf nationaler Ebene zu übernehmen. *Warner* in *Petrick*, Qualitätssicherung, S. 43, 44.

[106] *Volkmann* in *Petrick*, Qualitätssicherung, S. 53, 54 f.; *Bleutge* in *Landmann/Rohmer*, GewO (I), § 36 Rz. 20; *Wellmann*, Rz. 11.

[107] *Theuer* in *Petrick*, Qualitätssicherung, S. 65; *DIN* (Hrsg.), Qualitätsmanagement, Statistik, Zertifizierung, S. 12 f.

[108] *Wlodka* in *Petrick*, Qualitätsmanagement, S. 45 ff.

[109] *Warner* in *Petrick*, Qualitätssicherung, S. 43, 45. Zur Kompetenzverteilung innerhalb der EOTC *Volkmann* in *Petrick*, Qualitätssicherung, S. 54 und 55.

[110] *Wellmann*, Rz. 10.

[111] *Wenzl/Meinhardt*, DS Oktober 1997, 11; *DIN* (Hrsg.), Qualitätsmanagement, Statistik, Zertifizierung, S. 355.

Akkreditierte Zertifizierungsstellen für Personal im Sinne der DIN EN 45.013 können auch die Kompetenz einer Person entsprechend der vorgegebenen Anforderunsgprofile der EOTC bestätigen und dafür Zertifikate verleihen, so daß sich für Sachverständige folgendes Bild ergibt: Auf europäischer Ebene werden durch Abkommensgruppen der EOTC bestimmte Anforderungen an die Kenntnisse und die Qualität der Leistungen Sachverständiger festgelegt. Anhand der Zertifizierung eines Sachverständigen von einer akkreditierten Stelle, z.B. einer Überwachungsorganisation, wird durch einen objektiven Dritten bestätigt, daß der Sachverständige seine Gutachten in Übereinstimmung mit den europäischen Bestimmungen für die Mindestanforderungen an Sachverständigengutachten erstellt. Auf diese Weise werden die Kenntnisse des Sachverständigen europaweit bestätigt.[112]

Akkreditierung und Zertifizierung sind für den gesetzlich geregelten und gesetzlich nicht geregelten Bereich zu unterscheiden. Die Zertifizierung von Sachverständigen zählt in Deutschland und England zum gesetzlich nicht geregelten Bereich. Sie erfolgt auf freiwilliger Basis und stellt eine privatrechtliche Anerkennung aufgrund europaweit geltender Normen dar. Rechtlich besteht lediglich eine vertragliche Absicherung der Rechte und Pflichten zwischen akkreditierter Zertifizierungsstelle und jeweiligem Sachverständigen.[113] Dagegen erfolgt die Zertifizierung im gesetzlich geregelten Bereich aufgrund Gesetzes in der Form einer Berufszulassung, wie sie beispielsweise für Umweltgutachter nach dem UAG vergeben wird.

In Deutschland koordiniert die *Trägergemeinschaft für Akkreditierung GmbH* die verschiedenen, unter ihrem Dach zusammengeschlossenen Akkreditierungsstellen.[114] In England erfolgt die Zertifizierung der beruflichen Fähigkeiten von Personal nach EN 45.013 durch das *National Accreditation Council of Certification Bodies - NACCB* -. Der NACCB arbeitet mit dem *National Measurement Accreditation Service* zusammen, der für die amtliche Akkreditierung von Prüf- und Kalibrierstellen im Sinne der europäischen Norm EN 45.001 zuständig ist.[115]

Die zertifizierten Sachverständigen werden vielfach als die europäischen Sachverständigen der Zukunft angesehen, da sie sich auf einen gemeinsamen europäischen Standard berufen und somit die nationalen Divergenzen überwinden können. Das deutsche Institut der öffentlichen Bestellung und Vereidigung werde dagegen an Bedeutung verlieren, da es in keinem anderen EU-Staat eine vergleichbare Regelung gibt und sich im

---

[112] Zum Verfahren *Wenzl/Meinhardt*, DS Oktober 1997, 11, 12. Siehe auch *McMillan*, DS Juli/August 1997, 81 ff.

[113] *Wenzl/Meinhardt*, DS Oktober 1997, 11.

[114] Zum Deutschen Akkreditierungssystem mit anschaulichen Übersichten *Wlodka* in *Petrick*, Qualitätsmanagement, S. 45 ff.

[115] *Boyle*, DS Dezember 1995, 4, 5.

Rahmen der Harmonisierung des Sachverständigenwesens nicht durchgesetzt hat.[116] Diese Einschätzung wird durch die Gesetzgebung[117] und durch die dynamische Entwicklung des Zertifizierungs- und Akkreditierungswesens[118] bestätigt.

Die Begriffe „Zertifizierung" und „Akkreditierung" sind bisher in Deutschland gesetzlich nicht geschützt. Zertifizierungen könnten daher von Stellen vergeben werden, die hierfür nicht akkreditiert sind, so daß die Bezeichnung des „zertifizierten Sachverständigen" nicht zwingend besonderen Kenntnisse und persönliche Eignung des Sachverständigen bestätigt oder Konformität mit europäischen Normen ausdrückt.[119] Es besteht zudem die Gefahr, daß die Bezeichnung mißbraucht wird, um Wettbewerbsvorteile zu erlangen. Strafrechtlich kann dem nicht begegnet werden, da die Strafvorschrift des § 132a Abs. 1 Nr. 3 StGB nur den Begriff der öffentlichen Bestellung und Vereidigung schützt und gemäß Art. 103 Abs. 2 GG, § 1 StGB nicht analog angewendet werden darf.

---

[116] Diese Einschätzung teilen *Stober*, DS November 1997, 5; *Wenzl/Meinhardt*, DS Oktober 1997, 11, 14; *Bleutge*, DS Juli/August 1997, 72 u. 75; *Rollmann*, DS Juli/August 1997, 5, 8.

[117] Siehe Zertifizierung im geregelten Bereich, z.B. UAG, BauprodukteG, GSG.

[118] Beispiele dafür sind die Gründung einer Zertifizierungs-GmbH durch das IfS Köln, die bereits für die Zertifizierung von Sachverständigen aus dem Bereich Kfz-Schäden und -Bewertung akkreditiert wurde. Ferner ist geplant „Personalzertifizierung-Grundstückswertermittlung" und eine Stelle zur Zertifizierung von Sachverständigen im Bereich Bewertung von landwirtschaftlichen bebauten und unbebauten Grundstücken. Dazu *Wenzl/Meinhardt*, DS Oktober 1997, 11, 12.

[119] *Wenzl/Meinhardt*, DS Oktober 1997, 11.

Erster Teil: Die Haftung des privaten Sachverständigen

Die Probleme der Haftung des privaten Sachverständigen sind durch die Tätigkeiten, zu denen er in den meisten haftungsmäßig relevanten Fällen herangezogen wird, geprägt. Im Folgenden ist daher zunächst ein Überblick über die Betätigungsschwerpunkte des privaten Sachverständigen zu geben, wobei sich diese für die zu vergleichenden Rechtskreise nicht unterscheiden. Anschließend soll auf den typischerweise durch einen privaten Sachverständigen verursachten primären Vermögensschaden eingegangen werden.

§ 4 Die private Sachverständigentätigkeit

I. Betätigungsschwerpunkte

Oben wurde festgestellt, daß nach dem Berufsbild des Sachverständigen eine Sachverständigentätigkeit immer einem der drei Bereiche Beurteilung von Sachverhalten, Feststellung von Tatsachen oder Mitteilung von Erfahrungssätzen zugeordnet werden kann. Aus dieser Natur der Sachverständigentätigkeit folgt, daß sich die Betätigungsschwerpunkte des englischen privaten Sachverständigen von denen des deutschen nicht unterscheiden.[1] Zur Vermeidung von Wiederholungen gelten die folgenden Ausführungen zu den Betätigungsschwerpunkte daher sowohl für den deutschen als auch für den englischen privaten Sachverständigen.[2]

1. Wertgutachten

Ein bedeutendes Tätigkeitsfeld privater Sachverständiger ist die Erstellung von Wertgutachten. Ein Wertgutachten ist eine vertrauenswürdige und allgemeingültige Urkunde über den Wert des Gutachtenobjektes, das eine bewegliche oder unbewegliche Sache oder ein Recht sein kann. Hierin werden die auf den Gutachtengegenstand Einfluß nehmenden Umstände unter einem finanziellen Aspekt, etwa dem erzielbaren Verkaufspreis oder der Beleihungsfähigkeit, berücksichtigt. Wertgutachten dienen oftmals als Grundlage für finanzielle Dispositionen des Auftraggebers oder Dritter, etwa den Erwerb eines Hausgrundstücks oder dessen Beleihung durch eine Bank. Da die Wertbegutachtung durch viele Einzelaspekte beeinflußt wird, eröffnet sie dem Sachverständigen einen Beurteilungsspielraum.

Eine Form des Wertgutachtens ist die gutachterliche Feststellung der Höhe eines Schadens (Unwertgutachten). Der höchste Anteil der Unwertgutachten betrifft Kraftfahrzeuge im Rahmen der Schadensregulierung. Auf der Grundlage des Gutachtens kann der Geschädigte seine Schadensersatzansprüche abrechnen.[3]

---

[1] *Hodgkinson*, S. 9; *Boyle*, DS Dezember 1995, 4, 5.

[2] Zum Nachweis der Übereinstimmung vergleiche auch die Darstellung der Hauptbetätigungsfelder für „Chartered Surveyors“ im Internet: http://www.rics.org.uk/chartered/chartered.html, aufgerufen am 21.01.1999.

[3] *Nicklisch*, BB 1981, 1653, 1654.

Eine besondere Erscheinungsform des Wertgutachtens ist die Expertise, die im Kunst und Antiquitätenhandel verbreitet ist und zumeist als Kurz- oder Pauschalgutachten erstattet wird. Eine Expertise ermöglicht dem Käufer, der selbst nicht erfahren oder sachkundig ist, bestimmte Objekte zu beurteilen. Expertisen treffen Feststellungen zur Echtheit und oft auch zum Wert eines Objekts.[4]

2. Zustandsfeststellung

Im Unterschied zum Wertgutachten steht bei der Zustandsfeststellung (Qualitäts-, Mangel-, Ursachen-, Mengenfeststellung) ein Tatsachenbefund im Vordergrund. Die Tatsachenfeststellung bietet grundsätzlich keinen Beurteilungsspielraum. Nur ausnahmsweise darf bei Ursachenanalysen der wahre Geschehensverlauf der Wahrscheinlichkeit nach bestimmt werden.

In Industrie und Handel existieren verschiedene Formen der Qualitätsfeststellung. Beispielsweise können die Parteien eines Bauvertrags für die förmliche Abnahme der Bauleistung Sachverständige hinzuziehen, um die Abnahmefähigkeit oder die Mängel des Bauwerkes festzustellen und gutachterlich dokumentieren zu lassen. Private Mängelgutachten dienen auch der Glaubhaftmachung im selbständigen Beweisverfahren, ferner finden sie als Parteigutachten im Gewährleistungsprozeß oder im Rahmen der außergerichtlichen Streitschlichtung Verwendung.

Im Bereich des Güterverkehrs werden private Sachverständige zur Mengenfeststellung als Schiffseichaufnehmer oder in den Bereichen der metallischen und mineralischen Rohstoffe oder der Tierfuttermittelindustrie als Verwieger, Messer und Wäger benötigt.[5]

3. Außergerichtliche Streitschlichtung

Die außergerichtliche Streitschlichtung gewinnt in technischen und wirtschaftlichen Spezialbereichen zunehmend an Bedeutung. Zur zügigen Streitbeilegung ist hier die schnelle, fachkundige und verbindliche Feststellung von Tatsachen und Sachverhalten durch Sachverständige unentbehrlich. Mitunter werden Sachverständige auch zur abschließenden und verbindlichen Entscheidung als Schiedsrichter bestellt oder in Schiedsverfahren als Beweismittel beizogen. In jedem Fall wird zwischen den Parteien des Schiedsvertrags und dem Sachverständigen ein Vertrag abgeschlossen.[6]

---

[4] *Roeßner* in Hdb SachverständigenR, § 7 Rz. 6.

[5] Zur Mengenfeststellung können freie Sachverständige beziehungsweise Wäger an privaten Waagen oder gemäß § 20 Abs. 1 des Gesetzes über das Meß- und Eichwesen - EichG - Wäger an öffentlichen Waagen, mit denen Wägegut Dritter für jedermann gewogen wird, beauftragt werden.

[6] Einzelheiten bei *Baumbach/Lauterbach/Albers/Hartmann*, ZPO, Anhang nach § 1028. Ein kurzer Überblick zu den Neuerungen im 10. Buch der ZPO, die seit dem 01.01.1998 gelten, findet sich bei *Zerhusen*, Rz. 936 f.

II. Primärer Vermögensschaden

Typische Folge einer unrichtigen Gutachtenerstattung ist der Eintritt einer vermögensmäßigen Einbuße bei dem Auftraggeber des Gutachtens oder einem Dritten, welche im Vertrauen auf die Richtigkeit des Gutachtens vermögensrelevante Handlungen vorgenommen haben. Diese besteht etwa im Abschluß eines Rechtsgeschäfts, zum Beispiel Erwerb eines vermeintlich mangelfreien Hausgrundstücks oder Vergabe eines durch ein überbewertetes Grundstück vermeintlich gesicherten Darlehens. Die Vermögenseinbuße stellt einen primären Vermögensschaden dar, weil sie weder mittelbare Folge einer gesundheitlichen Beeinträchtigung noch einer Eigentumsverletzung ist, sondern unmittelbar zum Eintritt einer Verschlechterung der Vermögenslage führt. Dies gilt insbesondere, wenn sich nach dem Gutachten zu erwartende Gewinne nicht realisieren lassen. Wird ein vermögensmäßiger Nachteil infolge einer Eigentumsverletzung oder Gesundheitsbeschädigung hervorgerufen, so handelt es sich um sekundäre Vermögensschäden, deren Ersatz sowohl auf vertraglicher wie deliktischer Grundlage keine Probleme bereitet.

Die Häufigkeit primären Vermögensschadens im Zusammenhang mit unrichtiger Gutachtenerstattung durch einen privaten Sachverständigen ist mit den Betätigungsschwerpunkten des privaten Sachverständigen eng verbunden, da diese regelmäßig auf die Vorbereitung von vermögensbezogenen Handlungen gerichtet sind.

Ein Vergleich der Sachverständigenhaftung in Deutschland und England ist von besonderem Interesse, da beide Rechtsordnungen in diesem Bereich Besonderheiten aufweisen. Es hat sich in beiden Rechtsordnungen nach und nach eine Rechtsprechung etabliert, wonach primäre Vermögensschäden aufgrund unrichtiger Gutachtenerstattung ersetzt verlangt werden können, obwohl dies grundsätzlich - zumindest für vertragsfremde Dritte und auf deliktischer Grundlage - ausgeschlossen ist.[7] Diese parallele Entwicklung wird zum Teil darauf zurückgeführt, daß vermögensmäßige Interessen, insbesondere die Realisierung eines in Aussicht genommenen Gewinns, mit der Zeit einen immer höheren Stellenwert erlangt haben. Desweiteren wird von der dienstleistungsorientierten Gesellschaft dieser Länder an Leistungen, wie die Gutachtenerstattung, zunehmend die Einhaltung bestimmter Qualitätsstandards gefordert, deren Verletzung enttäuschtes Vertrauen in die professionellen Fähigkeiten des Dienstleisters (Sachverständigen) zur Folge hat. Dieses realisiert sich dann zumeist in einer Vermögenseinbuße, die durch Geltendmachung eines Schadensersatzanspruchs wiedergutgemacht werden soll.[8]

Die Untersuchung der Haftung des privaten Sachverständigen erfolgt deshalb unter besonderer Berücksichtigung der Haftung für primäre Vermögensschäden aufgrund unrichtiger Gutachtenerstattung.

---

[7] *v. Bar* in *Markesinis*, The Gradual Convergence, S. 98, 107 f.

[8] *v. Bar* in *Markesinis*, The Gradual Convergence, S. 98, 108.

A. Deutschland

Im Folgenden wird die Haftung des aufgrund privatrechtlichen Vertrags zur Gutachtenleistung verpflichteten Sachverständigen nach deutschem Recht untersucht. Die Untersuchung ist auf die Haftung für fehlerhafte Gutachten beschränkt. Dabei werden Grundlagen der vertraglichen Haftung, insbesondere der Abschluß des Gutachtenvertrags zwischen dem Sachverständigen und dem Auftraggeber, vorausgesetzt.

§ 5 Vertragliche Haftung nach deutschem Recht

I. Werkvertragsrecht

Rechtsgrundlage jeder Betätigung des Sachverständigen im privaten Bereich ist ein Vertragsverhältnis. Der Sachverständige wird nicht von sich aus tätig, sondern in der Regel tritt ein Interessent an ihn heran, um von ihm eine Leistung zu erhalten. Das bei der Einwilligung des Sachverständigen entstehende Rechtsverhältnis basiert auf den Regelungen des Bürgerlichen Gesetzbuches (BGB), insbesondere auf dem „Recht der Schuldverhältnisse" im zweiten Buch des BGB. Von den im siebenten Abschnitt des zweiten Buches geregelten „Einzelne(n) Schuldverhältnisse(n)" kommen für das zwischen privatem Auftraggeber und Sachverständigen zustande gekommene Rechtsverhältnis, das im Folgenden als Gutachtenvertrag bezeichnet wird, zum einen der Dienstvertrag (§§ 611 ff. BGB) und zum anderen der Werkvertrag (§§ 631 ff. BGB) in Betracht.

Durch einen Dienstvertrag wird derjenige, welcher Dienste zusagt, zur Leistung der versprochenen Dienste, der andere Teil zur Gewährung der vereinbarten Vergütung verpflichtet. Gegenstand des Dienstvertrags können Dienste jeder Art sein, § 611 Abs. 1 und Abs. 2 BGB. Durch einen Werkvertrag wird der Unternehmer (Auftragnehmer) zur Herstellung des versprochenen Werkes, der Besteller (Auftraggeber) zur Entrichtung der vereinbarten Vergütung verpflichtet. Gegenstand des Werkvertrags kann die Herstellung und Veränderung einer Sache oder ein anderer durch Arbeit oder Dienstleistung herbeizuführender Erfolg sein, § 631 Abs. 1 und Abs. 2 BGB. Es kann sich dabei um ein körperliches oder unkörperliches oder ein geistiges Arbeitsergebnis handeln.[9] Ein Sachverständigengutachten wäre ein geistiges Arbeitsergebnis.

Oftmals wird der Gutachtenvertrag keinem der im BGB normierten Vertragstypen eindeutig zugeordnet.[10] Das ist bedenklich, da sich die Gewährleistungsrechte für eine mangelhafte Gutachtenleistung nach Werk- und Dienstvertragsrecht erheblich unterscheiden. Mängel lösen beim Werkvertrag primär eine verschuldensunabhängige Nachbesserungspflicht des Auftragnehmers aus. Erst sekundär kommt Gewährleistung in der Form der Wandlung, der Minderung oder des Schadensersatzes in Betracht. Das Dienstvertragsrecht sieht demgegenüber keine Gewährleistung vor. Mangelhafte

---

[9] *Palandt-Thomas*, Einf v § 631 Rz. 1.

[10] OLG Köln NJW-RR 1986, 1222.

Dienstleistungen lösen im Falle eines vorwerfbaren Verschuldens einen Schadensersatzanspruch aus positiver Vertragsverletzung aus.[11]

Für die Typisierung des Gutachtenvertrags ist der Inhalt der zugrundeliegenden Willenserklärungen zu ermitteln und festzustellen, zu welchen Leistungen sich die Parteien verpflichtet haben. Entsprechen diese einem der BGB-Vertragstypen, ist ihm der Gutachtenvertrag zuzuordnen.[12]

Maßgebliches Unterscheidungskriterium zwischen Dienst- und Werkvertrag ist, daß der Unternehmer durch Werkvertrag zur Bewirkung eines Erfolgs verpflichtet wird, während der durch Dienstvertrag Verpflichtete eine Tätigkeit zu leisten hat.[13] Für die Qualifizierung des Gutachtenvertrags als Werkvertrag spricht, daß der Sachverständige ein mündliches oder schriftliches Gutachten zu erstellen hat, mithin einen vorwiegend geistigen Arbeitserfolg bewirken muß.[14] Die hierfür erforderliche Arbeit könnte jedoch in ihrer Gesamtheit ebenfalls als geschuldete Tätigkeit gesehen werden, ohne die eine Gutachtenerstattung ausgeschlossen wäre, so daß eine deutliche Zuordnung anhand des Gutachtens noch nicht erreicht wird.[15]

Neben dem Erfolgskriterium sind weitere Indizien anerkannt, die für das Vorliegen eines Werkvertrags sprechen: Eigenverantwortlichkeit und Weisungsfreiheit des Verpflichteten, soziale Unabhängigkeit, besonderes Fachwissen, Vergütung nach Erfolg, Stellung der Arbeits- und Produktionsmittel sowie die Befugnis, Tätigkeit auf Mitarbeiter zu delegieren.[16] Sachverständige haben ihre Tätigkeit unabhängig, unparteiisch, gewissenhaft und oftmals auch persönlich zu erfüllen.[17] Sie dürfen jedoch Teile ihrer Tätigkeit auf Gehilfen delegieren, etwa die Sammlung des für die Überzeugungsbildung erforderlichen Tatsachenmaterials. Schließlich müssen sie über die zur Ausübung der Tätigkeit erforderlichen Einrichtungen verfügen.[18] Insoweit spricht vieles für die Zuordnung des Gutachtenvertrags zum gesetzlichen Vertragstyp des Werkvertrags.

Nach anderer Auffassung ist die Zuordnung von Verträgen eine Frage der Konvention. Bei einer Reihe von Verträgen habe es sich eingebürgert, sie dem einen oder dem ande-

---

[11] *Staudinger-Peters*, BGB, Vorbem. zu §§ 631ff. Rz. 21.

[12] *Palandt-Putzo*, BGB, Überbl v § 433 Rz. 3.

[13] Motive, Bd. II S. 455, 470 f.; RGZ 91, 328; 72, 179; BGHZ 54, 106, 107; *Erman-Seiler*, BGB, Vor § 631 Rz. 4; *Soergel-Mühl*, BGB, Vor § 631 Rz. 3ff., MüKo-*Söllner*, BGB, Vor § 611 Rz. 22ff; *Staudinger-Peters*, BGB, Vorbem. zu §§ 631ff. Rz. 22ff.

[14] Das schriftliche Gutachten ist ein geistiger Arbeitserfolg, sofern man auf die Information als Vertragsschuld abstellt und die Verkörperung der Information durch den gegenständlichen Informationsträger vernachlässigt.

[15] *Palander/Schiek*; RdA 1990, 219, 223 ff.

[16] *Staudinger-Peters*, BGB, Vorbem. zu §§ 631 ff. Rz. 24; *Palandt-Putzo*, BGB, Einf v § 631 Rz. 1.

[17] § 8 Nr. 1 S.1 der Sachverständigenordnung der IHK Düsseldorf vom 30. Juni 1997 oder Mustersachverständigenordnungen bei *Bayerlein*, PraxisHdb SachverständigenR, Anhänge 3 und 5.

[18] § 3 Abs. 2 e) MSVO/DIHT.

ren Vertragstyp zuzuweisen.[19] Ganz überwiegend wird der Gutachtenvertrag aber als Werkvertrag beurteilt.[20]

Der Gutachtenvertrag verpflichtet den Sachverständigen zur vertragsgemäßen und mangelfreien Herstellung des Gutachtens, §§ 631 Abs. 1, 633 Abs. 1 BGB. Ferner erwachsen aus dem Gutachtenvertrag Nebenpflichten, die das Leistungsinteresse sowie Aufklärung und Information des Auftraggebers betreffen, den Schutz seines Eigentums in der Obhut des Sachverständigen, die Verwahrung der Befundergebnisse und den Schutz der dem Auftraggeber nahestehenden Dritten.[21]

Soweit der Gutachtenvertrag eine entgeltliche Geschäftsbesorgung, also eine selbständige Tätigkeit wirtschaftlicher Art in fremdem Interesse, zum Gegenstand hat, finden gemäß § 675 BGB die Vorschriften der §§ 663, 665 bis 670, 672 bis 674 BGB entsprechende Anwendung[22], beispielsweise für den Vertrag mit dem schiedsgerichtlichen Sachverständigen, der zwischen den Parteien eines Schiedsverfahrens, vertreten durch das gemeinsam beauftragte Schiedsgericht, und dem Sachverständigen zustande kommt.[23] Eine interessenorientierte Betätigung steht jedoch nicht im Einklang mit dem Berufsbild des unabhängigen und unparteiischen Sachverständigen und bildet daher nicht den Gegenstand dieser Untersuchung.[24]

Die Berufspflichten des Sachverständigen werden kraft Verkehrssitte nach §§ 133, 157 BGB sowie nach dem Grundsatz von Treu und Glauben Gegenstand des Gutachtenvertrags.[25]

II. Gewährleistung

Gemäß § 633 Abs. 1 BGB ist der private Sachverständige verpflichtet, das Gutachten so zu erstellen, daß es die zugesicherten Eigenschaften hat und nicht mit Fehlern behaftet ist, die den Wert oder die Tauglichkeit des Gutachtens zu dem gewöhnlichen oder dem vertraglich vorausgesetzten Gebrauch aufheben oder mindern. Private Sach-

---

[19] *Staudinger-Peters*, BGB, Vorbem. zu §§ 631ff. Rz. 24.

[20] BGHZ 127, 378, 384; 67, 1; 42, 313; *Palandt-Thomas*, BGB, Einf v § 631 Rz. 14; *Staudinger-Peters*, BGB, Vorbem. zu §§ 631ff. Rz. 29 mm); *Staudinger-Wittmann*, BGB, § 676 Rz. 9; *Roeßner* in PraxisHdb SachverständigenR, § 8 Rz. 15, 16ff.; *Bleutge* in *Landmann/Rohmer*, GewO (I), § 36 Rz. 36; *Wellmann*, Rz. 12, weist auf die Möglichkeit eines Dienstvertrages bei Vereinbarung von Beratung oder Betreuung durch den Sachverständigen hin. Für die Beauftragung eines Gutachters zur ergebnisorientierten, weisungsfreien Bearbeitung eines abgegrenzten Forschungsgebietes im Ergebnis ebenfalls *Palander/Schiek*, RdA 1990, 119, 226 u. 230.

[21] *Palandt-Thomas*, BGB, § 631 Rz. 13.

[22] *Bremer*, S. 50, 51; *Roeßner* in PraxisHdb SachverständigenR, § 8 Rz. 13; *Palandt-Thomas*, BGB, § 675 Rz. 6.

[23] BGHZ 43, 374.

[24] Siehe dazu *Roeßner* in PraxisHdb SachverständigenR, § 8 Rz. 13 m.w.N.; *Palander/Schiek*, RdA 1990, 119, 226 (230)

[25] *Roeßner* in PraxisHdb SachverständigenR, § 8 Rz. 6; *Döbereiner/v. Keyserlingk*, Rz. 18.

verständige haben dafür einzustehen, daß sie die anerkannten Regeln ihres Faches beherrschen und über die technischen Neuentwicklungen in ihrem Arbeitsbereich informiert sind.[26]

Ist das Gutachten nicht von der gemäß § 633 Abs. 1 BGB geschuldeten Beschaffenheit, bestimmen sich die Gewährleistungsrechte des Auftraggebers nach §§ 633 Abs. 2 bis 635 BGB. In diesen Vorschriften sind die primären Erfüllungsansprüche auf Nachbesserung und Ersatzvornahme sowie die sekundär anzuwendenden Ansprüche auf Minderung, Wandelung und Schadensersatz statuiert. Alle werkvertraglichen Gewährleistungsansprüche erfordern zunächst, daß das Sachverständigengutachten mit einem Mangel behaftet ist.[27]

1. Mangel des Sachverständigengutachtens

Ein Sachverständigengutachten ist mangelhaft, wenn ihm bei Abnahme ein Fehler anhaftet, der Wert oder Gebrauchstauglichkeit herabsetzt oder wenn dem Werk eine zugesicherte Eigenschaft fehlt, § 633 Abs. 1 BGB. Ein Fehler liegt vor, wenn das Gutachten von dem abweicht, was die Parteien bei Vertragsschluß gemeinsam, auch stillschweigend, vorausgesetzt haben.[28]

Im Normalfall schuldet der Sachverständige ein nach bestem Wissen und Gewissen erstelltes Gutachten. Das erfordert, daß durch laufende Fortbildung erworbenes und auf dem neusten Stand der Wissenschaft befindliches Wissen des Sachverständigen in das Gutachten einfließt und die Lehre und die Erfahrungen der Praxis beachtet werden. Das Gutachten muß den augenblicklichen Stand technischer, wirtschaftlicher und wissenschaftlicher Erkenntnisse widerspiegeln. Nicht ausreichend ist, wenn sich der Sachverständige allein auf die Regeln seines Fachs verläßt, wie sie beispielsweise in DIN-Normen, Unfallverhütungsvorschriften, VDE-Bestimmungen oder andere technischen Regelwerken niedergelegt sind.[29] Das Gutachten ist gleichwohl fehlerhaft, wenn diese Regeln im Zeitpunkt der Abnahme des Gutachtens überholt sind, es sei denn, die Parteien haben etwas anderes vereinbart.[30]

Bedeutung haben die anerkannten Regeln der Technik für ein etwaiges Verschulden des Sachverständigen. Es scheidet aus, wenn der Sachverständige die anerkannten Regeln der Technik beachtet hat. Er hat dann die im Verkehr erforderliche Sorgfalt angewandt.[31]

---

[26] BGH WM 1978, 1411; *Palandt-Thomas*, BGB, § 631 Rz. 12.

[27] Vor Abnahme nur Fristsetzung gemäß § 634 Abs. 1 S. 2 BGB.

[28] BGH NJW-RR 1995, 364 m.w.N.; *Palandt-Putzo*, BGB, § 459 Rz. 8.

[29] *Staudinger-Peters*, BGB, § 633 Rz. 37;

[30] BGH WM 1995, 672, 673; *Döbereiner*, BauR 1982, 11, 14; *Staudinger-Peters*, BGB, § 633 Rz. 40; *Palandt-Thomas*, BGB, § 633 Rz. 2.

[31] BGH NJW 1968, 43; OLG Hamm, NJW-RR 1991, 731; *Staudinger-Peters*, BGB, § 633 Rz. 40.

Wert und/oder Gebrauchstauglichkeit eines Gutachtens werden beispielsweise aufgehoben oder gemindert, wenn das Gutachten objektiv falsch (unterlassene Berücksichtigung vorgegebener Tatsachen, falsche Messungen, Rechenfehler), äußerlich oder inhaltlich unvollständig (am Thema vorbei), nicht nachvollziehbar (unlogisch aufgebaut, unleserlich, keine Quellenangaben), oder nicht auf dem neuesten Stand von Wissenschaft und Technik, der Lehre oder der Erfahrungen der Praxis ist.[32]

2. Zusicherbare Eigenschaften des Sachverständigengutachtens

a) Begriff der Zusicherung

Ein Sachverständigengutachten kann mangelhaft sein, wenn es nicht die vereinbarten zugesicherten Eigenschaften aufweist. Eigenschaften sind die physischen Merkmale, bei unkörperlichen Werken die geistigen Wesenszüge, und die Beziehungen des Werkes zur Umwelt, die nach der Verkehrsanschauung einen Einfluß auf die Wertschätzung über Art und Dauer der Brauchbarkeit sowie des Wertes des Werkes haben, nicht jedoch Umstände außerhalb ihrer selbst, wie z.B. der Preis.[33] Bei Abschluß des Werkvertrags kann durch ausdrückliche oder schlüssige Willensübereinstimmung zugesichert werden, das zu erstellende Werk mit bestimmten Eigenschaften auszustatten.[34] Legt der Auftraggeber einer Werkleistung für den Auftragnehmer erkennbar großen Wert auf die Verwendbarkeit des Werkes für einen bestimmten Zweck und verspricht der Auftragnehmer, das Werk mit den für diesen Zweck erforderlichen Eigenschaften auszustatten, liegt eine zugesicherte Eigenschaft vor.[35] Im Unterschied zur Eigenschaftszusicherung im Kaufrecht muß der Unternehmer nicht zum Ausdruck bringen, er werde für alle Folgen einstehen, wenn die Eigenschaft nicht erreicht werde.[36]

b) Zusicherung kraft Gesetzes

Fraglich ist, ob für ein Sachverständigengutachten eine Eigenschaftszusicherung kraft Gesetzes anzunehmen ist. Im Kaufrecht existiert neben der vertraglichen Zusicherung eine Zusicherung kraft Gesetzes für die Eigenschaften eines Probestückes, § 494 BGB.

Eventuell ist jedoch der gesetzliche Eigenschaftsbegriff auf ein Sachverständigengutachten nur eingeschränkt anwendbar, da grundsätzlich von der Körperlichkeit eines werkvertraglich geschuldeten Erfolgs ausgegangen wird. Wesentlich für ein Sachverständigengutachten ist jedoch die unkörperliche, geistige Leistung. Zudem unterliegt der Sachverständige seinen besonderen Berufspflichten, insbesondere Unabhängigkeit und Objektivität, die Eigenschaftszusicherungen entgegen stehen können. Geht man jedoch von möglichen physischen Merkmalen körperlicher, gedruckter oder auf Datenträger gespeicherter Sachverständigengutachten aus, kommen etwa für den Umfang

---

[32] Aufzählung bei *Etzel*, VersR 1993, 405, 408. Siehe auch *Wessel* in PraxisHdb SachverständigenR, § 33 Rz. 18 ff.; *Döbereiner/v. Keyserlingk*, Rz. 76.

[33] BGHZ 132, 55, 57 f.; 34, 32, 41; NJW-RR 1996, 783; *Staudinger-Peters*, BGB, § 633 Rz. 15.

[34] BGHZ 96, 111, 115; BGH NJW-RR 1994, 1134, 1135.

[35] BGH NJW-RR 1994, 1134, 1135.

[36] BGHZ 96, 111, 115; BGH NJW-RR 1996, 783; 1994, 1134, 1135.

des Gutachtens, die Anlagen, den Fußnotenapparat sowie für die Abbildungen und Lichtbilder zusicherbare Eigenschaften in Betracht.[37]

Fraglich ist, welche geistigen Wesenszüge der Sachverständige als Eigenschaften für sein Gutachten zusichern kann. Auszugehen ist von den Wünschen des Auftraggebers und der Gutachtenvereinbarung. Das Versprechen, einen bestimmten Stil oder eine deutliche Sprache einzuhalten, kann keine zugesicherten Eigenschaften des Gutachtens darstellen, da sie zu unbestimmt sind. Verständlichkeit und Nachvollziehbarkeit eines Gutachtens könnten dagegen zugesicherte Eigenschaften eines Gutachtens darstellen. Dies ergibt sich aus § 2 Abs. 2 S. 3 MHG. Danach kann ein Vermieter gegenüber seinem Mieter zur Begründung eines Anspruchs auf Zustimmung zu einer Erhöhung der Miete auf ein mit Gründen versehenes Gutachten eines öffentlich bestellten und vereidigten Sachverständigen verweisen. Durch das Gutachten muß Gericht und Parteien nachvollziehbar und verständlich dargelegt werden, warum der begehrte Mietzins ortsüblich ist.[38] Ein Gutachten, das diesen Anforderungen nicht genügt, ist für eine ordnungsgemäße Begründung nach § 2 Abs. 2 S. 3 MHG ungeeignet.[39] In dem Fall unterliegt der Vermieter im Rechtsstreit über die Mietzinserhöhung, da ihm die Beweislast obliegt. Danach muß angenommen werden, daß Verständlichkeit und Nachvollziehbarkeit im Sinne des § 2 Abs. 2 S. 3 MHG zugesicherte Eigenschaften darstellen, wenn ein Sachverständiger mit der Anfertigung eines solchen Gutachtens beauftragt wird.[40]

c) Zusicherung positiver Beurteilung

Der Sachverständige ist zur gewissenhaften und unparteiischen Gutachtenerstattung verpflichtet. Es ist daher umstritten, ob der Sachverständige zusichern darf, einen Beurteilungsspielraum zugunsten seines Auftraggebers auszunutzen.[41] Die ablehnende Auffassung sieht darin einen Verstoß gegen die Unparteilichkeit des Sachverständigen, da es sich dabei um eine Gefälligkeitsbegutachtung handele.[42]

Eine Pflichtverletzung des Sachverständigen kann jedoch nicht in jeder Zusicherung positiver Beurteilung gesehen werden. Bei Wertgutachten für Zwangsversteigerungsverfahren oder für Beleihungen von Hausgrundstücken betrifft jede Schätzung eine Fülle von Komponenten, die sich einer exakten Festlegung entziehen. Daher werden Abweichungen bis zu 20 % als zulässig erachtet.[43] Bei lebensnaher Betrachtung liegt es nahe, daß je nach Zweck des Wertgutachtens die werterhöhenden oder wertreduzierenden Tendenzen ein höheres Gewicht erlangen sollen. Daher bewegen sich Wertgut-

---

[37] *Roeßner* in PraxisHdb SachverständigenR, § 8 Rz. 21.

[38] BVerfG NJW 1995, 40; *Palandt-Putzo*, MHG, § 2 Rz. 25.

[39] BVerfG NJW 1995, 40. Ebenso BGHZ 116, 47, 58 (Unverwertbarkeit eines gerichtlichen Sachverständigengutachtens).

[40] *Döbereiner*, BauR 1982, 11, 12.

[41] Für Zulässigkeit *Döbereiner/v. Keyserlingk*, Rz. 76.

[42] *Roeßner* in PraxisHdb SachverständigenR, § 9 Rz. 17.

[43] OLG Saarbrücken, NJW 1972, 55, 56 f.

achten in Zwangsversteigerungsverfahren oft im unteren Bereich des Ermessensspielraums, während Kreditsuchende bemüht sind, den Wert ihres Sicherungsobjekts in möglichst günstigem Licht erscheinen zu lassen. Wird ein Sachverständiger mit einer Wertbegutachtung beauftragt, ist er demzufolge zur Wahrung der Belange seines Auftraggebers befugt. Er kann zusichern, den oberen Bereich seines Beurteilungsspielraumes auszunutzen, ohne hierbei außer Acht zu lassen, daß sich eine unzureichende Sicherheit letztlich zum Schaden des Schuldners auswirken kann.[44] Ein Pflichtverstoß liegt deshalb nicht vor, da hiermit keine tendenzielle oder gefällige Art der Gutachtenerstattung verbunden ist. Das Gegenteil ist nur der Fall, wenn kein Beurteilungsspielraum besteht oder wenn ein bestehender Beurteilungsspielraum fehlerhaft ausgefüllt oder überdehnt werden soll.[45]

Demnach ist ein Gutachten mangelhaft, wenn der Sachverständige einen Beurteilungsspielraum nicht zugunsten seines Auftraggebers ausschöpft, obwohl er dies ausdrücklich oder konkludent zugesichert hat.

3. Nachbesserung, Wandelung, Minderung

Da die werkvertraglichen Gewährleistungsansprüche des Auftraggebers gegen den privaten Sachverständigen keine Besonderheiten aufweisen, werden sie nur kurz dargestellt.[46] Die werkvertraglichen Gewährleistungsansprüche setzen neben der Mangelhaftigkeit des Sachverständigengutachtens dessen Abnahme durch den Auftraggeber voraus. Weiterhin muß der Mangel auf der Leistung des Sachverständigen beruhen.

a) Ausschluß der Nachbesserung?

Der Nachbesserungsanspruch des Auftraggebers bestimmt sich gemäß § 633 Abs. 2 S. 1 BGB. Danach kann der Auftraggeber die Beseitigung des Mangels, mit dem das Werk behaftet ist, verlangen. Kommt der Sachverständige mit der Beseitigung des Mangels in Verzug, so kann der Auftraggeber die Nachbesserung durch einen anderen Sachverständigen erbringen lassen und Ersatz der erforderlichen Aufwendungen verlangen. Der Erstattungsanspruch kann als Vorschußanspruch geltend gemacht werden.[47] Der Nachbesserungsanspruch kann sogar die Neuherstellung des Gutachtens umfassen.[48]

Teilweise wird die Auffassung vertreten, die Ersatzvornahme und damit der Erstattungsanspruch schieden beim Gutachtenwerkvertrag mit einem Sachverständigen

[44] OLG Saarbrücken, NJW 1972, 55, 57.

[45] *Zimmermann*, DS März 1993, 15, 21 f.

[46] Einzelheiten bei *Döbereiner/v.Keyserlingk*, C III. 1.; *Wessel* in PraxisHdb SachverständigenR, § 33 Rz. 16 ff.

[47] Dazu muß glaubhaft gemacht werden, daß der Vorschuß zur Mängelbeseitigung durch Ersatzvornahme verwendet werden soll.

[48] Heute ist zu Recht anerkannt, daß der Nachbesserungsanspruch bis hin zur Neuherstellung reichen kann, wenn nur auf diese Weise Mängel nachhaltig zu beseitigen sind. Anderer Auffassung waren noch *Döbereiner/v. Keyserlingk*, Rz. 82. Siehe zum früheren Streitstand BGHZ 96, 111, 116 f.

aus.[49] Die Nachbesserung durch einen zweiten Sachverständigen würde der Stellung des ersten Sachverständigen und der persönlichen Natur des Gutachtenvertrags widersprechen. Dem kann jedoch nicht zugestimmt werden. Für eine Privilegierung solcher Werkunternehmer, die eine Vertrauensbeziehung zum Auftraggeber haben, besteht kein Anhaltspunkt im Gesetz. Maßgeblich sind die Voraussetzungen des § 633 Abs. 2 S. 3 BGB, die in dem Fall nicht erfüllt sind.[50]

b) Wandelung, Minderung

Sekundär kann der Auftraggeber gemäß § 634 Abs. 1 BGB Rückgängigmachung des Gutachtenvertrags (Wandelung) oder Herabsetzung des Sachverständigenhonoras (Minderung) verlangen, wenn er dem Sachverständigen zuvor zur Beseitigung des Mangels eine angemessene Frist mit der Erklärung gesetzt hat, daß er die Beseitigung des Mangels nach dem Ablauf der Frist ablehne. Der Nachbesserunganspruch ist dann ausgeschlossen. Für die Vollziehung der Minderung und der Wandelung finden gemäß § 634 Abs. 4 BGB die für den Kauf geltenden Vorschriften der §§ 465 bis 467 und §§ 469 bis 475 BGB entsprechende Anwendung.[51]

III. Schadensersatz

Nachbesserung, Wandelung und Minderung sind für eine gegenständliche Werkleistung, die nach der ursprünglichen Vorstellung des Gesetzgebers typischerweise Gegenstand eines Werkvertrags ist, nützliche und wirkungsvolle Gewährleistungsrechte des Auftraggebers. Wird werkvertraglich jedoch eine geistige Leistung, wie ein Sachverständigengutachten, geschuldet, steht die darin enthaltene Information im Mittelpunkt des Interesses des Auftraggebers. Dieser hat naturgemäß bei Abnahme nicht die erforderlichen Kenntnisse, die inhaltliche Richtigkeit des Gutachtens zu überprüfen. Deshalb wird die Fehlerhaftigkeit einer geistigen Leistung oftmals erst entdeckt, wenn weiterer Schaden entstanden ist. Für Minderung, Wandelung oder Nachbesserung ist es in diesen Fällen oft zu spät. Der Auftraggeber hat kein Interesse mehr an dem richtigen Gutachten, sondern daß der Sachverständige für sein falsches Gutachten einsteht und für darauf beruhende Schäden Schadensersatz leistet.

Nach Werkvertragsrecht kann der Auftraggeber gemäß § 635 BGB oder nach den Grundsätzen der positiven Vertragsverletzung Schadensersatz verlangen, wenn der Mangel des Werkes auf einem Umstand beruht, den der Sachverständige zu vertreten hat. Schadensersatz kann gemäß § 635 BGB nur statt Wandelung oder Minderung verlangt werden. Daher müssen gemäß § 634 Abs. 1 und 2 BGB für die Wandelung beziehungsweise die Minderung geltenden Voraussetzungen erfüllt sein.[52] Zusätzliches Tat-

---

[49] So *Bremer*, S. 37.

[50] BGHZ 96, 111, 123 m.w.N.

[51] Zur Durchführung der Wandelung und der Berechnung der Minderung siehe *Döbereiner/v. Keyserlingk*, Rz. 89-91.

[52] OLG Stuttgart, IBR 2000, 573.

bestandsmerkmal eines Schadensersatzanspruchs ist das Verschulden des Sachverständigen.

1. Verschulden

Der Mangel des Gutachtens muß auf ein Verschulden des Sachverständigen oder eines Erfüllungsgehilfen zurückzuführen sein. Das Verschulden bestimmt sich gemäß §§ 276, 278 BGB. Danach hat der Sachverständige, soweit nicht etwas anderes bestimmt ist[53], Vorsatz und Fahrlässigkeit zu vertreten. Vorsätzlich handelt, wer den rechtswidrigen Erfolg wissentlich und willentlich herbeiführt. Ein Sachverständiger müßte demnach mit Wissen und Wollen gegen seine beruflichen und/oder vertraglichen Pflichten verstoßen oder absichtlich ein falsches Gutachten erstatten, etwa um seinem Auftraggeber einen besonderen Vorteil zu verschaffen oder einen Nachteil zuzufügen. Derartige Fälle sind jedoch selten oder im Streitfalle jedenfalls schwerlich zu beweisen. Das Augenmerk gilt daher insbesondere der Fahrlässigkeit des Sachverständigen.

Nach § 276 Abs. 1 S. 2 BGB handelt fahrlässig, wer die im Verkehr erforderliche Sorgfalt außer Acht läßt. Bezogen auf ein fahrlässig erstattetes Falschgutachten müßte der Sachverständige diejenige Sorgfalt außer Acht gelassen haben, die nach allgemeinem Verkehrsbedürfnis für die Erstellung von Sachverständigengutachten für erforderlich gehalten wird. Erforderlich ist das Maß an Umsicht und Sorgfalt, das nach dem Urteil eines besonnenen und gewissenhaften Angehörigen des Sachverständigenberufes von dem in seinem Rahmen Handelnden zu verlangen ist.[54] Die Sorgfaltspflichten der Sachverständigen bestimmen sich nach objektiven Maßstäben ohne Rücksicht auf die subjektiven Fähigkeiten und Kenntnisse. Der Einwand, infolge persönlicher Eigenschaften oder Umstände nicht in der Lage zu sein, ein mangelfreies Gutachten zu erstellen, greift deshalb nicht durch.

Fahrlässigkeit ist nach einfacher und grober Fahrlässigkeit zu unterscheiden. Letztere erwähnt das Gesetz in § 277 BGB. Die Unterscheidung ist für den Auftraggeber einer Sachverständigenleistung von besonderer Bedeutung, da Sachverständige oftmals in allgemeinen Geschäftsbedingungen vorsehen, daß sie für einfache Fahrlässigkeit nicht einzustehen haben. Grobe Fahrlässigkeit liegt vor, wenn die zu erwartende Sorgfalt bei Durchführung des Gutachtenvertrags in ungewöhnlich großem Maß verletzt worden und dasjenige unbeachtet geblieben ist, was im gegebenen Fall jedem hätte einleuchten müssen.[55] Das ist vor allem der Fall, wenn bewertungsrelevante Tatsachen nicht erhoben werden, obwohl die Möglichkeit hierzu bestand, oder wenn wichtige Umstände pflichtwidrig übersehen oder gar ignoriert werden.

---

[53] In den allgemeinen Geschäftsbedingungen eines Sachverständigen ist in der Regel die Haftung für leichte Fahrlässigkeit ausgeschlossen.

[54] BGH NJW 1972, 151; *Döbereiner/v.Keyserlingk*, Rz. 93.

[55] BGHZ 10, 12, 16; 89, 153, 161; *Erman-Battes*, BGB, § 276 Rz. 70.

Verstößt der Sachverständige bei der Gutachtenerstellung gegen anerkannte Regeln der Technik, wird sein Verschulden ohne weiteres angenommen. Es besteht eine allgemeine Lebenserfahrung, daß ein Verstoß gegen die anerkannten Regeln der Technik immer auf einem Verschulden des Werkerstellers beruht. Folglich existiert hier der Beweis des ersten Anscheins für eine schuldhafte Verursachung des Mangels durch den Sachverständigen.[56] Aber selbst wenn der Sachverständige aus anderen Gründen ein Falschgutachten erstattet, bedarf es eines erheblichen Erklärungsaufwandes, um später darzutun, daß er trotz der objektiven Unrichtigkeit seines Gutachtens nicht schuldhaft gehandelt hat.[57]

2. § 635 BGB oder positive Vertragsverletzung

Welche Schäden des Auftraggebers durch § 635 BGB oder die positive Vertragsverletzung (pVV) abgedeckt werden, erfordert eine Auseinandersetzung mit der strittigen Frage, wie die Anwendungsbereiche dieser Anspruchsgrundlagen abzugrenzen sind.[58]

Nach einer engen Auffassung soll § 635 BGB alle Schäden des Bestellers erfassen, die auf den Mangel des Werkes zurückzuführen sind, wobei die Länge der Kausalkette bedeutungslos sei.[59] Danach wird der Anwendungsbereich der pVV radikal beschnitten. Diese Auffassung kann sich zwar auf den Wortlaut des Gesetzes berufen, da § 635 BGB keine Einschränkung nennt. Sie ist dennoch abzulehnen, da sie zu untragbaren Ergebnissen führt. Alle Schadensersatzansprüche bei Sachverständigengutachten würden in der kurzen Frist des § 638 BGB verjähren, die nur sechs Monate beträgt. Gerade bei fehlerhaften Gutachten zeigt sich besonders deutlich, daß darauf beruhende Schäden oftmals erst bedeutend später hervortreten, so daß der Auftraggeber diese und damit auch den Fehler des Gutachtens erst nach Ablauf der Sechsmonatsfrist entdeckt.

Demgegenüber wird eine weite Auffassung vertreten, nach der alle Schäden, die nicht an dem mangelhaften Werk selbst eintreten, in den Anwendungsbereich der pVV fallen. Da § 635 BGB an die Voraussetzungen des § 634 BGB anknüpfe, sei auch der Kreis der nach dieser Vorschrift zu ersetzenden Schäden entsprechend zu begrenzen. Wie bei Nachbesserung, Wandelung und Minderung könne es nur um Schäden am Werk selbst gehen.[60] Dies hat zwar den Vorzug klarer Abgrenzbarkeit, wird jedoch dem Umstand nicht hinreichend gerecht, daß § 635 BGB Schadensersatz wegen Nichterfüllung gewährt. Der Anwendungsbereich der pVV wird dadurch über Gebühr erweitert und die Bestimmung des § 635 BGB entwertet.[61]

---

[56] *Ingenstau/Korbion*, VOB, Teil B § 13 Rz. 698; *Merl* in HdbPrivBauR, § 12 Rz. 617.

[57] *Zimmermann*, DS März 1993, 15, 24.

[58] Übersicht bei *Staudinger-Peters*, BGB, § 635 Rz. 49 ff.

[59] *Medicus*, FS *Kern*, S. 313, 331; *Michalski*, NJW 1988, 793, 800.

[60] *Diederichsen*, AcP 165 (1965), 150, 164; *Larenz*, Schuldrecht Bd. II 1, § 53 II b, S. 357 ff.

[61] *Staudinger-Peters*, BGB, § 635 Rz. 53.

Die vorherrschende vermittelnde Auffassung[62] der Rechtsprechung differenziert zwischen § 635 BGB und pVV nach der Art des Schadens. Danach umfaßt § 635 BGB zunächst die sogenannten Mangelschäden, die am Gutachten selbst eintreten.[63] Ob man hierzu auch den entgangenen Gewinn zu zählen hat, wird jedoch bezweifelt. Wird beispielsweise ein Wertgutachten über ein Grundstück bei dessen Verkauf den Verhandlungen über den Preis zugrunde gelegt, so bemißt sich die Höhe des Gewinns des Verkäufers nicht ausschließlich nach dem Gutachten, sondern auch nach dem Verhandlungsgeschick der Beteiligten. Von einem Mangelschaden kann da nicht mehr die Rede sein. Sonstige Schäden des Auftraggebers, sogenannte Mangelfolgeschäden, werden den §§ 635, 638 BGB nur unter der Voraussetzung zugerechnet, daß sie in engem und unmittelbarem Zusammenhang zum Werkmangel stehen. Bei der Abgrenzung sind die Umstände des Einzelfalls zu berücksichtigen.[64] Für die Lösung der Rechtsprechung spricht, daß sie zu interessengerechten Ergebnissen führt. Daher sollten Schäden, die nicht in unmittelbarem und engem Zusammenhang mit einem mangelhaften Sachverständigengutachten stehen, dem Anwendungsbereich der pVV unterstellt werden, so daß dann die dreißigjährige Verjährung des § 195 BGB gilt.

Folglich sind unmittelbare Mangelschäden und solche Mangelfolgeschäden, die in engem und unmittelbarem Zusammenhang zum Gutachtenmangel stehen, nach § 635 BGB zu ersetzen. Der unmittelbare Mangelschaden umfaßt die Wertminderung des Gutachtens selbst und die Aufwendungen, die der Auftraggeber für die Mangelbeseitigung tätigen muß. Ein enger und unmittelbarer Zusammenhang zwischen Schaden und Gutachtenmangel besteht außerdem, wenn sich der Mangel des Gutachtens zwangsläufig auf ein anderes Werk überträgt und darin realisiert.[65] Deshalb erfaßt § 635 BGB beispielsweise Mangelfolgeschäden eines geologischen Baugrundgutachtens[66] oder einer fehlerhaften Architektenplanung[67] an dem danach errichteten Bauwerk oder eines Sanierungsgutachtens wegen nachträglichen Feuchtigkeitseinbruchs[68]. Die pVV kommt als Anspruchsgrundlage in Betracht, wenn ein Schaden aufgrund eines Gutachtenmangels nicht von § 635 BGB umfaßt wird, also für entfernte Mangelfolgeschäden. Dies gilt insbesondere für Wertgutachten, die aufgrund ihrer vielfältigen Verwertungsmöglichkeiten einen eigenen wirtschaftlichen Wert haben, während beispielsweise Baugrund- und Sanierungsgutachten sich erst in einem weiteren Werk realisieren und somit durch Ausführung dieses Werkes einen selbständigen (Un-)Wert gewinnen. Wertgutachten dienen oftmals zur Vorbereitung finanzieller Dispositionen, für die sie

[62] Weitere Nachweise bei *Staudinger-Peters*, BGB, § 635 Rz. 53.

[63] BGHZ 35, 130; *Heiermann/Riedl/Rusam*, VOB, Teil B § 13 Rz. 173; *Ingenstau/Korbion*, B § 13 Rz. 672; *Siegburg*, Rz. 300, 336.

[64] BGHZ 58, 85, 89; 87, 239, 244.

[65] *Staudinger-Peters*, BGB, § 635 Rz. 56; *Döbereiner/v. Keyserlingk*, Rz. 96, 98.

[66] BGHZ 72, 257, 259.

[67] BGHZ 58, 225, 228 m.w.N..

[68] BGH JR 1988, 197.

in Auftrag gegeben werden. Die Auswirkungen eines Fehlers zeigen sich daher meist erst lange nach der Abnahme und dem Ablauf der kurzen Gewährleistungsfrist für das Gutachten.[69] Der Schadensersatzanspruch aufgrund eines mangelhaften Wertgutachtens darf folglich nicht in den Anwendungsbereich der §§ 635, 638 BGB einbezogen werden, andernfalls würden dem Auftraggeber durch die kurze Verjährung alle Schadensersatzansprüche abgeschnitten werden. Die Interessen der Sachverständigen werden hierdurch nicht unangemessen vernachlässigt. Sie wissen oder müssen zumindest damit rechnen, daß Mangelfolgeschäden wegen fehlerhafter gutachterlicher Feststellungen noch lange nach Ablauf der Sechsmonatsfrist des § 638 Abs. 1 BGB auftreten können.[70] Entfernte Mangelfolgeschäden und insbesondere solche aufgrund von Wertgutachten sind deshalb der pVV zuzuordnen.[71]

IV. Schuldrechtsmodernisierungsgesetz

Am 01.01.2002 ist das Schuldrechtsmodernisierungsgesetz in Kraft getreten.[72] Dieses Gesetz enthält Änderungen zum Werkvertragsrecht, die sich auf die vertragliche Haftung des privaten Sachverständigen auswirken. Diese Änderungen werden im folgenden skizziert.

1. Werkvertragsrecht

Auch nach der Reform ist der Gutachtenvertrag, als geistiges Arbeitsergebnis, dem Werkvertragsrecht zuzuordnen.[73] Durch die Änderung des Verjährungsrechts (§ 634 a Abs. 1 Nr. 3 BGB-BE[74]) und der Schaffung des einheitlichen Tatbestandes der Pflichtverletzung (§ 280 BGB-BE) wurde ein Wertungsgleichklang mit den dienstvertragsrechtlichen Vorschriften erreicht. Es wurde dem Umstand Rechnung getragen, daß die Situation des Bestellers gegenüber dem Unternehmer bei einem immateriellen Arbeitsergebnis vergleichbar ist mit der des Dienstberechtigten gegenüber dem Dienstverpflichteten.[75] Dennoch bleiben Besonderheiten der Gewährleistung beim Werkvertrag bestehen, so daß eine Einordnung des Gutachtenvertrages als Werkvertrag weiterhin erforderlich bleibt.

2. Gewährleistung

Gemäß § 633 Abs. 1 BGB-BE ist der private Sachverständige verpflichtet, das Gutachten so zu erstellen, daß es keine Sach- und Rechtsmängel aufweist. Ist das Gutachten nicht von dieser geschuldeten Beschaffenheit, bestimmen sich die Rechte des Auf-

---

[69] BGHZ 87, 239, 243 f.

[70] *Staudinger-Peters*, BGB § 635 Rz. 56; *Wessel* in PraxisHdb SachverständigenR, § 33 Rz. 28; *Döbereiner/v. Keyserlingk*, Rz. 96, 98.

[71] BGHZ 87, 239, 243; 67, 1 ff.; OLG Hamm, NJW-RR 1992, 530.

[72] BT-Drucks 14/7052 v. 09.10.2001.

[73] Siehe oben § 5 I.

[74] BGB-BE bezeichnet die Gesetzesfassung des BGB, die am 01.01.2002 in Kraft getreten ist.

[75] Begründung zum Gesetzentwurf BT-Drucks 14/6040 v. 14.05.2001 S. 264

traggebers nach § 634 BGB-BE. Voraussetzung aller werkvertraglichen Gewährleistungsansprüche ist somit, daß das Sachverständigengutachten mit einem Mangel behaftet ist.

a) Mangel des Sachverständigengutachtens

Der Begriff des Mangels erfährt im Verhältnis zu § 633 Abs. 1 BGB eine Änderung. Das neue Gesetz bekennt sich eindeutig zum sog. subjektiven Fehlerbegriff; denn gemäß § 633 Abs. 2 S. 1 BGB-BE ist ein Werk frei von Mängeln, wenn es die vereinbarte Beschaffenheit aufweist. Ist eine bestimmte Beschaffenheit nicht vereinbart, so stellt § 633 Abs. 2 S. 2 Nr. 1, 2 BGB-BE auf die Eignung für die nach dem Vertrag vorausgesetzte und für die gewöhnliche Verwendung ab.

Zunächst wurde erwogen, den Verstoß gegen die anerkannten Regeln der Technik als zusätzlichen Mangeltatbestand in das BGB aufzunehmen.[76] Hiervon ist jedoch abgesehen worden, um den seit dem Urteil „Blasbachtalbrücke“[77] bekannten Irrtum zu vermeiden, daß bei Einhaltung der Regeln der Technik ein Werk immer mangelfrei sei, auch wenn die Regeln der Technik konkret nicht geeignet waren, eine mangelfreie Leistung zu gewährleisten. Die Nichtaufnahme in das Gesetz soll aber nichts daran ändern, daß ein Verstoß gegen die anerkannten Regeln der Technik regelmäßig auch einen Mangel im Sinne von § 633 Abs. 2 BGB-BE darstellt.[78]

Jedoch wird für die Mängeldefinition nunmehr auf den Begriff der zugesicherten Eigenschaft verzichtet. Dies hat für das Werkvertragsrecht keine besonderen Auswirkungen, da an das Vorliegen keine besonderen Rechtsfolgen geknüpft waren. Sichert der Sachverständige bestimmte Eigenschaften zu, so stellen diese eine Beschaffenheitsangabe für das Gutachten dar. Weist das hergestellte Gutachten diese Eigenschaften nicht auf, so hat das Werk nicht die vereinbarte Beschaffenheit und es liegt ein Mangel nach § 633 Abs. 2 S. 1 BGB vor. Insoweit ergeben sich keine Änderungen zu den obigen Ausführungen.[79] Auswirkung hat die Zusicherung von Eigenschaften allerdings im Rahmen des Verschuldensmaßstab nach § 276 BGB-BE.[80]

b) Nachbesserung, Rücktritt, Minderung

Die Gewährleistungsrechte des Bestellers richten sich nach § 634 BGB-BE. Da die werkvertraglichen Gewährleistungsansprüche des Auftraggebers gegen den privaten Sachverständigen eine untergeordnete Rolle spielen, werden die Änderungen nur kurz aufgezeigt. Einheitliche Voraussetzung der Gewährleistungsansprüche ist, daß der Besteller dem Unternehmer eine angemessene Frist zur Nacherfüllung gesetzt hat. Eine

---

[76] Begründung zum Gesetzentwurf BT-Drucks 14/6040 v. 14.05.2001 S. 261.

[77] OLG Frankfurt, NJW 1983, 456.

[78] Begründung zum Gesetzentwurf BT-Drucks 14/6040 v. 14.05.2001 S. 261.

[79] Siehe oben § 5 II 2.

[80] Siehe unten § 5 IV 3 b.

Ablehnungsandrohung ist nicht mehr erforderlich. Damit wird der Vorrang des Erfüllungsanspruches gesichert.[81]

Zunächst kann der Besteller gemäß §§ 634 Nr. 1, 635 BGB-BE Nacherfüllung verlangen. Dem Unternehmer steht ein Wahlrecht zu, ob er den Mangel beseitigen oder das Werk neu herstellen will. Unter den Voraussetzungen des § 635 Abs. 3 BGB-BE kann der Unternehmer die Nacherfüllung verweigern. Setzt der Besteller dem Unternehmer eine Frist zur Nacherfüllung, so kann der Besteller nach Ablauf dieser Frist gemäß §§ 634 Nr. 2, 637 BGB-BE den Mangel selbst beseitigen. Verzug ist in diesen Fällen nicht mehr erforderlich. Somit kann der Auftraggeber den Mangel weiterhin durch einen anderen Sachverständigen beseitigen lassen.[82]

Das Wandlungsrecht wird durch das Recht zum Rücktritt gemäß § 634 Nr. 3 BGB-BE ersetzt. Dieses Gestaltungsrecht ist verschuldensunabhängig und kann grundsätzlich unter den Voraussetzungen des § 323 BGB-BE erst nach Ablauf einer zur Nacherfüllung bestimmten Frist ausgeübt werden. Diese Frist ist unter den Voraussetzungen des § 636 BGB-BE entbehrlich.[83]

Schließlich ist auch das Minderungsrecht gemäß §§ 634 Nr. 3, 638 BGB-BE als Gestaltungsrecht des Bestellers geregelt und steht ihm auch bei unerheblichen Werkmängeln zu. Berechnet wird die Höhe der Minderung nach der Regelung des § 638 Abs. 3 BGB-BE.

3. Schadensersatz

Die Gewährleistungrechte der Nachbesserung, des Rücktritts und der Minderung spielen bei Gutachtenverträgen eine untergeordnete Rolle. Das Interesse des Auftraggebers besteht vielmehr darin, Schadensersatz von dem Gutachter zu verlangen.[84] Wie für den Rücktritt verweist das Werkvertragsrecht nun auch für den Schadenersatz auf das allgemeine Schuldrecht.

a) Anwendbarkeit des allgemeinen Schuldrechts

§ 280 Abs. 1 BGB-BE statuiert generalklauselartig, daß der Schuldner für Verletzungen der Pflichten aus dem Schuldverhältnis haftet, wenn er sie zu vertreten hat. § 280 BGB-BE umfaßt also auch die Fälle der positiven Forderungsverletzung, die bisher im Gesetz nicht geregelt waren. Für das Werkvertragsrecht bedeutet das, daß die Unterscheidung zwischen nahen Mangelfolgeschäden (die § 635 BGB unterfallen) und ent-

---

[81] *Roth*, JZ 2001, 543, 548.

[82] Siehe oben § 5 II 3 a.

[83] Siehe unten § 5 IV 3 b.

[84] Siehe oben § 5 III.

fernten Mangelfolgeschäden (Anwendung pVV) obsolet wird.[85] Alle Mangelfolgeschäden unterfallen somit § 280 BGB-E.[86]

Ferner kann der Besteller neben dem Schadenersatzanspruch nach § 634 Nr. 4 BGB-BE auch den Rücktritt nach § 634 Nr. 3 BGB-BE erklären. Diese Möglichkeit ergibt sich aus § 325 BGB-BE. Es bedarf somit nicht mehr der Konstruktion des „großen Schadensersatzes", damit der Besteller die Sache zurückgeben und seinen übrigen Schaden geltend machen kann.[87]

b) Voraussetzungen

Die Voraussetzungen des Schadensersatzanspruches ändern sich demgegenüber nicht grundlegend. Will der Besteller Schadensersatz statt der Mängelbeseitigung oder Lieferung des Werkes geltend machen, so muß er vorher eine angemessene Frist zur Leistung setzen (§ 281 Abs. 1 BGB-BE). Wie beim Rücktritt ist nicht mehr die Erklärung erforderlich, daß die Mängelbeseitigung nach Ablauf der Frist abgelehnt werde.

Die Fälle der Entbehrlichkeit der Fristsetzung ergeben sich aus § 636 BGB-BE. Die §§ 281 Abs. 2, 323 Abs. 2 BGB-BE regeln die Erfüllungsverweigerung und die entsprechenden Ausnahmen, daß besondere Umstände die sofortige Geltendmachung des Anspruches rechtfertigen. Ferner ist gemäß § 636 BGB-BE eine Frist zur Nacherfüllung entbehrlich, wenn der Unternehmer die Nacherfüllung wegen unverhältnismäßiger Kosten verweigert oder wenn die Nacherfüllung fehlgeschlagen oder dem Besteller unzumutbar ist. Eine Fristsetzung ist schließlich auch dann entbehrlich, wenn der Schaden durch eine Nacherfüllung nicht mehr behoben werden kann. Dies gilt etwa, wenn durch den Mangel, Schäden an anderen Rechtsgütern des Auftraggebers eingetreten sind. Insoweit findet sich ein Reservat für die ansonsten obsolete Unterscheidung von Mangel- und Mangelfolgeschäden.[88]

Schließlich ist Voraussetzung des § 280 BGB-BE, daß der Sachverständige den Mangel zu vertreten hat. Dies richtet sich weiterhin nach §§ 276, 278 BGB-BE, so daß der Sachverständige, soweit nichts anderes bestimmt ist, Vorsatz und Fahrlässigkeit zu vertreten hat. Insoweit ergeben sich keine Besonderheiten zum alten Recht.[89] Eine Besonderheit ergibt sich jedoch bei der Zusicherung von Eigenschaften. Eine solche Zusicherung stellt nach der Begründung zum Gesetzesentwurf die Übernahme einer Garantie i.S.d. § 276 BGB-BE dar.[90] Inhaltlich bedeutet dies, das Vorhandensein dieser Eigenschaften zu garantieren verbunden mit dem Versprechen, für alle Folgen ihres

---

[85] *Roth*, JZ 2001, 543, 548.

[86] Begründung zum Gesetzentwurf BT-Drucks 14/6040 v. 14.05.2001 S. 263

[87] Ausführlich hierzu *Roth*, JZ 2001, 543, 549.

[88] *Roth*, JZ 2001, 543, 548.

[89] Siehe oben § 5 III 1.

[90] Begründung zum Gesetzentwurf BT-Drucks 14/6040 v. 14.05.2001 S. 132.

Fehlens - ohne weiteres Verschulden - einzustehen.[91] Dies führt zu einer verschuldensunabhängigen Haftung des Sachverständigen.

Der Gesetzgeber hat verkannt, daß zwischen der zugesicherten Eigenschaft im Kauf- und Werkvertragsrecht ein erheblicher Unterschied besteht. Das Kaufrecht stellt strenge Anforderungen an den Begriff der zugesicherten Eigenschaft. Der Verkäufer mußte zusagen, für alle Folgen im Falle des Fehlens der Eigenschaft unbedingt einzustehen. Darüber hinaus hat der Tatbestand der Garantie im Kaufrecht in § 442 BGB-BE eine eigenständige Regelung erfahren. Die Konsequenz daraus ist, daß eine Garantie nur dann vorliegt, wenn der Verkäufer „unbeschadet gesetzlicher Ansprüche" einen Erfolg garantieren will, der über die vertragsgemäße Lieferung hinausgeht.[92] Anders ist es beim Werkvertrag. Dort reichte das einfache Versprechen einer bestimmten Eigenschaft aus, um eine zugesicherte Eigenschaft im Sinne von § 633 Abs. 1 BGB anzunehmen.[93] Ferner fehlt hier eine vergleichbare Regelung des § 442 BGB-BE. Wenn man also zur Inhaltsbestimmung des Begriffs „Garantie" den Begriff der „zugesicherten Eigenschaft" aus dem Werkvertragsrecht heranzieht - wie es nach Begründung und Systematik geboten ist -, so hat dies für den Sachverständigen weitreichende Folgen. Er haftet in diesem Fall immer verschuldensunabhängig. Ob die Rechtsprechung nun jede Zusicherung im Werkvertragsrecht als Garantie i.S.d. § 276 BGB-BE auslegen wird oder wie im Kaufrecht zusätzlich fordern wird, daß der Unternehmer zusagen muß, für alle Folgen im Falle des Fehlens der Eigenschaft unbedingt einstehen zu wollen, bleibt abzuwarten.

4. Verjährung

Eine grundlegende Änderung erfährt das Werkvertragsrecht im Bereich der Verjährung der Gewährleistungsansprüche. Dies hat bedeutende Auswirkungen auf die Erstellung eines Sachverständigengutachtens. Da es sich hierbei um einen geistigen Arbeitserfolg handelt, verjähren die Ansprüche auf Nacherfüllung sowie Aufwendungs- und Schadensersatz grundsätzlich nach § 634 a Abs. 1 Nr. 3 in der regelmäßigen Verjährungsfrist von drei Jahren. Der Beginn dieser Frist richtet sich nach § 199 BGB-BE und stellt auf die Entstehung des Anspruchs und auf die Kenntnis oder zurechenbare Unkenntnis von Anspruch und Schuldner ab. Bei dieser Frist handelt es sich um eine relative Verjährungsfrist. Als absolute Höchstfrist schreibt § 199 Abs. 4 BGB-BE somit zehn Jahre ab Entstehung des Anspruchs vor. Für Schadensersatzansprüche gilt § 199 Abs. 2, 3 BGB-BE, wonach eine Verjährung unter gegebenen Umständen erst in 30 Jahren eintreten kann. Dies hat insbesondere Auswirkungen auf die Erstellung von Wertgutachten.[94] So haftet der Gutachter bis zu zehn Jahre, wenn nicht der Auftraggeber von der Anspruchsentstehung und dem Schuldner Kenntnis erlangt bzw. diese Vor-

---

[91] Begründung zum Gesetzentwurf BT-Drucks 14/6040 v. 14.05.2001 S. 132.

[92] *von Westphalen*, DB 2001, 799, 803.

[93] Siehe oben § 5 II 2 a.

[94] Zum Wertgutachten siehe oben § 5 III 2.

aussetzungen grob fahrlässig nicht kennt. Entsteht der Schaden erst später, so kommt unter Umständen eine noch spätere Verjährung in Betracht.

Etwas anderes kann sich aber aus § 634 a Abs. 1 Nr. 2 BGB-BE ergeben, wenn das zu erstellende Gutachten eine Planungsleistung für ein Bauwerk darstellt. Das ist der Fall, wenn sich das Ergebnis eines Gutachtens auf ein Bauwerk überträgt und in diesem realisiert. Insoweit fallen hierunter Baugrundgutachten oder Sanierungsgutachten. In diesen Fällen verjähren die Ansprüche innerhalb von fünf Jahren nach Abnahme des Werkes (§ 634 a Abs. 2). Die Verjährung ist somit an ein objektives Merkmal geknüpft, was für den Gutachter mehr Rechtssicherheit bedeutet. Auch für diese Gutachten gilt jedoch die allgemeine Verjährungsfrist, wenn der Sachverständige den Mangel arglistig verschwiegen hat (§ 634 a Abs. 3 BGB-BE).

Das Recht des Auftraggebers zum Rücktritt und zur Minderung sind dagegen als Gestaltungsrechte konzipiert. Diese Rechte unterliegen nicht der Verjährung. Insofern muß die Wirkung der Verjährung auf diese Rechte geregelt werden. Nach § 218 BGB-BE ist der Rücktritt wegen nicht oder nicht vertragsgemäß erbrachter Leistung unwirksam, wenn der Anspruch auf die Leistung oder der Nacherfüllungsanspruch verjährt ist und der Schuldner sich darauf beruft. Trotz Unwirksamkeit des Rücktritts oder der Minderung kann der Auftraggeber gemäß §§ 634 a Abs. 4, 638 Abs. 5 BGB-BE die Zahlung der Vergütung insoweit verweigern, als er auf Grund des Rücktritts oder der Minderung dazu berechtigt sein würde. Entgegen früherem Recht ist in diesem Fall keine Mängelanzeige mehr erforderlich.

5. Ergebnis

Durch die Schuldrechtsreform haben sich viele formale Änderungen ergeben. Dagegen sind die inhaltlichen Auswirkungen im Werkvertragsrecht gering, so daß die Haftung des privaten Sachverständigen nur wenige Neuerungen erfährt. Festzuhalten bleibt, daß Schadensersatz und Rücktritt kumuliert werden können und eine Ablehnungsandrohung im Rahmen der Nachfristsetzung nicht mehr erforderlich ist. Die weitreichendste inhaltliche Änderung ist der Wegfall der Unterscheidung zwischen nahen und entfernten Mangelfolgeschäden. Dieser Wegfall bedeutet jedoch nicht, daß die interessengerechten Ergebnisse, die aufgrund der unterschiedlichen Verjährungsfristen von § 635 BGB und der p:V.V. nach der Auffassung der Rechtsprechung erreicht wurden,[95] zugunsten einer einheitlichen Regelung aufgegeben worden sind. Zwar hat der Gesetzgeber für alle Schäden eine einheitliche Anspruchsgrundlage geschaffen, allerdings hat er auch das Verjährungsrecht völlig umgestaltet. Somit unterfallen die Ansprüche des Auftraggebers aus Gutachtenverträgen grundsätzlich der regelmäßigen Verjährung von drei Jahren. Dies bedeutet jedoch nicht, daß Schadensersatzansprüche, die einen entfernten Mangelfolgeschaden zum Gegenstand haben, anstatt in 30 Jahren jetzt in 3 Jahren verjähren. Denn bei der regelmäßigen Verjährungfrist handelt es sich um eine relative Frist, die durch ein subjektives Kriterium geprägt ist. Ohne Rücksicht auf diese

[95] Siehe oben § 5 III 2.

subjektive Voraussetzung endet die Verjährung nach Ablauf einer absoluten Frist von 10 oder 30 Jahren. Insoweit tritt unter Umständen eine absolute Verkürzung der Verjährung im Verhältnis zum früheren Recht ein. Eine solche entspricht aber dem Ziel der Reform, da die regelmäßige Verjährungsfrist von 30 Jahren als zu lang angesehen wurde.[96]

Auch wenn Ansprüche aus einem fehlerhaften Gutachten nicht unter die regelmäßige Verjährung fallen, weil das Gutachten bspw. der Errichtung eines Bauwerkes diente, ändert sich im Rahmen der Verjährung für den Sachverständigen nichts. In diesem Fall greift die absolute fünfjährige Verjährungsfrist des § 634 a Abs. 1 Nr. 2 BGB-BE. Bei Schäden aus solchen Verträgen handelt es sich regelmäßig um nahe Mangelfolgeschäden, die einen Anspruch aus § 635 BGB begründeten.[97] Dieser verjährte gemäß § 638 BGB ebenfalls in fünf Jahren.

Damit hat der Gesetzgeber durch die Schaffung einer einheitlichen Anspruchsgrundlage und der gleichzeitigen Erneuerung des Verjährungsrechts den Ansatz der Rechtsprechung zu nahen und entfernten Mangelfolgeschäden übernommen. Entfallen ist durch diese Regelung die schwierige und teilweise willkürlich wirkende Abgrenzung dieser Schadenspositionen. Erforderlich ist nunmehr lediglich, den Gutachtenvertrag dahingehend einzuordnen, ob dieser eine Planungsleistung für ein Bauwerk darstellt oder nicht. Daher sind die inhaltlichen Änderungen des Reform zu begrüßen.

§ 6 Deliktische Haftung nach deutschem Recht

Nach deutschem Recht kommt neben der vertraglichen Haftung des privaten Sachverständigen gegenüber dem Auftraggeber die deliktsrechtliche Verantwortlichkeit des privaten Sachverständigen in Betracht, die auch gegenüber einem Dritten bestehen kann. Vertragliche und deliktische Ansprüche des Auftraggebers stehen in Anspruchskonkurrenz.

I. § 823 Abs. 1 BGB

Ein Schadensersatzanspruch gegen einen Sachverständigen setzt nach der deliktsrechtlichen Generalklausel voraus, daß der Sachverständige unmittelbar oder durch sein Gutachten rechtswidrig und schuldhaft ein absolutes Rechtsgut (Leben, Körper, Gesundheit, Freiheit, Eigentum) oder ein sonstiges Recht des Auftraggebers oder eines Dritten verletzt hat.[98]

---

[96] *Heinrichs*, BB 2001, 1417.

[97] Siehe oben § 5 III 2.

[98] Zur Kausalität siehe BGHZ 2, 141 ff.; 25, 84 ff.; *Palandt-Heinrichs*, BGB, Vorbem. v. § 249 Rz. 57 f. Zur Widerrechtlichkeit der Rechtsgutsverletzung siehe BGHZ 74, 9; RGRK-*Steffen*, BGB, § 823 Rz. 114.

1. Absolute Rechtsgüter

Schadensersatzansprüche wegen Verletzung der absoluten Rechtsgüter Leben, Körper, Gesundheit und Freiheit durch das Sachverständigengutachen oder bei dessen Vorbereitung kommen praktisch zwar in Betracht. Denkbar sind Gesundheitsverletzungen infolge von Untersuchungen, die das Sachverständigengutachten vorbereiten, aber auch medizinische Behandlungen und gerichtliche Einweisungen aufgrund eines Sachverständigengutachtens. Freiheitsverletzungen sind aufgrund von Umgangsbeschränkungen für Elternteile wegen gutachterlich festgestellten 'sexuellen Mißbrauchs' und aufgrund ungerechtfertigter Entmündigung[99] möglich. Ferner wird die Freiheit eines anderen durch ein unrichtiges Sachverständigengutachten im Strafprozeß verletzt, wenn er aufgrund dessen zu einer Freiheitsstrafe verurteilt und diese ohne Bewährung vollstreckt wird.[100] Diese Beispiele unterfallen jedoch nicht der Haftung des privaten, sondern der des gerichtlichen Sachverständigen, da die schadensursächlichen Begutachtungen jeweils in gerichtlichem, zumindest hoheitlichem Auftrag vorgenommen werden.[101] Für den privaten Sachverständigen ist aus der Rechtsprechung kein Haftungsfall wegen Verletzung von Leben, Körper, Gesundheit oder Freiheit eines anderen durch ein unrichtiges Gutachten bekannt.

Eine Eigentumsverletzung hingegen kann unmittelbar durch eine substanzverletzende Handlung des privaten Sachverständigen oder mittelbar aufgrund eines fehlerhaften Gutachtens erfolgen. Eine Eigentumsverletzung ist eine schädigende Einwirkung auf die Sache eines anderen, ohne Rücksicht darauf, ob der Schaden unmittelbar oder durch eine adäquate Ursachenkette eintritt.[102] Sie kann in einer Beschädigung, Zerstörung, Verunstaltung oder Entziehung der Sache bestehen, gleichgültig ob durch tatsächliche Substanzverletzung oder durch rechtliche Folge.[103] Eine adäquate rechtliche Folge eines fehlerhaften Gutachtens wäre beispielsweise ein schiedsgerichtliches Herausgabeurteil gegen den wirklichen Eigentümer einer Sache.[104]

---

[99] OLG Nürnberg, NJW-RR 1988, 791 ff.

[100] So in BGHZ 62, 54 ff.; OLG Nürnberg, NJW-RR 1988, 791.

[101] Weitere Beispiele bei MüKo-*Mertens*, BGB, § 823 Rz. 64. Zur deliktischen Haftung des gerichtlichen Sachverständigen siehe im übrigen unten § 13.

[102] *Döbereiner/v. Keyserlingk*, Rz. 139; *Palandt-Thomas*, BGB § 823 Rz. 7.

[103] BGH VersR 1995, 348.

[104] Es gilt eine stillschweigend zwischen den Schiedsverfahrensparteien, jeweils vertreten durch das Schiedsgericht, und dem Sachverständigen vereinbarte Haftungsprivilegierung des schiedsgerichtlichen Sachverständigen. Dieser haftet nach BGHZ 42, 313 nur für grobe Fahrlässigkeit und Vorsatz, sofern die Parteien nichts anderes vereinbart haben.

2. Sonstige Rechte und Vermögen

a) Sonstige Rechte

Der Begriff des „sonstigen Rechts" ist in Einzelheiten umstritten.[105] In Anbetracht der gesetzlichen Nennung hinter „Eigentum" ist ein sonstiges Recht jedoch als ein solches zu verstehen, das denselben rechtlichen Charakter wie das Eigentum hat und ebenso wie Leben, Gesundheit und Freiheit von jedermann zu beachten ist. Daher kommen nur absolute Rechte als sonstige Rechte in Betracht.

aa) Persönlichkeitsrecht

Das Persönlichkeitsrecht[106] wird durch Erstattung eines fehlerhaften Gutachtens verletzt, wenn hierdurch das aus Art. 1 Abs. 1 GG in Verbindung mit Art. 2 Abs. 1 GG abgeleitete Recht des Einzelnen auf Achtung seiner individuellen Persönlichkeit gegenüber dem Staat und dem privaten Rechtsverkehr widerrechtlich[107] geschädigt wird.[108] Der private Sachverständige verletzt das Persönlichkeitsrecht, wenn sein Gutachten Begebenheiten der persönlichen Sphäre oder Angelegenheiten der Privat- oder Familiensphäre preisgibt, ansehensschädigende Äußerungen enthält oder zu einer sonstigen Schädigung des Ansehens des Auftraggebers oder eines Dritten führt.[109] So wurde eine widerrechtliche Verletzung des Persönlichkeitsrechts wegen einer ungerechtfertigten Entmündigung aufgrund eines falschen Sachverständigengutachtens bejaht, da der Sachverständige ursächlich das Recht auf freie Entfaltungsmöglichkeit und die aktive Entschließungs- und Handlungsfreiheit des Entmündigten unverhältnismäßig stark beschnitten hat.[110]

bb) Eingerichteter und ausgeübter Gewerbebetrieb

Das Recht am eingerichteten und ausgeübten Gewerbebetrieb ist ebenfalls als sonstiges Recht anerkannt und beinhaltet als Auffangtatbestand für eine im gewerblichen Rechtsschutz bestehende Lücke den Schutz des Betriebsinhabers gegen Beeinträchtigungen, um die Fortsetzung eines rechtmäßig ausgeübten Betriebs zu sichern.[111] Zum Schadensersatz verpflichtet eine unmittelbare Beeinträchtigung des Gewerbebetriebes, wenn diese die Voraussetzungen eines betriebsbezogenen Eingriffs erfüllt. Erforderlich ist deshalb ein sich spezifisch gegen den betrieblichen Organismus und die unterneh-

---

[105] *Staudinger-Schäfer*, § 823 Rz. 71 ff.

[106] Siehe zum Persönlichkeitsrecht BGHZ 13, 334; 24, 72; *Degenhart*, JuS 1992, 361; *Deutsch*, AcP 192 (1992), 161; *Brandner*, JZ 1983, 689; *Palandt-Thomas*, BGB, § 823 Rz. 176.

[107] Die Feststellung der Widerrechtlichkeit des Eingriffs bedingt eine Abwägung der widerstreitenden Interessen und eine Würdigung aller Umstände, insbesondere des Verhältnismäßigkeitsgrundsatzes. *Palandt-Thomas*, BGB § 823 Rz. 184 ff.

[108] BGHZ 24, 72, 76; *Palandt-Thomas*, BGB, § 823 Rz. 178.

[109] *Klaus Müller*, Rz. 966; *Eickmeier*, S. 94.

[110] OLG Nürnberg, NJW-RR 1988, 791 ff. Die Klägerin wurde im Rahmen eines Entmündigungsverfahrens von der beklagten Sachverständigen auf ihren Gesundheitszustand untersucht. Aufgrund mehrerer falscher Gutachten wurde die Klägerin wegen Geistesschwäche entmündigt.

[111] *Palandt-Thomas*, BGB, § 823 Rz. 19.

merische Entscheidungsfreiheit richtender Eingriff. Die Rechtswidrigkeit ist positiv im Wege einer Interessenabwägung festzustellen und zu bejahen, wenn das schadensursächliche Verhalten gegen Gebote der gesellschaftlichen Rücksichtnahme verstößt.[112]

Ein zum Schadensersatz verpflichtender, betriebsbezogener und rechtswidriger Eingriff durch ein falsches Sachverständigengutachten ist etwa zu bejahen, wenn ein Sachverständiger im Rahmen eines Warentests außerhalb eines Wettbewerbsverhältnisses über die Produkte eines Unternehmens geschäftsschädigende Kritik an die Öffentlichkeit trägt, die ihrem Inhalt nach unzutreffend, verzerrend, einseitig oder in ihrer Art zu mißbilligen ist.[113] Der höchstrichterlich statuierte Grundsatz, wettbewerbsrelevante Waren- und Dienstleistungstests[114] fachkundig und neutral vorzunehmen und um Gewinnung objektiv richtiger Testergebnisse bemüht zu sein[115], gilt in besonderer Weise für den Sachverständigen, da er zu objektiver und gewissenhafter Aufgabenerfüllung verpflichtet ist.[116]

b) Vermögen

Das Vermögen ist kein sonstiges Recht im Sinne des § 823 Abs. 1 BGB. Gerade das Vermögen wird durch Fehlleistungen Sachverständiger besonders häufig betroffen. Da es aber nicht zu den ausschließlichen Rechtsgütern der in § 823 Abs. 1 BGB bezeichneten Art gezählt wird, worüber heute Einigkeit besteht[117], begründen primäre Vermögensschäden aufgrund eines unrichtigen Sachverständigengutachtens keinen Ersatzanspruch nach § 823 Abs. 1 BGB gegen den Sachverständigen.[118] Etwas anderes gilt nur für sekundäre Vermögensschäden, die infolge der Verletzung eines nach § 823 Abs. 1 BGB geschützten Rechts oder Rechtsguts hervorgerufen werden; sekundäre Vermögensschäden können gemäß § 823 Abs. 1 BGB ersetzt verlangt werden.[119]

Der eingeschränkte Vermögensschutz im Rahmen der deliktsrechtlichen Generalklausel wirkt sich insbesondere für Dritte unerfreulich aus, die keinen Gutachtenvertrag mit dem Sachverständigen haben, aber dennoch durch dessen fahrlässig fehlerhafte Gut-

---

[112] BGHZ 45, 296, 307.

[113] BGH NJW 1986, 981, 982; 1976, 620, 621 f.; *Döbereiner/v.Keyserlingk*, Rz. 140; *Palandt-Thomas*, BGB, § 823 Rz. 22.

[114] Ausführlich zur Haftung für fehlerhafte Warentests gegenüber dem Verbraucher *Boecken*, Die Haftung der Stiftung Warentest für Schäden der Verbraucher aufgrund irreführender Testinformationen, Diss., Berlin 1996.

[115] BGH NJW 1987, 1082, 1083; OLG München, NJW 1994, 1964 f.

[116] *Döbereiner/v.Keyserlingk*, Rz. 140.

[117] RGZ 95, 173; BGHZ 27, 137, 140; 41, 127; *Staudiger-Schäfer*, BGB, § 823 Rz. 76; *Palandt-Thomas*, BGB, § 823 Rz. 31.

[118] BGHZ 41, 127; *Palandt-Thomas*, BGB, § 823 Rz. 31.

[119] Siehe zur Unterscheidung zwischen primären und sekundären Vermögensschäden sowie zum diesbezüglichen Umfang eines Anspruches nach § 823 Abs. 1 BGB *Palandt-Thomas*, BGB, § 823 Rz. 159 m.w.N.

achtenleistung nachteilig in ihrem Vermögen betroffen werden. Sie haben keinen vertraglichen Anspruch auf Ersatz primärer Vermögensschäden.[120]

II. § 823 Abs. 2 BGB

Ein Schadensersatzanspruch gegen den privaten Sachverständigen nach § 823 Abs. 2 BGB erfordert dessen Verstoß gegen ein den Schutz des anderen bezweckenden Gesetzes. Der beanspruchte Schaden muß sich innerhalb des Schutzbereichs dieses Gesetzes verwirklicht haben.[121] Primäre Vermögensschäden können danach geltend gemacht werden, wenn das Schutzgesetz den Schutz primärer Vermögensinteressen umfaßt. Da solche Vermögensschutzgesetze jedoch nur vereinzelt im deutschen Recht vorhanden sind, kommt der Anspruchsgrundlage des § 823 Abs. 2 BGB gegenüber dem privaten Sachverständigen wenig Bedeutung zu.

1. Schutzgesetz

Ein Schutzgesetz ist jede Rechtsnorm im Sinne des Art. 2 EGBGB, die neben dem Schutz der Allgemeinheit gerade den Schutz des Einzelnen oder eines einzelnen Personenkreises gegen die Verletzung eines Rechtsguts bezweckt.[122] Neben Betrug (§ 263 StGB) begründet lediglich die Verletzung von Privatgeheimnissen (§ 203 StGB) einen Schadensersatzanspruch. Allerdings kann nur ein öffentlich bestellter und vereidigter Sachverständiger gemäß § 823 Abs. 2 BGB in Verbindung mit § 203 Abs. 2 Nr. 5 StGB in Anspruch genommen werden. Der Sachverständige muß zudem nach dem 01. Januar 1975 gemäß § 1 Abs. 1 Nr. 3 des Gesetzes über die förmliche Verpflichtung nichtbeamteter Personen vom 02. März 1974[123] auf die gewissenhafte Einhaltung seiner Obliegenheiten, zu denen die Schweigepflicht gehört, verpflichtet worden sein.

2. Sachverständigenordnung

Neben formellen Gesetzen sind auch Rechtsverordnungen, autonome Satzungen und Gewohnheitsrecht Rechtsnormen im Sinne des Art. 2 EGBGB. Man könnte daher autonome Regelungen zu den Berufspflichten eines Sachverständigen, wie etwa die Sachverständigenordnungen der IHK, als Schutzgesetze in Betracht ziehen. Der Schutzgesetzcharakter einer Sachverständigenordnung wird jedoch zu Recht einhellig verneint. Die Rechtsprechung geht mit Ausnahme einer Entscheidung des Reichsgerichts[124] davon aus, daß Berufsordnungen kein Schutzgesetzcharakter zukommt, gleichgültig, ob sie der autonomen Satzungsgewalt eines Berufsverbands entspringen

---

[120] Da zudem die Voraussetzungen der deliktischen Ersatzansprüche, die Vermögensschäden umfassen (§§ 823 Abs. 2, 826 BGB) nur schwer zu beweisen sind, wurden in Rechtsprechung und Literatur vielfältige Lösungen entwickelt, auf die im Rahmen der Dritthaftung des privaten Sachverständigen, unten § 7 I. und II, einzugehen ist.

[121] Siehe zu den Voraussetzungen *Staudinger-Schäfer*, BGB, § 823 Rz. 594 ff.

[122] BGHZ 46, 17, 23; *Staudinger-Schäfer*, BGB, § 823 Rz. 594 ff.; *Palandt-Thomas*, BGB, § 823 Rz. 141.

[123] BGBl. I 1974, 469, 547.

[124] RGZ 79, 85, 90 f. (§§ 10, 12 preuss. Feldmesser=Reglement v. 02.03.1871).

oder gesetzlich normiert sind.[125] Berufsordnungen dienen der Allgemeinheit und der Organisation des jeweiligen Berufsstands, sie beinhalten nicht den gesetzlich bestimmten Schutz des Einzelnen, was sich zumeist darin ausdrückt, daß sie keine ausdrücklichen Ge- und Verbote, sondern allgemeine Ausführungen zu den Rechten und Pflichten der Berufsangehörigen enthalten. Der BGH meint zudem, daß der Sinn einer Sachverständigenordnung nicht darin bestehe, einem Dritten, der mangels Vertrags keinen Vermögensschutz genießt, einen zusätzlichen Rechtsschutz zu verschaffen.[126] Die Literatur ist dieser Rechtsprechung gefolgt.[127]

3. *Verkehrspflichtenlehre*

Nach einem Lösungsansatz in der Literatur sollen die Berufspflichten der Berufsgruppen, „die sich in der Öffentlichkeit einer besonders exponierten Vertrauensstellung erfreuen" als Verkehrspflichten zum Schutz fremden Vermögens entwickelt und als richterrechtliche Schutzgesetze dem § 823 Abs. 2 BGB zugeordnet werden.[128] Da die Verkehrspflichtenlehre den öffentlich bestellten und vereidigten Sachverständigen dieser besonders vertrauenswürdigen Berufsgruppe zuordnet, ist hierauf einzugehen.

Verkehrspflichten bezwecken den Schutz des allgemeinen Rechtsverkehrs in der Gesellschaft vor Gefahren.[129] Die Verkehrssicherungspflichten sind eine Fallgruppe der Verkehrspflichten. Beide Gruppen werden durch die Rechtsprechung in § 823 Abs. 1 BGB geprüft, um Fahrlässigkeit und Widerrechtlichkeit einer mittelbaren Rechts- oder Rechtsgüterverletzung durch Unterlassen oder sozialadäquates Tun festzustellen.[130]

a) Streitstand

Die Verkehrspflichtenlehre stützt sich darauf, daß der Begriff „Gesetz" in § 823 Abs. 2 BGB gemäß Art. 2 EGBGB alle geschriebenen und ungeschriebenen Rechtsnormen umfaßt.[131] Der Gesetzgebungsentwurf zu Art. 2 EGBGB, wonach nur geschriebene Gesetze als Rechtsnormen aufzufassen seien, sei zugunsten der Erweiterung auf unge-

---

[125] BGH BB 1966, 918 f. (SVO einer IHK); OLG Saarbrücken, BB 1978, 1434, 1436 (§§ 2, 43 WPO); LG Düsseldorf, DStR 1971, 576 (§ 22 Abs. 1 StBerG a.F.).

[126] BGH BB 1966, 918, 919.

[127] *Honsell*, Jus 1976, 621, 627; *Grunewald*, AcP 187 (1987), 285, 297; *Stahl*, S. 41; *Müssig*, NJW 1989, 1697, 1703; *Damm*, JZ 1991, 373, 382 (Fn. 165); *Strauch*, Jus 1992, 897, 901.

[128] *v. Bar*, Verkehrspflichten, S. 204 ff., 235; *v. Bar*, JZ 1979, 728, 729; *v. Bar*, Jus 1988, 169, 171 ff.; *Huber* in FS *v. Caemmerer*, S. 359, 377 ff.; MüKo-*Mertens*, BGB, § 826 Rz. 176, § 823 Rz. 2 ff., 10; *Mertens*, AcP 178 (1978), 227 ff., 252.

[129] Zur Entwicklung der Verkehrspflichten seit ihrer Begriffsprägung durch RGZ 102, 372, 375 *v. Bar*, Jus 1988, 169 - 171; *v. Bar*, JZ 1979, 332 ff.

[130] Allgemeine Verkehrssicherungspflichten werden dahin umschrieben, daß jeder durch die Öffnung einer Gefahrenquelle verpflichtet wird, diejenigen Vorkehrungen zu treffen, die zur Abwendung daraus Dritten drohenden Gefahren notwendig sind. Begründet durch RGZ 52, 373. Zur Entwicklung *v. Bar*, Jus 1988, 169; MüKo-*Mertens*, BGB, § 823 Rz. 210; *Canaris* in *Larenz*, § 76 III 1. d jeweils mit umfangreichen Hinweisen auf die Rechtsprechung.

[131] *Huber* in FS *v. Caemmerer*, S. 359 ff., 377.

schriebene und gewohnheitsrechtliche Normen geändert worden. Daher widerspreche die Gleichbehandlung von richterlich entwickelten Verkehrspflichten und parlamentarischen Schutzgesetzen prinzipiell nicht dem historischen Willen des Gesetzgebers.[132] Hinzu komme, daß in weiten Bereichen des Rechts gesetzgeberische Ordnungsfunktionen durch den Richter vorgenommen würden, was auch zu der unvorhergesehenen, aber zulässigen Erweiterung des deliktischen Vermögensschutzes durch den Schutz des eingerichteten und ausgeübten Gewerbebetriebes geführt habe.[133] Dies könne für § 823 Abs. 2 BGB nicht ohne Folgen bleiben[134], zumal das Prinzip der Verkehrspflichtigkeit zu Gewohnheitsrecht erstarkt sei.[135]

Daher entsprächen Verkehrspflichten strukturell Schutzgesetzen, so daß sie in § 823 Abs. 2 BGB anzusiedeln seien.[136] Tatsächlich verfahre die richterliche Praxis auch so[137], gestehe sich jedoch die Anwendung des § 823 Abs. 2 BGB auf die in § 823 Abs. 1 BGB genannten Schutzgüter nicht ein. Hierdurch sei es heute zu einer „schizophrenen" Konkurrenz zwischen § 823 Abs. 1 BGB und den gesetzlichen Verkehrspflichttatbeständen gekommen.[138]

Für die Einordnung der Berufspflichten als richterrechtliche Schutzgesetze in § 823 Abs. 2 BGB spreche, daß die Haftung für Vermögensschäden gegenüber Dritten nicht mehr notwendigerweise mit vertragsrechtlichen Fragen verknüpft sei, wie es nach der ständigen Rechtsprechung zur Auskunftshaftung gegenüber Dritten[139] der Fall sei. Es sei irrelevant, ob der Sachverständige gegenüber dem Auftraggeber seine Vertragspflichten erfüllt habe, ob der geschädigte Dritte in den Schutzbereich des Gutachtenvertrags einbezogen wurde oder ob ein vertraglicher Haftungsausschluß in diesem Vertragsverhältnis einer Haftung entgegensteht.[140].

Die Rechtsprechung prüft die Verkehrssicherungspflichten weiterhin im Rahmen des § 823 Abs. 1 BGB. Offenbar sehen die Gerichte keinen Anlaß, von dieser ständigen Rechtsprechung abzugehen. Sie enthalten sich stillschweigend einer Stellungnahme zur Lehre von den Verkehrspflichten.[141]

---

132 *v. Bar*, Verkehrspflichten, S. 163 f.

133 MüKo-*Mertens*, BGB, § 823 Rz. 9 f.; *Mertens*, AcP 178 (1978), 227, 229.

134 *Mertens*, AcP 178 (1978), 227, 229.

135 *v. Bar*, Verkehrspflichten, S. 164.

136 *Huber* in FS *v. Caemmerer*, S. 359 ff., 380; *v. Bar*, Verkehrspflichten, S. 157 ff.

137 *v. Bar*, Verkehrspflichten, S. 165 ff.

138 MüKo-*Mertens*, BGB, § 823 Rz. 11.

139 Siehe unten § 7 I.

140 *Grunewald*, AcP 187 (1987), 285, 296; *Thüsing/Schneider*, JA 1996, 807, 811.

141 BGH NJW 1987, 2671, 2672.

Daran, daß Verkehrssicherungspflichten dem Tatbestand des § 823 Abs. 1 BGB zuzuordnen sind, hält auch der überwiegende Teil der Literatur fest.[142] Als negative Folge der Verkehrspflichtenlehre wird eine uferlose Haftungsausweitung für die betroffenen Berufsgruppen sowie die Aufweichung der Grenzen zwischen der deliktischen Generalklausel des § 823 Abs. 1 und der Haftung wegen Verletzung eines Schutzgesetzes aus § 823 Abs. 2 BGB befürchtet.[143] Der Verkehrspflichtenlehre wird entgegengehalten, daß die Verkehrspflichten zur Konkretisierung des Begriffs der fahrlässig widerrechtlichen Verletzung im Sinne des § 823 Abs. 1 BGB entwickelt worden seien, so daß ihre Anwendung auch auf die dort genannten Rechte und Rechtsgüter zu beschränken sei. Der Vermögensschutz könne nicht durch die Ansiedlung der Verkehrspflichten in § 823 Abs. 2 BGB erreicht werden. Auf die zunehmende Bedeutung des Vermögens sei im übrigen durch die Ausdehnung der schutzgesetzlichen Deliktshaftung sowie die extensive Anwendung des § 826 BGB reagiert worden.[144]

Die Verkehrspflichtenlehre wird außerdem abgelehnt, da durch § 823 Abs. 2 BGB gerade außerdeliktische Rechtsnormen mit Schutzcharakter deliktsrechtlich nutzbar gemacht werden sollen; die Verkehrspflichten seien jedoch deliktsrechtlicher Natur. Ferner fehle es, so die Kritiker, bei der Bestimmung der Verkehrspflichten durch die Gerichte an der nötigen Vorausbestimmbarkeit der Haftung, da der Schädiger eine nachträglich aufgestellte Verkehrspflicht als Schutzgesetz nicht beachten könne. Das Urteil beziehe sich immer auf einen Einzelfall und entfalte daher keine allgemeine Verbindlichkeit. Es sei daher als Rechtsquelle ungeeignet. Zudem verletze ein Gericht die ihm zugewiesene Rechtsprechungskompetenz, wenn es nicht lediglich den Begriff der im Verkehr erforderlichen Sorgfalt ausfülle, sondern fallübergreifend rechtsgestaltend tätig werde.

Speziell gegen die Übertragung von Berufspflichten als richterrechtliche Verkehrspflichten in § 823 Abs. 2 BGB wird angeführt, daß eine nach Auslösung der allgemeinen Haftung gegebenenfalls erforderlich werdende Haftungsbegrenzung nur durch Einbeziehung außerdeliktischer Wertungen erfolgen könne, was dem Deliktsrecht grundsätzlich fremd sei.[145]

b) Stellungnahme

Der Lehre von den Verkehrspflichten kann hier nicht gefolgt werden. Die Verkehrspflichtenlehre liefert keine Kriterien für die Qualifikation einer Verkehrspflicht zu einem richterrechtlichen Schutzgesetz. Strukturelle Ähnlichkeit allein ist zu unbestimmt. Um eine aufgrund konkret-individueller Rechtsprechung für einen Einzelfall entwikkelte Verkehrssicherungspflicht als Schutzgesetz anerkennen zu können, muß sie, wie

---

142 *Canaris* in *Larenz*, § 76 II 2. b); *Canaris* in FS Larenz 1983, S. 27 ff.; *Picker*, AcP 183 (1983), 369 ff.; *Steffen*, VersR 1980, 409; *Medicus*, JZ 1986, 778, 780.

143 *Grunewald*, AcP 187 (1987), 285, 297; *Köndgen*, S. 370.

144 *Köndgen*, S. 366.

145 *Fredy Müller*, S. 160.

ein Gesetz, abstrakt-generelle Merkmale aufweisen.[146] Solche können erst durch ständige Rechtsprechung entwickelt und gefestigt werden, wie die Vertreter der Verkehrspflichtenlehre selbst voraussetzen. Während der Festigung kann eine Verkehrsicherungspflicht aber nicht in § 823 Abs. 2 BGB angesiedelt werden, da sie nicht hinreichend abstrakt generell ist, um als gesetzesgleiches Schutzrecht anerkannt zu werden. Demnach ist der Zeitpunkt der Transformation in ein Schutzgesetz unbestimmt und begründet eine unzumutbare Rechtsunsicherheit.

Die Erweiterung des Vermögensschutzes über § 823 Abs. 2 BGB in Verbindung mit Verkehrspflichten ist außerdem systemwidrig. Nach dem Deliktsrecht ist der Vermögensschutz im Vergleich zum Schutz absoluter Rechte und Rechtsgüter bewußt eingeschränkt. Die Lehre von den Verkehrspflichten verschafft § 823 Abs. 2 BGB den Rang einer deliktischen Generalklausel, der ihr nach dem ursprünglichen Willen des Gesetzgebers nicht zukommt. §§ 823 Abs. 1, 826 BGB wären entbehrlich. In dieser Umkehr der deliktsrechtlichen Systematik kann eine zulässige Wahrnehmung gesetzgeberischer Ordnungsfunktionen durch den Richter nicht mehr gesehen werden, weil insoweit die Voraussetzungen für eine richterliche Rechtsfortbildung wie z.B. für den Schutz des eingerichteten und ausgeübten Gewerbebetriebes nicht vorliegen.[147] Eine Analogie oder eine gesetzesübersteigende Rechtsfortbildung kommen nicht in Betracht, weil es an der Planwidrigkeit des nach Auffassung der Verkehrspflichtenlehre unzureichenden Vermögensschutzes fehlt. Wie gesagt, der Vermögensschutz ist bewußt eingeschränkt. Hieran hat sich auch durch den oben angesprochenen Wandel zu einer Dienstleistungsgesellschaft und durch das gesteigerte Bedürfnis nach Vermögensschutz nichts geändert. Der geänderten Bedeutung des Vermögens im Vergleich zu der Zeit, als das BGB entstand, kann nur der Gesetzgeber Rechnung tragen. Selbst wenn man das Vorliegen einer planwidrigen Regelungslücke bejaht, scheidet eine Analogie aus, weil die Lücke im Wege des Rückgangs auf ein im Gesetz angelegtes Prinzip zu schließen wäre. Da in der Methodenlehre aber nicht das Gewohnheitsrecht, sondern das kodifizierte Recht durch das Wort „Gesetz“ beschrieben wird, können Schutzgesetze i.S.d. § 823 Abs. 2 BGB nicht im Wege der Analogie zu gewohnheitsrechtlich anerkannten Verkehrspflichten, die im Rahmen des § 823 Abs. 1 BGB zu prüfen sind, gebildet werden.

Schließlich spricht gegen die Lehre von den Verkehrspflichten, daß dem Vermögen immer nur dann deliktsrechtlicher Schutz zukommt, wenn es in irgendeiner Form Publizität erlangt. Die in § 823 Abs. 1 BGB genannten Rechte und Rechtsgüter gelten absolut und sind für jedermann greifbar und erkennbar; daher besitzen sie Publizität. Eigentum wird durch den Besitz oder durch das Grundbuch mit öffentlichem Glauben ausgewiesen. Leben, Körper, Gesundheit und Freiheit sind eo ipso absolut. Vermögen wird dagegen nur relativ geschützt und zählt deshalb auch nicht zu den sonstigen Rechten im Sinne des § 823 Abs. 1 BGB. Da Eigentum, Körper und Gesundheit Publi-

---

[146] *Larenz*, Methodenlehre, S. 319-321.

[147] Siehe zu den Methoden der richterlichen Rechtsfortbildung *Larenz*, Methodenlehre, S. 254 ff.

zität besitzen, sind sekundäre Vermögensschäden ausnahmsweise nach § 823 Abs. 1 ersatzfähig. Im Rahmen des § 823 Abs. 2 BGB erlangt das primäre Vermögensinteresse durch ein entsprechendes Schutzgesetz Publizität, wenn es in einer vergleichbar absoluten Form wie Eigentum, Körper und Gesundheit das geschützte Rechtsgut bestimmt. Durch die Warnfunktion des Schutzgesetzes erlangt das geschützte Vermögen die Publizität, die mit der absoluter Rechtsgüter im Sinne des § 823 Abs. 1 BGB vergleichbar ist. Richterrechtliche Verkehrspflichten sind dagegen nicht geeignet, primären Vermögensinteressen eine mit den absoluten Rechtsgütern des § 823 Abs. 1 BGB oder einem formellen Schutzgesetz vergleichbare Publizität zu vermitteln. Sie scheiden daher als Schutzgesetz im Sinne des § 823 Abs. 2 BGB aus.

III. § 826 BGB

Ein Schadensersatzanspruch nach § 826 BGB umfaßt ebenfalls primäre Vermögensschäden. Die Verletzung eines absoluten Rechts oder Rechtsgutes ist dazu nicht erforderlich. Deshalb ist § 826 BGB eine wichtige Anspruchsgrundlage für den Ersatz von primären Vermögensschäden im Rahmen der sogenannten Auskunftshaftung, zu der in der Regel auch die Haftung des privaten Sachverständigen wegen eines fehlerhaften Gutachtens gezählt wird.[148]

Tatbestandlich erfordert § 826 BGB einen Verstoß gegen die guten Sitten, der adäquat kausal zu einer Schädigung führt. Die Sittenwidrigkeit ist nach den objektiven Maßstäben des § 138 Abs. 1 BGB zu beurteilen. Sie ist zu bejahen, wenn das schädigende Verhalten gegen das Anstandsgefühl aller billig und gerecht Denkenden verstößt.[149] Die sittenwidrige Schädigung muß in subjektiver Hinsicht vorsätzlich begangen worden sein. Der Schädiger muß sich der Beurteilung seiner Tat als sittenwidrig nicht bewußt gewesen sein. Es reicht aus, wenn er die Tatumstände kennt, die sein Verhalten als sittenwidrig erscheinen lassen.[150] Des weiteren genügt statt der Schädigungsabsicht der bedingte Vorsatz hinsichtlich des Schadenseintritts.[151] Darüberhinaus ist in der Rechtsprechung anerkannt, daß auch leichtfertiges Handeln einen tatbestandsmäßigen Sittenverstoß darstellen kann, wenn es ein solches Maß erreicht, daß es als Gewissenlosigkeit zu werten ist.[152] Das ist beispielsweise der Fall, wenn sich ein Sachverständiger über elementare Erkenntnisse seines Fachgebietes hinwegsetzt, Angaben ins Blaue

---

[148] Am deutlichsten erfolgt diese Zuordnung durch *Stahl*, S. 41. Siehe aber auch *Fredy Müller*, S. 26 f.; *Decku*, S. 1; *Palandt-Thomas*, BGB, § 826 Rz. 1.

[149] *Palandt-Heinrichs*, BGB, § 138 mit der unter Rz. 2-6, 9, 10 angegebenen Rspr.

[150] BGH NJW 1986, 180, 181; NJW-RR 1986, 1150, 1151; *Palandt-Thomas*, BGB, § 826 Rz. 8, 11.

[151] BGHZ 8, 387, 393; BGH NJW 1987, 1758.

[152] BGH NJW 1994, 2289, 2291; BB 1993, 2407, 2408; 1991, 2401, 2402; WM 1962, 933, 934; OLG München, MDR 1983, 403, 404; *Staudinger-Schäfer*, BGB, § 826 Rz. 45, 71.

hinein macht oder widerspruchslos die Erstattung eines Gutachtens übernimmt, dessen Anforderungen er nicht gewachsen ist.[153]

Obwohl die Rechtsprechung die nach dem Wortlaut des § 826 BGB bestehenden strengen Anforderungen insbesondere in subjektiver Hinsicht abgeschwächt hat, erweisen sie sich in der Praxis weiterhin als schwierige Hürden für die Begründung eines Schadensersatzanspruchs. Deshalb bleibt vielen durch ein fehlerhaftes Sachverständigengutachten in ihren primären Vermögensinteressen Beeinträchtigten ein Anspruch nach § 826 BGB versagt, so daß kein gesetzlicher Schadensersatzanspruch besteht. Sofern auch eine vertragsrechtliche Wiedergutmachung ausscheidet, sind die von einer fehlerhaften Sachverständigenleistung betroffenen Dritten auf die anschließend darzustellenden Lösungen zur Dritthaftung des privaten Sachverständigen angewiesen.

§ 7 Dritthaftung nach deutschem Recht

Gutachten privater Sachverständiger werden in Deutschland ebenso wie in England häufig zur Entscheidungsgrundlage für Kauf- oder Finanzierungsentscheidungen gemacht und zu diesem Zweck oftmals auch an Personen weitergereicht, die am Vertragsverhältnis mit dem Sachverständigen nicht beteiligt sind. Im Mittelpunkt stehen dabei zum einen Aussagen zum Wert einer Immobilie oder eines Unternehmens (Wertgutachten), nicht selten aber auch gutachterliche Einschätzungen zu technischen Problemen wie Tauglichkeit, Werthaltigkeit, Gebrauchsfähigkeit oder Umweltverträglichkeit von Verfahren oder Anlagen (Zustandsfeststellungen). Wird ein fehlerhaftes Gutachten durch den Auftraggeber an einen Dritten weitergereicht, so kann dieser einen Vermögensschaden erleiden, wenn er eine finanzielle Disposition auf das falsche Gutachten stützt.

Hier sind etwa die Fälle zu nennen, in denen ein Grundstückssachverständiger im Auftrag des Eigentümers ein Gutachten über den Wert eines Grundstücks angefertigt hat, das dieser bei Verkaufsverhandlungen oder bei Bemühungen um einen Kredit vorlegt. Bei einem zu hoch geschätzten Wert trifft den Käufer oder den Kreditgeber ein primärer Vermögensschaden, wenn er im Vertrauen auf das Gutachten das Geschäft abschließt.[154]

Da in dem Beispiel das Gutachten an den Geschädigten weitergereicht wurde, ist er nicht Vertragspartner des Sachverständigen geworden, so daß eigene vertragliche Schadensersatzansprüche grundsätzlich ausscheiden. Dem Geschädigten stehen gegen den Sachverständigen folglich nur die gesetzlichen Ersatzansprüche aus unerlaubter Handlung zu. Ersatz primärer Vermögensschäden ist jedoch nur unter den hohen Anforderungen der §§ 823 Abs. 2, 826 BGB zu erlangen. Die dadurch begründete Lücke

---

[153] BGH BB 1991, 2401, 2402; NJW-RR 1986, 1150, 1151; WM 1962, 933, 934; *Eickmeier*, S. 122; *Klaus Müller*, Rz. 978; *Jessnitzer/Frieling*, Rz. 688.

[154] BGHZ 127, 378 ff.; BGH NJW 1991, 3282 ff.; 1984, 355 ff.; WM 1998, 440 ff.; 1970, 878 ff.; OLG Karlsruhe, NJW-RR 1990, 861.

des Vermögensschutzes wird allgemein als untragbar empfunden. Rechtsprechung und Literatur haben hierzu unterschiedliche Lösungen entwickelt.

I. Rechtsprechung

Die Dritthaftung des privaten Sachverständigen wurde durch die Rechtsprechung stets in engem Zusammenhang mit der sogenannten Auskunftshaftung vermögenssorgender und aufgrund staatlicher Anerkennung besonders vertrauenswürdiger Berufsträger, wie etwa der Wirtschaftsprüfer, der Steuerberater und der Rechtsanwälte sowie der Kreditinstitute, behandelt. Insgesamt liegt zur Auskunftshaftung eine nahezu unüberschaubare Menge von Gerichtsentscheidungen vor. Freilich sind die von der Rechtsprechung unter dem Stichwort der Auskunftshaftung zusammengefaßten anderen Berufsgruppen (Wirtschaftsprüfer, Steuerberater, Rechtsanwälte etc.), die zumeist einer interessenorientierten Tätigkeit im Auftrag ihrer Mandanten nachgehen, von den privaten Sachverständigen zu unterscheiden, die bekanntlich zur unabhängigen, unparteiischen und gewissenhaften Aufgabenerfüllung verpflichtet sind. Gleichwohl sind einige der nachfolgend darzustellenden Lösungen der Rechtsprechung zur Auskunftshaftung gegenüber Dritten auf die Dritthaftung des privaten Sachverständigen zu übertragen.

Die Rechtsprechung hat die vertragliche Haftung des Sachverständigen für Vermögensschäden durch das Institut des Vertrags mit Schutzwirkung für Dritte und den sogenannten stillschweigenden Auskunftsvertrag weiterentwickelt. Der Vertrag mit Schutzwirkung für Dritte gewährt diesen eine abgeleitete Rechtsposition. Voraussetzung ist ein Vertrag zwischen dem Sachverständigen und demjenigen, der das Gutachten weitergereicht hat. Der stillschweigende Auskunftsvertrag begründet dagegen eine unmittelbare Vertragsbeziehung zwischen dem Sachverständigen und dem Dritten.

1. Stillschweigender Auskunftsvertrag

Der stillschweigende Auskunftsvertrag wird von der Rechtsprechung auf zwei Fallgruppen angewendet. Die erste Gruppe bilden die Fälle, in denen der Sachverständige dem später Geschädigten eine falsche Auskunft außerhalb einer bestehenden Geschäftsverbindung unmittelbar erteilt.[155] Die zweite Gruppe bilden die bereits oben beispielhaft angedeuteten Fälle, in denen ein zur Weitergabe an Dritte bestimmtes oder jedenfalls tatsächlich weitergegebenes fehlerhaftes Gutachten bei einem Dritten zu einem Vermögensschaden führt.

a) Unmittelbare Auskunftserteilung außerhalb einer Geschäftsverbindung

In dieser Fallgruppe hat der BGH im Anschluß an die Rechtsprechung des Reichsgerichts[156] in verschiedenen Entscheidungen einen stillschweigend abgeschlossenen Auskunftsvertrag bejaht, wenn der Auskunftgeber erkennen konnte, daß die Auskunft für den Empfänger von erheblicher Bedeutung war und zur Grundlage wesentlicher

[155] *Fredy Müller*, S. 43 ff.

[156] RGZ 101, 297, 301; 82, 337, 339.

Entscheidungen gemacht werden sollte.[157] Dies gelte, so der BGH, insbesondere dann, wenn der Auskunftgeber über besondere Sachkunde verfüge oder als für die Auskunfterteilung besonders sachkundig angesehen werde. Ein eigenes wirtschaftliches Interesse des Auskunftgebers spreche ebenfalls für den stillschweigenden Abschluß eines Auskunftsvertrags.[158]

b) Bestimmungsgemäße Weitergabe eines Gutachtens

In der zweiten Fallgruppe der Rechtsprechung steht der vertraglichen Haftung des Auskunftgebers nicht entgegen, daß die Auskunft nicht unmittelbar dem Dritten erteilt wird, der auf die Richtigkeit der Auskunft vertraut. Ein stillschweigender Auskunftsvertrag erfordert dann wegen des Hinzutretens des Dritten als zusätzliche Voraussetzung das Wissen des Auskunftgebers, daß die Auskunft für jemand anderen bestimmt und für diesen bedeutsam ist und zur Grundlage wichtiger Entscheidungen gemacht werden soll.[159]

Im einem Fall hatte ein Architekt gegenüber seinem Auftraggeber eine unzutreffende Baufortschrittsanzeige abgegeben, von der er wußte, daß sie dem Auftraggeber gegenüber dessen Kreditinstitut zur Kreditbeschaffung dienen konnte und sollte. Den stillschweigenden Auskunftsvertrag zwischen dem Architekten und dem Kreditinstitut begründete das Gericht damit, daß das Kreditinstitut, dem die falsche Baufortschrittsanzeige zugeleitet worden war, auf die besondere Sachkunde und Kenntnis des mit dem Bauvorhaben befaßten Architekten über den Stand des Baufortschritts vertraut habe.[160]

c) Feststellung des Rechtsbindungswillens anhand von Sachkriterien

Die Feststellung des Rechtsbindungswillens der Parteien eines stillschweigenden Auskunftsvertrags bereitet erhebliche Schwierigkeiten, da es sich dabei um innere Tatsachen handelt, die nur schwer zu beweisen sind. Daher ist der Rechtsbindungswille der Vertragsparteien nach Auffassung des BGH unabhängig von deren inneren Willen nach Treu und Glauben mit Rücksicht auf die Verkehrssitte und unter Zugrundelegung des objektiven Empfängerhorizonts festzustellen.[161] Die Rechtsprechung verwendet bestimmte Sachkriterien, um einen stillschweigenden Auskunftsvertrag herzuleiten. Sie stellt insbesondere auf die besondere Sachkunde des Auskunftgebers und dessen etwaiges wirtschaftliches Interesse an der Auskunft ab sowie auf die wesentliche Bedeutung der Auskunft für den Auskunftsempfänger. Eine bloße Gefälligkeit scheidet aus, je bedeutender der Gegenstand ist, um den es sich handelt. Das erkennbare Interesse des Auskunftsempfängers und die nicht ihm, wohl aber dem Auskunftgeber er-

---

[157] BGH WM 1992, 1031, 1034; NJW 1987, 209; JZ 1985, 951 jeweils m.w.N.

[158] BGHZ 7, 371, 374 ff.; 74, 103, 106 f; BGH WM 1992, 1031, 1034; 1985, 1531, 1532.

[159] OLG Hamm, NJW-RR 1987, 209 im Anschluß an BGH WM 1966, 1148, 1149; 1965, 287. Siehe auch BGHZ 12, 105, 109; BGH WM 1990, 1990, 1991; 1970, 878, 879; OLG München, BB 1956, 865, 866.

[160] OLG Hamm, NJW-RR 1987, 209.

[161] BGHZ 21, 102, 106 f.; BGH NJW 1985, 313.

kennbare Gefahr, in die er durch eine fehlerhafte Auskunft geraten kann, lassen auf einen rechtlichen Bindungswillen schießen.[162] Von Bedeutung ist ferner, daß für den Auskunftgeber erkennbar ist, daß die Auskunft zur Weitergabe an einen oder mehrere Dritte bestimmt ist.

Allein die Sachkunde und ein etwaiges wirtschaftliches Interesse des Auskunftgebers sowie die Bedeutung der Auskunft für den Empfänger reichen nicht für das Zustandekommen des Auskunftsvertrags aus. Die Besonderheiten des jeweiligen Falls sind immer zu berücksichtigen. Es muß, so der BGH, entscheidend darauf abgestellt werden, ob die Gesamtumstände unter Berücksichtigung der Verkehrsauffassung und der Verkehrsbedürfnisse den Rückschluß zulassen, daß beide Teile nach dem objektiven Inhalt ihrer Erklärungen nach die Auskunft zum Gegenstand vertraglicher Rechte und Pflichten gemacht haben.[163] Die Anwendung der Sachkriterien dient lediglich dazu, den Rechtsbindungswillen von Auskunftgeber und -empfänger auf der Grundlage von beweisbaren Indizien festzustellen.

aa) Rechtsbindungswille des Sachverständigen

Die besondere Sachkunde des auskunfterteilenden Sachverständigen spricht bei Zugrundelegung eines objektiven Empfängerhorizonts für dessen Rechtsbindungswillen. Eine Auskunft oder ein Gutachten wird um so ernster aufgenommen, je mehr Sachkunde der Auskunftgeber hinsichtlich des Gegenstands der Auskunft aufweist.[164] Zudem kann die Tatsache, daß sich ein Sachkundiger überhaupt auf eine Auskunft einläßt, nach der Verkehrsanschauung dahingehend bewertet werden, daß er mit der Erteilung der Auskunft die erforderliche Sorgfalt zum Schutz des Empfängers übernehmen will, um dabei behilflich zu sein, ein (geschäftliches) Risiko zu beherrschen. Anderenfalls würde sich eine sachkundige Person nach Auffassung des redlichen Rechtsverkehrs nicht auf eine Auskunfterteilung einlassen.[165]

Ein wirtschaftliches Eigeninteresse des Auskunftgebers stellt immer ein Indiz dar, eine rechtliche Verpflichtung eingehen zu wollen.[166] Das wirtschaftliche Interesse des privaten Sachverständigen resultiert daraus, daß er durch die Gutachtenerstattung seinen Lebensunterhalt bestreitet. Die unentgeltliche Erteilung einer Auskunft dient aber ebenso wie die Weitergabe eines entgeltlich erstatteten Gutachtens seinem wirtschaftlichen Interesse, da hierdurch seine Marktbedeutung gesteigert wird.[167]

---

[162] BGHZ 21, 102, 107.

[163] BGH WM 1992, 1031, 1034; 1985, 1531, 1532 jeweils m.w.N. Siehe auch die Nachweise bei *Prinz zu Hohenlohe-Oeringen*, BB 1986, 894, 895; *Fredy Müller*, S. 45.

[164] *Fredy Müller*, S. 46 f.

[165] *Breinersdorfer*, S. 78; *Fredy Müller*, S. 47.

[166] BGH WM 1962, 1110, 1111.

[167] Dieses Argument ist für öffentlich bestellte und vereidigte Sachverständige von besonderer Tragweite, da diesen durch die Sachverständigenordnungen der jeweiligen Bestellungskörperschaften Beschränkungen bei der Werbung für ihre Gutachtentätigkeit auferlegt werden.

Abzulehnen ist, daß eine Auskunft wegen eines wirtschaftlichen Eigeninteresses des Auskunftgebers gerade nicht als verbindlich angesehen werden könne. Nach Treu und Glauben und mit Rücksicht auf die Verkehrssitte ist grundsätzlich von einer redlichen Auskunft auszugehen, sofern nicht besondere Umstände Anlaß zu Mißtrauen geben. Der Sachverständige ist zur Wahrnehmung seiner wirtschaftlichen Interessen auf breites Vertrauen in seine Kenntnisse angewiesen. Dieses Vertrauen kann er nach Auffassung des BGH nur erreichen, wenn er auch für mangelnde Sorgfalt bei der Gutachtenerstattung einstehen will.[168] Diese Interessenlage spricht für das Bestehen eines Rechtsbindungswillens des Sachverständigen bei der Erteilung unentgeltlicher Auskünfte oder Erstattung von Gutachten, die zur Weitergabe an einen Dritten bestimmt sind, da er ohne die Bereitschaft, für seine Auskunft beziehungsweise sein Gutachten einstehen zu wollen, das zur Erlangung seines Lebensunterhalts nötige Vertrauen nicht erlangen kann.

Demnach bestimmt sich der Rechtsbindungswille des privaten Sachverständigen zum Abschluß des stillschweigenden Auskunftsvertrags nach dessen besonderer Sachkunde für die den Gegenstand der Auskunft bildende Materie sowie danach, ob er mit der Auskunft ein wirtschaftliches Eigeninteresse verfolgt.

bb) Rechtsbindungswille des Auskunftsempfängers

Der Rechtsbindungswille des Empfängers der Sachverständigenauskunft ergibt sich regelmäßig aus deren Bedeutung für ihn. Je bedeutender Gegenstand oder Ziel der Auskunft oder des Gutachtens für den Empfänger sind, desto eher erwartet der Auskunftsempfänger mit der Erteilung der Auskunft die Übernahme der Haftung durch den Sachverständigen für etwaige Fehler und somit die Eingehung des Auskunftsvertrags.[169] Darüberhinaus hat die besondere Sachkunde des Sachverständigen eine Bedeutung für den Rechtsbindungswillen des Auskunftsempfängers. Dieser mißt einer Sachverständigenauskunft eher Bedeutung bei und stützt eine finanzielle Disposition darauf, wenn er diese gerade aufgrund der besonderen Kenntnisse des Sachverständigen in dem jeweiligen Fachbereich nachsucht.[170]

Ein Rechtsbindungswille des Auskunftsempfängers ist somit anzunehmen, wenn die Auskunft für ihn von erheblicher, insbesondere finanzieller, Bedeutung ist und aufgrund der besonderen Sachkunde des Sachverständigen in dem Bereich bei diesem erbeten hat.

cc) Erkennbarkeit des Rechtsbindungswillens

Nach der Rechtsprechung reicht die Feststellung der Sachkriterien für den Rechtsbindungswillen des Sachverständigen und des Auskunftsempfängers allein jedoch für die Annahme des stillschweigenden Auskunftsvertrags noch nicht aus. Der Rechtsbin-

---

168 BGH NJW 1990, 513, 514.

169 BGH JZ 1985, 951; OLG Hamm, NJW-RR 1987, 209.

170 BGH JZ 1985, 951.

dungswille muß der jeweils anderen Parteien erkennbar gewesen sein; er muß, wie die auf den Abschluß eines Vertrags gerichtete Willenserklärung gleichsam in ihr verkörpert, dem anderen zugehen, um Wirksamkeit zu erlangen, § 130 Abs. 1 BGB. Die Erkennbarkeit der den Rechtsbindungswillen der Parteien indizierenden Sachkriterien ist daher eine wesentliche Voraussetzung des stillschweigenden Auskunftsvertrags. Sie stellt in den Fällen der ersten Gruppe (unmittelbare Auskunftserteilung außerhalb einer Geschäftsverbindung) kein bedeutendes Problem da, da der Sachverständige und der Auskunftsempfänger in unmittelbaren Kontakt zueinander treten.

In den Fällen der zweiten Gruppe (bestimmungsgemäße Weitergabe eines Gutachtens) werden an das Merkmal der Erkennbarkeit dagegen scharfe Anforderungen gestellt, da der Sachverständige und der Geschädigte keinen persönlichen Kontakt haben. Es wurde bereits angedeutet, daß die Auskunft für den Geschädigten bestimmt sein muß. Der Sachverständige muß dies erkannt haben. Er muß ferner wissen, daß die Auskunft für den Dritten bedeutsam ist und ihm zur Grundlage wesentlicher Vermögensdispositionen dienen soll. Da kein Auskunftgeber eine Haftung gegenüber jedem beliebigen Dritten übernehmen will[171], kommt dem Kriterium der Erkennbarkeit des Dritten hinsichtlich des Kreises der möglichen Gläubiger eine erhebliche Bedeutung zu.[172]

Die Rechtsprechung des BGH zur Auskunftshaftung ist in diesem Punkt uneinheitlich. Einerseits müsse die Auskunft allgemein für Dritte bestimmt sein und der Auskunftgeber müsse wissen, daß die Auskunft für weitere Kreise bedeutsam sein werde.[173] In einer jüngeren Entscheidung scheint der BGH eine engere Auffassung zu vertreten. Danach müsse die Auskunft erkennbar gerade für den später geschädigten Dritten bestimmt sein.[174] Ob die Kenntnis des Auskunftgebers von dem Dritten zur Haftungsvoraussetzung gemacht werden sollte, hat der BGH nicht ausgeführt. Dagegen spricht, daß der BGH in anderen Auskunftsfällen ebenfalls einen weiten Ansatz zur Eingrenzung des Kreises möglicher Gläubiger verfolgt hat. In diesen Fällen ging es jeweils um eine schriftliche Mitteilung, deren Inhalt einem Dritten zur Kenntnis gelangte, welcher nach einer im Vertrauen darauf getätigten Investition Verluste erlitt.[175] Der BGH stellte fest, daß die Mitteilung an einen ganz bestimmt umgrenzten Personenkreis gerichtet sei. Die Umgrenzung ergebe sich aus dem Zweck der Mitteilung, eine bestimmte Art von Privatanlegern für eine Investition anzusprechen und zu gewinnen.[176] Die Konkretisierung des Empfängerkreises wird hier also vom Auskunftgeber durch die mit der Mitteilung verbundene Zielsetzung, Investoren zu gewinnen, vorgenommen.

---

[171] BGHZ 12, 105, 109.

[172] *Fredy Müller*, S. 66.

[173] BGH WM 1966, 1148, 1149, im Anschluß daran OLG Hamm, NJW-RR 1987, 209.

[174] BGH WM 1990, 1990, 1991.

[175] BGH WM 1979, 548; NJW 1983, 276.

[176] BGH WM1979, 548, 550; NJW 1983, 276, 277.

Folglich wählt der Auskunftgeber den Kreis der potentiellen Vertragspartner eines Auskunftsvertrags aus, indem er seine Auskunft an einen ganz bestimmten umgrenzten Personenkreis richtet. Dies muß auch für den privaten Sachverständigen gelten.

Ein Beispiel aus dem Tätigkeitsbereich des privaten Sachverständigen ist die Erteilung eines Wertgutachtens, das einem Kreditgeber als Grundlage für eine Kreditvergabe dienen soll, wobei der Kreditgeber dem Sachverständigen seiner Person nach nicht bekannt ist. Um den Kreis der adressierten Auskunftsempfänger, die als potentielle Vertragspartner in Betracht kommen, zu bestimmen, ist der Rechtsbindungswille des Sachverständigen hinsichtlich des Adressatenkreises zu ermitteln. Die Frage lautet, ob der geschädigte Auskunftsempfänger nach dem Zweck der Auskunft ein Adressat des mit der Auskunft verbundenen Angebots auf Abschluß eines stillschweigenden Auskunftvertrags sei. Der Empfängerkreis dieses Angebots bestimmt sich nach dem objektiven Empfängerhorizont. Eine Auskunft an den, den es angeht, liegt darin nach Ansicht des BGH nicht[177], da sich bei einer Auskunft an den, den es angeht keinerlei den Empfängerkreis begrenzende Zwecksetzung findet.[178] Hier handelt es sich vielmehr um ein Angebot, das nur denjenigen angeht, der sich nach dem Zweck der Auskunft unter Zugrundelegung des objektiven Empfängerhorizonts vernünftigerweise als Adressat des mit der Auskunft verbundenen Angebots auf Abschluß eines Auskunftvertrags bezeichnen darf.[179]

Zusammenfassend ist festzustellen, daß das Kriterium der Erkennbarkeit zunächst unproblematisch zu bejahen ist, wenn die Person, der das Gutachten weitergeleitet werden soll, und die wesentliche Vermögensdisposition, zu dessen Grundlage es werden soll, dem Sachverständigen mitgeteilt werden. In Fällen, in denen dies für den Sachverständigen nicht mit gleicher Deutlichkeit zutage tritt, kommt es darauf an, daß das Gutachten nach dem erkennbaren Willen des Sachverständigen dazu bestimmt ist, an die in seinem Gutachten (nicht notwendig der Person nach) adressierten Personen weitergegeben zu werden und daß der Sachverständige weiß, daß das Gutachten durch diesen bestimmten Personenkreis zur Grundlage bedeutender wirtschaftlicher Entscheidungen gemacht wird.

d) Zeitpunkt der Vertragsabschlusses

Liegen die auf den stillschweigenden Abschluß eines Auskunftsvertrags gerichteten „Willenserklärungen" der potentiellen Vertragsparteien vor, so stellt sich die Frage, zu welchem Zeitpunkt der Vertragsabschluß stattfindet. Das OLG Hamm hat hierzu festgestellt, daß der Auskunftsvertrag aufgrund des Angebots des Auskunftgebers mit Entgegennahme und Verwendung der Auskunft durch den Empfänger geschlossen und erfüllt werde, wobei auf den Zugang der Annahmeerklärung stillschweigend verzichtet

---

[177] Das Zustandekommen eines Vertrages mittels einer Auskunft an den, den es angeht, ist regelmäßig zu verneinen. Siehe BGH WM 1979, 548, 550; 1970, 1021, 1022 m.w.N.

[178] BGH WM 1979, 548, 550.

[179] OLG Hamm, NJW-RR 1987, 209.

werde.[180] Demnach kommt in den Fällen der zweiten Fallgruppe ein Vertragsverhältnis zwischen dem Dritten und dem privaten Sachverständigen zustande, wenn der Dritte das Gutachten entgegennimmt und als Grundlage für eine bedeutende Entscheidung verwendet. Es ist nicht erforderlich, daß für die Auskunft eine Vergütung vereinbart wird.[181]

e) § 675 Abs. 2 BGB

§ 675 Abs. 2 BGB steht dem stillschweigenden Abschluß des Auskunftsvertrags nicht entgegen. Die Vorschrift geht grundsätzlich davon aus, daß derjenige, der einem anderen einen Rat oder eine Empfehlung erteilt, zum Ersatz des aus der Befolgung des Rates oder der Empfehlung entstandenen Schadens nicht verpflichtet ist, unbeschadet der sich aus einem Vertragsverhältnis oder einer unerlaubten Handlung ergebenden Verantwortlichkeit. Dieser Regelung liegt der Gedanke zugrunde, daß die Erteilung einer Auskunft grundsätzlich dem Bereich sozialer Gefälligkeit angehöre und dem Auskunftgeber insoweit der Rechtsbindungswille fehle. Der Gesetzgeber wollte auf diese Weise nur die Haftung für Gefälligkeitsauskünfte ausschließen.[182] § 675 Abs. 2 BGB beinhaltet zudem ein Regel-Ausnahme-Verhältnis, wonach eine Auskunfterteilung lediglich dann nicht zur Begründung eines Auskunftsvertrags führt, wenn Zweifel am Rechtsbindungswillen des Auskunftgebers bestehen. Können diese Zweifel nach Würdigung der gesamten Umstände, insbesondere durch Herausarbeitung der oben dargestellten Indizien ausgeräumt werden, sind Einwände gegen die Annahme eines Auskunftsvertrags unbegründet.[183]

f) Anspruchsgrundlage

Die Frage, aus welcher vertraglichen Anspruchsgrundlage sich die Haftung des Auskunftgebers bei Bejahung des stillschweigenden Auskunftsvertrags ergibt, wird in der Rechtsprechung nicht problematisiert. Bei der Erläuterung des Schadensersatzanspruchs aufgrund eines ausdrücklich abgeschlossenen Gutachtenvertrags wurden die Anspruchgrundlagen des § 635 BGB und der pVV nach dem Charakter des beanspruchten Schadens voneinander abgegrenzt.[184] Hierauf kann für den stillschweigend abgeschlossenen Auskunftsvertrag verwiesen werden, da sich dieser von jenem nur in den Umständen seines Abschlusses unterscheidet.

2. Vertrag mit Schutzwirkung für Dritte

Der Vertrag mit Schutzwirkung für Dritte ist die zweite Haftungsgrundlage, aus der die Rechtsprechung eine Schadensersatzpflicht des privaten Sachverständigen für Vermö-

---

[180] OLG Hamm, NJW-RR 1987, 209. Ähnlich BGHZ 74, 103, 106 (Erteilung der Auskunft); BGH DB 1974, 2392 (Beratung).

[181] BGH JZ 1985, 951 m.w.N.

[182] Motive, Band II, S. 554 f.; *Staudinger-Wittmann*, BGB, § 676 Rz. 3.

[183] *Staudinger-Wittmann*, BGB, § 676 Rz. 5. Aufschlußreiche historische Argumente bei *Fredy Müller*, S. 50 f. Anderer Auffassung ist *Wiegand*, S. 88-92.

[184] Siehe oben § 5 III. 2.

gensschäden gegenüber einem Dritten herleitet. Danach werden die aus einem Gutachtenvertrag zwischen dem Sachverständigen und dem Auftraggeber resultierenden Schutzpflichten auf den Dritten ausgedehnt, so daß der Sachverständige nicht nur seinem unmittelbaren Vertragspartner, sondern auch dem vertragsfremden Dritten zum Schadensersatz verpflichtet ist, wenn er seine Vertragspflichten zu dessen Nachteil fahrlässig verletzt. Es handelt sich bei einem Schadensersatzanspruch aus einem Vertrag mit Schutzwirkung zugunsten Dritter um ein abgeleitetes Forderungsrecht. Deshalb ist nach der folgenden Erörterung der Haftungsvoraussetzungen auf die möglichen Einwendungen des Sachverständigen einzugehen, die ihm aus dem Gutachtenvertrag mit dem eigentlichen Auftraggeber zustehen können.

a) Voraussetzungen des Drittschutzes

In einer jüngeren Entscheidung des BGH, in der es um die Haftung eines öffentlich bestellten und vereidigten Sachverständigen wegen eines fehlerhaften Wertgutachtens ging, das bestimmungsgemäß zu Beleihungszwecken an Dritte weitergeleitet worden war, wurde nicht nur der geschädigte Darlehensgeber, der dem Sachverständigen bekannt war, sondern auch der den Kredit absichernde und vom Darlehensgeber in Anspruch genommene Bürge in den Schutzbereich des Gutachtenvertrags einbezogen.[185] Nach der Begründung des BGH sind „in die Schutzwirkungen eines Vertrags über die Erstattung eines Gutachtens durch einen öffentlich bestellten Sachverständigen zum Wert eines Grundstücks (sind) alle diejenigen einbezogen, denen das Gutachten nach seinem erkennbaren Zweck für Entscheidungen über Vermögensdispositionen vorgelegt werden soll."[186] Bei der Einbeziehung des Bürgen in den Schutzbereich wies der BGH außerdem darauf hin, daß es nicht entscheidend darauf ankomme, ob dem Sachverständigen die Einschaltung des Bürgen bekannt gewesen sei, sondern ob erkennbar war, daß die Ausarbeitung für einen Käufer oder einen Kreditgeber bestimmt ist.[187]

Diese Begründung spiegelt den derzeitigen Stand der Rechtsprechung zum Vertrag mit Schutzwirkung für Dritte wieder. Danach lassen sich folgende Bedingungen eines Vertrags mit Schutzwirkung für Dritte unterscheiden.

aa) Bestimmungsgemäßer Leistungskontakt

Zunächst wird für erforderlich gehalten, daß der Dritte mit der schädigenden Leistung nicht nur zufällig, sondern bestimmungsgemäß und mit Willen des Auftraggebers in Kontakt kommt.[188] Diese Voraussetzung wird in Auskunfts- und Gutachtenfällen nicht ausdrücklich problematisiert. Offenbar wurde bisher keine schädigende Gutachtenleistung ohne den Willen des Auftraggebers der Leistung weitergereicht. Diese Haftungsbedingung beruht darauf, daß eine Einbeziehung des Dritten nur dann gerechtfertigt ist, wenn er in gleicher Weise wie der Auftraggeber, dem gegenüber der Auskunftgeber

---

[185] BGH WM 1998, 440 ff.

[186] BGH WM 1998, 440, 441.

[187] BGH WM 1998, 440, 443.

[188] BGH NJW 1956, 1193, 1194.

zur Abwendung von Gefahren verpflichtet ist, den mit der Vertragsleistung verbundenen Gefahren ausgesetzt wird. Schon nach jener Entscheidung des BGH vom 25.04.1956 genießen den Schutz eines Liefervertrags deshalb nur die Beschäftigten des Leistungsgläubigers, nicht jedoch der durch die fehlerhafte Lieferung geschädigte Dritte, der nicht zu den Beschäftigten des Leistungsgläubigers zählte und daher nicht die erforderliche bestimmungsgemäße Leistungsnähe aufwies.[189]

bb) Schutzwürdiges Interesse des Auftraggebers

Zur bestimmungsgemäßen Leistungsnähe muß ein schutzwürdiges Interesse des Auftraggebers an der Einbeziehung des Dritten in den Schutzbereich des Vertrags hinzutreten.[190] Die Rechtsprechung hat dies zunächst nur bejaht, wenn der Vertragspartner des schutzpflichtigen Schuldners für das Wohl und Wehe des Dritten verantwortlich war, mithin ein Fürsorge- oder soziales Abhängigkeitsverhältnis bestand.[191]. Der BGH hat daher im Falle einer fehlerhaften Bankauskunft die Einbeziehung des geschädigten Klägers in den zwischen zwei Kreditinstituten geschlossenen Auskunftsvertrag mangels eines Fürsorgeverhältnisses zwischen der auskunftsuchenden Bank für den Dritten verneint.[192] Von diesem Standpunkt hat sich die Rechtsprechung aber inzwischen gelöst und den Kreis der einzubeziehenden Dritten sowie die relevanten Fallgestaltungen, auf die der Vertrag mit Schutzwirkung für Dritte anzuwenden ist, erheblich erweitert.[193]

(1) Objektiviertes oder subjektives schutzwürdiges Interesse

Das Wohl-und-Wehe-Kriterium betraf lediglich den Schutz vor physischen Einwirkungen und wurde nicht zum Schutz vor primären Vermögensschäden herangezogen.[194] Das schutzwürdige Interesse des Auftraggebers an der Einbeziehung des Dritten ist jedoch nicht auf das Vorliegen eines Fürsorgeverhältnisses begrenzt. Vielmehr ist der Drittschutz immer eine Frage der Auslegung des Vertrags.[195] Das Bestehen eines Fürsorgeverhältnisses war in der Wohl-und-Wehe-Rechtsprechung daher lediglich Sachkriterium für die Frage, unter welchen Voraussetzungen aufgrund der objektiven Interessenlage, also ohne konkreten Anhaltspunkt in ausdrücklichen Parteierklärungen oder im sonstigen Parteiverhalten, die stillschweigende Vereinbarung einer Schutzpflicht für Dritte anzunehmen war.[196] Sind jedoch den ausdrücklichen Parteierklärungen oder dem sonstigen Parteiverhalten[197] konkrete Anhaltspunkte dafür zu entnehmen, ob und wel-

---

[189] BGH NJW 1956, 1193, 1194.

[190] *Staudinger-Jagmann*, BGB, Vorbem. zu §§ 328 ff. Rz. 105.

[191] BGHZ 66, 51, 57; 56, 269, 273; 51, 91, 96.

[192] BGH WM 1976, 498, 499.

[193] Grundlegend BGH NJW 1984, 355 ff.

[194] BGH WM 1985, 450, 451 m.w.N.

[195] BGH NJW 1984, 355, 356

[196] BGH WM 1985, 450, 451 f.; NJW 1984, 355, 356.

[197] BGH WM 1985, 450, 452; NJW 1984, 355.

che Personen in den Schutzbereich des Vertrags einbezogen werden sollen, so ist diese Einbeziehung möglich und zulässig, ohne daß es auf das Bestehen eines Fürsorgeverhältnisses ankommt.[198]

Die hier wegweisende Entscheidung des BGH beruht auf einem Fall, in dem ein öffentlich bestellter und vereidigter Sachverständiger für Bauwesen und Schätzung von Grundstücken ein fehlerhaftes Verkehrs- und Ertragswertgutachten über ein Hausgrundstück erstattete, das von einer hinter dem Auftraggeber des Sachverständigen stehenden Käufergruppe abredegemäß zur Grundlage des Erwerbs des Anwesens gemacht wurde. Da der tatsächliche Ertragswert der Immobilie nicht einmal die jährliche Zinsbelastung trug, machte der Kläger den Grundstückskaufvertrag rückgängig und nahm den Sachverständigen auf Schadensersatz in Anspruch.

Die Einbeziehung des Klägers in den Schutzbereich des Gutachtenvertrags zwischen dem Auftraggeber und dem Sachverständigen hat der BGH mit der Gestaltungsfreiheit der Vertragsparteien begründet. Es obliege dem freien Ermessen der Parteien, im Rahmen der gesetzlichen Grenzen Schutzpflichten auf solche Personen zu erstrecken, deren Wohl und Wehe keinem der beiden Vertragsparteien anvertraut sei.[199] In einer anderen Entscheidung hat der BGH ergänzt, daß für die Erstreckung von Schutzpflichten auf Dritte nichts anderes gelten könne als für Leistungspflichten, die schließlich gemäß § 328 BGB zugunsten Dritter begründet werden könnten.[200]

(2) Auslegung anhand von Sachkriterien

Da in den relevanten Fällen zwischen dem Auftraggeber einer privaten Sachverständigenleistung und dem geschädigten Dritten kein Fürsorgeverhältnis besteht und eine ausdrückliche Erstreckung der Schutzpflichten auf den Dritten ebenfalls ausscheidet, ist durch Auslegung zu bestimmen, ob und welche Schutzpflichten gegenüber dem Dritten zu bejahen sind.[201] In der Rechtsprechung zur Auskunftshaftung werden für die Auslegung bestimmte Sachkriterien herangezogen. Diese hat der BGH in einer jüngeren Entscheidung zu der Frage, ob ein Dritter in den Schutzbereich eines Prüfvertrags zwischen einer Kapitalgesellschaft und einem Abschlußprüfer über eine Pflichtprüfung nach §§ 316 ff HGB einbezogen werden kann, zusammengefaßt.[202] Danach hat die Rechtsprechung Schutzwirkungen für Dritte „insbesondere bei Verträgen angenommen, mit denen der Auftraggeber von einer Person, die über eine besondere, vom Staat anerkannte Sachkunde verfügt (z.B. öffentlich bestellter Sachverständiger, Wirtschaftsprüfer, Steuerberater), ein Gutachten oder eine gutachterliche Äußerung bestellt,

[198] BGH NJW 1987, 1758, 1759; WM 1985, 450, 452; NJW 1984, 355; OLG Karlsruhe NJW-RR 1990, 861.

[199] BGH NJW 1984, 355.

[200] BGH WM 1987, 257, 259.

[201] BGH NJW 1984, 355, 356; WM 1987, 257, 259.

[202] BGH WM 1998, 1032 ff.

um davon gegenüber einem Dritten Gebrauch zu machen."[203] Die erforderliche Drittverwendungsabsicht des Auftraggebers sei für den Auskunftgeber, so der BGH, ausreichend erkennbar, „wenn sich für ihn nur hinreichend deutlich ergibt, daß von ihm (...) eine besondere Leistung begehrt wird, von der gegenüber einem Dritten, der auf seine Sachkunde vertraut, Gebrauch gemacht werden soll."[204]

Diese zur Haftung des Abschlußprüfers aufgestellten Sachkriterien sind auf die Haftung des privaten Sachverständigen übertragbar, wie sich aus dem ausdrücklich auf Beispiele bezogenen Klammervermerk des BGH ergibt. Ob aber die Übertragbarkeit durch das Kriterium der staatlich anerkannten Sachkunde des Auskunftgebers doch begrenzt werden muß, wird bezweifelt und zunächst einer späteren Prüfung vorbehalten.[205]

Für die Ausdehnung der Schutzpflichten aus dem Gutachtenvertrag auf einem Dritten soll also bereits die besondere Sachkunde des Sachverständigen sprechen, wenn diese durch einen staatlichen Anerkennungsakt ausgewiesen ist. Als solcher wird insbesondere die öffentliche Bestellung und Vereidigung in Betracht gezogen, aber auch die Verpflichtung eines Architekten zum Bausachverständigen einer Kreissparkasse als ausreichend anerkannt.[206] Der BGH mißt dem Gutachten eines durch hoheitliche Anerkennung ausgewiesenen Sachverständigen einen besonderen Beweiswert bei, der geeignet ist, vermögensrelevante Geschäftsabsichten des Auftraggebers gegenüber Dritten zu fördern. Da der BGH diesem Beweiswert offenbar Verkehrsgeltung unterstellt[207], soll der Sachverständige bereits aus der Auftragserteilung auf die Drittverwendungsabsicht des Auftraggebers schließen können und müssen. Die ausgewiesenen Kenntnisse begründen die Haftung des Sachverständigen aus einem Vertrag mit Schutzwirkung für Dritte jedoch nicht ausschließlich, so daß von keiner haftungsbegründenden Gewährübernahme für die Richtigkeit eines Gutachten kraft beruflicher Stellung ausgegangen werden darf, wie dies teilweise unter dem Stichwort der Berufshaftung in der juristischen Literatur beschrieben wird.[208]

Für das haftungsbegründende Auslegungsergebnis ist zusätzlich erforderlich, daß dem Sachverständigen erkennbar ist, daß das Gutachten vom Auftraggeber in der Absicht verlangt wird, es einem Dritten gegenüber, der das Gutachten einer bedeutenden Vermögensentscheidung zugrunde legt, zu verwenden.[209] Die Kriterien der Erkennbarkeit der beabsichtigten Weitergabe des Gutachtens an einen Dritten und der Erkennbarkeit

[203] BGH WM 1998, 1032, 1033 m.w.N.

[204] BGH WM 1998, 1032, 1033.

[205] Siehe unten § 7 III. 2. b).

[206] BGHZ 127, 378 ff.

[207] BGHZ 127, 378, 386.

[208] Siehe unten § 7 II. 2.

[209] BGH WM 1998, 1032, 1033 und 440, 441; 1987, 257, 259; NJW 1984, 355, 356; OLG Karlsruhe, NJW-RR 1990, 861.

der besonderen Bedeutung des Gutachtens als Entscheidungsgrundlage für diesen Dritten sind den Erklärungen der Parteien, dem Inhalt des Gutachtens sowie den sonstigen Umständen des Einzelfalls zu entnehmen.[210]

Hier sind Parallelen zu den Sachkriterien bei der Haftung aus einem stillschweigend abgeschlossenen Auskunftsvertrag erkennbar. Auch dort waren die besondere Sachkunde des Auskunftgebers und die besondere Bedeutung der Auskunft für den Empfänger relevante Indizien für die Auslegung und Ermittlung des Rechtsbindungswillens der Parteien.

(3) Abgrenzung des geschützten Personenkreises

Neben dem Interesse des Auftraggebers an der Einbeziehung des Dritten in den Schutzbereich, sind auch die Interessen des Auskunftgebers zu berücksichtigen.[211] Nach Treu und Glauben kann nicht davon ausgegangen werden, daß der Auskunftgeber gegenüber einer unüberschaubaren Menge von Dritten für die Richtigkeit seiner Auskunft einstehen will.[212] Daher kann auch der aufgrund eines Gutachtenvertrages mit einem Sachverständigen geschützte Personenkreis nicht uferlos ausgeweitet werden.[213] Die Schutzpflicht ist auf eine überschaubare, klar abgrenzbare Personengruppe zu beschränken[214], indem nur diejenigen Personen einbezogen werden, denen ein Sachverständigengutachten nach seinem erkennbaren Zweck für Entscheidungen über Vermögensdispositionen als Grundlage dienen soll.[215] Der BGH hat es hier genügen lassen, wenn erkennbar war, daß die Ausarbeitung für einen Käufer oder einen Kreditgeber bestimmt war; selbst wenn mehrere Darlehensgeber in Betracht kommen, soll kein rechtliches Hindernis bestehen, sie alle in den Schutzbereich einzubeziehen.[216]

(4) Interessengegensatz

Teilweise hat die Rechtsprechung die Haftung aufgrund eines Vertrags mit Schutzwirkung zugunsten Dritter verneint, wenn zwischen dem Auftraggeber einer Auskunft und einem Dritten ein Interessengegensatz bestand.[217] Ein Interessengegensatz zwischen dem Auftraggeber eines privaten Sachverständigen und einem Dritten kann etwa darauf beruhen, daß es dem Auftraggeber für das mit dem Dritten ins Auge gefaßte Rechtsgeschäft auf ein besonders positives Gutachten ankommt, während dem Dritten

---

[210] Beispielhaft OLG Karlsruhe, NJW-RR 1990, 861.

[211] BGH WM 1984, 34, 35.

[212] BGH WM 1984, 34, 35.

[213] BGH WM 1998, 440, 443; 1987, 257, 259.

[214] BGH WM 1998, 440, 443; 1987, 257, 259.

[215] BGH WM 1998, 440, 441; 1987, 257, 259.

[216] BGH WM 1998, 440, 443.

[217] BGH WM 1973, 141, 143; OLG Köln, VersR 1991, 565 f. m.w.N.

an einem möglichst schonungslosen Gutachten gelegen ist, das etwaige Risiken gut erkennen läßt.[218]

In einem Fall, in dem ein öffentlich bestellter und vereidigter Sachverständiger im Auftrag einer Grundstückseigentümerin ein unzutreffendes Wertgutachten erstattete, auf das sich eine ausländische Bank bei der Kreditvergabe verließ und später mit ihrem Kredit ausfiel, meinte der BGH, daß ein Sachverständiger mehreren Personen gegenüber Sorgfaltspflichten haben könne, auch solchen mit unterschiedlichen Interessen.[219]

Auch in jüngeren Entscheidungen stellt der BGH darauf ab, daß entsprechend dem Zweck eines Gutachtens, dem Dritten gegenüber Vertrauen zu erwecken und Beweiskraft zu besitzen, eine Gegenläufigkeit der Interessen des Auftraggebers und des Dritten dessen Einbeziehung in den Schutzbereich des Vertrags nicht entgegenstehe.[220] Dies gelte insbesondere für einen Auftraggeber, der bei einer Person mit besonderer, vom Staat anerkannter Sachkunde (z.B. öffentlich bestellter Sachverständiger, Wirtschaftsprüfer, Steuerberater) ein Gutachten bestelle, um davon gegenüber einem Dritten Gebrauch zu machen. Die erwünschte Beweiskraft sei, so der BGH, nur gewährleistet, wenn diese Person das Gutachten nach bestem Wissen und Gewissen erstelle und hierfür auch gegenüber dem Dritten einstehe.[221]

Dem ist zu entnehmen, daß der BGH der beruflichen Stellung besonders sachkundiger und staatlich anerkannter Auskunftgeber auch hier eine herausragende Bedeutung für die Dritthaftung beimißt, deren Berechtigung zu hinterfragen sein wird. Die Auffassung des BGH mag darauf beruhen, daß die in den BGH-Entscheidungen aufgezählten weiteren Berufsgruppen (Wirtschaftsprüfer, Steuerberater) ihre Gutachten, Auskünfte oder Testate mitunter ebenso wie öffentlich bestellte und vereidigte Sachverständige unabhängig und von den Interessen ihres Auftraggebers unbeeinflußt zu erstatten haben. Hierfür spricht, daß der BGH in seinem ersten Argument dem öffentlich bestellten Sachverständigen Sorgfaltspflichten gegenüber mehreren Personen mit unterschiedlichen Interessen zuspricht, ohne auf eine Vertragsbestandteil gewordene Absicht des Auftraggebers abzustellen, ein auf der ausgewiesenen Sachkunde des Sachverständigen beruhendes und daher besonders beweiskräftiges Gutachten zu erhalten.[222] In einer der jüngeren Entscheidungen hat der BGH ausdrücklich festgestellt, daß der öffentlich bestellte und vereidigte Sachverständige besonderes Vertrauen von dem in Anspruch nehme, dem das von ihm gefertigte Gutachten vorgelegt werde.[223]

---

[218] Andeutung der Konfliktlage bei BGH WM 1973, 141, 143.

[219] BGH WM 1985, 450, 452.

[220] BGH WM 1998, 1032, 1033 und 440, 441; BGHZ 127, 378, 380 m.w.N.

[221] BGHZ 127, 378, 380.

[222] BGHZ 127, 378, 380.

[223] BGH WM 1998, 440, 441.

Somit kann als Zwischenergebnis festgestellt werden, daß widerstreitende Interessen des Auftraggebers des Sachverständigengutachtens und des Dritten, dem das Gutachten vorgelegt werden soll, der Einbeziehung des Dritten in den Schutzbereich des Gutachtenvertrags nicht entgegenstehen, wenn dem Sachverständigen kraft seiner beruflichen Stellung auch gegenüber mehreren Personen mit unterschiedlichen Interessen Sorgfaltspflichten obliegen oder dem Gutachten nach dem durch Auslegung zu ermittelnden Willen des Auftraggebers eine besondere Beweiskraft auch gegenüber dem Dritten zukommen soll. Dies bejaht der BGH allerdings nur für öffentlich bestellte Sachverständige und solche Auskunftgeber, deren Sachkunde durch staatliche Anerkennung ausgewiesen ist und die kraft ihrer beruflichen Stellung zu unabhängiger und unparteiischer Leistungserbringung verpflichtet sind.

cc) Schutzbedürfnis des Dritten

Schließlich ist für die Haftung des privaten Sachverständigen aus einem Vertrag mit Schutzwirkung zugunsten eines Dritten zu prüfen, ob dieser ein Schutzbedürfnis an seiner Einbeziehung in den Schutzbereich des Gutachtenvertrags hat. Dies ist nicht der Fall, wenn dem Dritten eigene vertragliche Ansprüche zustehen, die denselben oder zumindest einen gleichwertigen Inhalt haben, wie die Ansprüche, die ihm mittels Einbeziehung in den Schutzbereich des Vertrags zukämen.[224]

b) Kausalität

Die fehlerhafte Gutachtenleistung des Sachverständigen muß für die Vermögensdisposition des Geschädigten ursächlich gewesen sein. Grundsätzlich ergeben sich hier keine Besonderheiten, so daß auf die herrschende Adäquanztheorie abgestellt werden kann.[225] Es ist jedoch auf eine jüngere Entscheidung des BGH hinzuweisen, in der ein Schadensersatzanspruch gegen eine Sparkasse bejaht wurde, die gegenüber der Klägerin für einen Teil des aufgrund eines fehlerhaften Gutachtens gewährten Kredits eine Bürgschaft übernommen hatte und hieraus in Anspruch genommen worden war.[226] Der BGH ließ es dahingestellt sein, ob die Bürgin vom Inhalt des Wertgutachtens Kenntnis hatte. Dies sei für die Ursächlichkeit entbehrlich, wenn sich im geschäftlichen Verkehr ein Kreditinstitut gegenüber einem Realkreditgeber verbürge, der ein dinglich gesichertes Darlehen gewähre. Denn der Bürge könne und dürfe sich darauf verlassen, daß der Realkreditgeber die Werthaltigkeit des Beleihungsobjekts ordnungsgemäß anhand entsprechender Unterlagen geprüft habe. Eine eigene Prüfungspflicht dieser Unterlagen unterliege dem bürgenden Kreditinstitut gegenüber dem das Wertgutachten erstellenden Sachverständigen nicht.[227] Damit wird dem Sachverständigen letztlich die Einwendung eines mitverursachenden Verschuldens abgeschnitten. Dies leitet über zu der Frage der Einwendungsmöglichkeiten des privaten Sachverständigen gegenüber einem

---

[224] BGH NJW 1993, 655, 656; 1987, 2510, 2511 m.w.N.

[225] Vgl zum Problemkreis BGH NJW 2001, 512.

[226] BGH WM 1998, 440, 443.

[227] BGH WM 1998, 440, 443.

Schadenersatzanspruch aus einem Vertrag zugunsten eines Dritten, die ebenfalls jüngst durch den BGH[228] zulasten des Sachverständigen und zu Gunsten eines erhöhten Drittschutzes entschieden wurde.

c) Einwendungen des Sachverständigen

Die Einwendungen des Sachverständigen, der aufgrund eines Vertrags mit Schutzwirkung in Anspruch genommen wird, richten sich zunächst nach dem Vertragsverhältnis, aus dem der Dritte die Schutzwirkung ableitet. Diesem können daher gegen den Sachverständigen nicht mehr Rechte zustehen, als dessen Auftraggeber haben würde. Hieraus hat die Rechtsprechung abgeleitet, daß sich der Dritte ein Mitverschulden des Auftraggebers auch dann nach § 254 BGB entgegenhalten lassen muß, wenn dieser nicht der gesetzliche Vertreter oder Erfüllungsgehilfe des schädigenden Auskunftgebers im Sinne des § 278 BGB ist.[229] Diese Begrenzung der Rechte des geschädigten Dritten wird dem Rechtsgedanken des § 334 BGB und dem Grundsatz von Treu und Glauben entnommen. Der Dritte muß sich demnach im Sinne eines venire contra factum proprium ein treuwidriges und schadenerhöhendes Verhalten des Auskunftsgläubigers entgegenhalten lassen, wenn dieser den schadensursächlichen Fehler der Auskunft durch unredliches Verhalten mitverursacht hat und gleichwohl hieraus einen Schadensersatzanspruch herleiten will.[230]

Diese Begrenzung der Rechte des Dritten auf den Umfang derjenigen des Auskunftsgläubigers ist jedoch ein dispositiver Rechtsgrundsatz, von dem Ausnahmen zugelassen werden, wenn nach den Umständen des Einzelfalls und den auf den Abschluß des Auskunftsvertrags gerichteten Willenserklärungen ein übereinstimmender abweichender Wille der Vertragsparteien feststellbar ist. Demnach kann die Begrenzung der Rechte des Dritten sowohl ausdrücklich als auch stillschweigend von den Parteien des Auskunftsvertrags abbedungen werden.[231] Für die zur Ermittlung des tatsächlichen Willens erforderliche Auslegung greift die Rechtsprechung wiederum auf das Sachkriterium der besonderen und staatlich anerkannten Sachkunde des Auskunftgebers zurück.[232]

Diesen Überlegungen legt die Rechtsprechung zugrunde, daß in dem Verhältnis des Auftraggebers einer Gutachtenleistung und des Dritten eine offenkundige Interessenlage bestehe, mit der unabhängig und gewissenhaft erstellten Auskunft des hierzu kraft beruflicher Stellung verpflichteten Auskunftgebers (z.B. öffentlich bestellten Sachverständigen) eine besonders beweiskräftige Entscheidungsgrundlage zu erhalten. Dabei richte sich das Interesse des Dritten darauf, auch in den Fällen den rechtlichen Schutz des gesteigerten Vertrauens in die Auskunft des anerkannten Auskunftgebers in An-

---

228 BGHZ 127, 378 ff.

229 BGH WM 1998, 440, 442.

230 BGHZ 127, 378, 384 f. m.w.N.

231 BGHZ 127, 378, 385; BGH WM 1998, 440, 442.

232 BGHZ 127, 378, 385; BGH WM 1998, 440, 442.

spruch nehmen zu dürfen, in denen der Auskunftsgläubiger in unredlicher Weise[233] auf die Feststellungen des Auskunftgebers eingewirkt habe. Für den Auskunftgeber sei dies bei Abschluß des Auskunftsvertrags erkennbar, so daß es für ihn naheliege anzunehmen, daß das Vertrauen des in den Schutzbereich des Auskunftsvertrags einbezogenen Dritten in die Richtigkeit der Auskunft auch dann geschützt werden solle, wenn die Unrichtigkeit durch den Auftraggeber mitveranlaßt worden sei.[234] Die Rechtsprechung geht daher „mangels entgegenstehender Anhaltspunkte"[235] von einer stillschweigenden Abbedingung des § 334 BGB aus.[236]

Auf die Abbedingung des § 334 BGB müsse sich der Auskunftgeber redlicher Weise, auch stillschweigend, einlassen.[237] Den entsprechenden Willen stützt der BGH darauf, daß ein Auskunftgeber, dem aufgrund seiner staatlich anerkannten Sachkunde besonderes Vertrauen entgegengebracht wird, an der Verkehrsgeltung und Beweiskraft seiner gutachterlichen Äußerung gelegen ist.[238] Dies ist der Annahme des BGH zu entnehmen, wonach „Wertgutachten öffentlich bestellter und vereidigter Sachverständiger (...) für den Geschäftsverkehr weitgehend bedeutungslos (würden), wenn ein Kreditgeber sich regelmäßig die ihm unbekannten und in dem Gutachten erfahrungsgemäß selten wiedergegebenen besonderen Ansprüche zwischen Kreditnehmer (als Auftraggeber des Wertgutachtens) und Sachverständigem entgegenhalten lassen müßte."[239]

Damit wird die Systematik des oben beschriebenen Regel-Ausnahme-Verhältnisses, wonach die Abbedingung des § 334 BGB die Ausnahme darstellen sollte, für die Fälle der Gutachtenerstattung durch einen öffentlich bestellten oder anderweitig hoheitlich anerkannten Sachverständigen in das Gegenteil verkehrt. Dem öffentlich bestellten Sachverständigen steht damit, sobald die Einbeziehung des Dritten in den Schutzbereich dem Grunde nach zu bejahen ist, die Einrede aufgrund des § 334 BGB nicht mehr zu. Das Kriterium der besonderen durch hoheitlichen Akt ausgewiesenen Sachkunde gewinnt damit für die Dritthaftung des privaten Sachverständigen wiederum eine herausragende Bedeutung.

3. Ergebnis

Demnach erfordert die Haftung des privaten Sachverständigen nach der Lösung der Rechtsprechung über den Vertrag mit Schutzwirkung zugunsten Dritter neben dem bestimmungsgemäßen Leistungskontakt des Dritten mit dem schadensursächlichen Gutachten insbesondere, daß die objektive Auslegung des Inhalts und der Begleitumstände

---

[233] Beispiele für unredliches Einwirken in BGHZ 127, 378 f. und BGH WM 1998, 440.

[234] BGHZ 127, 378, 386.

[235] BGH WM 1998, 440, 442.

[236] Grundlegend BGHZ 127, 378, 385 f.

[237] BGH WM 1998, 440, 442.

[238] BGH WM 1998, 440, 442; BGHZ 127, 378, 386.

[239] BGH WM 1998, 440, 442.

des Gutachtenvertrags ergibt, daß die Vertragsparteien, mithin Auftraggeber und privater Sachverständiger, den Dritten in den Schutzbereich des Vertrags einbeziehen. Für die Auslegung bedient sich die Rechtsprechung einiger Sachkriterien, wobei die Einbeziehung des Dritten vor allem auf die staatlich anerkannte besondere Sachkunde des Sachverständigen sowie auf die erkennbare Drittverwendungsabsicht des Auftraggebers gestützt wird. Der Schutzpflichtenausdehnung auf den Dritten stehen nicht einmal gegenläufige Interessen des (öffentlich bestellten) Sachverständigen entgegen, da dieser als eine Person mit besonderer, vom Staat anerkannter Sachkunde an uneingeschränkter Beweiskraft seines Gutachtens interessiert sei. Mit einem entsprechenden Gedanken wird ein weitgehender Einwendungsausschluß des Sachverständigen gegenüber dem Dritten begründet. Die Begrenzung des geschützten Personenkreises erfolgt über den erkennbaren Gutachtenzweck.

Insgesamt wird deutlich, daß die Rechtsprechung der besonderen Sachkunde eine herausragende Bedeutung beimißt, wenn diese durch einen hoheitlichen Akt staatlich anerkannt wurde. Die staatliche Anerkennung steigere das Vertrauen der Öffentlichkeit in die Leistungen des Sachverständigen. Für den in dieser Begründung enthaltenen Sachzusammenhang liegt bisher freilich keine Begründung vor. Dabei bildet die staatliche Anerkennung allenfalls das Bindeglied zu den anderen, wiederholt in der Rechtsprechung mit öffentlich bestellten Sachverständigen gleichgesetzten und unter dem Stichwort der Auskunftshaftung zusammengefaßten Berufsträgern (Wirtschaftsprüfer, Steuerberater, Rechtsanwälte oder auch Kreditinstitute). Daher wird das Sachkriterium der staatlichen Anerkennung für das Vorliegen besonderer Sachkunde bezweifelt. Dem ist nachzugehen, wenn die anschließenden Lösungsvorschläge der Literatur keine Alternative zu den Dritthaftungslösungen der Rechtsprechung darstellen.

II. Literatur

1. Kritik an der Rechtsprechung

In der Rechtsprechung zur Dritthaftung des privaten Sachverständigen haben einige Sachkriterien besondere Bedeutung gewonnen. Unter Rückgriff auf Gerichtsentscheidungen aus dem Bereich der Auskunftshaftung, die neben der Dritthaftung von öffentlich bestellten oder anderweitig hoheitlich anerkannten Sachverständigen auch die Dritthaftung von Wirtschaftsprüfern, Steuerberatern oder Kreditinstituten für fehlerhafte Auskünfte beinhalten, konnte festgestellt werden, daß den gutachterlichen Äußerungen dieser Berufsgruppen nach Meinung der Rechtsprechung von den betroffenen Dritten ein besonderes Vertrauen entgegengebracht wird. Da als Folge davon diese Gutachten besonders häufig zur Grundlage bedeutender finanzieller Dispositionen auch von solchen Personen gemacht werden, die diese Gutachten nicht selbst in Auftrag gegeben haben, begründet die Rechtsprechung die Haftung der genannten Berufsgruppen mit den Haftungskonstruktionen des stillschweigend geschlossenen Auskunftsvertrags und des Vertrags mit Schutzwirkung zugunsten Dritter. Es sei dabei darauf hingewiesen, daß die Rechtsprechungslösungen demnach zwar auch für die Auskunftshaftung der Wirtschaftsprüfer, Steuerberater und Kreditinstitute fruchtbar entwickelt wurden. Dies darf jedoch nicht dahingehend mißverstanden werden, daß diese auskunftgebenden Berufsgruppen wegen ihrer staatlich geprüften Kenntnisse (Staatsexamen etc.) Sachverständige in dem oben zugrunde gelegten Sinne sind. Dies würde gegen den allgemeinen Sprachgebrauch verstoßen, dem die Rechtsprechung offenbar selbst folgt, wie sich aus den wiederholt in Klammern gesetzten Aufzählungen in jüngeren Entscheidungen ergibt.

Die dogmatischen Grundlagen der Haftungslösungen der Rechtsprechung sind im Vertragsrecht verankert, so daß für einen Schadensersatzanspruch des Auskunftsgeschädigten immer ein Auskunftsvertrag erforderlich ist. Zur Begründung dieses Vertrags oder des sich daraus ergebenden vertraglichen Schutzverhältnisses stützt sich die Rechtsprechung im wesentlichen auf das Mittel der ergänzenden Vertragsauslegung. Der Rechtsbindungswille der Vertragsparteien wird unter Berücksichtigung des oben angedeuteten besonderen Vertrauens des Geschäftsverkehrs auf professionelle Gutachten anhand bestimmter Sachkriterien (anerkannte Sachkunde des Auskunftgebers, besondere Bedeutung der Auskunft für den geschädigten Empfänger, Kenntnis bzw. Erkennbarkeit der Bedeutung und einer etwaigen Drittweitergabe der Auskunft) mit dem Ergebnis ausgelegt, daß ein Vertrag abgeschlossen und/oder eine vertragliche Einbeziehung des Dritten in den Schutzbereich gewollt und vereinbart wurde.

Diese Rechtsprechung ist in der juristischen Literatur vielfach und z.T. heftig kritisiert worden.[240] Zusammengefaßt geht die Kritik dahin, daß die vertraglichen Haftungslösungen fingiert seien, da in Wahrheit keine Auslegung betrieben, sondern die vertragliche Haftung ohne Rücksicht auf den Parteiwillen angenommen werde. Außerdem gebe es keine vertragliche Pflicht zur Auskunftserteilung als vertraglich vereinbarte Leistung und damit auch keinen Anspruch des Auskunftsempfängers auf die Erteilung einer fehlerfreien Auskunft.[241]

Die Teile der Literatur, welche die vertraglichen Lösungen der Rechtsprechung als unerlaubte Fiktionen ablehnen, setzen an den Sachkriterien selbst an und schlagen teilweise vor, diese zur Grundlage einer einheitlichen objektiven Auskunftshaftung zu machen. Andere Literaturvertreter treten dagegen den Lösungen der Rechtsprechung im Grundsatz bei und versuchen deren Schwächen durch Fortentwicklungen zu vermeiden bzw. zusätzliche Argumente zur Unterstützung der Tragfähigkeit der vertraglichen Lösungen beizusteuern. Im Folgenden werden die Literaturbeiträge, geordnet nach den charakteristischen Sachkriterien, dargestellt und bewertet.

---

[240] *Lorenz*, FS *Larenz* 1973, S. 575, 618 („blutleere Fiktion"); *Canaris*, Vertrauenshaftung, S. 425 („Hypostasierung stillschweigender Auskunftsverträge in den Fällen der Haftung für falsche Auskünfte"); *Herrmann*, S. 105 („vertragsrechtliche Aushöhlung"), S. 111 („Vertragsschonkost"), S. 124 („Vertragskunststücke und Notlügen"); *Ebke/Fechtrup*, JZ 1986, 1112, 1115 („forensische Lotterie"); ebenso *Ebke/Scheel*, WM 1991, 389, 392.

[241] *Canaris*, Vertrauenshaftung, S. 533; *Lorenz*, FS *Larenz* 1973, S. 575, 618; *Ebke/Scheel*, WM 1991, 389, 392; *Honsell*, JZ 1985, 952, 953; *Musielak*, S. 38; *Schmitz*, DB 1989, 1909, 1913; *Stahl*, S. 75.

2. *Berufshaftungslösungen*

Da sich aus den Lösungen der Rechtsprechung zur Auskunftshaftung von Wirtschaftsprüfern, Steuerberatern, Kreditinstituten und natürlich öffentlich bestellten oder anderweitig hoheitlich anerkannten Sachverständigen ergibt, daß nur wenige Berufe für fehlerhafte Auskünfte haften, stellt ein Teil der Literatur die Zugehörigkeit zu diesen Berufen in den Mittelpunkt einer Lösung der Dritthaftung für fehlerhafte Auskünfte. Die Berufshaftungslösungen sind in zwei Gruppen einzuteilen. Die Vertreter der zunächst darzustellenden Gruppe beschränken sich auf die Berufszugehörigkeit des Auskunftgebers und leiten daraus eine eigenständige „dritte Spur" her, eine zwischen dem Vertrags- und Deliktsrecht angesiedelte reine Berufshaftung.[242]

Die zweite Meinungsgruppe erlegt den Angehörigen dieser Berufe für die Auskunftserteilung bestimmte deliktsrechtliche Verkehrspflichten zum Schutz fremden Vermögens, bzw. schutzgesetzähnliche Erklärungspflichten zum Schutz des Rechtsverkehrs[243] auf, deren Verletzung in Verbindung mit § 823 Abs. 2 BGB zur Schadensersatzpflicht führen soll. Im Zusammenhang mit dieser deliktischen Anspruchsgrundlage wurde die Verkehrspflichtenlehre bereits dargestellt und bewertet.[244]

a) *Reine Berufshaftungslösungen*

Die reinen Berufshaftungslösungen gehen davon aus, daß immer die gleichen Berufe in Auskunftsfällen eine Rolle spielen und auch die Rechtsprechung zur Haftungsbegründung letztlich entscheidend auf die Berufstätigkeit und Berufszugehörigkeit des Auskunftgebers abstelle. Angehörige der genannten Berufsgruppen seien nach der reinen Berufshaftungslehre von der Gesellschaft in Pflicht genommene Funktionsträger.[245] Die besondere Ausbildung und spätere Spezialisierung, die erforderliche Zulassung zu einer der Berufsgruppen und die gesetzlichen Regelungen für die Berufsausübung sind gemeinsame Kennzeichen der von dieser Lehre erfaßten Berufe.[246] Die Gemeinsamkeiten der relevanten Berufsgruppen werden damit zu Kriterien der durch die reine Berufshaftung Verpflichteten, so daß eine Eingrenzung gegenüber den bisher zur Haftung für fehlerhafte Auskünfte herangezogenen Berufsgruppen gar nicht stattfindet.

---

[242] *Lammel*, AcP 179 (1979), 337 ff.; *Hopt*, AcP 183 (1983), 608 ff. *Stahl* vertritt eine dem vertraglichen Drittschutz der Rechtsprechung angenäherte, aber nach seiner Auffassung hiervon streng zu unterscheidende Haftung aufgrund eines „Schuldverhältnisses mit Schutzwirkung", dessen Bestehen er für Sachkundige mit eigenständiger Expertenstellung aus objektiven Umständen herleitet, S. 78 f., 107. Die Lösung *Stahls* ist hier deshalb der Gruppe eigenständiger Berufshaftungslösungen zuzuordnen.

[243] *Loges*, S. 160 ff.

[244] Siehe oben § 6 II. 3.

[245] *Lammel*, AcP 179 (1979), 337, 359 f.

[246] *Hopt*, AcP 183 (1983), 608, 345.

Tragender Grund der Berufshaftung ist, daß die gesetzliche Ordnung der Angelegenheiten eines Berufes, wie sie bei den genannten Berufsgruppen erfolgt sei, eine staatlich geregelte Anerkennung dieser Berufe in der Öffentlichkeit bedeute, wodurch die Berufsausübenden zugleich auf den Staat und auf die durch ihn repräsentierten Bürger verpflichtet würden.[247] Dies rechtfertige die Verpflichtung des Angehörigen eines solchen Berufes, für falsche Auskünfte, zu denen ebenfalls die Gutachten öffentlich bestellter Sachverständiger zu zählen sind, auch gegenüber solchen Personen zu haften, die nicht seine Vertragspartner seien.[248] Dieses Risiko müsse der jeweilige Berufsangehörige tragen, da er sich seine gesetzlich hervorgehobene und in der Gesellschaft infolgedessen mit besonderen Erwartungen verbundene berufliche Stellung geschäftlich zunutze mache.[249]

Voraussetzungen der Haftung kraft beruflicher Stellung sei zunächst ein selbständiges berufliches Auftreten am Markt, so daß Hilfspersonen als Haftungsgegner ausscheiden.[250] Weiterhin wird eine berufseinschlägige Tätigkeit gefordert.[251] Diese Bedingung schließt sowohl private als auch nicht fachspezifische Auskünfte von der Haftung aus, wodurch eine Haftungsbegrenzung des Berufsträgers erreicht werden soll. Das Erfordernis, den Kreis der potentiellen Gläubiger einer Haftung kraft beruflicher Stellung begrenzen zu müssen, wird von den Vertretern der reinen Berufshaftungslehre zwar erkannt[252], jedoch nicht gelöst[253]; ein Punkt, der sogleich zur Kritik überleitet, die gegen die reine Berufshaftung vorgebracht wird.

Zunächst wird die Möglichkeit bestritten, haftungsbegründende Rechtspflichten aus der Zugehörigkeit zu einem Berufsstand herzuleiten: Die Berufszugehörigkeit und die berufliche oder soziologische Funktion einer Person stellten keine Haftungsgründe dar, so daß auf dieser Grundlage eine Pflichtenzuordnung ausscheide.[254] Die Wahrnehmung beruflicher Funktionen könne nur den Inhalt anderweitig begründeter Rechtspflichten beeinflussen; die Berufszugehörigkeit zur Haftungsbegründung herauszugreifen sei willkürlich.[255] Schließlich wird die reine Berufshaftung in dem Punkt angegriffen, daß

---

[247] *Hopt*, AcP 183 (1983), 608, 649.

[248] *Lammel*, AcP 179 (1979), 361; *Hopt*, AcP 183 (1983), 608, 639.

[249] *Hopt*, AcP 183 (1983), 608, 650.

[250] *Hopt*, AcP 183 (1983), 608, 669 f.

[251] *Hopt*, AcP 183 (1983), 608, 680 ff.

[252] *Hopt*, AcP 183, (1983), 608, 683.

[253] *Stahl*, S. 62; *Fredy Müller*, S. 145.

[254] *Canaris*, FS *Larenz* 1983, S. 27, 83; *Aring/Assmann/Bergmann/Brinkmann*, Jus 1973, 39, 45; *Loges*, S. 149.

[255] *Canaris*, FS *Larenz* 1983, S. 27, 83.

das Kriterium des Berufs den Kreis der von der Haftung Geschützten nicht abgrenze.[256]

Die reine Berufshaftung als dritte Spur zwischen Vertrag und Delikt überzeugt demnach nicht, zumal Zweifel an der dogmatischen Tragfähigkeit bestehen, daß gesetzliche Berufsregelungen eine eigenständige Haftungsgrundlage darstellen können.

b) Verkehrspflichten zum Schutz fremden Vermögens

Die Schwächen der reinen Berufshaftungslösungen versucht die zweite Meinungsgruppe der Vertreter zu vermeiden, die für ihre Haftungslehren ebenfalls an das Berufsbild anknüpfen.

Nach der *Verkehrspflichtenlehre* werden, wie oben bereits erörtert[257], die berufsrechtlichen Verkehrspflichten der Berufsgruppen, „die sich in der Öffentlichkeit einer besonders exponierten Vertrauensstellung erfreuen" als Verkehrspflichten zum Schutz fremden Vermögens entwickelt und als richterrechtliche Schutzgesetze der Haftungsnorm des § 823 Abs. 2 BGB zugeordnet.[258] Die Verkehrspflichtenlehre versucht im wesentlichen, die aus der Rechtsprechung bekannten Ergebnisse der Auskunftshaftung auf eine „systemehrliche" dogmatische Grundlage zu stellen, um so zu einer widerspruchlosen Rechtsanwendung zu gelangen.[259]

Die *Erklärungspflichtenlehre* bezweckt dagegen den Schutz des Rechtsverkehrs vor zu großer Vorsicht und Mißtrauen, zugleich aber auch die Erhaltung der Funktionsfähigkeit des Markts.[260] Hierzu werden, ebenfalls anknüpfend an die Berufstätigkeit des Auskunftgebers, Erklärungspflichten entwickelt, deren schuldhafte Verletzung haftungsrechtlich sanktioniert wird. Als Haftungsgrundlage wird wiederum § 823 Abs. 2 BGB herangezogen. Die Erklärungspflichten müßten als Schutzgesetze anerkannt werden, da hierfür ein Bedürfnis bestehe.[261] Voraussetzung für die Beachtung zusätzlicher Verhaltenspflichten bei der Erteilung von Auskünften soll ein „kollektives Marktungleichgewicht" sein, das bestehe, weil der Geschützte typischerweise weniger informiert sei als der Auskunftgeber.[262] Zur Haftungsbegrenzung werden im Wege einer ökonomischen Analyse der Rechtslage die Faktoren der Marktbezogenheit der Aus-

---

[256] *Stahl*, S. 62. Siehe auch *Hopt*, AcP 183 (1983), 608, 682 f., der selbstkritisch feststellt, daß „die Abgrenzungsprobleme bei fahrlässig verursachten Vermögensschäden Dritter bisher noch nicht bewältigt" seien.

[257] Siehe oben § 6 II. 3.

[258] *v. Bar*, Verkehrspflichten, S. 204 ff., 235; *v. Bar*, JZ 1979, 728, 729; *v. Bar*, Jus 1988, 169, 171 ff.; *Huber*, FS *v. Caemmerer*, S. 359, 377 ff.; MüKo-*Mertens*, BGB, § 826 Rz. 176, § 823 Rz. 2 ff., 10; *Mertens*, AcP 178 (1978), 227 ff., 252.

[259] *v. Bar*, Verkehrspflichten, S. 235.

[260] *Loges*, S. 160.

[261] *Loges*, S. 180 f.

[262] *Loges*, S. 161-163.

kunft und des eigenen wirtschaftlichen Interesses des Auskunftgebers an der Auskunft herangezogen.[263]

Die Erklärungspflichtenlehre ist aber derselben *Kritik* ausgesetzt, die oben gegen die Verkehrspflichtenlehre erhoben wurde. Es mangelt den Erklärungs- ebenso wie schon den Verkehrspflichten an der Publizität, die zum Schutz von absoluten Rechten oder Rechtsgütern nach dem Deliktsrecht erforderlich ist.[264] Weiterhin wird eingewandt, daß sich Recht nicht aus einem schlichten Bedürfnis ergeben könne, die erforderliche dogmatische Begründung dagegen nicht geliefert werde.[265] Außerdem ließen sich Erklärungspflichten mit Relevanz für das Deliktsrecht nicht allein deshalb herleiten, weil eine Ähnlichkeit dieser Pflichten zu den Schutzgesetzen bestehe.[266] Demnach kann die Meinung dieser zweiten Gruppe der Berufshaftungslösungen ebenfalls nicht überzeugen.

c) Verschuldensabhängige Expertenhaftung

Ein weiterer Teil der Literatur stützt sich, ebenso wie die Vertreter der soeben dargestellten berufsbildanknüpfenden Haftungsmodelle, zur Begründung der Auskunftshaftung gegenüber Dritten auf die Berufszugehörigkeit des in Anspruch zu nehmenden Auskunftgebers. Wirtschaftsprüfer, Steuerberater, Rechtsanwälte und Kreditinstitute werden mit öffentlich bestellten und vereidigten Sachverständigen zusammengefaßt als Experten, Fachleute oder vermögenssorgende Berufe bezeichnet.[267] Unter Zugrundelegung der anerkannten Sachkunde und gesetzlich geregelten Berufszulassung dieser Experten, die bei den reinen Berufshaftungslösungen als Sachkriterien der Haftungsadressaten herausgearbeitet wurden, wird hier angenommen, daß bei dem Empfänger einer Experten-Auskunft ein besonderes Vertrauen hervorgerufen werde. Durch die anerkannte und gesetzlich geregelte Expertenstellung des Auskunftgebers werde ein anonymer, objektiver Vertrauenssachverhalt begründet.[268] Die Inanspruchnahme dieses Vertrauens soll dann die Grundlage einer eigenständigen, verschuldensabhängigen Expertenhaftung sein, die, ebenso wie die reine Berufshaftungslehre, zwischen Vertrag und Delikt anzusiedeln sei.[269] Diese Meinung ist von der auf die vorwerfbare Verletzung gemeinschützender Berufspflichten abstellenden Berufshaftung zu unterscheiden. Tragender Haftungsgrund ist letztlich die schuldhafte Enttäuschung eines kraft beruflicher Expertenstellung veranlaßten Vertrauenstatbestands. Damit wird übergeleitet zu den nachfolgenden Vertrauenshaftungslösungen.

---

[263] *Loges*, S. 163 f. und 182.

[264] Siehe oben § 6 II. 3. d).

[265] *Fredy Müller*, S. 164.

[266] *Fredy Müller*, S. 165.

[267] *Grunewald*, AcP 187 (1987), 285 ff.; *Grunewald*, JZ 1982, 627 ff.; *Hermann*, JZ 1983, 422 ff.

[268] *Grunewald*, JZ 1982, 627, 630; *Herrmann*, JZ 1983, 422, 425.

[269] *Grunewald*, JZ 1982, 627, 631; *Herrmann*, JZ 1983, 422, 425.

3. Vertrauenshaftungslösungen

Wie bereits bei der an die Expertenstellung anknüpfenden Konkretisierung der Berufshaftungslösung angedeutet, wird bei der allgemeinen Vertrauenshaftung eine durch die Person des Auskunftgebers zurechenbar veranlaßte Erwartung des Auskunftsempfängers in die Richtigkeit der Auskunft geschützt.[270]

Bei der Vertrauenshaftung wird zwischen dem in der Rechtsprechung als Glied in der Haftungskette verwendeten Vertrauen und dem Vertrauen als eigenständigem Haftungsgrund unterschieden.[271] Die Vertreter dieser Haftungslösung meinen, daß durch das zurechenbar veranlaßte, gewährte und in Anspruch genommene Vertrauen ein gesetzliches Schuldverhältnis ohne primäre Leistungspflichten begründet werde, das demjenigen, der Vertrauen verbreite, Schutzpflichten auferlege, deren schuldhafte Verletzung zur Haftung führen müsse.[272] Die allgemeine Vertrauenshaftung wurde von Teilen der Literatur durch Fortentwicklungen für den Bereich der Auskunftshaftung konkretisiert.

Sind die Voraussetzungen der Vertrauenshaftung gegeben, so ist der Auskunftgeber zum Ersatz des negativen Interesses verpflichtet; der Auskunftsempfänger ist so zu stellen, wie wenn er eine inhaltlich richtige Auskunft erhalten hätte.[273]

a) Allgemeine Vertrauenshaftungslehre

Wesentliche Voraussetzung der Schadensersatzpflicht nach der allgemeinen Vertrauenshaftungslehre ist zunächst die Zurechenbarkeit des Vertrauenstatbestands.[274] Hierfür sollen sogenannte Vertrauensumstände sprechen, die den Auskunftsempfänger veranlassen, bestimmte Erwartungen an die Gewissenhaftigkeit des Auskunftgebers und die Richtigkeit der Auskunft zu hegen, wie etwa die besondere Sachkunde des Auskunftgebers oder dessen Eigeninteresse am Gegenstand der Auskunft.[275] Die Feststellung des hierauf beruhenden Vertrauens des Auskunftsempfängers ist innerhalb der Vertrauenshaftungslehre umstritten. Da das Vertrauen einen juristisch-normativen Begriff darstelle, könne, so eine objektive Lehre, bei der Feststellung auch typisierend verfahren werden.[276] Nach der subjektiven Ansicht ist eine tatsächliche Vertrauensbeziehung nachzuweisen.[277]

---

[270] *Canaris*, Vertrauenshaftung, S. 473, 533 ff.; *Canaris*, FS *Larenz* 1983, S. 27, 93; *Bohrer*, S. 80, 92; *Lorenz*, FS *Larenz* 1973, S. 575, 618. Grundlegend *Ballerstedt*, AcP 151 (1950/51), 501 ff.

[271] *Bohrer*, S. 80.

[272] *Canaris*, Vertrauenshaftung, S. 538 f.; *Canaris*, JZ 1965, 475, 479; *Canaris*, FS *Larenz* 1983, S. 27, 106 f; *Lorenz*, FS *Larenz* 1973, S. 575, 618; *Staudiger-Wittmann*, BGB, § 676 Rz. 7.

[273] *Staudiger-Wittmann*, BGB, § 676 Rz. 7.

[274] *Canaris*, Vertrauenshaftung, S. 473.

[275] *Bohrer*, S. 81 ff.

[276] *Canaris*, Vertrauenshaftung, S. 503 f.

[277] *Bohrer*, S. 78 f.

Weitere Anspruchsvoraussetzungen nach der Vertrauenshaftungslehre sind, daß die Auskunft an den Vertrauenden gerichtet[278] und für den Auskunftgeber die vermögenswirksame Bedeutung der Auskunft erkennbar sein muß.[279] Letzteres dient vor allem der Einschätzbarkeit des Haftungsrisikos für den Auskunftgeber. Hierauf zielt auch die zusätzliche Bedingung der subjektiven Ansicht der Vertrauenshaftungslehre, daß der Empfänger sein Vertrauen in die Richtigkeit der Auskunft an der Sachkunde oder beruflichen Position des Auskunftgebers anknüpft.[280]

Durch das Erfordernis eines geschäftlichen Auskunftskontaktes soll die Haftung des Auskunftgebers begrenzt werden.[281] Dieses Kriterium wird auch von den Berufshaftungslösungen zur Abgrenzung des potentiellen Auftraggeberkreises herangezogen. Es beinhaltet, daß die Auskunft für den Auskunftgeber berufseinschlägig sein muß. Ein bloßer privater Auskunftskontakt reicht nicht aus.[282]

Der allgemeinen Vertrauenshaftung wird entgegen gehalten, daß Vertrauen ein überall verbreitetes und kaum faßbares Phänomen sei und diesem daher die für einen Haftungstatbestand erforderliche Abgrenzungskraft fehle.[283] Da zur Feststellung des zurechenbaren Vertrauenstatbestands die Heranziehung von Sachkriterien (Sachkunde, Eigeninteresse) erforderlich ist, wird kritisiert, daß die Haftungsfrage zunächst nur um den Vertrauensgesichtspunkt erweitert werde, jedoch die Fälle der Haftung nicht von denen der Nichthaftung abgrenze.[284] So existiere in vielen Situationen Vertrauen, in denen unstreitig kein gesetzliches Schuldverhältnis haftungsbegründende Schutzpflichten auslöse, sondern der Geschädigte allein auf das Deliktsrecht verwiesen werde.[285]

Darüber hinaus wird die dogmatische Tragfähigkeit der allgemeinen Vertrauenshaftung in Frage gestellt. Es wird bezweifelt, daß sich die Vertrauenshaftung aus dem Gesetz ableiten lasse, da es an einem schutzwürdigen Rechtsscheinstatbestand fehle, wie er etwa im Sachenrecht im Gutglaubensschutz nach §§ 932 ff. BGB Ausdruck finde.[286] Im Schuldrecht werde das Vertrauen bei primären Vermögensschäden nur in zwei Fällen geschützt. Einmal dürfe man auf die Redlichkeit eines Vertragspartners bei der Vertragsanbahnung vertrauen, zum anderen darauf, nicht in sittenwidriger Weise geschädigt zu werden, wogegen § 826 BGB schütze; das Gesetz kenne dagegen keine Haftung zwischen Vertrag und Delikt.[287] Letzteres wird von der Kritik hervorgehoben,

---

[278] *Canaris*, FS *Larenz* 1983, S. 27, 95; *Lorenz*, FS *Larenz* 1973, S. 575, 619.

[279] *Lorenz*, FS *Larenz* 1973, S. 575, 619.

[280] *Bohrer*, S. 91 f.

[281] *Lorenz*, FS *Larenz* 1973, S. 575, 619.

[282] *Lorenz*, FS *Larenz* 1973, S. 575, 619; *Canaris*, FS *Larenz* 1983, S. 27, 107.

[283] *Köndgen*, S. 98; *Loges*, S. 28. *Bohrer*, S. XV, meint selbst, daß ein Tatbestand nicht bestehe.

[284] *Picker*, JZ 1987, 1041, 1046.

[285] *Medicus*, Probleme um das Schuldverhältnis, S. 21; *Hopt*, AcP 183 (1983), S. 608, 623.

[286] *Loges*, S. 43 f.

[287] *v. Bar*, ZGR 1983, 476, 496.

da in vielen Fällen vertraglicher und deliktischer Haftung Vertrauen vorhanden sei, ohne daß darauf für die Haftungsbegründung abgestellt werde. Die allgemeine Vertrauenshaftung ziehe das berechtigte Vertrauen auch nur dort als Haftungsgrund heran, wo es nicht in geminderter Form vorliege, ohne dies zu erklären.[288] Vertrauen entfalte aber keine Kraft zur dogmatischen Abgrenzung, da es sowohl in der vertraglichen und quasivertraglichen als auch in der deliktischen Haftung als „integrierender Bestandteil" enthalten und daher nicht als Spezifikum für nur eine Haftungsform geeignet sei.[289]

Demnach fehlt es einer allgemeinen Lehre von der Vertrauenshaftung an der praktischen und dogmatischen Durchsetzbarkeit. Über die dogmatischen Mängel kann auch die an die berufliche Expertenstellung anknüpfende Ableitung der allgemeinen Vertrauenshaftung[290] nicht hinweghelfen, wenn auch durch diesen Ansatz der Vertrauenstatbestand konkretisiert sein mag.

b) Lehre vom einseitigen Leistungs- oder Haftungsversprechen

In der Literatur existiert ein weiterer Versuch, die Vertrauenshaftung zu konkretisieren, der hier als Überleitung zu den abschließend darzustellenden Erklärungshaftungslösungen der Literatur dienen soll. Dies bietet sich als Weg besonders an, da dieser Teil der Literatur den Gedanken der Vertrauenshaftung mit einer Haftung aus einem mit der Auskunft verbundenen einseitigen Leistungs- oder Haftungsversprechen verbindet.[291] Diese Auffassung verlangt für eine Haftung aus gewährtem und in Anspruch genommenem Vertrauen, daß mit der Auskunft ein einseitiges Leistungsversprechen, meist auf die sorgfältige Erteilung der Auskunft gerichtet, verbunden ist, durch welches das Vertrauen des Versprechensempfängers in Anspruch genommen und dieser zu Dispositionen veranlaßt wird.[292]

Der Lehre vom einseitigen Leistungs- oder Haftungsversprechen wird ebenfalls eine „gefährliche Nähe" zur Fiktion nachgesagt[293], obwohl dies bei den Lösungen der Rechtsprechung als Mangel gerade kritisiert wird und vermieden werden sollte.[294] Weiterhin greift hier die oben dargestellte allgemeine Kritik an der mangelnden dog-

---

[288] *Picker* meint, Vertrauen sei gleichzeitig Ursache und Folge jeder sozialen Interaktion, und nennt jeweils ein Beispiel für die Bedeutung von Vertrauen für die Schadenshaftung aus Vertrag, aus Quasi-Vertrag und aus Delikt: „(1) Der Vertragspartner setzt sich und sein Vermögen dem Gegner nur aus, weil er auf dessen fachmännisches Verhalten baut. (2) Der Ratsuchende folgt auch ohne Vertrag nur deshalb der fremden Auskunft, weil er von deren Richtigkeit ausgeht. (3) Schließlich überquert aber selbst der Autofahrer nur deshalb unbefangen die Kreuzung, weil er darauf vertraut, daß auch alle anderen Verkehrsteilnehmer die Ampeln beachten.", JZ 1987, 1041, 1046.

[289] *Picker*, AcP 183 (1983), 369, 424; *Picker*, JZ 1987, 1041, 1046.

[290] Siehe oben § 7 II. 2. c) am Ende.

[291] *Stoll*, FS *Flume* Bd. 1 S. 741 ff.; *Hohloch*, NJW 1979, 2369 ff.

[292] *Stoll*, FS *Flume* Bd. 1 S. 741, 765.

[293] *Canaris*, FS *Larenz* 1983, S. 27, 94; *Köndgen*, S. 190.

[294] *Stoll*, FS *Flume*, Bd. 1, S. 741, 747.

matischen Abgrenzungsfähigkeit des Vertrauens und dessen Ungeeignetheit als eigenständige materielle Anspruchsgrundlage ein.[295]

Die Vertrauenshaftung als Lösung für die Dritthaftung des privaten Sachverständigen überzeugt daher in keiner ihrer Spielarten.

4. Erklärungshaftungslösungen und Stellungnahme

Ein letzter Weg bleibt zu erörtern: Das Haftungsmodell der Vertrauenshaftung beinhaltet den Gedanken der stillschweigenden Übernahme von Verantwortung für die Auskunft[296], der zu den in der Literatur vertretenen Konzepten der Erklärungshaftung überleitet. Die Bezeichnung dieser Meinungsgruppe deutet bereits an, daß die Auskunft selbst den Mittelpunkt der Haftungsbegründung bildet. Es geht um Verpflichtungen aus einem Handeln zu kommunikativen Zwecken, das beim Adressaten bestimmte Erwartungen oder Handlungen auslöst.[297] Bei den an die Auskunft als haftungsrelevante Erklärung anknüpfenden Konzepten ist zu unterscheiden nach den quasivertraglichen Haftungskonstruktionen, die zwischen Vertrag und Delikt einzuordnen sind, und einem weiteren Ansatz, anhand von objektiv feststellbaren Kriterien einen Auskunftsvertrag anzunehmen.[298]

a) Lehre von der Selbstbindung ohne Vertrag

Nach der Lehre von der Selbstbindung ohne Vertrag wird aus der Selbstdarstellung einer Person in einem fortwährenden Interaktionsprozeß eine Selbstbindung hergeleitet. Diese begründe sogenannte normative Erwartungen an das Verhalten der Person, deren Mißachtung einen Regelverstoß darstelle.[299]

Ausgehend von der unterstellten Prämisse, daß die Dichotomie des bürgerlichrechtlichen Haftungsrechts in Vertrag und Delikt überholt sei, sollen die normativen Erwartungen pflichtbildend im quasivertraglichen Bereich wirken.[300] Intentionale und geschäftsbezogene Selbstdarstellungen seien als eine Zusicherung persönlicher Eigenschaften anzusehen und würden ein bestimmtes Erwarten und Handeln auslösen.[301] Daraus wird eine Berufshaftung durch Zusicherung professioneller Fähigkeiten hergeleitet.[302]

Als zweites Verpflichtungselement dient die sogenannte Reziprozität. Während die Selbstdarstellung erkläre, wie Verpflichtungen entstehen, bestimme die Reziprozität,

---

[295] *Picker*, AcP 183 (1983), 369, 424; *Picker*, JZ 1987, 1041, 1046.

[296] *Stoll*, FS *Flume*, Bd. 1, S. 741, 767.

[297] *Köndgen*, S. 114; *Jost*, S. 254 f.

[298] *Musielak*, S. 44; *Musielak*, VersR 1977, 973 ff.; weiterführend *Fredy Müller*, S. 187 ff. unter Rückgriff auf *Hübner*, FS *Nipperdey* 1965, Bd. 1, S. 373 ff.

[299] *Köndgen*, S. 165 ff.

[300] *Köndgen*, S. 164 f.

[301] *Köndgen*, S. 174.

[302] *Köndgen*, S. 178 f.

warum eingegangene Selbstbindungen Bestand haben und unter weiteren Voraussetzungen eine Selbstbindung als rechtliche Pflicht durchgesetzt werden dürfe.[303] Nach der Lehre von der Selbstbindung ohne Vertrag bedeutet Reziprozität, daß die Rechte und Pflichten in einer Leistungsbeziehung umkehrbar und die Leistungen für jeden gleich viel wert und gleich dringend sein müssen.[304] Neben beiden Verpflichtungselementen bestehen das Konzept der sozialen Rolle und das Konzept des Markts als Systemreferenz rechtsgeschäftlichen Handelns als vertragsrechtliche Differenzierungsprinzipien.[305] Durch diese Kriterien, die auch mit dem Erfordernis der Berufseinschlägigkeit und des Marktbezugs bezeichnet werden könnten, soll die Haftung begrenzt werden.

Die Dritthaftung eines privaten Sachverständigen wegen eines fehlerhaften Gutachtens wäre nach der Lehre von der Selbstbindung ohne Vertrag zu bejahen, wenn der geschädigte Empfänger von dem fehlerhaften Gutachten betroffen wird. Denn bei dem Gutachten handelt es sich um kommunikatives Handeln mit Geltungsanspruch, wodurch der Selbstbindungseffekt begründet wird.[306] Durch einen Teil der Literatur wird eine überlegene Stellung des Auskunftgebers als Verpflichtungsgrund herangezogen, da der Auskunftgeber über besondere Sachkunde und über bessere Informationsmöglichkeiten verfüge.[307] Voraussetzung ist weiterhin, daß das Gutachten berufseinschlägig und marktbezogen[308] sowie mit Vermögensbezug[309] erstattet werde.

Der Kreis der sogenannten geschützten Leistungs- oder Haftungsbenifiziare[310] umfasse zunächst den Auftraggeber der Gutachtenleistung, aber auch solche Personen, denen gegenüber der Berufspraktiker üblicherweise Leistungen erbringe, nachdem er von einem anderen dafür eingeschaltet worden sei.[311]

Ob neben dieser „quasivertraglich" genannten Erklärungshaftung des professionellen Auskunftgebers Raum bleibt für eine deliktische Berufshaftung, wird von den Vertretern der Erklärungshaftungslösungen nicht einheitlich beantwortet. Die Lehre von der

[303] *Köndgen*, S. 280.

[304] *Köndgen*, S. 243.

[305] *Köndgen*, S. 281.

[306] *Köndgen*, S. 356 f.; hieran anknüpfend auch das quasivertragliche Haftungsmodell nach *Jost*, S. 255.

[307] *Jost*, S. 256 f., bezieht die berufliche Stellung als Indikator für die Überlegenheit des Auskunftgebers in die Haftungsbegründung ein und begründet damit eine vermittelnde Auffassung zwischen der Berufs- und der Erklärungshaftung.

[308] *Köndgen*, S. 363. „Beruflichen Bezug" fordert ebenso *Jost*, S. 256.

[309] *Jost*, S. 256 f.

[310] Ähnliche Terminologie bei *Köndgen*, S. 363, und bei *Jost*, S. 258.

[311] So *Köndgen*, S. 363. Zum Teil wird jedoch zur Begrenzung des personellen Schutzumfangs nur auf die Gerichtetheit der Auskunft abgestellt, wie bei *Jost*, S. 259.

Selbstbindung ohne Vertrag bejaht dies.[312] Demnach sind die Fälle der deliktischen Berufshaftung von der quasivertraglichen Haftung aus der Selbstbindung ohne Vertrag abzugrenzen. Hier setzt ein Teil der Kritik an dieser Lehre an, da keine Abgrenzungskriterien für die Dritthaftungsfälle bestehen, die nach dieser Lehre beziehungsweise nach dem Deliktsrecht zu liquidieren seien.[313] Entgegen der Lehre von der Selbstbindung ohne Vertrag wird zum Teil angenommen, daß die Fälle der deliktischen Auskunftshaftung nach § 826 BGB in der Erklärungshaftung aufgehen sollen[314], wodurch die Abgrenzungsproblematik umgangen wird.

Die Erklärungshaftung wird vor allem hinsichtlich ihrer dogmatischen Begründung angezweifelt. Eine haftungsrelevante Bindung werde entweder durch das Gesetz oder durch eine rechtsgeschäftliche Abrede, einen Vertrag, begründet.[315] Es gebe jedoch keine dritte Rechtsquelle zwischen Rechtsgeschäft und Gesetz.[316]. Daß diese Kritik von Seiten eines Vertreters der Vertrauenshaftung, die ebenfalls als eine dritte Spur zwischen Vertrag und Delikt angesiedelt wird, akzeptiert werden kann, beruht auf dem Umstand, daß die Vertrauenshaftung zumindest über eine Anbindung an gesicherte rechtliche Erkenntnisse (Vertrauensschutzgedanke) verfügt. Bei der Selbstbindungslehre ist jedoch keine Rückführbarkeit auf etablierte rechtliche Konstruktionen erkennbar. Sie sei deshalb, so ein Kritiker, „noch weniger rechtlich fundiert" als die Vertrauenshaftung.[317] Dies werde auch durch die Verknüpfung des Erklärungshaftungsgedankens mit der beruflichen Stellung des Auskunftgebers nicht verbessert. Soziale oder wirtschaftliche Überlegungen mögen zur Begründung einer gesetzlichen Haftungsregelung herangezogen werden können. Sie eignen sich jedoch nicht zur Herleitung einer unmittelbaren rechtlichen Folge.[318] Demnach bieten die eigenständigen Erklärungshaftungslösungen keine überzeugenden Ansätze für die Haftung des privaten Sachverständigen gegenüber Dritten.

Als wertvoller Gedanke der Selbstbindungslehre ist festzuhalten, daß eine intentionale und geschäftsbezogene Selbstdarstellung eines sachverständigen Auskunftgebers als eine Zusicherung persönlicher Eigenschaften verstanden werden und Vertrauen begründen kann. Dieser Gedanke verbirgt sich nämlich hinter der Rechtsprechung zur wettbewerbswidrigen Verwendung der Bezeichnung des Sachverständigen, wonach bereits durch diese Bezeichnung bei den betroffenen Verkehrskreisen schutzbedürftige

---

[312] *Köndgen*, S. 373.

[313] *Fredy Müller*, S. 135; *Stahl*, S. 64.

[314] *Jost*, S. 262 ff.

[315] *Canaris*, FS *Larenz* 1983, S. 27, 93 f.

[316] *Canaris*, FS *Larenz* 1983, S. 27, 106.

[317] *Fredy Müller*, S. 139.

[318] *Fredy Müller*, S. 140 unter Rückgriff auf *Hopt*, AcP 183 (1983), 608, 648.

Erwartungen an Sachkunde, Gewissenhaftigkeit und Unabhängigkeit des Bezeichnungsträgers geweckt werden.[319]

b) Rein objektive Erklärungshaftung

Diese Auffassung verteidigt die von der Rechtsprechung gefundenen Ergebnisse der Auskunftshaftung in den Fällen, in denen die Auskunft eines sachverständigen Auskunftgebers erkennbar für den Empfänger von erheblicher Bedeutung ist und dieser sie zur Grundlage wesentlicher Entscheidungen oder Maßnahmen macht. In Fällen, in denen diese Merkmale bejaht werden können, wird das Vorliegen eines Auskunftsvertrags und damit die zugrundeliegende Willenserklärung nach objektiven Kriterien bestimmt.[320] Dieser Ansatz ist als objektive Theorie den Erklärungshaftungslösungen zuzuordnen, da anhand von objektiv feststellbaren Kriterien aus dem Verhalten der Beteiligten, insbesondere aus der vermögensrelevanten Informationserteilung des Auskunftgebers, ein Rechtsbindungswille und folglich ein Auskunftsvertrag hergeleitet wird.[321] Auf eine abweichende subjektive Einstellung, die nach außen nicht erkennbar ist, soll es nicht ankommen.[322] Selbst wer subjektive Bestandteile für den Tatbestand einer Willenserklärung fordere, könne zu keinem anderen Schluß kommen, so die rein objektive Theorie. Denn wer durch sein Verhalten den Eindruck erwecke, als verfüge er über Erklärungsbewußtsein und Geschäftswillen, der müsse sich im Interesse der Verkehrssicherheit nach Treu und Glauben so behandeln lassen, als habe er diese subjektive Einstellung tatsächlich gehabt.[323]

Teilweise wird die rein objektive Theorie hinsichtlich der Erschließung des Rechtsbindungswillens der Vertragsparteien unter Rückgriff auf die Lehre von der Zurechnung rechtlich relevanten Verhaltens[324] weitergeführt und dadurch auf eine breitere Grundlage gestellt.[325] Da der wirkliche Wille der Parteien in den relevanten Dritthaftungsfällen nur schwer erschließbar sei, gehe es bei der Rechtsprechung, deren Ergebnisse die objektive Theorie und deren Fortentwicklung zu rechtfertigen versuchen, in Wahrheit um die Zurechnung bestimmten sozialtypischen Verhaltens, indem diesem kraft richterlichen Verständnisses ein bestimmter typischer Erklärungswert beigemessen werde.[326] Den Zurechnungstatbestand soll die Erteilung einer Auskunft im weitesten Sinne bilden. Als Zurechnungsgesichtspunkte dienen dieser Auffassung die aus der Rechtsprechung bekannten Sachkriterien, die bei der Auslegung zur Ermittlung des

---

[319] Siehe unten § 7 IV. 2. d) bb) mit zahlreichen Hinweisen auf die einschlägige Rspr.

[320] *Musielak*, S. 8 ff.

[321] *Musielak*, S. 8 ff.

[322] *Musielak*, S. 44; *Musielak*, VersR 1977, 973, 974; *Fredy Müller*, 192 ff.; *Dickes*, S. 151.

[323] *Musielak*, S. 9; *Dickes*, S. 151.

[324] *Hübner*, FS *Nipperdey* 1965, Bd. 1, S. 373 ff.

[325] *Fredy Müller*, S. 192 ff.: „Lehre von der objektiven Feststellung des Auskunftsvertrages".

[326] *Fredy Müller*, S. 191 m.w.N.

Rechtsbindungswillens herangezogen werden. Rechtsfolge sei die Schadensersatzpflicht aus einem Auskunftsvertrag.[327]

c) Stellungnahme

Der rein objektiven Lehre der Erklärungshaftung wird, ebenso wie der Rechtsprechung, entgegengehalten, von einem gewünschten Ergebnis aus zu argumentieren und einen Auskunftsvertrag nach Bedürfnis zu fingieren.[328] Weiterhin wird kritisiert, daß die von der Rechtsprechung übernommenen Kriterien zur Begründung eines Auskunftsvertrags untauglich seien.[329]

aa) Keine Vertragsfiktion

Der erste Kritikpunkt wirft die Frage nach dem Umfang der konstitutiven Bestandteile einer Willenserkärung auf, insbesondere, ob auf subjektiver Seite neben dem Handlungswillen ein Erklärungsbewußtsein und/oder ein Geschäftswille für die Wirksamkeit der Willenserklärung erforderlich sind. Das Erklärungsbewußtsein umfaßt den Willen, am rechtsgeschäftlichen Verkehr teilzunehmen und durch sein Handeln eine irgendwie rechtsgeschäftlich relevante Erklärung abzugeben.[330] Der auf die Herbeiführung eines bestimmten rechtsgeschäftlichen Erfolgs gerichtete Willensinhalt ist der Geschäftswille, der das Vorliegen eines Erklärungsbewußtseins voraussetzt und dieses in sich einschließt, der jedoch hinsichtlich des gewollten rechtsgeschäftlichen Erfolgs nicht in allen juristischen Einzelheiten bei dem Erklärenden ausgeprägt zu sein braucht.[331] Fraglich bleibt damit, ob das Erklärungsbewußtsein unverzichtbare Voraussetzung für das Vorliegen einer Willenserklärung sei.[332] Bejaht man dies, könnte der rein objektiven Theorie zur Feststellung eines Auskunftsvertrags nicht zugestimmt werden, da ein Verhalten ohne feststellbares Erklärungsbewußtsein allenfalls als unverbindliche Gefälligkeitshandlung aufgefaßt werden müßte.

Für hohe Anforderungen an den subjektiven Tatbestand einer Willenserklärung spricht der dem deutschen Zivilrecht eigene Grundsatz der Privatautonomie. Im Gegensatz dazu steht das Bedürfnis nach Vertrauensschutz, der im deutschen Recht ebenfalls vielfach Ausdruck findet und entscheidend ist. Der Grundsatz der Privatautonomie soll nach der rein objektiven Theorie im Interesse der Verkehrssicherheit zwar eingeschränkt werden, dieses aber im Rahmen des Grundsatzes nach Treu und Glauben, wodurch ein von der Privatautonomie gedeckter erhöhter Vertrauensschutz erreicht wird. Die Theorie folgt somit der gesetzlichen Wertung, wie sie in § 116 BGB, aber auch in

---

[327] *Fredy Müller*, S. 198.

[328] *Stahl*, S. 50.

[329] Siehe oben § 7 II. 1. Ferner *Ebke/Scheel*, WM 1991, 389, 392 f.; *Suhr*, S. 161 jeweils m.w.N.

[330] *Larenz/Wolf*, BGB AT, § 24 Rz. 6; MüKo-*Kramer*, BGB, Vor § 116 Rz. 8; *Palandt-Heinrichs*, BGB, Einf. vor. § 116 Rz. 17.

[331] *Larenz/Wolf*, BGB AT, § 24 Rz. 9 und 11 m.w.N.

[332] Dieses Problem ist seit langem umstritten. Zahlreiche Vertreter zu allen Auffassungen in Rechtsprechung und Literatur finden sich bei BGHZ 109, 171, 177; 91, 324, 327.

§§ 118 und 119 Abs. 1 BGB Ausdruck findet. Danach ist ebenfalls nicht der innere Wille, sondern die objektive Erklärungsbedeutung maßgeblich.[333] Auch der BGH hat in einer grundlegenden Entscheidung zu den konstitutiven Bestandteilen der Willenserklärung festgestellt, daß das Recht der Willenserklärung nicht nur auf der Selbstbestimmung des Rechtsträgers aufbaue. „Es schützt in §§ 119, 157 BGB das Vertrauen des Erklärungsempfängers und die Verkehrssicherheit, indem es den Erklärenden auch an nicht vorgestellte und, was dem gleichzuachten ist, an nicht bewußt in Geltung gesetzte Rechtsfolgen bindet."[334]

Demnach ist der Wille des Erklärenden zwar grundsätzlich zu berücksichtigen. Soweit jedoch die Willenserklärung die Rechtssphäre des Empfängers betrifft, muß sich dieser darauf einstellen können und darf von der Willenserklärung nur so betroffen werden, wie sie von ihm zu verstehen war.[335] Daß der Erklärende durch diese Methode der Erschließung seines Rechtsbindungswillens nicht unzumutbar in seiner privatrechtlichen Selbstbestimmung beeinträchtigt wird, ergibt sich daraus, daß er Ausdrucksmittel und -form frei wählen kann.[336] Diese freie Auswahl ist Teil der Selbstbestimmung des Erklärenden. Daher ist das Verständnis seiner Willenserklärung nach ihrer objektiven Erklärungsbedeutung zwingende Folge der gewählten Form der Selbstbestimmung. Da eine Auslegung unter Außerachtlassung der Verkehrssitte und damit ohne Berücksichtigung des nach Treu und Glauben berechtigten Vertrauens nicht möglich ist, ist die Auslegung einer Willenserklärung anhand von objektiven Kriterien konsequent. Die Kritik gegenüber einem Auskunftsvertrag anhand objektiver Kriterien trägt daher nicht.

Die rein objektive Theorie ist allenfalls dahingehend klarzustellen, daß eine auf den Abschluß eines Auskunftsvertrags gerichtete Willenserklärung des Auskunftgebers bei gänzlich fehlendem Erklärungsbewußtsein nur bejaht werden kann, wenn sie ihm dennoch als solche zugerechnet werden kann. Das Erfordernis eines Zurechnungstatbestands ist ein Gebot der Privatautonomie. Die Zurechnung setzt voraus, daß der Erklärende „bei Anwendung der im Verkehr erforderlichen Sorgfalt hätte erkennen und vermeiden können, daß seine Erklärung oder sein Verhalten vom Empfänger nach Treu und Glauben mit Rücksicht auf die Verkehrssitte als Willenserklärung aufgefaßt werden durfte."[337] Die Zurechnung erfolgt demnach, wenn der Dritte davon ausgehen durfte, daß die Auskunft mit dem Bewußtsein einer verbindlichen Willenserklärung abgegeben worden sei.

---

[333] *Brox*, BGB AT, Rz. 83; *Köhler*, BGB AT, § 16 Rz. 7; *Larenz/Wolf*, BGB AT, § 28 Rz. 10; *Pawlowski*, BGB AT, Rz. 445 ff. So vor allem auch der BGH seit BGHZ 91, 324, 329 f.. Vergleiche auch BGHZ 109, 171, 177; BGH NJW 1995, 953.

[334] BGHZ 91, 324, 330.

[335] *Larenz/Wolf*, BGB AT, § 28 Rz. 10; *Köhler*, BGB AT, § 16 Rz. 7.

[336] *Larenz/Wolf*, BGB AT, § 28 Rz. 10.

[337] BGHZ 109, 171, 177; 91, 324, 330 jeweils m.w.N.

bb) Tauglichkeit der Sachkriterien

Der zweite Kritikpunkt gegen die objektive Theorie betrifft die Sachkriterien zur Begründung eines Auskunftsvertrags, welche auch von der Rechtsprechung verwendet werden: Die staatlich anerkannte, besondere Sachkunde des Auskunftgebers, die Berufseinschlägigkeit der Auskunft und die Erkennbarkeit der Bedeutung der Auskunft für den Empfänger sowie das eigene wirtschaftliche Interesse des Auskunftgebers seien zur Begründung eines Auskunftsvertrags untauglich.[338]

Es wurde demgegenüber schon bei der Darstellung der Rechtsprechungslösungen auf die Tragfähigkeit dieser Kriterien hingewiesen. Die besondere Sachkunde des Auskunftgebers und die Wichtigkeit und Vermögensrelevanz der Auskunft für den Empfänger sind danach als Indizien für den Rechtsbindungswillen der Parteien von unbestreitbarer Bedeutung. Das Kriterium der Erkennbarkeit dieser Indizien für die jeweils andere Partei ist gemäß oben dargestellten Grundsätzen der Rechtsgeschäftslehre Voraussetzung für das Verständnis einer Erklärung nach dem objektiven Empfängerhorizont. Gleichzeitig bedingt der im Falle des gänzlichen Fehlens eines Erklärungsbewußtseins erforderliche Zurechnungstatbestand die Erkennbarkeit dieser Indizien für den Erklärenden beziehungsweise Auskunftgeber. Die Zweifel am eigenen wirtschaftlichen Interesse des Auskunftgebers als Indiz für dessen Rechtsbindungswillen sind aus den genannten Gründen, Marktbedeutung erlangen und Vertrauen durch Übernahme von Verantwortung erwecken zu wollen, nicht gerechtfertigt, da diese Kriterien das in die Auskunft gesetzte Vertrauen nur weiter erhöhen. Schließlich wird das Kriterium der Berufseinschlägigkeit der Auskunft kritisiert. Dieses Merkmal wird aber selbst von Vertretern, die selbständige Haftungslösungen befürworten, zur Begrenzung des Gläubigerkreises herangezogen. Brauchbare Alternativen hierzu werden nicht geboten. Die Kritik an den Sachkriterien der rein objektiven Theorie und der Rechtsprechung ist demnach nicht überzeugend.

d) Ergebnis

Die Darstellung der Dritthaftungslösungen in der Literatur und die jeweiligen Kritiken haben gezeigt, daß alle Lösungsvorschläge Schwächen aufweisen. Diese bestehen teilweise darin, daß sich die Vorschläge zu weit vom geltenden Recht, insbesondere der Zweiteilung der zivilrechtlichen Haftung in Vertrag und Delikt, entfernen und deshalb nicht über die erforderliche dogmatische Anbindung an das Gesetz verfügen. Zum Teil lassen die Ansätze auch sachgerechte Haftungskriterien vermissen. Eine tragfähige Alternative zu den vertraglichen Lösungskonzepten der Rechtsprechung besteht daher nicht. Die Auseinandersetzung mit der gegen die rein objektive Lehre erhobenen Kritik, die sich gleichzeitig gegen die Rechtsprechung richtete, hat dagegen ergeben, daß die Lösungen der Rechtsprechung sich in das Recht einfügen und über eine fundierte dogmatische Grundlage verfügen während die rein objektive Lehre weiterer Klarstellung bedarf.

---

[338] *Ebke/Scheel*, WM 1991, 389, 392 f.; *Suhr*, S. 161 ff.

III. Das Kriterium der besonderen Sachkunde

1. Herausragende Bedeutung

Das Kriterium der besonderen Sachkunde nimmt in der Rechtsprechung des BGH zur Dritthaftung des privaten Sachverständigen eine herausragende Stellung ein. Die Darstellung der vertraglichen Lösungen in der Rechtsprechung bei Auskunftsfällen hat gezeigt, daß dieses Kriterium sowohl bei der Begründung des stillschweigenden Auskunftsvertrags als auch bei der Herleitung des auf die Gewährung von Drittschutz gerichteten Rechtsbindungswillens herangezogen wird. Ferner dient die besondere Sachkunde des Auskunftgebers nach neuerer Rechtsprechung dazu, einen etwaigen Interessengegensatz zwischen dem Auftraggeber eines Gutachtens und dem Dritten im Rahmen der Begründung eines Vertrags mit Schutzwirkung zugunsten Dritter zu überwinden. Schließlich dürfte bei Vorliegen von besonderer Sachkunde beim Auskunftgeber nach der jüngsten Rechtsprechung von einer konkludenten Abbedingung des § 334 BGB zugunsten des Dritten auszugehen sein, so daß dieser nicht auf die Einwendungen des Auskunftsgläubigers beschränkt ist.

Die Literatur mißt der besonderen Sachkunde ebenfalls eine herausragende Bedeutung bei. Dies tritt bei den Lösungen zur Berufshaftung sowie bei den berufsbildanknüpfenden Konkretisierungen der Vertrauenshaftung besonders stark in den Vordergrund. Die Verkehrspflichtenlehre knüpft ebenfalls bei jenen Berufsgruppen an, „die sich in der Öffentlichkeit einer besonders exponierten Vertrauensstellung erfreuen“[339] und meint damit die von der Rechtsprechung zur Auskunftshaftung regelmäßig erfaßten Berufsgruppen.

2. Objektive Feststellung der besonderen Sachkunde

Die Rechtsprechung bejaht besondere Sachkunde, wenn eine staatliche Anerkennung derselben durch einen hoheitlichen Akt erfolgt ist.[340] Der BGH nannte wiederholt die öffentlich bestellten Sachverständigen, die Wirtschaftsprüfer und die Steuerberater beispielhaft für die Berufsgruppen, die über eine besondere, vom Staat anerkannte Sachkunde verfügen.[341] Eine individuelle Feststellung der besonderen Sachkunde des Auskunftgebers erfolgt nicht.[342] Die Rechtsprechung stützt sich allein auf das objektive Kriterium der staatlichen Anerkennung. Demnach dürfte es unerheblich sein, ob der sich in der Öffentlichkeit mittels staatlicher Anerkennung als sachkundig darstellende Auskunftgeber tatsächlich ein Schwindler ist, solange das objektive Kriterium der staatlichen Anerkennung vorliegt. Diese Rechtsprechung wirft die Frage auf, ob es sachgerecht sei, die besondere Sachkunde des Auskunftgebers unabhängig von den individuellen Fähigkeiten anhand eines rein objektiven Kriteriums (staatliche Aner-

---

[339] *v. Bar*, Verkehrspflichten, S. 235.

[340] BGH WM 1998, 1032, 1033. Ebenfalls OLG Dresden, BB 1997, 1556.

[341] BGH WM 1998, 1032, 1033.

[342] Anders nun BGH NJW 2001, 514, 516.

kennung) festzustellen. Sollte dies zu bejahen sein, ist konsequenterweise zu prüfen, ob die staatliche Anerkennung überhaupt das richtige Kriterium für die Feststellung besonderer Sachkunde darstellt, da eine Vielzahl sachkundiger Auskunftgeber innerhalb des deutschen Sachverständigenwesens über keine staatliche Anerkennung verfügt.

a) Objektivierung der besonderen Sachkunde

Die Objektivierung der besonderen Sachkunde ist mit Blick auf deren Indizwirkung im Rahmen der vertraglichen Haftungslösungen der Rechtsprechung zu bewerten. Danach hat die besondere Sachkunde konstitutive Bedeutung für den Rechtsbindungswillen der Parteien eines stillschweigend abgeschlossenen Auskunftsvertrags. Die Reichweite der aus dem Vertrag zugunsten Dritter resultierenden Schutzwirkungen steht ebenfalls unter dem Einfluß der besonderen Sachkunde des Auskunftgebers. Es wurde ferner festgestellt, daß der für den Vertragsabschluß erforderliche Rechtsbindungswille durch Auslegung des ausdrücklichen und stillschweigenden Parteiverhaltens nach dessen objektiven Erklärungswert ermittelt wird. Daher ist auch bei der besonderen Sachkunde des Auskunftgebers auf den Horizont des Auskunftsempfängers abzustellen. Der Heranziehung des objektiven Kriteriums ist deshalb der Vorzug zu geben gegenüber einer im Rechtsverkehr nur schwer zu ermittelnden individuellen Feststellung der besonderen Sachkunde des Auskunftgebers.

b) Untauglichkeit des Kriteriums der staatlichen Anerkennung

Zweifel bestehen an der Tauglichkeit des Kriteriums der staatlichen Anerkennung, das als Indiz für die besondere Sachkunde von der Rechtsprechung und einem Teil der Literatur herangezogen wird. Es mag zutreffen, daß Wirtschaftsprüfer, Steuerberater oder Rechtsanwälte und Kreditinstitute ebenso wie öffentlich bestellte oder anderweitig hoheitlich anerkannte Sachverständige über ein gemeinsames objektives Merkmal verfügen, welches darin besteht, daß ihre Fähigkeiten staatlich geprüft und anerkannt werden. Das deutsche Sachverständigenwesen besteht jedoch nicht allein aus öffentlich bestellten Sachverständigen. Viele Sachverständigenarten, insbesondere die freien und die zertifizierten Sachverständigen sowie alle ürbigen nicht mit staatlicher Anerkennung versehenen Sachverständigen, werden lediglich durch einen privatrechtlichen Akt anerkannt, wenn überhaupt. Sind sie deshalb von der Dritthaftung befreit?

Zu diesem Ergebnis gelangt das OLG Dresden.[343] Im zugrunde liegenden Fall hatte ein Sachverständiger für Haus- und Grundstücksbewertung ein fehlerhaftes Gutachten über den Verkehrswert eines bebauten Grundstücks erstellt und dies mit seinem Siegel *Hauptverband freier Sachverständiger Deutschland-Ost*, dem er angehörte, versehen. Eine Kopie dieses Gutachtens wurde einem Kaufinteressenten übersandt, der unter Zugrundelegung der Daten des Gutachtens ein Kaufangebot abgab, das Objekt erwarb und hierdurch einen Schaden erlitt, weil der Sachverständige Mängel des Grundstücks übersehen hatte. Das OLG Dresden begründete die Klageabweisung damit, daß ein

343 OLG Dresden, BB 1996, 1556.

Vertrag mit Schutzwirkung zugunsten Dritter, auf den der Kläger seinen Anspruch gegen den Sachverständigen gestützt hatte, auf einen sogenannten freien Sachverständigen nicht anwendbar sei: Freie Sachverständige könnten einen besonderen staatlichen Anerkennungsakt und die damit verbundene Vertrauensstellung für sich nicht in Anspruch nehmen.[344]

Die Entscheidung ist in mehrfacher Hinsicht verfehlt. Das Gericht hat übersehen, daß die Verwendung eines Siegels und die Zugehörigkeit des Gutachters zu einem privaten Sachverständigenverband im Rechtsverkehr den Eindruck aufkommen lassen, daß der Siegelverwender bzw. Verbandsangehörige einer Aufsicht oder zumindest einer gewissen Selbstkontrolle unterliegt, die der Aufsicht nach dem staatlichen Anerkennungsakt bei der öffentlichen Bestellung und Vereidigung und der damit verbundenen Vertrauensstellung ähnlich ist.[345]

Darüber hinaus hat das Gericht die Praxis des deutschen Sachverständigenwesens außer Acht gelassen. Der Begriff des Sachverständigen ist - wie gesagt - nicht geschützt, so daß sich jeder als Sachverständiger bezeichnen kann. Diese Sachverständigen kraft eigener Bezeichnung sind keine „schwarzen Schafe“, sondern in der Regel erfahrene und sachkundige Kenner ihres Faches. Sie verfügen oftmals über durch ein abgeschlossenes Studium oder eine Meisterprüfung ausgewiesenes theoretisches Wissen und jahrelange Berufserfahrung. Zudem existieren Fachbereiche, für die eine öffentliche Bestellung als Sachverständiger nicht vorgesehen ist. Dieser Umstand dürfte sich wegen der zunehmenden Beschleunigung der technischen Entwicklung und der steigenden Arbeitsteilung in Zukunft sogar noch verstärken. Nicht zuletzt deshalb ist von der Redlichkeit dieser selbsternannten Sachverständigen nach Treu und Glauben auszugehen, solange keine entgegenstehenden Anhaltspunkte vorliegen.

Zweifel an der Tauglichkeit des Kriteriums der staatlichen Anerkennung sind ferner mit Blick auf das europäische Sachverständigenwesen gerechtfertigt. Der zertifizierte Sachverständige, der auf lange Sicht gesehen den öffentlich bestellten Sachverständigen ablösen wird, verfügt nicht über eine staatliche Anerkennung seiner Sachkunde. Das europäische Zertifizierungssystem basiert auf einer privatrechtlichen Grundlage mit Selbstverwaltungscharakter.[346]

---

[344] OLG Dresden, BB 1996, 1556.

[345] Siehe unten § 7 IV. 2. c) zur privaten Verbandsanerkennung und § 7 IV. 2 d) bb) zu den wettbewerbsrechtlichen Anforderungen an den Sachverständigenbegriff.

[346] Siehe oben § 3. Ferner *Fuchs*, DS Dezember 1997, 29, 31 unter Hinweis auf eine Entscheidung des LG Bonn vom 15.07.1997 (110 O 184/96), wonach die abstrakte Regelung der Zertifizierung in der Europanorm 45 013 am privatrechtlichen Charakter der Zertifizierung nichts ändere.

Schließlich muß angenommen werden, daß das OLG die Haftungsprivilegierung, die im Umkehrschluß aus seiner Entscheidung für nicht besonders staatlich anerkannte Sachverständige folgt, nicht bedacht hat. [347]

Die Befreiung derjenigen Sachverständigen von der Dritthaftung, die nicht über staatlich anerkannte Sachkunde verfügen, hat höchst unbillige Konsequenzen, weil sie bei vergleichbaren Sachverhalten nicht zu analogen Rechtsfolgen führt. Als Zwischenergebnis ist deshalb festzuhalten, daß die staatliche Anerkennung im Rahmen der Prüfung der Dritthaftung des Sachverständigen kein taugliches Indiz für die besondere Sachkunde darstellt.

IV. Teilnahme am Rechtsverkehr als Sachverständiger - Taugliches Kriterium besonderer Sachkunde

1. Hypothese

Da sich das objektive Sachkriterium der staatlichen Anerkennung m.E. als untauglich erwiesen hat, ist im Folgenden zu untersuchen, wonach die besondere Sachkunde des Auskunftgebers objektiv bestimmt werden soll. Besonderer Berücksichtigung bedarf dabei der bei der Dritthaftung immer betonte Schutz des Erklärungsempfängers und des Rechtsverkehrs. Eine einheitliche Inpflichtnahme aller Sachverständigen ist daher besonders wünschenswert, um unbillige Ergebnisse wie im Fall des OLG Dresden zu vermeiden. Als Indiz für die besondere Sachkunde könnte daher auf die Teilnahme des Auskunftgebers am Rechtsverkehr unter der Bezeichnung als Sachverständiger abgestellt werden.

Die Annahme besonderer Sachkunde aufgrund der Teilnahme des Auskunftgebers am Rechtsverkehr unter der Bezeichnung als Sachverständiger setzt voraus, daß alle deutschen Sachverständigen nach ihrem objektiven Erscheinungsbild die besondere Sachkunde, Objektivität und Gewissenhaftigkeit eines öffentlich bestellten Sachverständigen für sich in Anspruch nehmen. Hierüber gibt es keine empirischen Erkenntnisse. Dies ist jedoch unschädlich, da der Rechtsprechung ebenfalls keine empirischen Erkenntnisse vorlagen, als sie das Sachkriterium der staatlichen Anerkennung für das Vorliegen besonderer Sachkunde aufstellte. Sie stützt sich auf die Voraussetzungen der öffentlichen Bestellung. Daher kann bei der Prüfung, ob alle Sachverständigen nach ihrem objektiven Erscheinungsbild die besondere Sachkunde, Objektivität und Gewissenhaftigkeit eines öffentlich bestellten Sachverständigen für sich in Anspruch nehmen, ebenfalls auf die jeweiligen Voraussetzungen der Anerkennung abgestellt werden. Sind die Anerkennungsvoraussetzungen aller Sachverständigen vergleichbar, sind konsequenterweise auch einheitliche Erwartungen des ratsuchenden Publikums an alle Sachverständigen gerechtfertigt, so daß auf die Bezeichnung „Sachverständiger“ im

[347] *Fuchs*, DS Dezember 1997, 29, und *Kamphausen*, DS September 1997, 8 meinen, daß das Indiz der staatlichen Anerkennung für besondere Sachkunde für freie und zertifizierte Sachverständige zur Haftungsprivilegierung gegenüber Dritten führt.

Rechtsverkehr als objektives Kriterium für besondere Sachkunde abgestellt werden kann.

2. Einheitliche persönliche Anforderungen an Sachverständige

Die verschiedenen Arten von Sachverständigen rechtfertigen gleiche Erwartungen an ihre Sachkunde, wenn sie den gleichen Anforderungen an ihre Person unterliegen, wie dies bei öffentlich bestellten Sachverständigen der Fall ist.

a) Öffentliche Bestellung und Vereidigung

Die Voraussetzungen, die ein Sachverständiger in seiner Person vereinigen muß, um gemäß §§ 36 GewO, 91 Abs. 1 Nr. 8 HandwO öffentlich bestellt und vereidigt zu werden, sind in § 36 Abs. 1 und 3 GewO angedeutet. Sie werden durch die Sachverständigenordnungen der Bestellungskörperschaften ausformuliert. Dem Gesetz ist zu entnehmen, daß der Sachverständige für das Gebiet, für das er bestellt werden möchte, besondere Sachkunde nachweisen muß. Ferner dürfen gegen seine persönliche Eignung keine Bedenken bestehen. Dieser Begriff fordert nach der Eidesformel des § 36 Abs. 1 S. 2 GewO und der Verordnungsermächtigung der Bestellungskörperschaften gemäß § 36 Abs. 3 und Abs. 4 GewO[348], daß keine Bedenken gegen die Zuverlässigkeit und die Vertrauenswürdigkeit des Sachverständigen bestehen dürfen und er für die Dauer seiner Bestellung die Gewähr für Unparteilichkeit, Unabhängigkeit, Objektivität und Einhaltung der Pflichten eines öffentlich bestellten Sachverständigen bieten muß.[349]

Die jeweiligen Sachverständigenordnungen treffen konkrete Regelungen, die mit den Bestimmungen der Mustersachverständigenordnungen des Deutschen Industrie- und Handelstages und des Deutschen Handwerkskammertages übereinstimmen.[350] § 3 Abs. 2 lit. d) MSVO/DIHT erfordert für besondere Sachkunde den Nachweis überdurchschnittlicher Fachkenntnisse, praktischer Erfahrung und der Fähigkeit, Gutachten zu erstatten.[351]

b) Amtliche und staatliche Anerkennung

Die persönlichen Voraussetzungen für die amtliche Anerkennung als Sachverständiger lassen keine wesentlichen Unterschiede zu denen für die öffentliche Bestellung und Vereidigung erkennen. Für die amtliche Anerkennung hat der Sachverständige fachlich geeignet zu sein und seine Kenntnisse nachzuweisen. Die Anforderungen, daß der Sachverständige geistig und körperlich für die auszuübende Tätigkeit geeignet sein und in geordneten wirtschaftlichen Verhältnissen leben muß und keine Tatsachen vor-

---

[348] Die Landesregierungen haben von der Verordnungsermächtigung nach Abs. 3 keinen Gebrauch gemacht.

[349] Siehe auch BVerwG GewArch 1992, 64; *Wellmann*, Rz. 355; *Tettinger/Pielow*, GewArch 1992, 1, 7; *Bleutge* in *Landmann/Rohmer*, GewO (I), § 36 Rz. 71.

[350] MSVO/DIHT und MSVO/DHKT sind abgedruckt im PraxisHdb SachverständigenR, Anh. 3 und 5.

[351] Siehe zu Einzelheiten der Überprüfung der besonderen Sachkunde *Wellmann*, Rz. 351 ff.

liegen dürfen, die ihn für die Tätigkeit eines Sachverständigen unzuverlässig machen, lassen sich ebenso mit den in § 36 GewO verwendeten Begriffen der besonderen Sachkunde und Eignung umschreiben.

Amtliche Anerkennung erfordert sogar zusätzlich, daß die Sachverständigen in technischen Überwachungsorganisationen zusammenzufassen sind, § 14 Abs. 1 S. 2 GSG, um die laufende Weiterbildung und den Erfahrungsaustausch der Sachverständigen sicherzustellen und die erforderlichen Voraussetzungen für eine wirksame Prüfarbeit zu schaffen.[352] Diese Regelung beruht auf der historischen Entwicklung der technischen Überwachung durch TÜV und DEKRA.[353] Es ist anerkannt, daß dieser Zweck ebenfalls durch einen mitgliedschaftlichen Zusammenschluß der Sachverständigen in einer privaten Organisation erreicht werden kann.[354] Da öffentlich bestellte und vereidigte Sachverständige ebenfalls zur Fortbildung und zum Erfahrungsaustausch verpflichtet sind, § 36 Abs. 3 Nr. 3 lit. c GewO, besteht somit Vergleichbarkeit mit den amtlich anerkannten Sachverständigen in TÜV und DEKRA.

Als staatlich anerkannte Sachverständige für Prüftätigkeit nach neuem Bauordnungsrecht der Länder können nur solche Personen anerkannt werden, welche die persönlichen und fachlichen Voraussetzungen erfüllen und zuverlässig sind, § 3 Abs. 1 SV-VO NW. Als persönliche Voraussetzungen sind die Mitgliedschaft in einer Architektenkammer oder der Ingenieurkammer-Bau, weiter Berufserfahrung, eine Haftpflichtversicherung sowie der Nachweis der für den jeweiligen Prüfungsbereich erforderlichen Fachkenntnisse zu nennen. Die Fachkenntnisse sind durch erfolgreiches Studium, Berufserfahrung und zusätzlich im Anerkennungsverfahren vor einem besonderen Prüfungsausschuß nachzuweisen. Die erforderliche Zuverlässigkeit besitzt nicht, wer die Fähigkeit, öffentliche Ämter zu bekleiden, verloren hat, wer wegen einer vorsätzlichen rechtswidrigen Tat zu einer Freiheitsstrafe von mehr als 6 Monaten verurteilt wurde oder wer aufgrund gerichtlicher Anordnung in der Verfügung über sein Vermögen beschränkt ist.

Dies gilt entsprechend für die staatliche Anerkennung nach den neuen Landesbauordnungen. Sie erfordern ebenfalls den Nachweis besonderer Fachkenntnisse und persönlicher Eignung durch den Sachverständigen. Die Mitgliedschaft in einer berufsständischen Vereinigung ist als besonderer Aspekt der persönlichen Eignung von der amtlichen Anerkennung her bekannt. Weiterhin werden Fortbildung und ständiger Erfahrungsaustausch zwischen den staatlich anerkannten Sachverständigen gewährleistet, wie sich etwa aus § 6 Abs. 5 SV-VO NW ergibt.

---

[352] *Meyer* in *Landmann/Rohmer*, GewO (II), § 14 GSG Rz. 23.

[353] *Hoffmann*, Die Organisation der Technischen Überwachung in der BRD.

[354] BVerwG GewArch 1966, 272; *Meyer* in *Landmann/Rohmer*, GewO (II), § 14 GSG Rz. 23.

c) Private Verbandsanerkennung

Ein großer Teil der freien Sachverständigen hat sich in privaten Verbänden zusammengeschlossen. Diese nehmen einen Sachverständigen erst dann als Mitglied auf und erkennen ihn als Verbandssachverständigen an, wenn er bestimmte persönliche und fachliche Anforderungen erfüllt. Sinn und Zweck der privaten Verbandsanerkennung ist, dem Mißbrauch der Bezeichnung als Sachverständiger durch freiwillige Selbstregulierung zu begegnen. Dadurch wird in der Öffentlichkeit das Vertrauen in die Leistungen der Verbandssachverständigen gesteigert. Freilich dient die Verbandserkennung auch den legitimen Zielen, Wettbewerbsvorteile und Einfluß zu erlangen.[355] Der privaten Anerkennung durch einen seriösen Sachverständigenverband[356] geht ein Prüfungsverfahren voraus, in dem der Sachverständige seine besondere Sachkunde und seine persönliche Eignung nachzuweisen hat.[357]

Gegen die Vergleichbarkeit der persönlichen Anforderungen an einen privatrechtlich anerkannten und einen öffentlich bestellten Sachverständigen mag eingewandt werden, daß eine hoheitliche Kontrolle für erstere nicht ausgeübt werde und daher ein gleichwertiges Vertrauen in die besondere Sachkunde nicht entstehe. Dieser Einwand ist jedoch nicht gerechtfertigt, da durch die wettbewerbsrechtliche Rechtsprechung des BGH zur Zulässigkeit der privaten Verbandsanerkennung zumindest eine mittelbare hoheitliche Kontrollinstanz geschaffen wurde. Die Zulässigkeit der privaten Verbandsanerkennung von Sachverständigen beruht auf einer Entscheidung des BGH vom 23.05.1984, wonach private Vereinigungen nur unter bestimmten Voraussetzungen Sachverständige prüfen und anerkennen können.[358] Der Beklagte war Kfz-Sachverständiger und Mitglied im Bundesverband der freiberuflichen und unabhängigen Sachverständigen für das Kfz-Wesen e.V. (BVSK), welcher sich mit ausländischen Schwesterverbänden zu dem internationalen Dachverband FIEA zusammengeschlossen hatte. Da der Beklagte in Geschäftspapieren den Hinweis verwendet hatte „anerkannt von FIEA und BVSK", wurde er gemäß § 3 UWG auf Unterlassung in Anspruch genommen. Der Hinweis begründete angeblich die Gefahr einer Irreführung des Publikums über die Werthaltigkeit der Anerkennung als Sachverständiger.

Das Berufungsgericht hatte gemeint, daß der angegriffene Hinweis nicht den Eindruck besonderer Sachkunde hervorriefe und keine Gefahr bestehe, der Leser würde auf eine behördliche Anerkennung und damit auf eine besondere fachliche Eignung des Anerkannten schließen. Das Gericht war also schon damals der noch heute gängigen Auf-

---

[355] *Heck* in PraxisHdb SachverständigenR, § 1 Rz. 25.

[356] Bundesverband öffentlich bestellter und vereidigter sowie qualifizierter Sachverständiger e.V. - BVS -, Godesberger Allee 54, 53175 Bonn (Bundesgeschäftsstelle). In diesem Verband sind sogar öffentlich bestellte und freie Sachverständige zusammengefaßt.

[357] *Wellmann*, Rz. 8; *Heck* in PraxisHdb SachverständigenR, § 1 Rz. 25.

[358] BGH NJW 1984, 2365. Ablehnend *Bleutge* in *Landmann/Rohmer*, GewO (I), § 36 Rz. 27 unter Bezugnahme auf ein nicht belegbares „Prüf- und Anerkennungsmonopol staatlicher Behörden im Sachverständigenbereich".

fassung, daß besondere Sachkunde und persönliche Eignung eines Sachverständigen nur durch ein behördliches Verfahren bestätigt werden könnten. Diese Begründung läßt ferner auf die eher zweifelhafte Auffassung schließen, daß deshalb eine Verwechslung des Beklagten mit hoheitlich anerkannten Sachverständigen ausgeschlossen werden könne.[359] Daß vom Berufungsgericht damit die Differenzierungs- und Kritikfähigkeit der Öffentlichkeit überschätzt worden ist, hat der BGH mit der Entscheidung zur Zulässigkeit der privaten Verbandsanerkennung eindrücklich bestätigt.[360]

Neben Behörden kann auch privaten Vereinigungen ausreichende Sachkompetenz, Unabhängigkeit und Objektivität zur Prüfung und Anerkennung von Sachverständigen zukommen und den Erwartungen genügen, die das ratsuchende Publikum in die Person eines hoheitlich anerkannten Sachverständigen setzt. Diese Erwartungen besagen, daß der anerkannte Sachverständige eine besondere, den Standard seiner Mitbewerber deutlich überragende Qualifikation aufweist, und er diese Qualifikation in einer Prüfung vor einer dafür kompetenten Stelle mit Erfolg unter Beweis gestellt hat.[361] Daher geht ein erheblicher Teil der Öffentlichkeit bei einem privatrechtlich anerkannten Sachverständigen davon aus, daß der so Bezeichnete ein Fachmann sei, dessen durch Prüfung nachgewiesenes, von dritter Seite anerkanntes Fachwissen den Standard seiner Mitbewerber in besonderer Weise übertrifft.[362] Besondere Sachkunde kann demnach nicht nur durch den Staat in einer das Vertrauen der Öffentlichkeit begründenden Weise anerkannt werden, sondern auch durch privatrechtliche Verbände, wenn diese den Anforderungen der Rechtsprechung des BGH genügen. Bei Werbung eines Sachverständigen mittels hervorgehobener Anerkennung durch einen privaten Verband ist die Gefahr der Irreführung des Publikums über die Qualifikation des Sachverständigen daher ausgeschlossen, wenn die Anerkennung ein Gütesiegel darstellt, mithin ausgesagt wird, daß der Sachverständige über besondere Sachkunde verfüge, die er in einem Prüfungsverfahren eines ausreichend kompetenten, unabhängigen und objektiven Verbandes nachgewiesen habe.[363] Dagegen wird nicht vorausgesetzt, daß der anerkennende Verband allgemein bekannt ist oder die angesprochenen Verkehrskreise von sich aus aufgrund ihrer Kenntnis über die Sachkundeanforderungen des Verbandes auf die Qualifikation des Sachverständigen schließen können.[364]

Demnach unterliegen verbandsanerkannte Sachverständige solchen persönlichen Anforderungen, die von denen der öffentlichen Bestellung und Vereidigung nur unwe-

---

[359] *Bleutge* in *Landmann/Rohmer*, GewO (I), § 36 Rz. 27.

[360] BGH NJW 1984, 2365.

[361] BGH NJW 1984, 2365 f. Da der BGH die tatsächlichen Voraussetzungen des damit geschaffenen Anforderungskataloges nicht nachprüfen konnte, hob er das angefochtene Urteil auf und verwies die Sache an das OLG Hamm zurück.

[362] *Bleutge* in *Landmann/Rohmer*, GewO (I), § 36 Rz. 27.

[363] OLG Hamm, GewArch 1987, 246, 247.

[364] OLG Hamm, GewArch 1987, 246

sentlich abweichen.[365] Sie müssen die Legitimation ihrer Anerkennung vollumfänglich und auf den Einzelfall bezogen gerichtlich überprüfen lassen, sofern eine Klage nach § 3 UWG erhoben wird. Gegen die Vergleichbarkeit der persönlichen Anforderungen, die an verbandsanerkannte und öffentlich bestellte Sachverständige gestellt werden, kann nicht eingewendet werden, daß eine hoheitliche Überprüfung bei ersteren nur im Rahmen eines gerichtlichen Verfahrens stattfinde. Denn öffentlich bestellte Sachverständige unterliegen ebenfalls keiner regelmäßigen hoheitlichen Kontrolle ihrer Fähigkeiten. Sie werden nur auf Verdacht oder nach entsprechenden Hinweisen überprüft.

Schließlich spricht für die Vergleichbarkeit, daß die Gerichte sich bei der Verbandsanerkennung darauf gestützt haben, daß das ratsuchende Publikum unter den diversen Sachverständigenarten nicht differenziert oder deren Qualifikationen unterscheidet. Dies war der Grund, die rechtliche Zulässigkeit der verbandsmäßigen Anerkennung von Sachverständigen an materielle Voraussetzungen an die anzuerkennende Person und die anerkennende Stelle zu knüpfen, die den Voraussetzungen für die öffentliche Bestellung und Vereidigung nahezu entsprechen.

Somit ist festzustellen, daß die persönlichen Anforderungen an verbandsanerkannte und öffentlich bestellte Sachverständige vergleichbar sind.

d) Anforderungen an freie Sachverständige

Es wurde festgestellt, daß amtlich, staatlich und privat anerkannte Sachverständige vergleichbaren persönlichen Anforderungen unterliegen wie öffentlich bestellte Sachverständige. Schließlich fragt sich, wie die persönlichen Anforderungen an freie Sachverständige zu beurteilen sind. Bei freien Sachverständigen werden weder die besondere Sachkunde noch die persönliche Eignung vor der Aufnahme ihrer Tätigkeit als Sachverständiger durch eine unabhängige Stelle bestätigt. Daher sind die persönlichen Anforderungen an den freien Sachverständigen aus dem allgemeinen Sprachgebrauch und der wettbewerbsrechtlichen Rechtsprechung zum Sachverständigenbegriff herzuleiten.

aa) Allgemeiner Sprachgebrauch

Nach allgemeinem Sprachgebrauch sind, wie schon hergeleitet wurde[366], mit der Bedeutung des Wortes „sachverständig“ bestimmte Erwartungen an die Kenntnisse und Fähigkeiten des so Bezeichneten verknüpft. Es steht für Spezialkenntnisse, besondere Sachkunde und herausragende berufsmäßige Fertigkeit auf einem bestimmten Fachgebiet, das in der Regel spezieller Teil eines Berufsbildes ist.[367]

Auf die persönlichen Anforderungen der Unabhängigkeit, Gewissenhaftigkeit und Unparteilichkeit eines Sachverständigen läßt die auf Sachkunde und Verständigkeit

---

[365] Ergebnis der Beweisaufnahme für BSVK und FIEA. OLG Hamm, GewArch 1987, 246, 247.

[366] Siehe oben § 1 I.

[367] BVerwG GewArch 1973, 263, 264; *Heck* in PraxisHdb SachverständigenR, § 1 Rz. 7; *Bleutge* in *Landmann/Rohmer*, GewO (I) § 36 Rz. 10.

schließende Wortbedeutung keinen unmittelbaren Schluß zu. Es ist jedoch ein dahingehendes Verständnis mittelbar zu erkennen, da Sachverständige in erster Linie mit der gerichtlichen Gutachtentätigkeit, daneben aber auch mit der privaten Streitschlichtung und der Regulierung von Schadensfällen in Verbindung gebracht werden. Diese Aufgaben erfordern Unabhängigkeit, Gewissenhaftigkeit und Unparteilichkeit des Sachverständigen. Demnach wird ein Sachverständiger als ein neutraler und unabhängiger Fachmann angesehen.[368]

bb) Wettbewerbsrechtliche Anforderungen an den Sachverständigenbegriff

Der Sachverständigenbegriff ist gesetzlich nicht geschützt. Gleichwohl kann nicht jeder in zulässiger Weise als Sachverständiger am Wettbewerb teilnehmen.[369] Nach allgemeinem Sprachgebrauch verbinden die angesprochenen Verkehrskreise mit der Berufsbezeichnung des Sachverständigen eine objektiv gutachterlich tätige, unabhängige Person mit nachgewiesener besonderer Sachkunde.[370] Das angesprochene Publikum versteht den Begriff des Sachverständigen, ausgehend vom Wortsinn, zwanglos und insbesondere bei flüchtiger Betrachtung ohne besondere Überlegung dahin, daß derjenige, der sich selbst als Sachverständiger bezeichnet, über den zur kompetenten, zutreffenden und schriftlich begründeten Beantwortung von Fragen erforderlichen Sachverstand verfügt.[371] Die Erwartung des Publikums wird durch die allgemeine Kenntnis beeinflußt, daß es in vielen Fachgebieten öffentlich bestellte und vereidigte Sachverständige gibt, an deren Sachkunde und Unabhängigkeit hohe Anforderungen gestellt werden.[372] Da diese Anforderungen nicht durch die einschlägigen Vorschriften begründet, sondern von ihnen vorausgesetzt werden[373], gelten die personellen Anforderungen nicht nur für öffentlich bestellte Sachverständige. Durch §§ 404 Abs. 3 ZPO, 36 Abs. 1 S. 1 GewO werden Anforderungen positiviert, die dem Wesen des Sachverständigen und seinen Aufgaben immanent sind.[374] Die Vorstellung, daß es neben diesen, den hohen Anforderungen für die öffentliche Bestellung gerecht werdenden Sachverständigen auch freie Sachverständige gibt, die über eine geringere oder keine Sachkunde verfü-

---

[368] Zu diesem Schluß gelangt auch das OLG Frankfurt, WRP 1990, 340, 341.

[369] OLG München, WRP 1995, 57, 59.

[370] OLG Frankfurt, WRP 1990, 340; OLG München, WRP 1995. 57, 59; OLG Hamm, WRP 1997, 972, 974; OLG Köln, WRP 1997, 1121, 1122.

[371] BGH NJW-RR 1997, 1193, 1194; OLG München, WRP 1995, 57, 60.

[372] OLG München, WRP 1995, 57, 60; zustimmend BGH NJW-RR 1997, 1193, 1194; tendenziell OLG Köln, WRP 1997, 1121, 1122.

[373] Das ergibt der Wortlaut des § 404 Abs. 3 ZPO, „Personen (...), die geeignet sind, als Sachverständige vernommen zu werden", da die Eignung nicht näher bestimmt wird. Entsprechendes geht aus § 36 Abs. 1 S. 1 GewO hervor, wonach „Personen, die als Sachverständige (...) tätig sind oder tätig werden wollen, (...) öffentlich zu bestellen (sind.)", weil auch hier von der Tatsache ausgegangen wird, daß Personen bereits mit den zur öffentlichen Bestellung erforderlichen Eigenschaften als Sachverständige arbeiten.

[374] BGH BB 1966, 918f.; *Döbereiner/v. Keyserlingk*, Rz. 2; *Götz/Söllner*, S. 52; *Wellmann*, Rz. 6.

gen, ist den betroffenen Verkehrskreisen daher fremd.[375] Nur wer über eine überdurchschnittliche Sachkunde auf einem bestimmten Sachgebiet verfügt, darf sich als Sachverständiger bezeichnen.[376] Daher liegt eine Irreführung im Sinne des § 3 UWG vor, wenn eine Person ohne besondere Sachkunde und persönliche Eignung Gutachtenleistungen unter der Bezeichnung als Sachverständiger anbietet.

Die Rechtsprechung hat daher wiederholt die Verwendung des Sachverständigenbegriffs untersagt, wenn Personen nicht über professionelle oder durch abgeschlossene Berufsausbildung nachgewiesene Kenntnisse auf dem jeweiligen Fachgebiet verfügten, ohne besonderes Fachwissen Gutachten erstatteten oder nicht unabhängig und unparteiisch handelten.[377] Beispielsweise fehlt es an der erforderlichen Unabhängigkeit, wenn ein Mitarbeiter eines Maklerunternehmens die Aufgabe hat, Kunden zu werben.[378] Eine Arzthelferin, die zeitweise gebrauchte Kfz verkauft, darf sich ebenfalls nicht als Sachverständige bezeichnen.[379] Die wettbewerbsrechtlichen Anforderungen des Sachverständigenbegriffs sind selbst dann nicht erfüllt, wenn jemand die Lehre zum Kfz-Mechaniker abgeschlossen hat, anschließend sieben Jahre in einem Kfz-Reparaturbetrieb gearbeitet hat und dann Inhaber eines Eigenreparaturbetriebs ohne Angestellte ist.[380]

Hinsichtlich der Ausbildung, die ein Sachverständiger unter wettbewerbsrechtlichen Gesichtspunkten absolviert haben muß, verfolgt die Rechtsprechung keine einheitliche Linie. In einer Entscheidung des BGH[381], in der es um die Frage ging, ob die Bezeichnung eines freien Sachverständigen als „Sachverständigenbüro für Kfz-Unfallschäden" eine Irreführung darstellt, bestand die Ausbildung des Beklagten in einer Lehre zum Karosseriebauer. Dieser wandte gegen den Vorwurf der Irreführung ein, daß er in fast zehn Jahren nahezu 6000 Schadensgutachten als Kfz-Sachverständiger gefertigt habe und es in weniger als einem Prozent Beanstandungen gegeben habe. Er habe seine Kenntnisse laufend aktualisiert und sich durch den Besuch von Seminaren und Kursen über den jeweiligen Stand der Technik informiert. Außerdem habe er sich eines anerkannten Datenverarbeitungssystems zur Gutachtenerstattung bedient.[382] Das Beru-

---

[375] OLG München, WRP 1995, 57, 60; BGH NJW-RR 1997, 1193, 1194; OLG Köln, WRP 1997, 1121, 1122.

[376] OLG Hamm, GewArch 1997, 350.

[377] OLG Hamm, GewArch 1997, 350; OLG Köln, WRP 1997, 1121, 1122; OLG Dresden, WRP 1996, 1168; OLG Frankfurt, WRP 1990, 340; OLG München, WRP 1995, 57. Ebenso *Lindacher* in Großkomm. § 3 UWG Rz. 430, *Lindacher* in *Lindenmaier/Möhring*, H. 11/1997 § 3 UWG Nr. 399 (Bl. 2081).

[378] OLG Frankfurt, WRP 1990, 340.

[379] OLG Hamm, GewArch 1997, 350.

[380] OLG Hamm, GewArch 1997, 350.

[381] BGH NJW-RR 1997, 1193 = WRP 1997, 946 = BB 1997, 1760 = GRUR 1997, 758 = *Lindenmaier/Möhring*, H. 11/1997 § 3 UWG Nr. 399 m. Anm. *Lindacher*.

[382] Siehe zum Tatbestand OLG München, WRP 1995, 57.

fungsgericht hatte dem Beklagten die Bezeichnung als Sachverständiger mangels hinreichender Ausbildung untersagt. Es hatte gemeint, daß nicht unerhebliche Teile des Verkehrs erwarteten, daß derjenige, der als Kfz-Sachverständiger auftritt, sich die erforderliche Sachkunde nicht autodidaktisch angeeignet, sondern auf nachprüfbare Weise erworben habe und kraft einer mit einer Prüfung abgeschlossenen Berufsausbildung, etwa der Meisterprüfung, der Prüfung als Diplom-Ingenieur oder einem vergleichbaren Berufsabschluß über die Befähigung zur verantwortlichen Leitung eines Kfz-Reparaturbetriebes verfüge.[383] Der BGH hat das Urteil aufgehoben und zurückverwiesen, um unter vollumfänglicher Berücksichtigung des Beklagtenvorbringens zu klären, ob die Qualifikation des Beklagten den Anforderungen des Sachverständigenbegriffs genüge und ihn dazu berechtigte, die Bezeichnung Sachverständiger zu führen.[384] Der Erwerb der erforderlichen Sachkunde sei auch durch langjährige Mitarbeit bei einem anerkannten Sachverständigen denkbar, der die Anforderungen erfüllt und beurteilen kann, ob der Mitarbeiter sich diese angeeignet habe. Unter Berücksichtigung des Beklagtenvorbringens sei deshalb nicht auszuschließen, daß der Erwerb der nötigen Fachkompetenz auf autodidaktischem Weg und einer langjährigen ordnungsgemäßen Gutachtertätigkeit erfolgt sei.[385] Es gebe keinen allgemeinen Erfahrungssatz, wonach die für die Ausübung eines Berufes erforderlichen Kenntnisse nicht durch Selbstunterricht erlangt werden könnten. Vielmehr entspreche es der Lebenserfahrung, daß in vielen Bereichen der Wirtschaft Personen tätig sind, die sich die fachliche Befähigung selbst angeeignet haben. Dies gelte insbesondere, wenn keine herkömmliche Ausbildung und keine gesetzlich geschützte Berufsbezeichnung bestehe, wie es für den Sachverständigenberuf der Fall sei.[386] Darlegungs- und Beweislast für die Einhaltung der wettbewerbsrechtlichen Voraussetzungen des Sachverständigenbegriffs oblägen aber dem Beklagten.[387] Und an den Nachweis der nötigen Fachkompetenz seien, so der BGH, nicht geringe Anforderungen zu stellen.[388]

cc) Zwischenergebnis

Eine Person, die als freier Sachverständiger im Wettbewerb auftritt, muß besondere Sachkunde durch geeignete Berufsabschlüsse nachweisen können, sofern nicht auch andere Tatsachen den Schluß auf eine hinreichende Qualifikation zulassen. Die Anforderungen an den Nachweis haben sich an den Voraussetzungen für die öffentliche Bestellung und Vereidigung eines Sachverständigen zu orientieren. Demnach ist es gerechtfertigt, an die besondere Sachkunde und die persönlichen Eigenschaften (Unab-

---

[383] OLG München, WRP 1995, 57, 60.

[384] BGH NJW-RR 1997, 1193.

[385] Anderer Auffassung OLG Hamm, WRP 1997, 972, 974; *Lindacher* in *Lindenmaier/Möhring*, H. 11/1997 § 3 UWG Nr. 399 (Bl. 2081) zu BGH NJW-RR 1997, 1193.

[386] BGH NJW-RR 1997, 1193, 1194 f.

[387] BGH NJW-RR 1997, 1193, 1195.

[388] BGH NJW-RR 1997, 1193, 1194.

hängigkeit, Neutralität) eines freien Sachverständigen dieselben Erwartungen zu stellen, wie an die eines öffentlich bestellten und vereidigten Sachverständigen.

3. Ergebnis: Die Verwendung des Sachverständigenbegriffs ist ein taugliches Kriterium für die Begründung des Vertrauens auf eine besondere Sachkunde

Die Untersuchung hat ergeben, daß Sachverständige einheitlichen personellen Anforderungen unterliegen, unabhängig davon, ob eine staatliche Anerkennung der besonderen Sachkunde stattgefunden hat. Ebenso hat sich gezeigt, daß durch das ratsuchende Publikum an die Leistung von Sachverständigen einheitliche Erwartungen gestellt werden. Eine einheitliche Behandlung aller Sachverständigen im Rahmen der vertraglichen Dritthaftungslösungen der Rechtsprechung ist eine logische und gerechte Konsequenz. Demnach muß, wer als Sachverständiger am Rechtsverkehr teilnimmt, das Vertrauen, das ihm aufgrund seiner Berufsbezeichnung entgegen gebracht wird, gegen sich gelten lassen. Das Auftreten des Auskunftgebers unter der Berufsbezeichnung des Sachverständigen ist somit taugliches Sachkriterium für die objektive Feststellung der besonderen Sachkunde.

B. England

§ 8 Vertragliche Haftung nach englischem Recht

Im Folgenden wird die vertragliche Haftung des privaten Sachverständigen nach englischem Recht dargestellt.[389] Dabei sollen einige Grundlagen des Vertragsrechts mitbehandelt werden, da diese für eine fremde Rechtsordnung nicht als bekannt vorausgesetzt werden können und in England weitgehend auf Richterrecht beruhen. Zunächst ist die das englische Fallrecht tragende „Stare-Decisis-Doctrine“[390] zu behandeln. Im Anschluß ist auf die Voraussetzungen des Vertragsabschlusses sowie auf die möglichen Vertragsinhalte einzugehen, bevor die vertragsrechtlichen Folgen des fehlerhaften Sachverständigengutachtens dargestellt werden.

I. „Stare-Decisis-Doctrine“

Das englische Recht baut auf einem Präjudiziensystem auf. Dies geht davon aus, daß eine Entscheidung sich grundsätzlich an vorangegangenen Entscheidungen mit einem vergleichbaren Sachverhalt zu orientieren hat.[391] Die maßgebliche „Stare-Decisis-Doctrine“, die auch als die „binding rule of precedent“[392] bezeichnet wird, besagt, daß an bereits Entschiedenem festzuhalten ist.[393] Die Entscheidung in dem vorangegange-

---

[389] Zum Begriff des Sachverständigen kann auf das oben § 2 I. Gesagte verwiesen werden.

[390] „Grundsatz der Bindung an Vorentscheidungen“, *Romain*, Wörterbuch der Rechts- und Wirtschaftssprache, Band 2, 4. Auflage, S. 729.

[391] *Lorenz*, FS *Kaufmann*, S. 709 ff.; *Fikentscher*, ZfRV 1980, 161, 166; *Schmitthoff*, Systemdenken und Fallrecht in der Entwicklung des englischen Privatrechts, JZ 1967, 1, 2 f.; *v. Bernstorff*, S. 7.

[392] *Schmitthoff*, JZ 1967, 1, 2; *Downes*, S. 17 f.

[393] *v. Bernstorff*, S. 7.

nen Fall wird daher als Präzedenzfall („precedent") bezeichnet.[394] Das Prinzip der Bindung an Präzedenzfälle ist eine fundamentale Rechtsregel höchster Ordnung und Grundlage der Rechtssicherheit und Voraussehbarkeit des englischen Rechts.[395] Dauer und Umfang der Bindungswirkung eines Präzedenzfalls sind jedoch von weiteren Faktoren abhängig.

So beinhaltet der Grundsatz der „Stare-Decisis-Doctrine", daß das erkennende Gericht und die unteren Gerichte an ihre vorangegangenen eigenen Entscheidungen und an die Entscheidungen höherer Gerichte gebunden sind. Entscheidungen sind so lange bindend, bis sie durch die Gesetzgebung außer Kraft gesetzt oder durch ein höheres Gericht „overruled" werden.[396] Zum „overruling" ist nur das höchste englische Gericht, das House of Lords, befugt. Diese Befugnis besteht seit 1966.[397] Mit dem feierlichen „Practice Statement"[398] des damaligen Lordkanzlers Lord *Gardiner* wurde der Rechtsgrundsatz eingeführt, daß das House of Lords nicht mehr unbedingt an seine Präjudizien gebunden ist.[399] Die Präjudizien sollten zwar auch in Zukunft unentbehrliche Grundlage der Rechtsentwicklung sein; ein zu starres Festhalten an diesen, so die Begründung, könne jedoch in Einzelfällen zu Ungerechtigkeiten führen und die richtige Entwicklung des Rechts ungebührlich einschränken.[400] Danach sollten frühere Entscheidungen des House of Lords auch künftig grundsätzlich als bindend erachtet werden. Es soll jedoch von ihnen abgewichen werden können, wenn hierfür eine Notwendigkeit besteht.[401] Das House of Lords macht von dieser Möglichkeit der Rechtsfortbildung nur sehr zurückhaltend Gebrauch. Es bedarf einer außergewöhnlichen Situation, bevor sich das House of Lords zur offenen[402] Abkehr von einem Präjudiz bereitfin-

---

[394] *Downes*, S. 18.

[395] *London Streets Tramways Co. v. London County Council* [1898] A.C. 375, 380 per Lord *Halsbury* L.C.; *Produce Brokers Co. Ltd v. Olympia Oil & Cake Ltd* [1915] 21 Com. Cas. 320, 322 per *Buckley* L.J., zitiert nach *Schmitthoff*, JZ 1967, 1, 2.

[396] *v. Bernstorff*, S. 7.

[397] Bis 1966 fühlte sich das House of Lords ausdrücklich an seine in der Vergangenheit getroffenen höchstrichterlichen Entscheidungen gebunden, wie sich aus der Entscheidung in *London Streets Tramways Co. v. London County Council* [1898] A.C. 375 ergibt. Ebenso *v. Bernstorff*, S. 8.

[398] Die Erklärung des Lord Chancellors *Gardiner* ist in [1966] 3 All E.R. 77 abgedruckt.

[399] Zu den verfassungsrechtlichen Fragen siehe *Lorenz*, FS *Kaufmann*, S. 709, 714 f.

[400] *Lorenz*, FS *Kaufmann*, S. 709, 715.

[401] *Downes*, S. 21; *Schmitthoff*, JZ 1967, 1, 3; *Lorenz*, FS *Kaufmann*, S. 709, 715.

[402] Neben der offenen Abkehr durch „Overruling" bestand schon vor 1966 die Möglichkeit des „Distinguishing", wo anhand einer ausgefeilten Technik der vergleichenden Fallanalyse akribisch nach Unterschieden der den Entscheidungen zugrundeliegenden Erwägungen und Sachverhalten („distinguishing on the facts") gesucht wird, wenn ein als unbequem empfundenes Präjudiz der Rechtsentwicklung im Wege steht. Weit ausgreifende richterliche Äußerungen bleiben dann als „sweeping dictum" außer Betracht oder Tatsachen werden in einem als wesentlich erachteten Punkt als nicht übereinstimmend hervorgehoben. *Lorenz*, FS *Kaufmann*, S. 709, 714.

det.[403] Alle im Gerichtsaufbau unter dem House of Lords angesiedelten Gerichte sind an dessen Entscheidungen gebunden.

Der Court of Appeal, Berufungsgericht für Urteile des High Court of Justice und der County Courts und im Gerichtsaufbau unmittelbar unter dem House of Lords angesiedelt, kann grundsätzlich nicht von eigenen früheren Entscheidungen abweichen.[404] Ausnahmen sind nur in einigen eng umgrenzten Fällen anerkannt.[405] Ob der Court of Appeal die Selbstbindung an die vorangegangene Spruchpraxis wie das House of Lords durch ein einstimmiges „Practice Statement" aller Court-of-Appeal-Richter aufheben und durch die Befugnis zum „overruling" ersetzen könnte, wird unterschiedlich beurteilt.[406]

Die Entscheidungen der drei Abteilungen des High Court (Queen's Bench Division, Chancery Division, Family Division) binden nur die untersten Gerichte, mithin die County Courts und die Magistrates' Courts. An vorangegangene eigene Entscheidungen ist der High Court nicht gebunden, folgt ihnen aber dennoch, „unless good reason exists for not doing so".[407]

Nach der „Stare-Decisis-Doctrine" ist in einer Gerichtsentscheidung zwischen der ratio decidendi und einem obiter dictum zu unterscheiden.[408] Die ratio decidendi beinhaltet den Hauptgrund, der eine Entscheidung trägt und oftmals in einer abstrakten, allgemeingültigen Form ausgedrückt wird. Nur die abstrakte ratio decidendi, die dem in einem Gesetz ausgedrückten Rechtssatz nicht unähnlich ist, wird ein bindender Präzedenzgrundsatz für zukünftige Streitfälle.[409] Obiter dicta sind dagegen beiläufige, nicht die Entscheidung tragende Begründungserwägungen, die keine Bindung erzeugen.[410]

Aufgrund der verfassungsmäßigen Vormachtstellung des Parlaments ist das richterliche Fallrecht der parlamentarischen Gesetzgebung rechtsquellenmäßig untergeordnet, so daß ein Gesetz jederzeit die Aussagekraft und Wirkungsweise einer Norm des Richterrechts korrigieren kann. Die Gerichte betrachten sich daher stets an die Gesetzgebung gebunden, allerdings nur „soweit der blanke Wortlaut des Gesetzes reicht, aber keine Handbreit darüber hinaus."[411]

---

[403] *Lorenz*, FS *Kaufmann*, S. 709, 711 u. 717.

[404] Gegen die Selbstbindung *Davis v. Johnson* [1978] 1 All E.R. 841, 852 f. per Lord *Denning* M.R.

[405] Eine Aufzählung der wichtigsten Ausnahmen findet sich in der Entscheidung *Young v. Bristol Aeroplane Co. Ltd* [1944] K.B. 718, 729 f. per Lord *Greene* M.R.

[406] *Downes*, S. 22.

[407] *v. Bernstorff*, S. 8; *Downes*, S. 22.

[408] *Downes*, S. 18-20; *Schmitthoff*, JZ 1967, 1, 2 f.

[409] *Downes*, S. 20; *Schmitthoff*, JZ 1967, 1, 2.

[410] *Downes*, S. 20; *Schmitthoff*, JZ 1967, 1, 2.

[411] *Fikentscher*, ZfRV 1980, 161, 166.

II. Voraussetzungen des „contract"

Die vertragliche Sachverständigenhaftung erfordert auch nach englischem Recht zunächst das Vorliegen eines wirksamen Gutachtenvertrags zwischen dem Auftraggeber und dem Sachverständigen. Im Folgenden ist deshalb zu untersuchen, welche Anforderungen nach englischem Recht an den Vertragsabschluß zu stellen sind. Da die „Consideration-Doctrine" und der Inhalt des Vertrags für dessen Bindungswirkung und für die haftungsrechtlichen Folgen von erheblicher Bedeutung sind, ist hierauf ebenfalls einzugehen.

1. Einigung und Form

Das englische Recht verfügt über kein kodifiziertes Schuldrecht. Es beruht, wie bereits erläutert, primär auf richterlich gebildetem Fallrecht. Es wird grundsätzlich nicht, wie im deutschen BGB, nach Kauf-, Miet- oder Werkvertragsrecht etc. unterschieden[412], so daß für den Abschluß eines Gutachtenvertrags mit einem Sachverständigen keine spezifischen vertragsrechtlichen Besonderheiten zu berücksichtigen sind.

Für das Zustandekommen eines Vertrags setzt das englische Recht zunächst, ebenso wie das deutsche Recht, ein Angebot („offer") und eine Annahme („acceptance") der Vertragsparteien voraus.[413] Liegt eine Übereinstimmung zwischen Angebot und Annahme vor, kommt eine vertragsbegründende Einigung zustande.[414] Der damit eingegangene Vertrag ist jedoch noch rechtlich wirkungslos, so daß die darin formulierten Rechte und Pflichten der Parteien nicht durchsetzbar sind, es sei denn, daß der Vertrag „under seal" abgeschlossen wird. Das bedeutet, daß eine schriftliche Urkunde von beiden Parteien unterzeichnet und mit einem Siegel versehen wird.[415] Ansonsten bedingt die Durchsetzbarkeit des Vertrags eine wie auch immer geartete Gegenleistung („consideration").[416]

Formanforderungen für das Zustandekommen eines Gutachtenvertrags bestehen nicht. Nach der regulation 2.4 der „Rules of Conduct" der Royal Institution of Chartered Surveyors (RICS) ist ein Mitglied dieser Sachverständigenvereinigung jedoch angehalten, „(to) provide written notification to his client (exept when the client is his employer) of the terms and conditions on which he is to act."[417] Hierbei handelt es sich freilich nicht um eine Wirksamkeitsvoraussetzung des Gutachtenvertrags. Vielmehr soll die schriftliche Dokumentation des Vertrags dessen formelle Beweisgeeignetheit

[412] Ausnahmen bestehen für wirtschaftlich bedeutsame Geschäfte. Für diese Rechtsbereiche wurden auch Gesetze erlassen, z.B. Sale of Goods Act 1979 oder Supply of Goods and Services Act 1982.

[413] Ausführlich *Treitel*, S. 8 ff.

[414] *James*, S. 275 ff.

[415] Da dieser Form des Vertrages, die auch *promise in a deed* genannt wird, für die vertragliche Sachverständigenhaftung keine Bdeutung zukommt, kann auf weitere Ausführungen verzichtet werden, statt dessen *Treitel*, S. 144 ff.

[416] Siehe im einzelnen anschließend § 8 II. 2. Ferner *v. Bernstorff*, S. 39.

[417] *RICS*, Professional Conduct, Regulation 2.4.

bewirken.[418] Auch bei Vorliegen eines schriftlichen Vertrags entfaltet sich dessen rechtliche Bindungswirkung erst, wenn zweifelsfrei eine „consideration" vorliegt. Nach deutschem Recht sind solche rechtsbegründenden Auswirkungen der Gegenleistung unbekannt, so daß hierauf im Folgenden näher einzugehen ist.

2. „Consideration"

Eine Besonderheit des englischen Vertragsrechts ist, daß nicht die übereinstimmenden Willenserklärungen der vertragsschließenden Parteien oder die (einfache) schriftliche Niederlegung des übereinstimmend Gewollten, sondern erst eine irgendwie geartete Gegenleistung zur Bindungswirkung eines Vertrags führt. Daher ist das Versprechen einer unentgeltlichen Leistung rechtlich unverbindlich, da es an der Gegenleistung fehlt. Dies ist zurückzuführen auf die Rechtsprechung im 15. und 16. Jahrhundert, vollstreckbare Verfügungen in der Form sogenannter „writs" zu erlassen. Eine „writ of dept" wurde nur demjenigen Anspruchsteller erteilt, der beweisen konnte, daß er dem Anspruchsgegner gegenüber aufgrund eines Vertrags eine Leistung erbracht und diesen dadurch zum Schuldner gemacht hat. Daneben konnte dem Anspruchsteller eine „writ of assumpsit" erteilt werden, wenn ihm dadurch ein Schaden entstanden war, daß der Vertragspartner sein Versprechen gebrochen hat (legal action for a breach of contract).[419]

Der Gedanke, daß eine vertragliche Forderung nur besteht, wenn eine Gegenleistung beziehungsweise ein Gegenopfer festzustellen ist, wurde seit dieser Zeit im Common Law aufrecht erhalten und ausgeformt. Die heute gültige Definition der „consideration" geht zurück auf die Entscheidung in *Currie v. Misa*[420]: „A valuable consideration, in the sense of law, may consist either in some right, interest, profit or benefit accruing to the one party, or some forbearance, detriment, loss or responsibility given, suffered or undertaken by the other."[421] Die Bejahung einer Gegenleistung erfordert demnach, daß diese hinreichend bestimmbar ist, gegenwärtig vorliegt[422] und irgendeinen Wert besitzt. Auf die Angemessenheit der Gegenleistung kommt es nicht an: „Consideration need not to be adequate but must have some value, however slight."[423] So wurde etwa der symbolische Mietzins für ein Haus in Höhe von einem englischen Pfund pro Jahr als hinreichende Gegenleistung erachtet.[424] Durch den Verzicht auf eine Prüfung der

---

[418] *RICS*, Your Liability, S. 5, 15. Siehe auch *James*, S. 282.

[419] *James*, S. 285 f; *v. Bernstorff*, S. 33 f.; zum breach of contract siehe unten § 8 III.

[420] *Currie v. Misa* (1876) 1 App.Cas. 554.

[421] *Currie v. Misa* (1876) 1 App.Cas. 554, 571 per Lord *O'Hagen*.

[422] Der Grundsatz lautet: „Consideration must not be past." Siehe dazu etwa *In re McArdle* [1951] Ch. 669, 678 per *Jenkins* L.J.; *v. Bernstorff*, S. 39 Fn. 93.

[423] *v. Bernstorff*, S. 39 Fn. 92.

[424] *Thomas v. Thomas* (1842) 2 Q.B. 851, zitiert nach *Chitty*, General Principles, Rz. 152. Vergleiche auch *Chappel & Co. Ltd. v. Nestlé Ltd.* [1959] 2 All E.R. 701 ; *William v. Roffey Bros & Nicholls (Contractors) Ltd.* [1991] 1 Q.B. 1.

Angemessenheit der Gegenleistung trägt die Rechtsprechung dem Grundsatz der Vertragsfreiheit Rechnung.[425]

Schließlich gilt der Grundsatz, „consideration must move from the promisee."[426] Danach kann nur derjenige das Leistungsversprechen durchsetzen, der seinerseits die Gegenleistung erbracht hat.[427] Dieser Grundsatz ist eine Ursache dafür, daß das Common Law keine Verträge zugunsten Dritter kennt.[428] Diese Besonderheit des englischen Vertragsrechtes wird im Rahmen der Dritthaftung des Sachverständigen eine wichtige Rolle spielen.[429]

Demnach ist die „consideration" Dreh- und Angelpunkt der Durchsetzbarkeit eines Vertrags. Ein stillschweigender, unentgeltlicher Gutachten- oder Auskunftsvertrag, wie er nach deutscher Rechtsprechung im Rahmen der Dritthaftung als vertragliche Haftungsgrundlage herangezogen wird, scheidet daher aus. Nach deutschem Recht ist es für die Haftung des Sachverständigen irrelevant, ob der Geschädigte für die schädigende Auskunft eine Gegenleistung erbracht hat.[430] Nach englischem Recht ist die Gegenleistung dagegen unentbehrliche Voraussetzung für die durchsetzbare Entstehung vertraglicher Primär- oder Sekundäransprüche.

3. Vertragsinhalte

Ein Vertrag kann allgemeine und spezielle Regelungen enthalten, die zusammen den Vertragsinhalt darstellen („terms"). Davon sind außervertragliche Nebenabreden und Zusicherungen („representations"), deren Verletzung andere Rechtsfolgen auslöst, zu unterscheiden.[431] Die Unterscheidung ist nicht an das formale Erscheinungsbild der Vereinbarung gebunden, so daß selbst ein schriftlicher Vertragsbestandteil eine „representation" darstellen kann.[432] Es ist im Einzelfall problematisch, ob eine Klausel des Vertrags als „term" oder „representation" zu beurteilen ist.[433] Erteilt der Erklärende beispielsweise eine Zusicherung, die sich aufgrund seiner besonderen Sachkenntnis als glaubhaft darstellt, so handelt es sich dabei um einen „term". Stellt sich die Zusiche-

---

[425] *Treitel*, S. 70 ff.

[426] *Thomas v. Thomas* [1842] 2 Q.B. 851, 859, zitiert nach *Chitty*, General Principles, Rz. 152, 159 ff. Siehe auch *Pollway Ltd. v. Abdullah* [1974] 1 W.L.R. 493, 496 f. per *Roskill* L.J.

[427] *Tweddle v. Atkinson* (1861) 1 B & S 393: „(...) it is now established that no stranger to the consideration can take advantage of a contract, although made for his benefit"; *Dunlop Pneumatic Tyre Co. Ltd. v. Selfridge & Co. Ltd.* [1915] A.C. 847. Ferner *James*, S. 288; *Treitel*, S. 77.

[428] *Henrich*, S. 41; *v. Bernstorff*, S. 39.

[429] Siehe unten § 10.

[430] Siehe oben § 7 I. 1.

[431] *v. Bernstorff*, S. 41.

[432] *Downes*, S. 203 f.

[433] Einzelheiten bei *Atiyah*, S. 179 ff; *Downes*, S. 197 ff.

rung dagegen eher als eine Meinungsäußerung dar, so kommt lediglich eine „representation" in Betracht.[434]

Die „terms" können wiederum in „conditions" und „warranties" unterschieden werden.[435] Diese Unterscheidung ist für die Mängelhaftung von Bedeutung. So sind „conditions" im kodifizierten englischen Kaufrecht gemäß sec. 11 (3) des Sale of Goods Act 1979 solche Klauseln, deren Verletzung einen Rücktritt vom Vertrag rechtfertigen.[436] Zusätzlich können die Rechtsfolgen der als geringer bedeutsam bewerteten „warranty"[437] geltend gemacht werden. Dazu zählt insbesondere der Schadensersatz.[438]

Sollte eine Vertragsbestimmung keinen eindeutigen Wortlaut besitzen, so besteht im englischen wie im deutschen Recht die Notwendigkeit zur Vertragsauslegung, um den vereinbarten Parteiwillen in Bezug auf die unklare Klausel zu ermitteln. Bei der Sachverständigenhaftung sind jedoch zumeist die Voraussetzung des Schadensersatzanspruchs des durch ein unrichtiges Gutachten geschädigten Auftraggebers von Interesse. Rücktritt vom Vertrag und Rückgabe des unrichtigen Gutachtens sind dagegen nicht geeignet, den Schaden des Gutachtenverwenders zu kompensieren. Hier soll deshalb für die Vertragsauslegung nur angemerkt werden, daß dem Wortlaut des Vertrags im englischem Recht eine weitaus größere Bedeutung zukommt als im deutschem Recht.[439]

III. „Breach of contract"

Haben der Sachverständige („expert, surveyor, valuer") und der Auftraggeber („employer") einen Gutachtenvertrag abgeschlossen, so stellt sich die Frage nach der vertraglichen Haftung des Sachverständigen, wenn der Auftraggeber behauptet, durch ein fehlerhaftes Gutachten des Sachverständigen einen Schaden erlitten zu haben. Das fehlerhafte Gutachten könnte einen Vertragsbruch („breach of contract") darstellen. Nach englischem Vertragsrecht ist ein Vertragsbruch zu bejahen, wenn ein Vertragspartner seine vertraglich zugesicherte Leistung gar nicht, nicht vollständig oder fehlerhaft erbringt.[440] Die Definition des „breach of contract" umfaßt alle in Deutschland unter dem Begriff der Leistungsstörung zusammengefaßten Vertragsverletzungen.[441]

---

434 *James*, S. 298 ff.

435 Ausführlich *Treitel*, S. 703 ff.

436 *Treitel*, S. 703.

437 Sec. 61 Sale of Goods Act 1979: „An agreement with reference to goods which are a subject of a contract of sale, but collateral to the main purpose of such contract, the breach of gives rise to a claim for damages, but not to a right to reject the goods and treat the contract as repudiated."

438 *v. Bernstorff*, S. 44 f.

439 Siehe zur Vertragsauslegung *Henrich*, S. 20 ff.; *James*, S. 9 ff.

440 „A breach of contract is committed when a party without lawful excuse fails or refuses to perform what is due from him under the contract, performs defectively or incapacitates himself from performing.", *Treitel*, S. 746.

441 *v. Bernstorff*, S. 54.

Bevor eine haftungsbegründende Vertragsverletzung wegen eines fehlerhaften Gutachtens konstatiert werden kann, sind die haftungsbegründenden Vertragspflichten des privaten Sachverständigen nach englischem Recht herauszuarbeiten. Danach sind etwaige weitere Haftungsvoraussetzungen wegen „breach of contract" sowie die Rechtsfolgen zu ermitteln. Dabei ist der Anspruch auf Schadensersatz von zentralem Interesse.

1. Haftungsbegründende Pflichten

Quellen haftungsbegründender Vertragspflichten sind grundsätzlich die vertraglichen „terms" („conditions" und „warranties"). Ausnahmsweise kommen auch außer- oder nebenvertragliche „representations" als haftungsrelevante Pflichtenquellen in Betracht.[442] Die Vertragsparteien können, abgesehen von einigen durch Gesetz und Rechtsprechung entwickelten Ausnahmen[443], übereinstimmend festlegen, welche Bedeutung einer Vertragsbestimmung zukommen soll. Da die Verletzung einer „condition" dem Betroffenen eine größere Auswahl an Rechten bietet, werden oftmals maßgebliche Bestimmungen eines Vertrags ausdrücklich zu solchen erklärt.[444]

Oftmals treffen die Parteien über den Inhalt des Gutachtenvertrags weder eine abschließende noch schriftliche Regelung, sondern vereinbaren lediglich den Gegenstand des Gutachtens und die Höhe der Vergütung.[445] So werden in einem mündlich geschlossenen Gutachtenvertrag zumeist keine Haftungsregelungen festgelegt, so daß zu deren Feststellung auf andere Rechtsquellen zurückzugreifen ist.

Nach sec. 13 des Supply of Goods and Services Act 1982 verpflichtet sich eine Person, die eine Dienstleistung im Rahmen ihres Berufes professionell erbringt, stillschweigend, to „carry out the service with reasonable care and skill." Eine vergleichbare gesetzliche Verpflichtung zur Lieferung einer qualitativ einwandfreien Kaufsache übernimmt der Verkäufer nach sec. 14 des Sale of Goods Act 1979.[446] Obwohl diese gesetzlichen „implied terms" auf Gutachtenverträge keine Anwendung finden, zeigt sich, daß nach englischem wie nach deutschem Recht eine vertraglich geschuldete Leistung auch dann nicht mit Mängeln behaftet sein darf, wenn dies bei Vertragsschluß nicht ausdrücklich vereinbart wurde.[447] Die Verpflichtung des Sachverständigen zur Anferti-

---

[442] Siehe oben § 8 II 3.

[443] *Treitel*, S. 707-709.

[444] *Dawson's Ltd. v. Bonnin and Others* [1922] 2 A.C. 413; *Bunge Corp. v. Tradax Export S.A.* [1981] 1 W.L.R. 711, 716 per Lord *Wilberforce*. Siehe auch *Treitel*, S. 707.

[445] Hierauf deutet die Begründung für das im September 1998 in die „rules of conduct" der RICS aufgenommene Schriftformerfordernis für Gutachtenverträge. Danach seien 45 % aller gegen Sachverständige der RICS vorgebrachteten Ansprüche bei Einhaltung der Schriftform vermeidbar gewesen. *RICS*, Professional Conduct, S. I:5.

[446] Sec. 14 des Sale of Goods Act 1979 in Verbindung mit dem Zusatz nach ss. 1 und 7 (1) des Sale and Supply of Goods Act 1994.

[447] *Treitel*, S. 751 ff.

gen eines fehlerfreien Gutachtens „with reasonable care and skill" wird stillschweigend Bestandteil eines Gutachtenvertrags („implied term").

Daher gilt hinsichtlich der Gutachtenleistung des Sachverständigen, daß „contracts for the provision of advice will usually contain an implied term that the advice will be given with all reasonable care and skill."[448] Demnach hat der Sachverständige das Gutachten mit verkehrsüblicher Sorgfalt und durchschnittlichem Können zu erstellen. Er ist außerdem verpflichtet, eine gewissenhafte, ehrliche und unabhängige Leistung zu erbringen.[449]

2. Garantiehaftung

Eine Besonderheit des englischen Vertragsrechts besteht darin, daß die Haftung wegen Vertragsbruchs kein Verschulden des Vertragsbrechenden voraussetzt.[450] Eine aus deutscher Sicht erstaunliche Folge dessen ist, daß der Schadensersatzanspruch des durch ein fehlerhaftes Gutachten geschädigten Auftraggebers vom Verschulden des Sachverständigen unabhängig ist. Freilich hat der Geschädigte darzutun und zu beweisen, daß der Sachverständige bei der Anfertigung des Gutachtens „reasonable care and skill" nicht angewendet hat. Gleichwohl handelt es sich bei der vertraglichen Schadensersatzpflicht des englischen privaten Sachverständigen gegenüber dem Auftraggeber um eine Garantiehaftung „based on fault in the sense of want of care, diligence or honesty."[451]

Die verschuldensunabhängige Haftung beruht auf der Geschichte der vertraglichen Primär- und Sekundäransprüche im Common Law. Dem englischen Recht war seit alters her der Gedanke fremd, daß eine Vereinbarung auf dem Austausch zweier übereinstimmender Willenserklärungen der Vertragsparteien basiert, die sich gegenseitig verpflichten, eine Leistung beziehungsweise eine Gegenleistung zu erbringen.[452] Daher war es auch nicht möglich, ein vertragliches Leistungsversprechen ohne den Nachweis der Gegenleistung einzuklagen. Es bestand nur die Möglichkeit einer „action of dept". Diese Klageform berechtigte jedoch nur zur gerichtlichen Geltendmachung eines bestimmten Geldbetrags, wobei unterstellt wurde, daß der Kläger sein Geld forderte.[453]

Die Geltendmachung eines Schadens wegen fehlerhafter Erbringung einer Leistungspflicht konnte unter dieser Klageform nicht erfolgen. Als die Gerichte Ende des 14. Jahrhunderts einen Schadensersatzanspruch wegen Schlechterfüllung einer Verpflichtungserklärung anerkannten, wurde dieser auf einen „writ of assumpsit" gestützt, der

---

[448] Zitiert nach *RICS*, Professional Liability, S. 5. Siehe auch *Austin*, S.J. 1996, 140 (14) 362.

[449] Siehe Preambel der „rules of conduct" der Royal Institution of Chartered Experts. *RICS*, Professional Conduct, S. vii.

[450] *Atiyah*, S. 184 ff. u. 411 ff.; *Treitel*, S. 746; *v. Bernstorff*, S. 44 f.; *Heesch*, S. 26 f. u. 52.

[451] Im Gegensatz dazu existiert die sogenannte „strict liability". *Treitel*, S. 751-755.

[452] Siehe oben § 8 II. 2.

[453] Siehe zur „writ of dept" oben § 8 II. 2.

als Vorläufer des Vertragsrechts gilt. Der Kläger mußte dazu nachweisen, daß ihm durch den Bruch des formlosen Versprechens ein Schaden entstanden war.[454] Demnach ist es ein Grundgedanke des Common Law, daß derjenige, der eine bestimmte Leistung verspricht, diese gleichsam garantiert. Er hat deshalb für die Erbringung der Leistung ohne Verschulden einzustehen. Diese überragende Bedeutung des Vertragswillens wird auch auf die freiheitliche Philosophie des „laissez-faire" im 19. Jahrhundert zurückgeführt.[455]

Daß es im Rahmen des englischen Vertragsrechts nicht auf den Grad der Vorwerfbarkeit einer Pflichtverletzung ankommt, ergibt sich weiterhin aus der Dichotomie des englischen Haftungsrechts. In England wird wie in Deutschland nach Vertrags- und Deliktsrecht unterschieden. Da eine Vertragspflicht freiwillig übernommen und die Übernahme auch abgelehnt werden kann, ist sie von den deliktsrechtlichen Pflichten („tortious obligations") zu unterscheiden. Diese entstehen unabhängig vom Willen der durch sie Verpflichteten und beruhen auf anerkannten Verhaltensgrundsätzen des Common Law. Im englischen Deliktsrecht stellen die fahrlässige und vorsätzliche Verhaltenspflichtverletzung selbständige Haftungstatbestände dar, zum Beispiel „negligence", „deceit" oder „trespass". Insbesondere die Fahrlässigkeitshaftung aus „negligence" ist für die deliktische Haftung des Sachverständigen von zentraler Bedeutung.[456]

Zusammenfassend ist festzustellen, daß nach Common Law jeder schuldrechtliche Vertrag und damit auch der Gutachtenvertrag ein Garantieversprechen für die Leistungserbringung darstellt. Wird eine Gutachtenleistung nicht in der garantierten Art und Weise erbracht, so ist es für die vertragliche Haftung des Sachverständigen wegen „breach of contract" unerheblich, ob das Gutachten fahrlässig oder vorsätzlich verspätet, fehlerhaft oder gar nicht erbracht wurde.

3. Rechtsfolgen

Ein unrichtiges Gutachten kann verschiedene vertragliche Rechtsfolgen auslösen. Der geschädigte Auftraggeber ist berechtigt, „to claim damages, (...) specific performance or an injunction, (...)"[457] In bestimmten Fällen kann er darüber hinaus die Auflösung des Vertrags („rescission") verlangen. Die vertragliche Verpflichtung ist dann als nicht entstanden zu betrachten, eine bereits erbrachte Gegenleistung zurückzufordern. Der Anspruch auf Schadensersatz bleibt jedoch von der Vertragsauflösung unberührt.[458]

---

[454] *Downes*, S. 45 f. u.42 f.; *v. Bernstorff*, S. 33 f. u. Fn. 79.

[455] *Downes*, S. 43. Im deutschen Vertragsrecht wird demgegenüber der haftungsrechtliche Verschuldensgrundsatz gemildert durch die Beweislastumkehr bei allen Leistungsstörungen nach §§ 282, 285 BGB und durch den objektiv festzustellenden Fahrlässigkeitsmaßstab.

[456] Siehe unten §§ 9 und 10.

[457] *Treitel*, S. 757.

[458] *Atiyah*, S. 180; *Treitel*, S. 674 ff.; *v. Bernstorff*, S. 56.

Die Rechtsfolgenwahl erfolgt nach dem Ausmaß der Vertragsverletzung. Die „rescission" steht nur bei einer schwerwiegenden Pflichtverletzung („substantial failure") und bei der ausdrücklichen Erfüllungsverweigerung („repudiation") zur Verfügung, während jede andere Form des Vertragsbruchs zum Schadensersatz verpflichtet. Letzteres ergibt sich aus der Rechtsnatur des Leistungsversprechens, das immer die Übernahme einer Verpflichtung zum Schadensersatz als Wiedergutmachung dafür beinhaltet, daß die Leistung nicht gehörig erbracht wird.[459]

In unklaren Fällen ist die Wesentlichkeit der Vertragsverletzung durch Heranziehung zweier Sachkriterien zu ermitteln. Einerseits ist entscheidend, ob die verletzte Vertragspflicht eine „condition" oder eine „warranty" darstellt. Nur die Verletzung einer „condition" ermöglicht der geschädigten Partei, den Vertrag als nicht entstanden zu betrachten.[460] Desweiteren stellen die Gerichte darauf ab, ob die Pflichtverletzung „substantial" ist. Wenn „performance of the stipulation (went) to the very root (...) of the contract", so wird die fragliche Vereinbarung als eine „condition" behandelt, so daß deren Verletzung ebenfalls die weitergehenden Rechtsfolgen der Vertragsauflösung ermöglicht.[461]

4. Schadensersatz

Im Folgenden sollen Einzelheiten des Schadensersatzanspruchs wegen Vertragsbruchs in Bezug auf die Haftung des Sachverständigen für eine unrichtige Gutachtenleistung dargestellt werden. In Anlehnung an die deutsche Rechtsprechung, die Wirtschaftsprüfer, Steuerberater, Rechtsanwälte und Kreditinstitute unter dem Stichwort der Auskunftshaftung zusammenfaßt, werden neben Urteilen zur Sachverständigenhaftung auch solche zur Haftung der anderen Berufsgruppen einbezogen.

Es wurde schon ausgeführt, daß die Übernahme eines Leistungsversprechens nach englischem Recht gleichzeitig mit der stillschweigenden Übernahme einer Verpflichtung zur Wiedergutmachung verbunden ist, falls die Leistung nicht in der versprochenen Art und Weise erbracht wird. Daher ist der Zweck eines vertraglichen Schadensersatzanspruchs zunächst darauf gerichtet, jeden durch die Vertragsverletzung entstandenen Nachteil des Versprechensempfängers beziehungsweise Leistungsgläubigers zu kompensieren.[462] Die Auswirkungen dieses Grundsatzes auf den Umfang des Schadensersatzanspruchs werden später erörtert.[463] Zunächst ist auf die Voraussetzungen einzugehen, die an einen schadensersatzfähigen Nachteil zu stellen sind.

---

[459] Siehe oben § 8 III. 2.

[460] *James*, S. 335 ff.; *Henrich*, S. 62; *Treitel*, S. 703.

[461] *Glaholm v. Hays* [1841] 2 Man. & G. 257, 268, zitiert nach *Treitel*, S. 705 Fn. 23.

[462] *Treitel*, S. 839: „Damages are awarded to compensate the plaintiff." *Downes*, S. 307. Zur ständigen Rechtsprechung siehe *Photo Production Ltd. v. Securicor Transport Ltd.* [1980] 1 All E.R. 556; *Surrey County Council and Another v. Bredero Homes Ltd.* [1992] 3 All E.R. 302.

[463] Siehe unten § 8 III. 4. c).

a) Ersatzfähiger Nachteil

Der Grundsatz lautet, daß der Schadensersatzanspruch auf dem Nachteil der durch den Vertragsbruch geschädigten Vertragspartei beruht, nicht dagegen auf dem durch den Vertragsbruch seitens des Schädigers erlangten Vorteil. Die vertragsbrüchige Partei ist haftungsrechtlich demzufolge grundsätzlich nicht verpflichtet, einen auf Kosten des Vertragsbruchs erwirtschafteten Gewinn an den Geschädigten auszukehren; hiervon bestehen Ausnahmefälle, die für die Sachverständigenhaftung jedoch nicht relevant sind.[464] Demzufolge ist es haftungsmäßig grundsätzlich unerheblich, ob der vertragsbrüchige Sachverständige einen Vorteil aus seiner Pflichtverletzung erlangt, solange dies nicht zum Eintritt eines Nachteils bei der anderen Partei führt. Gleiches gilt, wenn die vertragstreue Partei lediglich einen immateriellen Nachteil („mental suffer") erleidet. Eine solche Beeinträchtigung kann auf vertraglicher Grundlage nicht ersetzt verlangt werden, da Schadensersatz mit Strafcharakter („punitive damage") nur nach Deliktsrecht in Betracht kommt.[465]

Als Konsequenz des kompensatorischen Charakters des Schadensersatzes scheidet ein Schadensersatzanspruch aus, wenn der Vertragsbruch keine nachteilige Auswirkung auf die Position des Auftraggebers hat („adverse effect"). Dies führte in der Entscheidung *Ford v. White*[466] zur Abweisung einer Schadensersatzklage gegen einen solicitor. Der beklagte Anwalt hatte die Kläger bei dem Kauf eines Hauses nebst einem unmittelbar angrenzenden, unbebauten Grundstück zu einem Kaufpreis von £ 6.350 beraten. Vertragsbrüchig war er unzutreffend davon ausgegangen, daß das angrenzende Grundstück bebaut werden dürfe, wie es seine Klienten wünschten. Tatsächlich stand einer Bebauung jedoch ein vertragliches, grundstücksgebundenes Bebauungsverbot („covenant against building") entgegen. Der vereinbarte Kaufpreis entsprach gleichwohl dem Wert des so belasteten Grundstücks, auch wenn es ohne die Beschränkung weitere £ 1.250 wert gewesen wäre. Da die Kläger einerseits den Grunderwerb gar nicht erwogen hatten, auch wenn sie über die Belastung informiert gewesen wären, andererseits jedoch für das erworbene Grundstück einen angemessenen Preis bezahlt hatten, war ihnen kein Nachteil erwachsen, der Gegenstand einer Wiedergutmachung durch den beklagten Anwalt sein konnte. Die Klage war daher abzuweisen.[467]

Das Erfordernis des „adverse effect" führt zu demselben Ergebnis, wenn der Auftraggeber aufgrund des Vertragsbruchs der anderen Partei zwar einen Nachteil erleidet, diesen jedoch auch ohne die Vertragsverletzung erlitten hätte. So wäre die Klage in *Ford v. White*[468] ebenfalls abzuweisen gewesen, wenn der Wert des Grundeigentums

---

[464] Zu den Ausnahmen *Treitel*, S. 839 ff.

[465] *Perera v. Vandiyar* [1953] 1 All E.R. 1109; *Reed and Others v. Madon and Others* [1989] Ch. 408.

[466] *Ford v. White* [1964] 1 W.L.R. 885.

[467] *Ford v. White* [1964] 1 W.L.R. 885.

[468] *Ford v. White* [1964] 1 W.L.R. 885.

aufgrund der Belastung gegenüber der erbrachten Gegenleistung minderwertig gewesen wäre, die Kläger aber dennoch in Kenntnis der Einschränkung der Bebaubarkeit den vereinbarten Betrag gezahlt hätten.[469]

b) Schadensformen

Es lassen sich drei Schadensformen unterscheiden. Führt ein Vertragsbruch zum Verlust bestimmter vermögensrelevanter Erwartungen („loss of bargain"), die auf dem gebrochenen Vertrag beruhten, so ist der daraus resultierende Vermögensnachteil zu ersetzen. Der Geschädigte ist in die Lage zu versetzen, die ohne den Vertragsbruch bestanden hätte, und demnach auch der entgangene Gewinn zu erstatten.

Alternativ kann der Geschädigte beanspruchen, daß die vermögensmäßige Situation hergestellt wird, die bestanden hätte, wenn der Vertrag niemals eingegangen worden wäre. Dann ist eine Entschädigung in Höhe der Aufwendungen zu zahlen, die im Vertrauen auf den Vertrag beziehungsweise die Erfüllung der Leistungspflicht getätigt wurden.[470] Dieser sogenannte „reliance loss" betrifft demnach den Vertrauensschaden.

„Restitution" ist darauf gerichtet, beide Vertragsparteien in die vermögensmäßige Lage zu versetzen, in der sie sich befunden hätten, wenn der Vertrag nicht geschlossen worden wäre. Diese Schadensform umfaßt keinen eigentlichen Nachteil, sondern einen etwaigen Vorteil der vertragsbrüchigen Partei. Erhält der Sachverständige beispielsweise eine Vergütung, ohne jedoch seinerseits eine verwertbare Leistung zu liefern, so ist die Vergütung zurückzuleisten.

Die Schäden sind nach der Wahl des Anspruchstellers zu ersetzen, sofern dies nicht zu einer doppelten Wiedergutmachung führt.

c) Umfang

Schadensersatzfähig ist der „substancial loss". Es ist, wie gesagt, eine Besonderheit des englischen Rechts, daß der Schadensersatzanspruch aufgrund einer fehlerhaften Leistung vom Verschulden des Leistenden unabhängig ist und nicht auf den Minderwert der Leistung beschränkt ist. Schadensersatzfähig sind außerdem sämtliche Mangelfolgeschäden.[471] Der Schadensersatzanspruch umfaßt demnach sowohl Beeinträchtigungen der Person und des Eigentums als auch Beeinträchtigungen des Vermögens. Der Vermögensschutz reicht so weit, daß jeder Betrag, um den die Vermögenslage des Geschädigten im Vergleich zu der Situation schlechter gestellt ist, wenn der Vertrag erfüllt worden wäre, ersetzt verlangt werden kann.[472]

Zur Feststellung, ob und in welcher Höhe der Anspruchsteller einen ersatzfähigen Schaden erlitten hat, werden die gesamten Umstände des Einzelfalls in die Betrachtung

---

[469] So *Treitel*, S. 844 m.w.N.

[470] *Treitel*, S. 847.

[471] *v. Bernstorff*, S. 45.

[472] „(substancial) loss includes any harm to the person or property of the plaintiff, and any other injury to his economic position.", *Treitel*, S. 842.

einbezogen. Dabei ist zu berücksichtigen, daß der Geschädigte grundsätzlich nicht beanspruchen kann, durch die Schadensersatzleistung in eine bessere vermögensmäßige Lage versetzt zu werden, als ohne vertragsverletzendem Ereignis bestanden hätte.[473] Nach der Entscheidung in *Phillips v. Ward*[474] kann ein Erwerber eines Hausgrundstücks von dem vor dem Kauf beauftragten Sachverständigen, der einen reparaturbedürftigen Dachstuhl bei der Wertschätzung des Hauses übersehen hat, nicht die Reparaturkosten für das Dach ersetzt verlangen. Dem geschädigten Käufer steht vielmehr nur ein Anspruch auf Ersatz der Differenz zwischen dem gezahlten Preis und dem tatsächlichen Wert des Hauses zum Zeitpunkt des Erwerbs zu.[475] Alternativ kann die Höhe des Ersatzanspruchs auch anhand der Differenz zwischen dem tatsächlich gezahlten und dem im Falle eines gewissenhaft erstellten Gutachtens wahrscheinlich erzielten Preises bemessen werden.[476] In Ausnahmefällen kann der Geschädigte auch verlangen, in eine bessere Position versetzt zu werden, so wie wenn der Vertrag nicht gebrochen worden wäre. Wird etwa durch eine Vertragsverletzung ein gebrauchter Eigentumsgegenstand zerstört, so kann der geschädigte Eigentümer einen neuwertigen Ersatz verlangen, wenn keine Alternative besteht.[477]

In *Phillips v. Ward*[478] konnte der Kläger von dem Sachverständigen demnach wegen der geleisteten Vergütung („restitution"), der Minderkosten für das mangelhafte Haus („loss of bargain") sowie wegen etwaiger Aufwendungen[479] („reliance loss") Schadensersatz verlangen.

Im Common Law existieren noch weitere Grundsätze zur Bemessung des vertraglichen Schadensersatzanspruchs der Höhe nach; diese sind jedoch für die Haftung des privaten Sachverständigen unerheblich.[480]

d) Begrenzung des Schadensumfangs

Der Zurechnungszusammenhang zwischen dem Vertragsbruch und dem Schaden ist nach deutschem Recht eine Voraussetzung des haftungsausfüllenden Tatbestands und

---

[473] *Treitel*, S. 842 f.

[474] *Phillips v. Ward* [1956] 1 W.L.R. 471.

[475] *Phillips v. Ward* [1956] 1 W.L.R. 471; *Perry v. Sidney Phillips & Son* [1982] 1 W.L.R. 1297, 1305 f. per *Oliver* L.J.; *Treml v. Ernest W. Gibson & Partners* (1984)b 272 E.G. 68. *Treitel*, S. 843 m.w.N.

[476] *Perry v. Sidney Phillips & Son* [1982] 1 W.L.R. 1297, 1302 per Lord *Denning* M.R.

[477] *Harbutt's „Plasticine" Ltd. v. Wayne Tank & Pump Co. Ltd.* [1970] 1 Q.B. 447; *Dominion Mosaics & Tile Co. Ltd. v. Trafalgar Trucking Co. Ltd.* [1990] 2 All E.R. 246.

[478] *Phillips v. Ward* [1956] 1 W.L.R. 471.

[479] Im Fall *Millar's Machinary Co. Ltd v. David Way & Son* [1935] 40 Com.Cas. 204 hat der Käufer einer Maschine nach deren Einbau die Mangelhaftigkeit festgestellt und mit Erfolg gegenüber dem Verkäufer Kaufpreis, Aufwendungen für den Einbau und Gewinneinbußen wegen Produktionsausfalls geltend gemacht.

[480] Siehe deshalb *Downes*, S. 308 ff.

mittels Adäquanztheorie und Schutzzweck der Norm positiv festzustellen. In England wird diese Frage dagegen unter dem Stichwort der Begrenzung des Schadensumfangs („methods of limiting damages") behandelt.[481] Die Auseinandersetzung mit dem Zurechnungszusammenhang erfolgt unter dem Eindruck der prozessualen Situation, in welcher der mangelnde Zurechnungszusammenhang als Verteidigung gegen den garantiemäßigen Schadensersatzanspruch des Klägers vorgebracht wird.

Ein Zurechnungszusammenhang besteht nicht, wenn die Schadensfolge außerhalb jeder Lebenserfahrung liegt („too remote").[482] Der „remoteness-test" ähnelt der Adäquanztheorie, so daß ein Schaden nur dann ersatzfähig ist, wenn er als Folge der vertragswidrigen Handlung nach dem üblichen Lauf der Dinge vernünftigerweise vorhersehbar und wahrscheinlich ist.[483]

Der Zurechnungszusammenhang ist ferner zu verneinen, wenn der Vertragsbruch nicht Ursache („causation") für den konkret eingetretenen Schaden ist, etwa weil eine parallele zweite Ursache hinzutritt. So haftet ein Wirtschaftsprüfer mangels „causation" nicht für die Verluste, die ein Unternehmen erwirtschaftet, das aufgrund eines unrichtigen Prüfungsberichts seine verlustreichen Geschäfte weiter fortsetzt. Diese Verluste beruhen nicht auf dem Vertragsbruch des Wirtschaftsprüfers.[484]

Etwas anderes gilt, wenn der Vertragsbruch nicht die einzige Schadensursache darstellt, weil auch eine dritte Partei auf den Geschehensablauf einwirkt. Wenn ein Schaden einerseits von dem Bruch des Vertrags herrührt, andererseits aber auch durch Handlungen eines Dritten hervorgerufen wurde, so haftet die vertragsbrüchige Partei gleichwohl für den gesamten Schaden, wenn und soweit die Handlung des Dritten nach den Maßstäben des „remoteness-test" vorhersehbar und wahrscheinlich war.[485] In dem Fall *Weld-Blundell v. Stephens*[486] hatte der Kläger den beklagten Wirtschaftsprüfer damit beauftragt, die wirtschaftliche Lage eines Unternehmens zu begutachten. In diesem Zusammenhang hatte der Kläger dem Beklagten zwei Briefe verleumderischen Inhaltes über zwei Verwaltungsratsmitglieder des Unternehmens geschrieben, die ein Mitarbeiter des Beklagten den Verleumdeten zugänglich machte. Diese verlangten vom Kläger erfolgreich Schadensersatz wegen Verleumdung. Der Kläger machte diesen Betrag

---

[481] So *Treitel*, S. 869 ff.; *Downes*, S. 317 ff. behandelt diesen Punkt unter der Überschrift „Limits on the assessment of damages". Der Sache nach ist auch die Adäquanztheorie eine Einschränkung der als zu weit angesehenen Äquivalenztheorie (condicio sine qua non), *Deutsch*, Unerlaubte Handlungen, S. 27 ff., Rz. 50-55. Siehe auch unten § 13 I. 2.

[482] *Treitel*, S. 870 ff. Grundlegend *Hadley v. Baxendale* (1854) 9 Exch. 341 wie auch *Victoria Laundry (Windsor) Ltd. v. Newman Industries Ltd.* [1949] 2 K.B. 528. Heute maßgebend *Koufos v. C. Czarnikow Ltd. (The Heron II)* [1969] 1 A.C. 350.

[483] *The Heron II* [1969] 1 A.C. 350, 382 ff. Zum Zurechnungszusammenhang bei fehlerhaftem Sachverständigengutachten siehe *Perry v. Sidney Phillips & Son* [1982] 1 W.L.R. 1297.

[484] *Galoo Ltd. (in liq) and Others v. Bright Grahame Murray and Another* [1995] 1 All E.R. 16.

[485] *Treitel*, S. 880 m.w.N.

[486] *Weld-Blundell v. Stephens* [1920] A.C. 956.

seinerseits gegen den Beklagten wegen „breach of contract" geltend. Da die Handlung des Mitarbeiters für den Beklagten jedoch nicht vorhersehbar war, wurde der Ersatzanspruch des Klägers abgewiesen.[487]

Schließlich unterliegt der Geschädigte einer Schadensminderungspflicht.[488] Danach kann der Geschädigte für solche Nachteile, die er in zumutbarer Weise hätte vermeiden können, keinen Schadensersatz beanspruchen.

§ 9 Deliktische Haftung nach englischem Recht

Die Haftung des privaten Sachverständigen kann sich nach englischem Recht wie nach deutschem Recht konkurrierend auf vertragliche wie auf deliktische Grundlagen stützen.[489]

I. Relevante „Torts"

Während das deutsche Deliktsrecht durch die generalklauselartige Haftungsnorm des § 823 Abs. 1 BGB eröffnet und dominiert wird, besteht das englische Deliktsrecht aus einer Vielzahl[490] selbständiger Haftungstatbestände („torts"), die die englische Rechtsprechung im Laufe der Jahrhunderte herausgearbeitet hat. Diese dienen primär dem Rechtsfrieden. Sie sind daher nicht nur auf Schadensersatz, sondern auch auf Herausgabe und Unterlassung gerichtet.[491] Die Systematik des englischen Deliktsrechts ist vergleichbar mit dem besonderen Teil des deutschen Strafgesetzbuchs. Das StGB beruht ebenfalls auf keiner breit angelegten Grundnorm, sondern sichert den Rechtsfrieden durch eine Vielzahl von Einzeltatbeständen.[492]

Im Common Law kommen vor allem zwei Haftungstatbestände als Anspruchsgrundlage gegen einen privaten Sachverständigen wegen eines Schadens durch ein unrichtiges Gutachtens in Betracht: deceit und negligence.

1. „Deceit"

Eine Klage wegen „deceit" ist auf den Ersatz von Schäden aufgrund einer vorsätzlichen unrichtigen Tatsachenäußerung gerichtet. Wesentliche objektive Voraussetzung dieses Ersatzanspruchs ist eine irreführende ausdrückliche oder schlüssige Angabe, die den Erklärungsempfänger zu einer selbstschädigenden Maßnahme veranlaßt. Die „deceit"-Klage ist von Bedeutung, wenn der Auskunftgeber den Empfänger zu einem

---

[487] *Weld-Blundell v. Stephens* [1920] A.C. 956.

[488] *Downes*, S. 323 ff.; *Treitel*, S. 881 ff.

[489] *Downes*, S. 43 f.

[490] *Rudden*, Tul.Civ.L.F. 6/7 (1991-92) 105, 111-120, zählte 72 verschiedene torts und war sich selbst dann noch nicht sicher, ob seine Liste erschöpfend war oder nicht, zitiert nach *v. Bar*, Gemeineuropäisches Deliktsrecht, Bd. I, § 3 Rz. 254.

[491] *Henrich*, S. 71 f.; *v. Bernstorff*, S. 72.

[492] Diesen anschaulichen Vergleich zieht *v. Bar*, Gemeineuropäisches Deliktsrecht, Bd. I, § 3 Rz. 254.

nachteiligen Vertragsschluß verleitet. In dieser Konstellation findet das Konzept der sogenannten „misrepresentation“ Anwendung.[493] Eine „misrepresentation“ ist eine ausdrückliche oder schlüssige falsche Angabe oder Zusicherung, die gegenüber einem anderen abgegeben wird und diesen zu einer Handlung im Vertrauen auf die Richtigkeit der Angabe oder der Zusicherung verleitet.[494] Ein Anspruch aus „deceit“ erfordert in objektiver Hinsicht ferner, daß die Falschangabe die Handlung des Auskunftsempfängers zurechenbar verursacht und den Schaden herbeiführt.[495] Auf subjektiver Seite muß hinzukommen, daß der Auskunftgeber die falsche Angabe wissentlich, ohne den Glauben an ihre Richtigkeit oder leichtfertig macht.[496] Der Vorsatz des Auskunftgeber muß weiterhin darauf gerichtet sein, daß der Empfänger auf die ausdrückliche oder schlüssige Angabe vertraut. Dabei muß die Art und Weise beabsichtigt sein, in der sich der Empfänger schädigt.[497]

Nach „deceit“ haftet der Auskunftgeber für alle Schäden, die durch die falsche Angabe oder Zusicherung verursacht werden. Der Anspruch umfaßt daher auch primäre Vermögensschäden.[498]

Die strengen Voraussetzungen dieser Anspruchsgrundlage werden seit der Grundsatzentscheidung des House of Lords in *Derry v. Peek*[499] aufrecht erhalten. Ihre Bedeutung ist jedoch durch den Erlaß des Misrepresentation Act 1967 und die Etablierung einer Fahrlässigkeitshaftung erheblich geschwächt worden.

2. „Negligence“

Die Fahrlässigkeitshaftung ergibt sich aus dem Deliktstatbestand der „negligence“. Dieser „tort“ ist für die Haftung des privaten Sachverständigen von zentraler Bedeutung, da er umfassend Sorgfaltspflichtverletzungen regelt. Der „negligence“-Begriff hat im englischen Recht verschiedene Bedeutungen.

Wörtlich kann „negligence“ mit Nachlässigkeit oder Fahrlässigkeit übersetzt werden.[500] In dieser Bedeutung findet der Begriff bei der „negligent misrepresentation“ als Gegenstück zur betrügerischen („fraudulent“)[501] „misrepresentation“ Anwendung. Diese Haftungsgrundlage kommt im Vorfeld der Vertragshaftung bei Sachverhalten zur

---

[493] Siehe zur „representation“ oben § 8 II. 3.

[494] *Heesch*, S. 14.

[495] *Heesch*, S. 13 m.w.N.

[496] *Derry v. Peek* [1889] 14 App.Cas. 337.

[497] Eine vollständige Kommentierung der objektiven und subjektiven Voraussetzungen des tort of deceit findet sich bei *Rogers* in *Winfield & Jolowicz*, S. 263 ff.

[498] *Derry v. Peek* [1889] 14 App.Cas. 337.

[499] *Derry v. Peek* [1889] 14 App.Cas. 337.

[500] *v. Bernstorff*, S. 75.

[501] Führt die „fraudulent misrepresentation“ nicht zu einem Vertrag, so haftet der Schädiger aus „deceit“. Siehe oben § 9 I. 1.

Anwendung, die denen der deutschen culpa in contrahendo ähnlich sind. Die während einer Vertragsverhandlung nachlässig erteilte Fehlinformation muß allerdings zum Vertragsschluß geführt haben.[502]. Liegen die Voraussetzungen der „negligent misrepresentation" vor, so folgt die Haftung vertraglichen Grundsätzen. Das Ergebnis ist eine Haftungsfigur eigener Art.[503]

II. Entwicklung der Fahrlässigkeitshaftung

Trotz seiner gegenwärtigen Bedeutung ist „negligence" ein verhältnismäßig junges Delikt.[504] Zwar finden sich bereits zu Beginn des 18. Jahrhunderts Ansätze zur Herausbildung einer generellen Fahrlässigkeitshaftung, doch gewann diese Entwicklung erst mit der industriellen Revolution an Dynamik.[505] Die Zunahme der Mechanisierung von Industrie und Verkehr und die Verbreitung der Massenproduktion für eine große Käuferschicht hatten eine Steigerung der Unfälle zur Folge, die sich oftmals nicht vorsätzlich ereigneten und außerhalb vertraglicher Beziehungen stattfanden. Daher griffen weder die herkömmliche Haftung aus „trespass" noch eine vertragliche Schadenswiedergutmachung ein.[506] Eine Haftung wegen nachlässiger oder fahrlässiger Außerachtlassung der gebotenen Sorgfalt gegenüber Personen, die mit dem Schädiger nicht durch einen Vertrag verbunden waren, war dem Common Law fremd.

1. Heaven v. Pender

Die erste Entscheidung, in der versucht wurde, eine haftungsbegründende Sorgfaltspflichtverletzung gegenüber einer anderen Person anzuerkennen, ist *Heaven v. Pender*[507] aus dem Jahre 1883. Der Kläger war angestellter Schiffsmaler bei einem Malerbetrieb, welcher von der beklagten Eigentümerin eines Schiffsdocks den Auftrag erhalten hatte, ein Schiff anzustreichen. Der Kläger war von dem zusammenstürzenden Gerüst verletzt worden, das die Eigentümerin des Docks aufgrund eines Vertrags mit dem Schiffseigner eingerichtet hatte. Letzterer wiederum hatte das Gerüst dem Arbeitgeber des Klägers für den Malerauftrag zur Verfügung gestellt. Zu dem Unfall kam es, weil die Seile, mit denen das Gerüst an dem Schiff befestigt war, aufgrund einer früheren Brandeinwirkung brüchig waren, was die Beklagte ohne weiteres hätte erkennen können. Nachdem die Klage in erster Instanz in Ermangelung eines Klagegrundes abgewiesen worden war, kam der Fall vor den Court of Appeal. *Brett* M.R. meinte „The action is in form and substance an action for negligence."[508] Er verstand darunter erst-

[502] Andernfalls kommt nur die deliktische Haftung aus „deceit" oder aus „negligence" in Betracht.

[503] Es handelt sich um eine vertragliche Haftung, die den Regeln des Deliktsrechts für einen Betrug folgt. Letztere sind anwendbar, wenn der Vertragspartner die Abwesenheit von Fahrlässigkeit nicht beweisen kann. Siehe *v. Bar*, Gemeineuropäisches Deliktsrecht, Bd. I, § 5 Rz. 430.

[504] *v. Bar*, Gemeineuropäisches Deliktsrecht, Bd. I, § 5 Rz. 275.

[505] *Decku*, S. 31 mit Nachweisen auf die frühe Rechtsprechung. Ferner *Zweigert/Kötz*, S. 610 f.

[506] *Zweigert/Kötz*, S. 611.

[507] *Heaven v. Pender* (1883) 11 Q.B.D. 503.

[508] *Heaven v. Pender* (1883) 11 Q.B.D. 503, 506 per *Brett* M.R.

mals einen selbständigen Klagegrund und formulierte in abstrakt genereller Art einer ratio decidendi die Voraussetzungen des neuen Deliktstatbestands.[509] Voraussetzung war demnach die nachlässige Mißachtung einer Sorgfaltspflicht gegenüber einer anderen Person, der gegenüber der Schädiger verpflichtet ist, die im Verkehr übliche Sorgfalt und Gewissenhaftigkeit anzuwenden. Nach *Brett* M.R. sollte diese Voraussetzung zur Vermeidung von Gefahren für andere zu befolgen sein, „(...) whenever one person is by circumstances placed in such position with regard to another that anyone of ordinary sense who did think would at once recognize that, if he did not use ordinary care and skill in his own conduct with regard to those circumstances, he would cause danger of injury to the person or property of the other (...).“[510] Der Bestand der Sorgfaltspflicht sollte also von einer den Umständen nach gegebenen Einwirkungsmöglichkeit im Verhältnis zwischen dem Schädiger und dem Opfer abhängig sein, sowie davon, ob eine Gefährdungslage für den Fall der Mißachtung der gebotene Sorgfalt unter normalen Umständen erkennbar und vorhersehbar war.

Obwohl *Brett* M.R. in seiner Rede bereits nahezu alles, was „negligence“ später ausmacht, vorgezeichnet hatte, sollte es noch ein halbes Jahrhundert dauern, bis sich die neue Haftung durchgesetzt hatte.[511]

2. *Le Lievre v. Gould*

Noch vor dem endgültigen Durchbruch äußerte sich Lord *Esher* M.R.[512] wegen eines Falls, der die Sachverständigenhaftung betraf, zur Haftung aus „negligence“. In der Entscheidung des Court of Appeal in *Le Lievre v. Gould*[513] hatte ein Bauunternehmer bei dem Kläger ein Darlehen für ein Bauvorhaben aufgenommen. Mit dem Kläger war vereinbart worden, daß die Darlehensvaluta entsprechend dem Baufortschritt ausgezahlt werden sollte. Der jeweilige Stand des Baufortschritts sollte von dem beklagten Sachverständigen, einem „surveyor“, attestiert werden. Der Beklagte erstellte mehrfach falsche Baufortschrittsanzeigen, aufgrund derer der Kläger dem Bauunternehmer zu viel Geld auszahlte.[514] In einem Minderheitsvotum korrigierte Lord *Esher* M.R. seine Auffassung aus *Heaven v. Pender*[515] zum Bestand und Inhalt einer „duty of observing ordinary care and skill“ dahingehend, daß eine haftungsbegründende Sorgfaltspflicht

[509] „Actionable negligence consists in the neglect of the use of ordninary care or skill towards a person to whom the defendant owes the duty of observing ordinary care and skill, by which neglect the plaintiff (...) has suffered injury to his person or property. It is undoubted (...) that there may be the obligation of such a duty from one person to another although there is no contract between them with regard of such duty.“, *Heaven v. Pender* (1883) 11 Q.B.D. 503, 507 per *Brett* M.R.

[510] *Heaven v. Pender* (1883) 11 Q.B.D. 503, 509 per *Brett* M.R.

[511] *v. Bar*, Gemeineuropäisches Deliktsrecht, Bd. I, § 5 Rz. 276.

[512] *Brett* M.R. hatte mittlerweile den Namen Lord *Esher* angenommen.

[513] *Le Lievre v. Gould* [1893] 1 Q.B. 491.

[514] Der Sachverhalt ist nahezu identisch mit dem Fall des OLG Hamm, NJW-RR 1987, 209. Siehe oben § 7 I. 1. b).

[515] *Heaven v. Pender* (1883) 11 Q.B.D. 503.

nur gegeben sei, wenn zwischen den Parteien oder den Rechtsgütern ein physisches Näheverhältnis[516] gegeben sei, in dem ein Sorgfaltsverstoß leicht zum Schaden der Person oder des Eigentums des anderen führen könne.[517]

Unter Vorgriff auf die Frage, ob und wann welche Vermögensschäden nach „negligence" beansprucht werden können[518] ist anzumerken, daß nach den Entscheidungen in *Le Lievre v. Gould*[519] und *Heaven v. Pender* primäre Vermögensschäden nicht erfaßt wurden, wobei es bis zu der Entscheidung des House of Lords in *Hedley Byrne & Co. Ltd. v. Heller & Partners Ltd.*[520] geblieben war.[521]

3. *Donoghue v. Stevenson*

Mit der Entscheidung *Donoghue v. Stevenson*[522] erkannte das House of Lords im Jahre 1932 „negligence" als selbständigen Haftungstatbestand an. Sie wurde dadurch „für das englische Haftungsrecht zu einem Jahrhundertereignis."[523] Die Klägerin, deren Freund in einem Café eine Flasche Ingwerbier der beklagten Herstellerfirma bestellt hatte, goß sich das Bier aus der Flasche über ein Eis und verzehrte beides. Als die Klägerin sich ein Glas nachschenkte, kamen verwesende Reste einer Schnecke zum Vorschein. Die Schnecke war wegen nachlässiger Lagerung der Flaschen durch die Beklagte vor der Befüllung in die Flasche gelangt. Die Klägerin erlitt einen Schock und eine schwere Magenverstimmung.

Das House of Lords gab der Schadensersatzklage nach „negligence" statt. Lord *Atkin* knüpfte unmittelbar an die Auffassung von *Brett* M.R. in *Heaven v. Pender*[524] und Lord *Esher* M.R. in *Le Lievre v. Gould*[525] an. Danach erforderte die Haftung aus „negligence" drei Voraussetzungen. Zunächst mußte eine Sorgfaltspflicht des Beklagten gegenüber dem Kläger bestehen („duty of care"). Wenn dem Kläger durch die Verletzung dieser Pflicht („breach") ein Schaden („damage") zugefügt worden war, so hatte der

---

[516] *Heesch*, S. 62.

[517] „If one man is near to the property of another, a duty lies upon him not to do that which may cause a personal injury to that other, or may injure his property.", *Le Lievre v. Gould* [1893] 1 Q.B. 491, 497 per Lord *Esher* M.R.

[518] Siehe unten § 9 III. 3.

[519] *Le Lievre v. Gould* [1893] 1 Q.B. 491.

[520] Diese Entscheidung des House of Lords ([1964] A.C. 465) bildet einen Dreh- und Angelpunkt für die Auskunftshaftung und die Ersatzfähigkeit primärer Vermögensschäden. Siehe unten § 9 III. 3. und § 10 I. 2. b).

[521] *v. Bar*, Gemeineuropäisches Deliktsrecht, Bd. I, § 5 Rz. 276 Fn. 250.

[522] *Donoghue v. Stevenson* [1932] A.C. 562.

[523] So *v. Bar*, Gemeineuropäisches Deliktsrecht, Bd. I, § 5 Rz. 277.

[524] *Heaven v. Pender* (1883) 11 Q.B.D. 503.

[525] *Le Lievre v. Gould* [1893] 1 Q.B. 491.

Beklagte diesen zu ersetzen.[526] Die drei Tatbestandsmerkmale beschränkten die Haftung jedoch weder der Person noch dem Schaden nach und bedurften der Konkretisierung. Insbesondere die Herleitung der Sorgfaltspflicht bereitete Schwierigkeiten. Lord *Atkin* hatte als wichtiges Instrument hierzu in *Donoghue v. Stevenson*[527] das sogenannte „neighbour-principle" entwickelt, das bis heute zur Feststellung einer Sorgfaltspflicht Bedeutung besitzt.[528] Im Kern beinhaltet das „neighbour-principle" eine Vorhersehbarkeitsprüfung. Jeder müsse sorgfältig darauf achten, solche Handlungen oder Unterlassungen zu vermeiden, die voraussichtlich oder üblicherweise dazu geeignet seien, seinen Nächsten (Nachbarn) zu schädigen.[529] Voraussetzung für die Entstehung einer „duty" war danach ein Näheverhältnis, das unter dem Aspekt einer vorhersehbaren Schädigung mit Inhalt zu füllen war. Lord *Atkin's* „neighbour-principle" war jedoch nicht ausschließliches Prüfungsmerkmal für eine Sorgfaltspflicht. Bevor es zur Anwendung kommen konnte, waren rechtspolitische Erwägungen („policy considerations") anzustellen. Sofern diese zur Annahme einer Sorgfaltspflicht geführt hatten, konnte das „neighbour-principle" als Argumentationshilfe Anwendung finden.

In den folgenden Jahrzehnten fand der neue Haftungstatbestand durch die Gerichte verbreitete Anwendung und wurde vielen Entscheidungen zugrunde gelegt.[530] Es zeigte sich jedoch zunehmend eine Tendenz, die Haftung aus „negligence" als allgemeines Prinzip aufzufassen. Es wurde nicht mehr, wie im Fallrecht üblich[531], induktiv geprüft, ob ein Präzedenzfall vorlag oder eine Analogie möglich war, um einen Anspruch zu begründen. Vielmehr wurde nach einer anerkannten Haftungsregel geforscht.[532] Mit ihr folgte man einer deduktiven Methode, die zu einer Erweiterung der

[526] „(...) in english law there must be, and is, some general conception of relations giving rise to a duty of care, of which the particular cases found in the books are but instances. The liability for negligence, whether you style it such or treat it as in other systems as a species of 'culpa', is no doubt based on a general public sentiment of moral wrongdoing for which the offender must pay (...).", *Donoghue v. Stevenson* [1932] A.C. 562, 580 per Lord *Atkin*.

[527] *Donoghue v. Stevenson* [1932] A.C. 562.

[528] „The rule that you are to love your neighbour becomes in law, you must not injure your neighbour; and the lawyer's question, who is my neighbour? receives a restricted reply. You must take reasonable care to avoid acts or omissions which you can reasonably foresee would be likely to injure your neighbour. Who, then, in law is my neighbour? The answer seems to be - persons who are so closely and directly affected by my act that I ought reasonably to have them in contemplation as being so affected when I am directing my mind to the acts or omissions which are called in question.", *Donoghue v. Stevenson* [1932] A.C. 562, 580 per Lord *Atkin*. Eine deutsche Übersetzung des „neighbour-principles" findet sich bei *Heesch*, S. 62.

[529] *Donoghue v. Stevenson* [1932] A.C. 562, 580 per Lord *Atkin*.

[530] *v. Bar*, Gemeineuropäisches Deliktsrecht, Bd. I, § 5 Rz. 278.

[531] Siehe oben § 8 I.

[532] *Dorset Yacht Co. Ltd. v. Home Office* [1970] A.C. 1004, 1026 f. per Lord *Leid*. Ähnlich *Dutton v. Bognor Regis Urban District Council*[1972] 1 Q.B. 373, 396 per Lord *Denning* M.R.

Haftung aus „negligence“[533] und zu einer Umkehr der im Fallrecht anerkannten Rechtsfindung führte. Da sich diese Auffassung alsbald durchsetzte, fand das Haftungsprinzip aus *Donoghue v. Stevenson*[534] überall Anwendung, wo keine Rechtfertigung oder gute Begründung bestand, es nicht anzuwenden.[535]

Diese Tendenz wurde 1975 nachhaltig bestätigt und fortentwickelt. Lord *Simon* äußerte in der Entscheidung in *Arenson v. Casson, Beckmann, Rutley & Co.*[536] den Gedanken, daß nach rechtspolitischen Erwägungen von einer Haftung auszugehen sei, wenn nicht ein zwingender Grund entgegenstehe.[537]

4. Anns v. Merton London Borough Council

In *Anns v. Merton London Borough Council*[538] bejahte das House of Lords einen Schadensersatzanspruch gegen eine Bauaufsichtsbehörde aus „negligence“, weil der Neubau der klagenden Mieter wegen eines unzureichend durch den Bauunternehmer ausgeführten Fundaments bauliche Schäden aufgrund natürlicher Erdbewegungen erlitten hatte. Die Inspektoren der beklagten Bauaufsichtsbehörde, der die Pläne des Bauunternehmers vorlagen, sollten es entweder unterlassen haben, die Tiefe des Fundaments zu überprüfen, oder dies ohne die notwendige Sorgfalt getan haben. Mit dieser Entscheidung setzte sich die deduktive Rechtsfindungsmethode bei der Feststellung der Sorgfaltspflicht im Rahmen der Fahrlässigkeitshaftung nach „negligence“ durch und wurde für dreizehn Jahre Bestandteil des englischen Rechts.

Grundlage zur Feststellung einer „duty of care“ war in dieser Zeit der sogenannte „two-stages-test“ nach Lord *Wilberforce*.[539] Auf der ersten Prüfungsstufe sollte eine

---

[533] Ein gutes Beispiel ist die Anerkennung der Dritthaftung für Vermögensschäden wegen fehlerhafter Auskünfte durch das House of Lords in *Hedley Byrne & Co. Ltd. v. Heller & Partners Ltd.* [1963] 2 All E.R. 575 (HL).

[534] *Donoghue v. Stevenson* [1932] A.C. 562.

[535] „Donoghue v. Stevenson may be regarded as a milestone, and the well-known passage in Lord Atkin's speech should I think be regarded as a statement of principle. (...) I think that the time has come when we can and should say that it ought to apply unless there is some justification or valid explanation for its exclusion.“, *Dorset Yacht Co. Ltd. v. Home Office* [1970] A.C. 1004, 1027 per Lord *Leid*.

[536] *Arenson v. Casson, Beckman, Rutley & Co.* [1977] A.C. 405.

[537] „This is that, where there is a duty to act with care with regard to another person and there is a breach of such duty causing damage to the other person, public policy in generally demands that such damage should be made good to the party to whom the duty is owed by the person owing the duty. There may be a supervening and secondary public policy which demands, nevertheless, immunity from suit in the particular circumstances.“, *Arenson v. Casson, Beckman, Rutley & Co.* [1977] A.C. 405, 419 per Lord *Simon*.

[538] *Anns v. Merton London Borough Council* [1978] A.C. 728.

[539] „ (...) the position has now been reached that in order to establish that a duty of care arises in a particular situation, it is not necessary to bring the facts of that situation within those of previous situations in which a duty of care has been held to exist. Rather the question has to be approached in two stages. First one has to ask wether, as between the alleged wrongdoer and the person who has

haftungsbegründende Sorgfaltspflicht prima facie anzunehmen sein, wenn eine ausreichende Nähebeziehung zwischen Schädiger und Geschädigtem bestand, so daß hier im wesentlichen die Kriterien der Nähe („proximity") und Vorhersehbarkeit („foreseeability") aus Lord *Atkin's* „neighbour principle" zur Anwendung kamen. Auf der zweiten Prüfungsstufe sollte das Gericht sämtliche „policy considerations" anstellen, die gegen die Annahme einer Sorgfaltspflicht oder für deren Beschränkung sprechen könnten. Dadurch wurde die bisherige Vorgehensweise der Gerichte umgekehrt. Vor *Anns*[540] wurde das „neighbour principle" nur als Argumentationshilfe herangezogen, wenn nach rechtspolitischen Erwägungen von einer Sorgfaltspflicht auszugehen war. Nunmehr sollten die rechtspolitischen Erwägungen nur noch der nachträglichen Kontrolle zur Haftungsbegrenzung dienen, um nicht ungewollt die sogenannten „floodgates to claims"[541] zu öffnen, mithin die Haftung uferlos auszuweiten.

Diese Methode gewann großen Einfluß auf die englische Rechtsprechung. Weil der „two-stages-test" weder eine personelle Grenze beinhaltete noch den zu ersetzenden Schadens begrenzte und nur durch „policy considerations" kontrolliert wurde, gab es keine Lebensbereiche, die vom neuen Haftungsrecht nach „negligence" unberührt bleiben konnten.[542] Durch diese extensive Anwendung der „negligence"-Haftung ermutigt, bejahte das House of Lords im Jahre 1982 auf der Grundlage des Zweistufentests höchst umstrittene Sorgfaltspflichten für die Haftung wegen „nervous shock" und „economic loss".[543]

Nachdem der „two-stages-test" nach *Anns*[544] mit den Vorstößen der Rechtsprechung im Jahre 1982 seinen Höhepunkt erlebt hatte, setzte er sich doch nicht durch. Bevor er aus dem Haftungsrecht verbannt wurde, formierte sich allmählicher Widerstand in der Literatur.[545] In der Rechtsprechung markiert die Entscheidung des House of Lords in *Go-*

---

suffered damage, there is a sufficient relationship of proximity or neighbourhood such that, in the reasonable contemplation of the former, carelessness on his part may be likely to cause damage to the latter - in which case a prima facie duty of care arises. Secondly, if the first question is answered affirmatively, it is necessary to consider whether there are any considerations which ought to be negative, or to reduce or limit the scope of the duty or the class of persons to whom it is owed or the damages to which a breach of it may give rise.", *Anns v. Merton London Borough Council* [1978] A.C. 728, 751 f.

540 *Anns v. Merton London Borough Council* [1978] A.C. 728.

541 *Chalesworth & Percy*, Rz. 2-21 Fn. 57.

542 *Chalesworth & Percy*, Rz. 2-21.

543 *McLoughlin v. O'Brian and Others* [1983] 1 A.C. 410 (Haftung für „nervous shock"); *Junior Books Ltd. v. Veitchi Co. Ltd.* [1983] 1 A.C. 520 (Haftung für „economic loss").

544 *Anns v. Merton London Borough Council* [1978] A.C. 728.

545 Zu den Gegenströmungen von *Anns* siehe die ausführlichen Darstellungen bei *Charlesworth & Percy*, Rz. 2-22 ff.; *Hutchison/Zimmermann*, ZVglRWiss 94 (1995) 42, 68 ff.; *v. Bar*, RabelsZ 56 (1992) 410, 422 ff. sowie die Hinweise bei *Decku*, S. 40 Fn. 319.

vernors of the Peabody Donation Fund v. Sir Lindsay Parkinson & Co. Ltd.[546] den Wendepunkt. Lord *Keith* kritisierte in seiner Rede, nachdem er Lord *Wilberforce's* Zweistufentest zitiert hatte, „ (...) there has been a tendency in some recent cases to treat this passages as being themselves of a definitive character. This is a temptation which should be resisted."[547] Hierdurch wurde eine Gegenbewegung ausgelöst. In der Entscheidung des House of Lords in *Murphy v. Brentwood District Council*[548] wurden die Entscheidungen in *Anns*[549] (und *Dutton*[550]) sowie alle hierauf beruhenden Entscheidungen schließlich durch ein „Overruling" außer Kraft gesetzt.[551]

5. Murphy v. Brentwood District Council

Der Entscheidung in *Murphy v. Brentwood District Council*[552] lag ein ähnlicher Sachverhalt zugrunde wie *Anns*[553] mit dem Unterschied, daß der Kläger von der beklagten Bauaufsichtsbehörde den aufgrund eines Setzungsschadens geminderten Verkaufspreis seines Hauses in Höhe von £ 35.000 ersetzt verlangte. Die Baubehörde habe angeblich das unzureichende Fundament sorgfaltswidrig genehmigt. Einer der Begründer der Gegenbewegung zur deduktiven Rechtsfindungsmethode, Lord *Keith*, verneinte einen Schadensersatzanspruch des Klägers. Er meinte, *Anns* sei unrichtig entschieden worden.[554] Nur Lord *Keith* hat sich mit dieser Deutlichkeit für ein „Overruling" von *Anns*[555] (und *Dutton*[556]) ausgesprochen. Gleichwohl ist der „two-stages-test" seither Rechtsgeschichte.

---

[546] *Governors of the Peabody Donation Fund v. Sir Lindsay Parkinson & Co. Ltd. and Others* [1985] A.C. 210.

[547] *Governors of the Peabody Donation Fund v. Sir Lindsay Parkinson & Co. Ltd. and Others* [1985] A.C. 210, 240 per Lord *Keith*.

[548] *Murphy v. Brentwood District Council* [1990] 2 All E.R. 908.

[549] *Anns v. Merton London Borough Council* [1978] A.C. 728.

[550] *Dutton v. Bognor Regis Urban District Council* [1972] 1 Q.B. 373.

[551] *v. Bar*, Gemeineuropäisches Deliktsrecht, Bd. I, § 5 Rz. 282. Siehe zu Einzelheiten der Entwicklung der Rechtsprechung zwischen 1984 und 1990 die oben zitierten detaillierten Darstellungen von *Decku* und *Fredy Müller*.

[552] *Murphy v. Brentwood District Council* [1990] 2 All E.R. 908.

[553] *Anns v. Merton London Borough Council* [1978] A.C. 728.

[554] „(...) I would hold that *Anns* was wrongly decided as regards the scope of any private law duty of care resting on local authorities in relation to their function of taking steps to secure compliance with building byelaws or regulations and should be departed from. It follows that *Dutton v. Bognor Regis Urban District Council* (...) should be overruled, as should all cases subsequent to *Anns* which were decided in reliance on it.", *Murphy v. Brentwood District Council* [1990] 2 All E.R. 908, 923 f. per Lord *Keith*.

[555] *Anns v. Merton London Borough Council* [1978] A.C. 728.

[556] *Dutton v. Bognor Regis Urban District Council* [1972] 1 Q.B. 373.

6. Caparo Industries plc. v. Dickman

Die Frage, wie eine Sorgfaltspflicht zu bestimmen ist, ist selbst heute nicht abschließend geklärt. Das House of Lords hat in *Murphy*[557] keine verbindliche Methode vorgegeben. Es spricht jedoch viel für eine Rückkehr der Rechtsprechung zur induktiven Rechtsfindungsmethode. Im Jahre 1990 hat dem House of Lords mit *Caparo Industries plc. v. Dickman and Others*[558] ein Fall aus dem Bereich der Dritthaftung eines Wirtschaftsprüfers für eine fehlerhafte Auskunft vorgelegen. Es sprachen sich drei Lordrichter gegen Lord *Wilberforce's* Zweistufentest aus. Sie befürworteten statt dessen eine Methode, die *Brennan* J. in der Entscheidung des High Court of Australia in *Sutherland Shire Council v. Heyman*[559] propagiert hatte. Der hatte es abgelehnt, die Vorhersehbarkeit eines Schadens und das Näheverhältnis der Parteien mit der Durchführung von rechtspolitischen Erwägungen zu kombinieren. Er forderte statt dessen, „that the law should develop novel categories of negligence incrementally and by analogy with established categories, rather than by massive extension of a prima facie duty of care restrained only by indefinable considerations which ought to negative, or to reduce or limit the scope of the duty or the class of persons to whom it is owed."[560]

Danach zu urteilen, soll die Haftung aus „negligence" nur auf der Grundlage vorangegangener Entscheidungen oder in Analogie zu bereits entschiedenen Fällen entwickelt werden.[561] Sofern sich entsprechende Präzedenzfälle nicht auffinden lassen, sollen die Gerichte neue haftungsbewährte Sorgfaltspflichten nur anerkennen, wenn hierzu nach Abwägung aller rechtspolitischen Erwägungen ein besonderes Bedürfnis besteht. Dabei soll Lord *Atkin's* „neighbour principle" weiterhin als Argumentationhilfe herangezogen werden.

III. Voraussetzungen der Fahrlässigkeitshaftung

Für die Voraussetzungen der Fahrlässigkeitshaftung eines privaten Sachverständigen wegen „negligence" soll zunächst die Haftung des Sachverständigen in einem Zweipersonenverhältnis im Mittelpunkt stehen. Die Dritthaftung des Sachverständigen ist Gegenstand einer besonderen Untersuchung.[562]

1. Sorgfaltspflicht

Nach *Donoghue v. Stevenson*[563] erfordert ein Anspruch aus „negligence", daß dem Sachverständigen gegenüber dem Geschädigten eine Sorgfaltspflicht obliegt, deren fahrlässige Verletzung einen Schaden des anderen verursacht. Ob eine deliktische

---

557 *Murphy v. Brentwood District Council* [1990] 2 All E.R. 908.

558 *Caparo Industries Plc. v. Dickman and Others* [1990] 2 A.C. 605.

559 *Sutherland Shire Council v. Heyman* (1985) 60 A.L.R. 1.

560 *Sutherland Shire Council v. Heyman* (1985) 60 A.L.R. 1, 43 per *Brennan* J.

561 *v. Bar*, Gemeineuropäisches Deliktsrecht, Bd. I, § 5 Rz. 282.

562 Siehe unten § 10.

563 *Donoghue v. Stevenson* [1932] A.C. 562.

Sorgfaltspflicht zu bejahen ist, richtet sich nach den Sachkriterien der Rechtsprechung.[564] Diese wurden in den vergangenen Jahrzehnten in einer Fülle von Entscheidungen konkretisiert. Nach der Rückkehr der Rechtsprechung zur induktiven Rechtsfindungsmethode sind insbesondere ältere Gerichtsentscheidungen zur Bestimmung der Sorgfaltspflicht heranzuziehen. Nur ausnahmsweise dürfen neue Sorgfaltspflichten entwickelt werden, wenn hierzu nach Abwägung aller rechtspolitischen Erwägungen („policy considerations") ein besonderes Bedürfnis besteht.[565] Hierdurch hat sich eine ausgesprochene Fallgruppenrechtsprechung ergeben. Eine Fallgruppe der „negligence"-Haftung ist die Haftung von Berufsträgern mit besonderen Kenntnissen und Fähigkeiten („professional negligence").[566] Hierzu zählen auch private Sachverständige, insbesondere „surveyor" und „valuer".[567] Ebenso wie bei der deutschen Auskunftshaftung können aus der englischen Rechtsprechung zur Haftung von Berufsgruppen mit besonderer Sachkunde (Auskunftshaftung) Erkenntnisse für die Sachverständigenhaftung gewonnen werden.

2. Konkurrenz deliktischer und vertraglicher Sorgfaltspflichten

Die deliktischen Sorgfaltspflichten des Sachverständigen im Rahmen der „negligence"-Haftung sind unabhängig von einer vertraglichen Vereinbarung. Wegen der Dichotomie des Haftungsrechts ist zu unterscheiden, ob der Sachverständige durch eine unrichtige Gutachtenleistung eine vertragliche oder eine deliktische Pflicht verletzt hat.[568] Selbst wenn vertragliche und deliktische Ansprüche nebeneinander[569] geltend gemacht werden können, ist die Unterscheidung für die Geltendmachung primärer Vermögensschäden von Bedeutung. Primäre Vermögensschäden können grundsätzlich nur auf einen Anspruch wegen Vertragsbruchs gestützt werden.[570]

3. Sorgfaltspflichtverletzung

Ist eine deliktische Sorgfaltspflicht des Sachverständigen zu bejahen, so richtet sich die Frage, ob eine haftungsbegründende Verletzung dieser Pflicht vorliegt, nach dem Sorgfaltsmaßstab, der für den Sachverständigen gilt. Die Angehörigen der Fallgruppe[571], die kraft ihrer beruflichen Stellung über besondere Sachkunde verfügen, unterliegen

[564] Siehe oben § 9 II.

[565] Siehe oben § 9 II. 5. a.E.

[566] *Charlsworth & Percy*, Rz. 8-01 ff. („Persons professing some special skill"); *Clerk & Lindsell* Rz. 11-01 ff. („Professional liability").

[567] *Charlsworth & Percy*, Rz. 8-05.

[568] *Jarvis v. Moy, Davies, Smith, Vandervell & Co.* [1936] 1 K.B. 399, 405 per *Greer* L.J.; *Charlsworth & Percy*, Rz. 8-08.

[569] *Clerk & Lindsell*, Rz. 11-05.

[570] Siehe oben § 8 III. 4.

[571] Hierzu zählten u.a. Wirtschafts- und Abschlußprüfer, Architekten, Ingenieure, Barristers, Solicitors, Patentanwälte, Ärzte und Wertpapierberater. Vollständige Aufzählung bei *Charlsworth & Percy*, Rz. 8-05

einem besonderen Sorgfaltsmaßstab, der sich nach dem sogenannten „Bolam-test" bemißt. Dieser wurde in der Entscheidung in *Bolam v. Friern Hospital Management Committee*[572] von *McNair* J. begründet.[573] Der Test hat einen objektivierten Sorgfaltsmaßstab für Berufsträger mit besonderer Sachkunde zum Gegenstand. Der andere Test, den *McNair* J. für unanwendbar erklärte („test of the man of the top of the Clapham omnibus"), gilt in allen Anwendungsbereichen der „negligence"-Haftung, die nicht eine besondere Sachkunde erfordern. So wird die anzuwendende Sorgfalt im Straßenverkehr nach dem durchschnittlichen und vernünftigen Menschen beurteilt, den *Greer* L.J. in *Hall v. Brooklands Auto-Racing Club*[574] mit „the man on the Clapham omnibus" meinte.

Nach den Tests von *McNair* J. und *Greer* L.J. kommt es nicht darauf an, ob der Schädiger im Rahmen seiner Möglichkeiten das Beste getan hat, sondern ob ein durchschnittlich ausgebildeter und gewissenhafter Mensch in der gleichen Situation ebenso gehandelt hätte.[575] Es gilt demnach eine objektive Betrachtungsweise für Sorgfaltspflichtverstöße.[576] Es variiert lediglich der Sorgfaltsmaßstab. Daher hat der Sachverständige gegenüber seinem Auftraggeber die für einen Sachverständigen seiner Art durchschnittlichen Kenntnisse und Fähigkeiten anzuwenden und die im Verkehr übliche Sorgfalt zu beachten.[577]

Die anzuwendende Sorgfalt richtet sich weiterhin nach der Wahrscheinlichkeit des Schadenseintritts („magnitude of risk") beziehungsweise nach der Höhe des zu erwartenden Schadens. Je gravierender der mögliche Schaden ist, desto höher ist die Anforderung an den anzuwendenden Sorgfaltsmaßstab.[578] Für den Bereich der „professional negligence" ist vor allem auch auf das Kriterium der „accepted professional practice" abzustellen.[579] Danach bestimmt sich die anzuwendende Sorgfalt nach dem von der Mehrzahl einer Berufsgruppe praktizierten oder zumindest anerkannten Vorgehen. Eine Sorgfaltspflichtverletzung scheidet aus, wenn der Schädiger in Übereinstimmung mit

---

[572] *Bolam v. Friern Hospital Management Committee* [1957] 2 All E.R. 118.

[573] „(...) where you get a situation which involves the use of some special skill or competence, then the test as to whether there has been negligence or not is not the test of the man on the top of the Clapham omnibus, because he has not got this special skill. The test is the standard of the ordinary skilled man exercising and professing to have that special skill.", *Bolam v. Friern Hospital Management Committee* [1957] 2 All E.R. 118, 121 per *McNair* J.

[574] *Hall v. Brooklands Auto-Racing Club* [1933] 1 K.B. 205, 224 per *Greer* L.J.

[575] „A man need not possess the highest expert skill; it is well established law that it is sufficient if he exercises the ordinary skill of an ordinary competent man exercising that particular art." *Bolam v. Friern Hospital Management Committee* [1957] 2 All E.R. 118, 121 per *McNair* J.

[576] *Stanton*, S. 68.

[577] *Greaves & Co. Ltd. v. Baynahm Meikle & Partners* [1975] 1 W.L.R. 1095, 1100 per Lord *Denning*; *Charlsworth & Percy*, Rz. 8-01 Fn. 2.

[578] *Rogers* in *Winfield & Jolowicz*, S. 119 f.; *Stanton*, S. 61 ff.

[579] *Stanton*, S. 71 f.

den allgemein anerkannten Regeln der Berufsausübung gehandelt hat.[580] Auf der anderen Seite setzt sich ein Experte, der eine neuartige Vorgehensweise praktiziert, einem erhöhten Haftungsrisiko aus, selbst wenn das neue Verfahren später allgemeine Anerkennung findet.[581]

Demnach ist das Tatbestandsmerkmal „breach" für einen Sachverständigen zu bejahen, wenn „(...) he acted in a way which no surveyor of ordinary skill would be guilty of, if acting with ordinary care."[582] Dagegen kann sich der Sachverständige nicht mit dem Einwand verteidigen, er habe bei Ausübung des Auftrages nicht über die erforderliche Erfahrung verfügt, denn der maßgebliche Sorgfaltsstandard richtet sich nach dem objektiv handelnden Sachverständigen mit durchschnittlichen Kenntnissen in derselben Situation. So wird erwartet, daß der Sachverständige für Schätzungen die örtlichen Gegebenheiten[583] und Marktwerte kennt und Tendenzen des Markts einzuschätzen vermag.[584] Ein Grundstückssachverständiger muß außerdem Rechtskenntnisse aufweisen und mit der aktuellen Rechtsprechung vertraut sein.[585]

4. Einzelaspekte der Haftung

Es existiert eine Vielzahl von Urteilen, aus denen sich die „negligence"-Haftung des privaten Sachverständigen wegen unrichtiger Gutachtenerstattung in den Schwerpunktbereichen der Wertschätzung von Grundstücken oder der Feststellung von Schäden ergibt.[586] Freilich kann hierauf nicht umfassend eingegangen werden. Es sollen jedoch einige Einzelaspekte der Haftung aufgezeigt werden, die auch im Rahmen der Haftung des deutschen privaten Sachverständigen besondere Berücksichtigung gefunden haben.

a) „Overvaluation"

Die Wertschätzung eines Grundstücks ist stets mit vielen Unabwägbarkeiten verbunden, die den Sachverständigen dazu zwingen, sich auf Annahmen und Schätzungen zu stützen. Deshalb kann nicht jeder Fehler eines Wertgutachtens als eine Sorgfalts-

---

[580] *Clerk & Lindsell*, Rz. 11-02 Anm. (2); *Charlesworth & Percy*, Rz. 8-03..

[581] *Decku*, S. 48.

[582] *Strover v. Harrington* [1988] 1 All E.R. 769, 776 per *Browne-Wilkinson* V-C; *Clerk & Lindsell*, Rz. 11-41.

[583] *Baxter v. F.W. Gapp & Co. Ltd.* [1938] 4 All E.R. 457 per Goddard L.J.; *Clerk & Lindsell*, Rz. 11-41.

[584] *Singer and Friedlander Ltd. v. John D. Wood & Co.* (1977) 243 E.G. 212, zitiert nach *Clerk & Lindsell*, Rz. 11-41.

[585] *Weedon v. Hindwood Clarke and Esplin* (1974) 234 E.G. 121, zitiert nach *Clerk & Lindsell*, Rz. 11-41. *Charlesworth & Percy* fordern ferner Kenntnisse der RICS-„Guidance Notes" (Assets Valuation Standards Committee), Rz. 8-220.

[586] Eine Liste von 73 Negligence-Entscheidungen aus den Jahren von 1968-1995 findet sich in *Bingham's* Negligence Cases, S. 825 ff.

pflichtverletzung angesehen werden.[587] Es ist zu prüfen, in welchem Beurteilungsspielraum sich eine sachverständige Wertschätzung halten muß, um nicht sorgfaltswidrig zu sein. Schätzungen, die unter normalen Umständen um 10 % und in außergewöhnlich schwierigen Fällen um 15 % vom tatsächlichen Wert eines Grundstücks abweichen, gelten nicht als sorgfaltswidrig erstellt.[588] Diese Werte sind jedoch nicht allgemeingültig, sondern hängen von den Umständen des Einzelfalls ab. Vor Würdigung eines Wertgutachtens ist daher festzustellen, welchen Bereich der Beurteilungsspielraum des Sachverständigen umfaßt („permissible bracket for error"). Erst danach kann festgestellt werden, ob die Wertschätzung innerhalb dieses Bereiches liegt.[589] Der Beurteilungsspielraum kann nur ausgeschöpft werden, wenn die weiteren Anforderungen an die sorgfaltsgemäße Ausarbeitung eines Wertgutachtens erfüllt sind. Die ordentliche Erstattung eines Wertgutachtens setzt voraus, daß eine eingehende Untersuchung des zu schätzenden Gegenstands erfolgt. Die Erkenntnisse müssen fachgerecht interpretiert und unter Zugrundelegung einer anerkannten Methode einer Schlußfolgerung zugeführt werden.[590]

b) Unvollständige Schadensfeststellung

Erstellt ein Sachverständiger ein Schadensgutachten, ohne eine angemessene Untersuchung des Objektes vorzunehmen, so handelt er sorgfaltswidrig, wenn er einen Mangel übersieht, den ein objektiv sorgfältiger Sachverständiger entdeckt und in das Gutachten aufgenommen hätte.[591] Es ist jedoch zwischen der umfassenden „structural survey", der eingeschränkten „valuation with limited survey" und dem „valuation report" zu unterscheiden.[592] Demnach beeinflußt die Art des Gutachtenauftrags den deliktischen Sorgfaltsmaßstab des Sachverständigen.[593]

---

[587] *Singer and Friedlander Ltd. v. John D. Wood & Co.* (1977) 243 E.G. 212, 213, zitiert nach *Clerk & Lindsell*, Rz. 11-42.

[588] *Watkins* J. nennt den zulässigen Beurteilungsspielraum „(...)permissible 'bracket' for error (...)", *Singer and Friedlander Ltd. v. John D. Wood & Co.* (1977) 243 E.G. 212. Siehe auch *Axa Equity & Law v. Goldsack & Freeman* (1994) E.G.130.

[589] *Charlesworth & Percy*, Rz. 8-219.

[590] *Singer and Friedlander Ltd. v. John D. Wood & Co.* (1977) 243 E.G. 212, 213 per *Watkins* J.; *Clerk & Lindsell*, Rz. 11-42.

[591] Diesen Test entnehmen *Clerk & Lindsell*, Rz. 11-43 den Entscheidungen in *Fisher v. Knowles* (1982) 262 E.G. 1083 und *Stewart v. H.A. Brechin & Co.* (1959) S.C. 306.

[592] *Clerk & Lindsell*, Rz. 11-39 und 11-43 m.w.N. auf die Rechtsprechung.

[593] Während es im Rahmen einer „structural survey" als Sorgfaltswidrigkeit aufgefaßt wird, wenn sich der Sachverständige nicht zu Dachboden und Keller Zugang verschafft und deshalb einen Mangel übersieht, so wird die Tätigkeit des Sachverständigen für eine „valuation" oder „limited survey" noch als sorgfaltsgemäß beurteilt, selbst wenn weder Fußböden noch Bodendielen angehoben wurden. Wo allerdings sichtbar geschädigte Gebäudeteile den Sachverständigen auf versteckte Mängel hinweisen, hat er unter Umständen den Umfang seiner ansonsten eingeschränkten Untersuchungspflicht auszuweiten und weitere Nachforschungen anzustellen. Schließlich darf der Sachverständige nicht blind auf Angaben des Auftraggebers vertrauen, wenn dieser den Grundbesitz auf der Grundlage des Gutach-

5. Schaden

Eine Sorgfaltspflichtverletzung des Sachverständigen durch ein unrichtiges Gutachten begründet einen Schadensersatzanspruch des Auftraggebers nach „negligence“, wenn bei ihm ein ersatzfähiger Nachteil („damage“) eingetreten ist.

a) Voraussetzungen

Die Voraussetzungen eines deliktischen „damage“ gleichen denen im Rahmen eines Schadensersatzanspruchs wegen Vertragsbruchs („breach of contract“).[594] Danach ist ein Kausalzusammenhang zwischen der schädigenden Handlung und dem Nachteil erforderlich und der Schaden darf nicht „too remote“ sein.[595]

b) Ersatz primärer Vermögensschäden

Nach deutschem Recht sind primäre Vermögensschäden nach deliktischen Anspruchsgrundlagen nur ausnahmsweise ersatzfähig. Bekanntlich hat dies zur Ausweitung des Anwendungsbereichs vertraglicher Anspruchsgrundlagen geführt. Unter diesem Aspekt ist es für die vorliegende Arbeit von besonderem Interesse, ob primäre Vermögensschäden, die durch ein unrichtiges Gutachten eines Sachverständigen verursacht werden, nach „negligence“ ersetzt verlangt werden können.

Seit der Entscheidung in *Donoghue v. Stevenson*[596] ist die Fahrlässigkeitshaftung zunächst auf den Ersatz von Sach- und Personenschäden und hierauf beruhender sekundärer Vermögensschäden beschränkt. Durch die Entscheidung des House of Lords in *Hedley Byrne & Co. Ltd. v. Heller & Partners Ltd.*[597] wurde der Ersatz primärer Vermögensschäden jedoch für den Bereich der deliktischen Auskunftshaftung bei Vorliegen eines besonderen Näheverhältnisses zwischen dem Auskunftgeber und -empfänger anerkannt. Die zunehmende Ausweitung der „negligence“-Haftung mit Hilfe des Zwei-Stufen-Tests nach Lord *Wilberforce* nach den Entscheidungen in *Dutton*[598] und *Anns*[599] führte auch zur Ausdehnung der Haftung für primäre Vermögensschäden. Mit der Entscheidung in *Junior Books Ltd. v. Veitchi Co. Ltd.*[600] hatte diese Tendenz der Rechtsprechung ihre größte Ausdehnung. Danach haben die Gerichte die Vermögenshaftung nach und nach zurückgedrängt. *Dutton*[601] und *Anns*[602] sowie alle hierauf beru-

---

tens verkaufen will; allerdings kann er den Informationen des Verkäufers bis zu einem gewissen Grad Glauben schenken. So *Bingham's* Negligence Cases, S. 830 (Nr. 23) unter Bezugnahme auf *Strover v. Harrington* [1988] 1 All E.R. 769.

594 Siehe oben § 8 III. 4.

595 Ausführlich *Stanton*, S. 80 ff.; *Rogers* in *Winfield & Jolowicz*, S. 131 ff.

596 *Donoghue v. Stevenson* [1932] A.C. 562.

597 *Hedley Byrne & Co. Ltd. v. Heller & Partners Ltd.* [1963] 2 All E.R. 575 (HL).

598 *Dutton v. Bognor Regis Urban District Council* [1972] 1 Q.B. 373.

599 *Anns v. Merton London Borough Council* [1978] A.C. 728.

600 *Junior Books Ltd. v. Veitchi Co. Ltd.* [1983] 1 A.C. 520.

601 *Dutton v. Bognor Regis Urban District Council* [1972] 1 Q.B. 373.

602 *Anns v. Merton London Borough Council* [1978] A.C. 728.

henden Entscheidungen wurden schließlich durch das House of Lords in der Entscheidung in *Murphy v. Brentwood District Council* endgültig „overruled".[603] Daraufhin mußte die Frage nach der Ersatzfähigkeit fahrlässig verursachter primärer Vermögensschäden erneut gestellt werden. Hierzu wurde in der englischen Rechtsprechung und Literatur eine sehr intensive Diskussion geführt. Eine Darstellung der verschiedenen Meinungen würde den Rahmen dieser Arbeit sprengen. Die Diskussion ist dahingehend zusammenzufassen, daß eine deliktische Fahrlässigkeitshaftung wegen primärer Vermögensschäden grundsätzlich abgelehnt wird. Der Ersatz primärer Vermögensnachteile soll auf vertragliche Haftungsverhältnisses beschränkt bleiben, um eine uferlose Haftungsausweitung zu vermeiden.

Die Rechtsprechung hat jedoch einige Fallgruppen erhalten, in denen sie primäre Vermögensschäden nach „negligence" anerkennt. „Leading case" für die Fallgruppe der Auskunftshaftung wurde *Hedley Byrne*.[604] Diese Fallgruppe betrifft die Haftung von Rechtsanwälten, Wirtschaftsprüfern oder anderen fachlich besonders versierten Berufsträgern, zu denen auch private Sachverständige zu zählen sind.[605]

Demnach ist es der englischen Rechtsprechung nicht gelungen, den Ersatz primärer Vermögensschäden nach „negligence" auf eine allgemeine Haftungsregel zu stützen. Nachdem sich im Laufe der Entwicklung der Fahrlässigkeitshaftung verschiedene Haftungskriterien weder an sich noch in Kombination miteinander als befriedigend erwiesen haben[606], ist die Rechtsprechung zur induktiven Rechtsfindungsmethode zurückgekehrt.[607] Heute ist zunächst die einschlägige Fallgruppe zu ermitteln und dann, aufgrund einer Analyse der Vorentscheidungen, über den Anspruch auf Ersatz von primären Vermögensschäden zu entscheiden.[608] Ein solcher wird nur bejaht, wenn der Schaden vorhersehbar war („neighbour principle"), ein besonderes Näheverhältnis bestand („proximity") und die Auferlegung einer Haftung für primäre Vermögensschäden recht und billig erscheint („policy considerations").[609]

§ 10 Dritthaftung nach englischem Recht

Die Untersuchung der Dritthaftung des privaten Sachverständigen nach deutschem Recht hat gezeigt, daß die Rechtsprechung die deliktsrechtlichen Defizite des vermögensmäßigen Schutzes vertragsfremder Dritter vorwiegend durch richterliche Rechtsfortbildung im Bereich des Vertragsrechts kompensiert, indem der personelle

[603] Ausführlich *Fredy Müller*, S. 226 ff.; *Decku*, S. 37 ff.; *v. Bar*, Gemeineuropäisches Deliktsrecht, § 3 Rz. 275 ff.

[604] *Hedley Byrne & Co. Ltd. v. Heller & Partners Ltd.* [1963] 2 All E.R. 575 (HL).

[605] *Hutchison/Zimmermann*, ZVglRWiss 94 (1995) 42, 77.

[606] Aufzählung bei *Hutchison/Zimmermann*, ZVglRWiss 94 (1995) 42, 75, Fn. 185.

[607] Siehe oben § 9 II.

[608] *Stapleton* [1991] 107 L.Q.R. 258 f.

[609] *Caparo Industries Plc. v. Dickman* [1990] 2 A.C. 605, 617 f. per Lord *Bridge* und S. 632 f. per Lord *Oliver; Hutchison/Zimmermann*, ZVglRWiss 94 (1995) 42, 48 m.w.N.

Schutzumfang des Gutachtenvertrags, gestützt auf eine ergänzende Vertragsauslegung, erweitert wird. Die Literatur hat eigene Vorstellungen zur richtigen Haftungsgrundlage. In England stehen vorwiegend die Lösungen der Rechtsprechung im Mittelpunkt des Interesses.

Während die Entwicklung des deutschen Rechts zum vermögensmäßigen Drittschutz im Falle fehlerhafter Gutachtenerstattung weit fortgeschritten ist und, mit Ausnahme einiger Details[610], etabliert zu sein scheint, ist das englische Recht in starker Bewegung. Sowohl hinsichtlich des Anspruchsgrundes als auch hinsichtlich des Schutzumfangs hat die Rechtsprechung in diesem Jahrhundert bereits mehrfach die Prioritäten des vermögensmäßigen Drittschutzes neu bestimmt. Parallel zu der wenig beständigen Rechtsprechung der englischen Obergerichte ist in jüngster Zeit ein legislativer Reformprozeß eingeleitet worden, der im Juli 1996 zur Vorlage eines Gesetzgebungsvorschlags („draft bill“) geführt hat. Hierdurch soll auch der Drittschutz im Falle der fehlerhaften Erstattung eines Sachverständigengutachtens verbessert werden.

Die folgende Untersuchung der Dritthaftung des privaten Sachverständigen in England hat daher die gegenwärtige Rechtslage und die in Aussicht genommene Reform des englischen Vertragsrechts zum Gegenstand. Anschließend soll der Versuch unternommen werden, einen Ausblick auf die Entwicklung des Drittschutzes wegen fehlerhafter Gutachtenerstattung nach der Reform zu geben.

I. Gegenwärtige Rechtslage

Gegenwärtig ist die Haftung des privaten Sachverständigen gegenüber einem vertragsfremden Dritten, der sich auf das fehlerhafte Gutachten verlassen und dadurch zumeist einen primären Vermögensschaden erleidet, in das „law of tort“ einzuordnen. Da regelmäßig Fahrlässigkeit des Sachverständigen zur Fehlerhaftigkeit eines Gutachtens führt, bestimmt sich ein Schadensersatzanspruch des Geschädigten ausschließlich nach dem deliktischen Haftungstatbestand der „negligence“.[611]

1. Strenge Relativität des Vertragsverhältnisses

Grund für die dem deutschen Rechtsverständnis fremde Einordnung der Dritthaftungsproblematik ist die das englische Vertragsrecht prägende Lehre von der strengen Relativität des Vertragsverhältnisses („third party rule“). Diese bestimmt, wer welche vertraglichen Ansprüche durchsetzen kann.

Die „third party rule“ beruht auf zwei Säulen. Einerseits stützt sie sich auf die „consideration doctrine“, wonach nur derjenige ein vertragliches Recht primärer oder sekundärer Natur durchsetzen kann, der hierfür ein Gegenopfer erbracht hat

---

[610] Siehe zur Tragfähigkeit des Kriteriums der staatlichen Anerkennung als Indiz für besondere Sachkunde oben § 7 III. und IV.

[611] Siehe vorerst nur *Clerk & Lindsell*, Rz. 11-40; *Rogers* in *Winfield & Jolowicz*, S. 272 ff.; *Charlesworth & Percy*, Rz. 8-41 ff. und 8-211 f.; *Dugdale/Stanton*, S. 95 ff.

(„(...) consideration must move from the promisee.“).[612] Die zweite Säule der „third party rule“ ist die „doctrine of privity of contract“. Sie besagt, daß durch einen Vertrag grundsätzlich keine Rechte oder Pflichten auf eine Person übertragen werden können, die nicht Vertragspartei ist. Die „doctrine of privity“ hat drei Aspekte: Zunächst kann niemand einen Anspruch aus einem fremden Vertrag durchsetzen. Daher scheidet ein echter Vertrag zugunsten Dritter (vgl. §§ 328 ff. BGB) grundsätzlich aus. Desweiteren kann niemand, der nicht Partei des Vertrags ist, durch diesen verpflichtet werden. Dieser Grundsatz, keine Verträge zu Lasten eines Dritten abschließen zu können, ist dem deutschen Juristen wiederum vertraut. Schließlich folgt aus dem Grundsatz der „privity of contract“, daß vertragliche Sekundäransprüche ausschließlich die Kompensation der Vertragsparteien bezwecken und nicht zum Ausgleich von Nachteilen vertragsfremder Dritter geeignet sind.[613] Vertraglicher Drittschutz des durch eine unrichtige Sachverständigenleistung geschädigten Vertragsfremden existiert somit grundsätzlich nicht. Die „doctrine of privity“ wurde nur ausnahmsweise in Bereichen, wo deren Einschränkung der Vertragsfreiheit zu untragbaren Ergebnissen führte, durch Gesetz und Rechtsprechung gelockert.[614]

Die „doctrine of privity“ ist im englischen Vertragsrecht tief verwurzelt, obwohl sie erst Mitte des 19. Jahrhunderts etabliert wurde.[615] Präzedenzfälle der „doctrine of privity“ sind *Tweddle v. Atkinson*[616] aus der Mitte des 19. Jahrhunderts sowie *Dunlop Pneumatic Tyre Co. Ltd. v. Selfridge & Co. Ltd.*[617] und *Beswick v. Beswick*[618] aus den Jahren 1915 und 1967.[619]

Die „privity-doctrine“ wird seit langem in der Literatur[620] und durch die englischen „Law-Reform-Bodies“[621] kritisiert. Auch die Rechtsprechung hat den Ausschluß des vertraglichen Drittschutzes nicht immer stillschweigend hingenommen, sondern sich

---

[612] Siehe oben § 8 II. 2.

[613] *Downes*, S. 339 f. und S. 343 ff.; *Treitel*, S. 534 ff.; *Henrich*, S. 58 f.; *v. Bernstorff*, S. 52 f.

[614] Zu den Ausnahmen und Umgehungsmöglichkeiten der „doctrine of privity“ und der „third party rule“ vergleiche die Darstellung der *Law Commission*, Consultation Paper (1991) No. 121, S. 20 ff.

[615] Dies führte unter anderem dazu, daß die „privity-doctrine“ das US-amerikanische Vertragsrecht nicht beeinflußte, da dessen Abspaltung vom englischen Mutterrecht spätestens nach dem amerikanischen Bürgerkrieg abgeschlossen war.

[616] *Tweddle v. Atkinson* (1861) 1 B & S 393.

[617] *Dunlop Pneumatic Tyre Co. Ltd. v. Selfridge & Co. Ltd.* [1915] A.C. 847.

[618] *Beswick v. Beswick* [1968] A.C. 58.

[619] Zur geschichtlichen Entwicklung der „doctrine of privity“ siehe *Treitel*, S. 540 f.; *Decku*, S. 23 ff. Ausführlich *Palmer*, The Paths of Privity.

[620] *Beyleveld/Brownsword* (1991) 54 M.L.R. 48; *Reynolds* (1989) 105 L.Q.R. 1; *Flannigan* (1987) 103 L.Q.R. 564; *Markesinis* (1987) 103 L.Q.R. 354; *Furmston* (1960) 23 M.L.R. 373.

[621] Siehe zunächst nur *Law Revision Committee* (1937) Cmd. 5449. Zum Reformvorschlag der *Law Commission* siehe unten § 10 II.

wiederholt für eine Reform ausgesprochen. In *Beswick v. Beswick*[622] zitierte Lord *Reid* mit deutlicher Zustimmung den Reformvorschlag des Law Revision Committee von 1937. Der Vorschlag sieht vor, daß ein ausdrücklich in einem Vertrag zugunsten eines Dritten bestimmtes Recht durch den begünstigten Dritten im eigenen Namen durchgesetzt werden kann. Lord *Reid* erkannte zwar an, daß es Aufgabe der Legislative sei, das Recht in diesem wichtigen Punkt zu ändern. Er stellte aber gleichzeitig fest, daß das House of Lords sich der Frage annehmen sollte, falls ein legislativer Reformprozeß lange auf sich warten ließe.[623] Schließlich waren seit dem Reformvorschlag des Law Revision Committee gut 30 Jahre vergangen. In *Swain and Another v. Law Society*[624] bezeichnete Lord *Diplock* die generelle Nichtanerkennung vertraglicher Drittbegünstigung sogar als „anachronistic shortcoming".[625] In *Woodar Investment Development Ltd. v. Wimpey Construction U.K. Ltd.*[626] sprachen sich gleich mehrere Lordrichter gegen die Rechtslage der Schadensersatzansprüche vertragsfremder Dritter aus. Lord *Salmon* gab seiner Hoffnung Ausdruck, daß das House of Lords diese nochmals überprüft, sofern das Recht nicht durch Gesetz geändert werde.[627] Lord *Scarman* erinnerte das House of Lords, daß seit der Aufforderung zur Reform der „third party rule" durch Lord *Reid* in *Beswick v. Beswick*[628] bereits weitere zwölf Jahre vergangen seien.[629]

Trotz der lauten Kritik hat die Bedeutung der „third party rule" die Rechtsprechung davon abgehalten, das Vertragsrecht zugunsten vertragsfremder Dritter zu erweitern. Selbst wenn ein begünstigter Dritter in einem Vertrag ausdrücklich bestimmt wurde, wurde ein Anspruch des Dritten verneint.[630]

Statt dessen wurde der Anwendungsbereich des Deliktstatbestands der „negligence" nach und nach ausgeweitet. Selbst der Ersatz primärer Vermögensschäden, die durch eine innerhalb eines fremden Vertragsverhältnisses abgegebene fehlerhafte Information verursacht wurden, wurde in *Hedley Byrne & Co. Ltd. v. Heller & Partners Ltd.*[631] alsbald für möglich gehalten.[632] Obwohl durch die Ausweitung des deliktischen Vermö-

---

[622] *Beswick v. Beswick* [1968] A.C. 58.

[623] *Beswick v. Beswick* [1968] A.C. 58, 72 per Lord *Reid*.

[624] *Swain and Another v. Law Society* [1983] 1 A.C. 598.

[625] *Swain and Another v. Law Society* [1983] 1 A.C. 598, 611 per Lord *Diplock*.

[626] *Woodar Investment Development Ltd. v. Wimpey Construction U.K. Ltd.* [1980] 1 W.L.R. 277. Siehe zu dieser Entscheidung auch *Treitel*, L.Q.R. 114 (1998) 527.

[627] *Woodar Investment Development Ltd. v. Wimpey Construction U.K. Ltd.* [1980] 1 W.L.R. 277, 291 per Lord *Salmon*.

[628] *Beswick v. Beswick* [1968] A.C. 58, 72 per Lord *Reid*.

[629] *Woodar Investment Development Ltd. v. Wimpey Construction U.K. Ltd.* [1980] 1 W.L.R. 277, 300 per Lord *Scarman*.

[630] *Tweddle v. Atkinson* (1861) 1 B & S 393; *Dunlop Pneumatic Tyre Co. Ltd. v. Selfridge & Co. Ltd.* [1915] A.C. 847; *Beswick v. Beswick* [1968] A.C. 58.

[631] *Hedley Byrne & Co. Ltd. v. Heller & Partners Ltd.* [1963] 2 All E.R. 575 (HL).

[632] Siehe unten § 10 I. 2. b) dd).

gensschutzes die Dichotomie des englischen Haftungsrechts durchbrochen wurde, gaben ihr die englischen Obergerichte den Vorzug vor der Einschränkung der Relativität des Vertragsverhältnisses. Denn zur Einführung eines vertraglichen Drittschutzes im Wege der richterlichen Rechtsfortbildung sahen sie sich wegen der weitreichenden Bedeutung der „third party rule“ außer Stande. So meinte Viscount *Simonds* in *Midland Silicones Ltd. v. Scruttons Ltd.*[633]: „If the principle of ius quaesitum tertio is to be introduced into our law, it must be done by Parliament after a due consideration of its merits and demerits.“[634]

2. Entwicklung der Fahrlässigkeitshaftung im Dreipersonenverhältnis

Die Haftung des privaten Sachverständigen ist in England ebenso wie in Deutschland zumeist mit der Frage nach der Ersatzfähigkeit primären Vermögensschadens eines Dritten verbunden. Während sich die Ersatzfähigkeit eines primären Drittvermögensschadens in Deutschland durch die richterrechtliche Ausdehnung vertraglicher Haftungsgrundlagen im Einklang mit der Zweiteilung des Haftungsrechts entwickelt hat, war dies in England durch die „third party rule“ ausgeschlossen. Daher wurde der Deliktstatbestand der „negligence“ ausgeweitet und zur Erzielung interessengerechter Ergebnisse nutzbar gemacht.

a) Cann v. Willson und das Votum von Denning L.J. in Chandler v. Crane, Christmas & Co.

In der Entscheidung der Chancery Divison in *Cann v. Willson*[635] wurde erstmals die deliktische Haftung privater Grundstückssachverständiger wegen eines fehlerhaften Wertgutachtens, das diese im Auftrag eines potentiellen Grundpfandrechtsschuldners angefertigt und an die Rechtsanwälte des klagenden Grundpfandrechtsgläubigers übersandt hatten, bejaht. Nachdem die Sachverständigen auf Anfrage der Rechtsanwälte die Richtigkeit des Gutachtens nochmals bestätigt hatten, stimmte der Grundpfandrechtsgläubiger im Vertrauen auf das Gutachten dem Kreditgeschäft zu. Er erlitt einen Vermögensschaden, da der Schuldner den Kredit nicht zahlte und das sichernde Grundstück nicht den gutachterlich veranschlagten Wert des mit dem Grundpfandrecht gesicherten Darlehens erbrachte. Das Gericht begründete seine Entscheidung damit, daß die Sachverständigen durch Zusendung des Gutachtens gegenüber dem Kläger eine Pflicht übernommen hätten, da ihnen der Zweck des Gutachtens, dem Kläger als Entscheidungsgrundlage für ein Kreditgesuch zu dienen, bekannt gewesen sei. Ihre Sorgfaltspflicht, die mangels einer „consideration“ des Klägers nicht vertraglicher Art war, haben die beklagten Sachverständigen durch die fahrlässige Gutachtenerstattung verletzt.[636]

---

[633] *Midland Silicones Ltd. v. Scruttons Ltd.* [1962] A.C. 446.

[634] *Midland Silicones Ltd. v. Scruttons Ltd.* [1962] A.C. 446, 468 per Viscount *Simonds*.

[635] *Cann v. Willson* (1888) 39 Ch.D. 39.

[636] *Cann v. Willson* (1888) 39 Ch.D. 39, 42 f. per *Chitty* J.

Hinsichtlich des Anspruchsgrundes ist an dieser Entscheidung besonders bemerkenswert, daß die Sorgfaltspflicht mit den Kriterien der freiwilligen Annahme von Verantwortung durch die Sachverständigen und deren Kenntnis des Gutachtenzwecks begründet wurde. Zudem wird das erstmals fünf Jahre zuvor von *Brett* M.R. in *Heaven v. Pender*[637] entworfene Konzept für eine Fahrlässigkeitshaftung zitiert. Demnach wäre hier bereits eine Konkretisierung der „negligence"-Haftung wegen der Weitergabe eines fehlerhaften Sachverständigengutachtens möglich gewesen. Eine Besonderheit ist außerdem, daß die Ersatzfähigkeit des primären Vermögensschadens des Klägers bejaht wurde, ohne dies von einer vertraglichen Haftungsgrundlage abhängig zu machen. Diese Entscheidung hätte folglich Grundlage einer modernen Sachverständigenhaftung für primäre Vermögensschäden gegenüber Dritten werden können. *Cann v. Willson*[638] wurde jedoch durch die Entscheidung des Court of Appeal in *Le Lievre v. Gould*[639] bedeutungslos, da es mit dem Präzedenzfall des House of Lords in *Derry v. Peek*[640] zum Deliktstatbestand „deceit"[641] für unvereinbar gehalten wurde.[642] Daraufhin verfestigte sich zunächst die Auffassung, daß „negligent misstatements can never give rise to a cause of action."[643] Das „neighbour-principle" aus *Donoghue v. Stevenson*[644] konnte daher für die Auskunftshaftung wegen primärer Vermögensschäden nicht unmittelbar fruchtbar gemacht werden, da es sich nur auf fahrlässig verursachte Gefahren für Leib, Leben und Gesundheit bezog.

Im Jahre 1951 lehnte der Court of Appeal in der Entscheidung *Chandler v. Crane, Christmas & Co.*[645] mehrheitlich eine „negligence"-Haftung wegen primärer Vermögensschäden ab. Die beklagten Wirtschaftsprüfer hatten fahrlässig einen unrichtigen Prüfbericht erstellt, von dem sie wußten, daß er einem potentiellen Investor vorgelegt werden sollte. Dieser nahm im Vertrauen auf die Richtigkeit des Berichts eine Investition vor. Im Konkurs des Unternehmens fiel er mit einer beträchtlichen Summe aus. Der reformfreudige *Denning* L.J. sprach sich in einem Minderheitsvotum für die Haftung der Wirtschaftsprüfer aus. Er legte zunächst dar, daß die Präzedenzentscheidungen in *Derry v. Peek*[646] und *Le Lievre v. Gould*[647], an die sich die Mehrheit der Richter

---

[637] *Heaven v. Pender* (1883) 11 Q.B.D. 503. Siehe dazu oben § 9 II. 1.

[638] *Cann v. Willson* (1888) 39 Ch.D. 39.

[639] *Le Lievre v. Gould* [1893] 1 Q.B. 491.

[640] *Derry v. Peek* [1889] 14 App.Cas. 337.

[641] Siehe oben § 9 I. 1.

[642] *Rogers* in *Winfield & Jolowicz*, S. 272; *Fredy Müller, S.* 213.

[643] *Heskell v. Continental Express Ltd.* [1950] 1 All E.R. 1033, 1042 per *Devlin* J. Dieser Grundsatz beruht auf der Entscheidung in *Derry v. Peek* [1889] 14 App.Cas. 337.

[644] *Donoghue v. Stevenson* [1932] A.C. 562. Siehe oben § 9 II. 3.

[645] *Chandler v. Crane, Christmas & Co.* [1951] 2 K.B. 164.

[646] *Derry v. Peek* [1889] 14 App.Cas. 337.

[647] *Le Lievre v. Gould* [1893] 1 Q.B. 491.

gebunden fühlte, einer Haftung nicht entgegenstünden.[648] Er führte für die Haftung der Wirtschaftsprüfer an, daß der Beruf des Wirtschaftsprüfers besondere Kenntnisse und Fähigkeiten erfordere und es üblicherweise mit sich bringe, daß Berichte an Dritte gegeben und von diesen zur Grundlage von Entscheidungen gemacht würden. Ein Wirtschaftsprüfer schulde daher jedem Sorgfalt, dem der Bericht als Entscheidungsgrundlage mit Wissen des Wirtschaftsprüfers vorgelegt werde. Eine Schadensersatzpflicht bestehe aber nur hinsichtlich der Geschäfte, von denen der Wirtschaftsprüfer wisse, daß sie von dem Bericht abhängig gemacht werden.[649] Diese Gedanken setzten sich zwar in *Chandler v. Crane, Christmas & Co.*[650] nicht durch, gelten jedoch heute als erheblich.[651]

b) Hedley Byrne & Co. Ltd. v. Heller & Partners Ltd.

Mit der Entscheidung in *Hedley Byrne & Co. Ltd. v. Heller & Partners Ltd.*[652] begründete das House of Lords die Grundlage die Auskunftshaftung wegen primärer Vermögensschäden gegenüber Dritten.[653] Sie war daher auch für die „negligence"-Haftung des privaten Sachverständigen gegenüber Dritten wegweisend.

aa) Sachverhalt

Die Klägerin, eine Werbeagentur, ersuchte ihre Bank um Informationen über die Bonität eines Werbekunden (Easipower Ltd.). Die Bank leitete die Anfrage an die beklagte Hausbank von Easipower weiter. Die Beklagte stellte die Situation von Easipower in zu gutem Licht dar. Sie bezeichnete die Auskunft ausdrücklich als „confidential. For your private use and without responsibility (...)" und leitete diese auf gleichem Wege an die Kläger zurück. Die Beklagte kannte die Klägerin zwar nicht, wußte jedoch, daß die Anfrage der Klägerin im Zusammenhang mit einem Werbeauftrag erfolgte. Im Vertrauen auf die Richtigkeit der Auskunft erhöhte die Klagerin die Kreditlinie ihres Kunden. Im anschließenden Konkurs erlitt sie einen beträchtlichen Ausfall und erhob Klage auf Ersatz ihres Vermögensschadens wegen der sorgfaltswidrig erteilten Auskunft.

McNair J. verneinte in erster Instanz einen Anspruch aus „negligence", weil die beklagte Bank der Klägerin keine Sorgfalt geschuldet habe.[654] Das klageabweisende Ur-

---

[648] *Chandler v. Crane, Christmas & Co.* [1951] 2 K.B. 164, 179 f. per *Denning* L.J. *Denning* L.J. meinte, daß *Derry v. Peek* nur unter den besonderen Umständen des dortigen Sachverhaltes gelte („distinguishing on the facts").

[649] *Chandler v. Crane, Christmas & Co.* [1951] 2 K.B. 164, 179 ff. per *Denning* L.J.

[650] *Chandler v. Crane, Christmas & Co.* [1951] 2 K.B. 164.

[651] *Fredy Müller, S.* 219; *Decku*, S. 82 jeweils mit Hinweisen auf die zustimmende englische Literatur.

[652] *Hedley Byrne & Co. Ltd. v. Heller & Partners Ltd.* [1963] 2 All E.R. 575 (HL).

[653] Siehe bereits oben § 9 III. 3. b). Siehe ferner *Stanton* (1994) 10 P.N. 110, 112 f.; *James* (1990) 6 P.N. 69; *Evans* (1990) 6 P.N. 76, 77.

[654] *Rogers* in *Winfield & Jolowicz*, S. 274.

teil wurde durch den Court of Appeal bestätigt.[655] Die Instanzgerichte zitierten *Chandler v. Crane, Christmas & Co.*[656] und *Le Lievre v. Gould*[657] als verbindliche Präzedenzien. Sie verneinten demnach eine fahrlässige Auskunftshaftung wegen primärer Vermögensschäden aufgrund der Leitentscheidung in *Derry v. Peek*[658].[659] *Pearson* L.J. erachtete eine Sorgfaltspflicht der Bank gegenüber einem Dritten, dem eine Auskunft zur Bonität eines Kunden erteilt werde, zudem als unangemessen.[660] Das House of Lords lehnte einen Schadensersatzanspruch der Klägerin im Ergebnis zwar ebenfalls ab. Kein Lordrichter stützte jedoch seine Entscheidung auf die vorgenannten Präjudizien nach *Derry v. Peek*[661], sondern auf die Haftungsfreizeichnung der Beklagten, deren Wirksamkeit nicht bezweifelt wurde.

bb) Sorgfaltspflichtbestimmung

Die Lordrichter *Reid*, *Devlin* und *Pearce* bejahten eine Sorgfaltspflicht der beklagten Bank gegenüber der Klägerin. Sie griffen zur Bestimmung der Sorgfaltspflicht nicht auf Lord *Atkin's* „neighbour-principle" zurück. Sie hielten vielmehr die Heranziehung spezieller Kriterien für erforderlich. Zunächst sollte eine besondere Nähebeziehung („special relationship") zwischen der beklagten Auskunftgeberin und der geschädigten Empfängerin erforderlich sein.[662] Nach Auffassung von Lord *Reid* sei eine „special relationship" anzunehmen, wenn der Auskunftgeber für seine berufliche Tätigkeit, bei deren Ausübung er die Auskunft erteile, besondere Sachkunde benötige und daher Vertrauen des Auskunftsempfängers in Anspruch nehme. Dies müsse dem Auskunftgeber bewußt sein. Ferner müsse er wissen, daß der Empfänger auf die Auskunft vertraue.[663] Lord *Devlin* erachtete eine vertragsähnliche Beziehung für erforderlich. Diese sei zu bejahen, „where there is an assumption of responsibility in circumstances in which, but for the absence of consideration, there would be a contract."[664] Lord *Devlin* dachte dabei offenbar das Kriterium der Annahme von Verantwortung aus der Ent-

---

[655] *Hedley Byrne & Co. Ltd. v. Heller & Partners Ltd.* [1962] 1 Q.B. 396 (CA).

[656] *Chandler v. Crane, Christmas & Co.* [1951] 2 K.B. 164.

[657] *Le Lievre v. Gould* [1893] 1 Q.B. 491.

[658] *Derry v. Peek* [1889] 14 App.Cas. 337.

[659] *Rogers* in *Winfield & Jolowicz*, S. 274.

[660] *Hedley Byrne & Co. Ltd. v. Heller & Partners Ltd.* [1962] 1 Q.B. 396 (CA) 414 per *Pearson* L.J.

[661] *Derry v. Peek* [1889] 14 App.Cas. 337.

[662] *Hedley Byrne & Co. Ltd. v. Heller & Partners Ltd.* [1963] 2 All E.R. 575 (HL) 617 f. per Lord *Pearce* und S. 583 per Lord *Reid*.

[663] *Hedley Byrne & Co. Ltd. v. Heller & Partners Ltd.* [1963] 2 All E.R. 575 (HL) 583 per Lord *Reid*, der sich maßgeblich an der „fiduciary relationship" nach Viscount *Haldane* L.C. in *Nocton v. Lord Ashburton* ([1914] A.C. 932) orientierte.

[664] *Hedley Byrne & Co. Ltd. v. Heller & Partners Ltd.* [1963] 2 All E.R. 575 (HL) 610 per Lord *Devlin*.

scheidung in *Cann v. Willson*[665]. Diese Entscheidung bezeichneten die Lordrichter nun ausdrücklich als seinerzeit richtig entschieden.[666] Für die subjektiven Anforderungen einer besonderen Nähebeziehung knüpfte Lord *Devlin* an die Ausführungen von *Denning* L.J. in *Chandler v. Crane, Christmas & Co.*[667] an und verlangte (als einziger) positive Kenntnis des Auskunftgebers vom Vertrauen des Empfängers in die Richtigkeit der Auskunft.[668] Lord *Devlin* formulierte zur Feststellung der Sorgfaltspflicht daher die Gleichung, „(...) wherever there is a relationship equivalent to contract there is a duty of care.“[669]

Die Lordrichter *Morris* und *Hodson* leiteten die Haftung der beklagten Bank aus *Donoghue v. Stevenson*[670] her. Nach ihrer Auffassung biete diese Entscheidung die Möglichkeit, haftungsbegründende Sorgfaltspflichten flexibel zu erweitern. Für fahrlässige Falschauskünfte („negligent misstatements“) müsse allerdings eine Haftungsbegrenzung anhand einer besonderen Nähebeziehung geschaffen werden. Diese solle anhand der Sachkriterien 'Vertrauen des Empfängers in die beruflichen Fachkenntnisse des Auskunftgebers`, 'freiwillige Annahme von Verantwortung bei Auskunftserteilung` sowie 'Kenntnis über Kommunikation der Information und Vertrauen darauf` bestimmt werden.[671]

Demnach hat das House of Lords für die „negligence“-Haftung wegen einer fehlerhaften Auskunft eine neue Methode zur Sorgfaltspflichtbestimmung geschaffen. Eine Sorgfaltspflicht des Auskunftgebers ist zu bejahen, wenn dieser in einer besonderen Nähebeziehung zum Empfänger steht („special relationship“). Diese ist anzunehmen, wenn eine Person mit besonderer Sachkunde einem anderen freiwillig einen Rat erteilt oder eine Information gibt und dabei weiß oder vernünftigerweise davon ausgehen muß, daß der andere der besonderen Sachkunde vertraut und sich daher auf die Auskunft verläßt.

cc) Haftung für primäre Vermögensschäden

Während sich die Lordrichter in *Hedley Byrne*[672] ausführlich mit der Feststellung einer Sorgfaltspflicht der Beklagten beschäftigt hatten, finden sich zum Problem der Ersatzfähigkeit primärer Vermögensschäden nur wenige Ausführungen, obwohl diese nach

---

[665] *Cann v. Willson* (1888) 39 Ch.D. 39. Siehe oben § 10 I. 2. a).

[666] *Clerk & Lindsell*, Rz. 11-40.

[667] *Chandler v. Crane, Christmas & Co.* [1951] 2 K.B. 164.

[668] *Hedley Byrne & Co. Ltd. v. Heller & Partners Ltd.* [1963] 2 All E.R. 575 (HL) 611 per Lord *Devlin*. Siehe zum Votum von *Denning* L.J. oben § 10 I. 2. a).

[669] *Hedley Byrne & Co. Ltd. v. Heller & Partners Ltd.* [1963] 2 All E.R. 575 (HL) 611 per Lord *Devlin*.

[670] *Donoghue v. Stevenson* [1932] A.C. 562.

[671] *Hedley Byrne & Co. Ltd. v. Heller & Partners Ltd.* [1963] 2 All E.R. 575 (HL) 598 ff. per Lord *Morris* und S. 595 ff. per Lord *Hodson*.

[672] *Hedley Byrne & Co. Ltd. v. Heller & Partners Ltd.* [1963] 2 All E.R. 575 (HL).

„negligence“ bekanntlich nicht ersatzfähig waren. Lord *Hodson* meinte nur, es sei schwer einzusehen, warum die Haftung von der Art des Schadens abhängen solle.[673] Er stützte sich daher auf die Entscheidung des House of Lords in *Morrison Steamship Co. Ltd. v. Greystoke Castle*[674], in der ausnahmsweise ein Anspruch aus „negligence“ wegen primärer Vermögensschäden bejaht worden war. Diese Entscheidung wurde später als Ausnahme aufgrund des einschlägigen Seerechts gerechtfertigt.[675] Lord *Devlin* hielt es für unlogisch, daß eine Haftung wegen fahrlässiger Falschangaben bei Sach- und Körperschäden[676], nicht aber bei primären Vermögensschäden gegeben sei. Die Ungleichbehandlung von primären und sekundären Vermögensschäden sei „nonsense“.[677]

Obwohl eine „negligence“-Haftung der beklagten Bank für primäre Vermögensschäden in *Hedley Byrne*[678] dem Grunde nach angenommen wurde, bestehen Zweifel, ob der Grundsatz, daß nur Sach- und Personenschäden nach „negligence“ ersatzfähig seien, aufgehoben wurde. Hiergegen spricht jedoch die jüngere Rechtsprechung seit *Murphy v. Brentwood D.C.*[679], die den Ersatz primärer Vermögensschäden nach „negligence“ verneint, sofern keine Analogie zu *Hedley Byrne*[680] möglich ist.[681] Die deliktische Haftung für primäre Vermögensschäden auf der Grundlage von *Hedley Byrne* steht nicht im Widerspruch zu der Entscheidung in *Murphy*[682], da *Hedley Byrne* nicht aufgehoben wurde und daher als Ausnahme erhalten geblieben ist.

3. *Sachverständigenhaftung seit Hedley Byrne & Co. Ltd. v. Heller & Partners Ltd.*

Die Entscheidung in *Hedley Byrne*[683] hat das englische Recht hinsichtlich der Haftung für fahrlässige Falschauskünfte und hinsichtlich der deliktischen Haftung für primäre Vermögensschäden revolutioniert. Während beide Bereiche in den folgenden Jahren zunächst nach und nach ausgeweitet wurden, wurde die deliktische Haftung für primä-

---

[673] *Hedley Byrne & Co. Ltd. v. Heller & Partners Ltd.* [1963] 2 All E.R. 575 (HL) 598 per Lord *Hodson.*

[674] *Morrison Steamship Co. Ltd. v. Greystoke Castle* [1947] A.C. 265.

[675] *Hutchison/Zimmermann*, ZVglRWiss 94 (1995) 42, 56 und 54 f.

[676] In der Entscheidung *Clayton v. Woodman & Son (Builders) Ltd.*, [1962] 2 Q.B. 533, wurden Architekten zu Schadensersatz gegenüber einem verletzten Maurer verurteilt, weil sie durch falsche Anweisungen an ihn einen Unfall verursacht hatten.

[677] „I am bound to say, my Lords, that I think this to be nonsense.“, *Hedley Byrne & Co. Ltd. v. Heller & Partners Ltd.* [1963] 2 All E.R. 575 (HL) 603 per Lord *Devlin.*

[678] *Hedley Byrne & Co. Ltd. v. Heller & Partners Ltd.* [1963] 2 All E.R. 575 (HL).

[679] *Murphy v. Brentwood District Council* [1990] 2 All E.R. 908.

[680] *Hedley Byrne & Co. Ltd. v. Heller & Partners Ltd.* [1963] 2 All E.R. 575 (HL).

[681] *v. Bar*, Gemeineuropäisches Deliktsrecht, Bd. I, § 3 Rz. 287 Fn. 306. Siehe auch die ausführliche Darstellung der Rechtsprechung zu primären Vermögensschäden seit *Hedley Byrne* bei *Hutchison/Zimmermann*, ZVglRWiss 94 (1995) 42, 57 ff.

[682] *Murphy v. Brentwood District Council* [1990] 2 All E.R. 908.

[683] *Hedley Byrne & Co. Ltd. v. Heller & Partners Ltd.* [1963] 2 All E.R. 575 (HL).

re Vermögensschäden nach der Entscheidung in *Junior Books Ltd. v. Veitchi Co. Ltd.*[684] zurückgenommen.[685] Der Ersatz primärer Vermögensschäden ist daher grundsätzlich auf vertragliche Verhältnisse beschränkt. Die Entscheidung in *Hedley Byrne* ist eine Ausnahme, da sie durch *Murphy*[686] nicht angetastet wurde. Damit hat sich die „negligence"-Haftung wegen fehlerhafter Auskünfte auf der Grundlage von *Hedley Byrne* verselbständigt. Sie ist wegen der Rückkehr zur induktiven Rechtsfindungsmethode durch Fallgruppen geprägt.[687]

a) Dritthaftung für unrichtige Sachverständigengutachten

Für die Dritthaftung des Sachverständigen wegen eines unrichtigen Gutachtens hat sich daher ebenfalls eine eigene Fallgruppe herausgebildet. Diese beinhaltet vor allen Haftungsfälle wegen fehlerhafter Tatsachenfeststellungen („surveys") und Wertgutachten („valuations"). Die Sachverhalte dieser Fallgruppe sind dadurch gekennzeichnet, daß der Sachverständige vertraglich beauftragt wird, ein Gutachten zu erstellen. Dabei weiß er, daß das Gutachten von dem Auftraggeber gegenüber einem Dritten zur Vorbereitung einer Vermögensdisposition verwendet werden soll, etwa für den Erwerb oder die Belastung einer beweglichen (Yacht[688]) oder unbeweglichen Sache (Hausgrundstück, Eigentumswohnung[689]). Der Sachverständige kennt den Dritten oder kann ihn als Mitglied einer abgrenzbaren Personengruppe zuordnen. Das Gutachten wird dem Dritten durch den Auftraggeber oder durch den Sachverständigen zugänglich gemacht. Im Vertrauen auf die Richtigkeit der sachkundigen Feststellung oder Bewertung investiert der Dritte zu seinem Nachteil, da das Gutachten regelmäßig fahrlässig falsch erstattet wurde.

Dieser Sachverhalt lag bereits der Entscheidung in *Cann v. Willson*[690] zugrunde, die bedeutungslos wurde.[691] Nach deren Rehabilitation durch die Entscheidung in *Hedley Byrne & Co. Ltd. v. Heller & Partners Ltd.*[692] könnte man *Cann*[693] als Grundstein der Fallgruppe der Sachverständigenhaftung für fehlerhafte Gutachten gegenüber Dritten

---

684 *Junior Books Ltd. v. Veitchi Co. Ltd.* [1983] 1 A.C. 520.

685 Siehe oben § 9 II 4. und 5.

686 *Murphy v. Brentwood District Council* [1990] 2 All E.R. 908.

687 Siehe oben § 9 III. 1.

688 Eine „negligence"-Haftung nach *Hedley Byrne* wegen einer fahrlässig fehlerhaften Bewertung einer Yacht wurde in der Entscheidung des High Court in *Mariola Marine Corporation v. Lloyd's Register of Shipping (The Morning Watch),* [1990] 1 Lloyd's Rep. 547, in Betracht gezogen, jedoch mangels „proximity" verneint. *Charlesworth & Percy*, Rz. 8-213.

689 Siehe anschließend im Text die erläuterten Entscheidungen.

690 *Cann v. Willson* (1888) 39 Ch.D. 39.

691 Siehe oben § 10 I. 2. a).

692 *Hedley Byrne & Co. Ltd. v. Heller & Partners Ltd.* [1963] 2 All E.R. 575 (HL).

693 *Cann v. Willson* (1888) 39 Ch.D. 39.

bezeichnen.[694] In *Singer and Friedlander Ltd. v. John D. Wood & Co.*[695] wurde die Sorgfaltspflicht des beklagten Sachverständigen gegenüber der klagenden Bank jedoch unter Bezugnahme auf *Hedley Byrne* bejaht. In diesem Fall wußten die Sachverständigen, daß ihr Wertgutachten über das Grundeigentum ihres Auftraggebers von der Bank bei der Vergabe eines Darlehens an den Auftraggeber zur Dispositionsgrundlage gemacht werden sollte.[696] Die Sorgfaltspflicht des Sachverständigen ist nicht auf eine bestimmte Person begrenzt. Sie kann auch gegenüber einer abgrenzbaren Gruppe von Personen bestehen, wenn der Sachverständige weiß, daß sein Gutachten einer Person aus dieser Gruppe als Dispositionsgrundlage dienen soll.[697] So wurde eine Sorgfaltspflicht in Betracht gezogen, wenn der Sachverständige wußte, daß das von ihm zu bewertende Grundeigentum seines Auftraggeber zum Verkauf stand und Dritte im Vertrauen auf das Gutachten Interesse bekundet haben.[698]

Ein nicht ganz typischer Drittschadensfall lag der Entscheidung in *Yianni v. Edwin Evans and Sons*[699] zugrunde. Die Kläger wollten ein Hausgrundstück kaufen, sobald sie dies durch einen grundpfandrechtlich gesicherten Kredit finanzieren konnten. Sie baten die Halifax Building Society, eine Bausparkasse, um ein Angebot. Halifax beauftragte die beklagten Sachverständigen mit einem Wertgutachten für das Hausgrundstück, wofür die Kläger eine Gebühr bezahlten. Aus den Unterlagen von Halifax ging hervor, daß sie gegenüber den Klägern keine Verantwortung für das Gutachten übernehmen würden. Vielmehr solle ein eigener Sachverständiger beauftragt werden. Die Kläger haben diesen Hinweis nicht beachtet und auf ein eigenes Gutachten verzichtet. Die beklagten Sachverständigen wußten, daß die meisten potentiellen Erwerber von Grundstückseigentum, welches, wie hier, preislich am unteren Ende des Immobilienmarkts anzusiedeln ist, auf das Wertgutachten ihrer Bausparkasse vertrauten. Obwohl das Gutachten den Klägern nicht vorgelegt wurde, erwarben diese im Vertrauen auf die Richtigkeit des Wertgutachtens, auf dessen Grundlage Halifax den Klägern ein Angebot gemacht hatte, das Haus. Bei der Gutachtenerstellung hatten die Beklagten fahrlässig schwerwiegende preismindernde Mängel übersehen. Die Kläger hätten das Haus nicht gekauft, wenn sie nicht aufgrund des gutachterlich belegten Angebots von Halifax angenommen hätten, daß das Hausgrundstück mindestens den Betrag wert ist, in dessen Höhe Halifax einer dinglichen Sicherung zugestimmt hat.

---

[694] Konzeptionell, jedoch nicht ausdrücklich *Dugdale/Stanton*, S. 120 Ziff. 7.39.

[695] *Singer and Friedlander Ltd. v. John D. Wood & Co.* (1977) 243 E.G. 212.

[696] *Dugdale/Stanton*, S. 120 Ziff. 7.39.

[697] *Dugdale/Stanton*, S. 120 Ziff. 7.39.

[698] *Bourne v. McEvoy Timber Preservation Ltd.* (1975) 237 E.G. 496; *Shankie-Williams v. Heavey* (1986) 279 E.G. 316. Die Ansprüche scheiterten mangels Verletzung der Sorgfaltspflicht beziehungsweise mangels Kausalität.

[699] *Yianni v. Edwin Evans and Sons* [1982] 1 Q.B. 438.

Obwohl die Kläger das Gutachten weder von der Bausparkasse noch von den beklagten Sachverständigen erhalten hatten, nahm *Park* J. an, es sei für den beklagten Sachverständigen vorhersehbar gewesen, daß die Kläger im Vertrauen auf sein Wertgutachten handeln würden. Denn mindestens 85 % der Käufer, die vergleichbaren Grundbesitz am unteren Preisende des Immobilienmarkts erwarben, vertrauten auf den von ihrer Bausparkasse gutachterlich ermittelten Grundstückswert. Daher sei es für die Beklagten vorhersehbar gewesen, daß eine unrichtige Wertschätzung zu einem Vermögensschaden bei dem Käufer führen mußte. *Park* J. bejahte deshalb nach den Grundsätzen aus *Hedley Byrne* eine Sorgfaltspflicht des Beklagten gegenüber den Klägern.[700] Im Anschluß daran prüfte er gemäß Lord *Wilberforce's* Zweistufentest, ob rechtspolitische Erwägungen einen Grund ergaben, die Haftung der Sachverständigen zu verneinen. Von Grundstückserwerbern im unteren Segment des Immobilienmarkts könne jedoch nicht erwartet werden, daß sie Unterschiede der verschiedenen Arten grundstücksbezogener Sachverständigengutachten[701] deuten könnten. Selbst wenn die Kläger aus dem Wertgutachten der Beklagten keine verläßlichen Rückschlüsse auf den Zustand des Hauses und die erforderlichen Aufwendungen, die letztlich Ursache des Vermögensschadens waren, hätten ziehen dürfen, betrachtete *Park* J. das Vertrauen der Kläger als gerechtfertigt. Im übrigen könne von den finanziell schwachen Klägern nicht erwartet werden, daß sie ein eigenes Wertgutachten anfertigen lassen.[702] Da diese Entscheidung mit dem Schutzgedanken zugunsten unerfahrener und finanziell schwacher Immobilienerwerber begründet wurde, ist zu erwarten, daß diese Rechtsprechung auf vergleichbar unerfahrene und finanziell schwache Kläger beschränkt bleiben wird.[703]

Nach der Entscheidung in *Yianni*[704] änderte sich die Praxis der Bausparkassen bei der Finanzierung von Grundstückskäufen. Potentiellen Käufern oder Grundpfandrechtsschuldnern wurden die Wertgutachten der Grundstückssachverständigen vorgelegt, in denen regelmäßig Freizeichnungsklauseln enthalten waren. Dadurch sollte klargestellt werden, daß weder Sachverständiger noch Bausparkasse mit der Übergabe des Gutachtens die Verantwortung für die Richtigkeit des Inhalts übernahmen. Dadurch sollte einer „voluntary assumption of responsibility" begegnet werden.[705] So konnten sich Bausparkassen und Sachverständige für einige Zeit erfolgreich vor Ersatzansprüchen

[700] *Yianni v. Edwin Evans and Sons* [1982] 1 Q.B. 438, 445 per *Park* J.

[701] Siehe zu den unterschiedlichen Gutachten oben § 9 III. 4. b) und *Shankie-Williams v. Heavey* (1986) 279 E.G. 316.

[702] *Yianni v. Edwin Evans and Sons* [1982] 1 Q.B. 438, 456 per *Park* J..

[703] Siehe zunächst nur die Entscheidung in *Davies v. Parry* [1988] 1 E.G.L.R. 173 im Anschluß an die Entscheidung des Court of Appeal in *Smith v. Eric S. Bush* ([1987] 3 All E.R. 179) sowie *Clerk & Lindsell*, Rz. 11-40 Fn. 33.

[704] *Yianni v. Edwin Evans and Sons* [1982] 1 Q.B. 438.

[705] *Clerk & Lindsell*, Rz. 11-40.

Dritter absichern. In der Entscheidung in *Stevenson v. Nationwide Building Society*[706], wo es um Schäden im Zuge eines kommerziellen Grunderwerbs aufgrund eines unrichtigen Wertgutachtens ging, hat Richter *Wilmers* Q.C. jedoch den Unfair Contract Terms Act 1977[707] auf die in dem Gutachten enthaltene Freizeichnungsklausel für anwendbar erklärt. Er prüfte die Klausel nach dem „reasonableness-test" nach sec. 2 (2) Unfair Contract Terms Act 1977 und erachtete sie für wirksam.[708] Ebenso entschied *Nourse* L.J. in der Entscheidung des Court of Appeal in *Harris v. Wyre Forest District Council*[709], wo ein Grundstückskäufer eine Gemeindebehörde verklagt hatte, weil deren angestellter Sachverständiger fahrlässig ein falsches Wertgutachten für ein Grundstück erstellt hatte, woraufhin die Beklagte eine zu geringe dingliche Sicherheit bewilligte. Das Gutachten enthielt eine ausdrückliche Freizeichnungsklausel. *Nourse* L.J. meinte, daß die Sorgfaltspflicht des Beklagten gegenüber dem Kläger durch die Klausel ausgeschlossen worden sei.

In *Harris*[710] hat das Wertgutachten dem Kläger, ebenso wie in *Yianni*[711], nicht vorgelegen. Während *Nourse* L.J. eine „duty of care" des Sachverständigen noch bejahte, einen Anspruch jedoch wegen der Freizeichnungsklausel ablehnte, ging *Kerr* L.J. weiter. Er meinte, eine Sorgfaltspflicht sei gar nicht erst entstanden. Er setzte sich über die Entscheidung in *Yianni* hinweg, indem er deren zugrundeliegenden Sachverhalt wegen der dort fehlenden Freizeichnungsklausel für grundlegend anders und daher unanwendbar erachtete.[712] Er meinte, das bloße Kreditersuchen des Klägers könne nicht zu einer „assumption of responsibility" durch die Beklagte beziehungsweise deren Sachverständigen führen, nur weil eine Auskunft über den Wert des als Sicherheit angedienten Grundstücks erteilt werde. Eine „duty of care" entstehe hier nicht, selbst wenn die Beklagte beziehungsweise deren Sachverständiger wisse, daß die gutachterliche Bewertung weitergeleitet und, wie für Auskünfte dieser Art üblich, aller Wahrscheinlichkeit nach darauf vertraut werde. Voraussetzung sei allerdings, daß der Sachverständige deutlich mache, daß er nur gegenüber seinem Auftraggeber, nicht aber gegenüber Dritten Verantwortung für das Gutachten übernehme. Da eine Sorgfaltspflicht nicht entstehe, könne diese auch nicht Gegenstand einer allgemeinen Geschäftsbedingung sein.[713]

---

[706] *Stevenson v. Nationwide Building Society* (1984) 272 E.G. 663.

[707] Nach sec. 2 (2) des Unfair Contract Terms Act 1977 kann eine Negligence-Haftung für Vermögensschäden mittels allgemeiner Geschäftsbedingung ausgeschlossen werden, „(...) in so far as the term or notice satisfies the requirement of reasonableness." Der Begriff der „reasonableness" wird in sec. 11 Unfair Contract Terms Act 1977 definiert.

[708] *Clerk & Lindsell*, Rz. 11-40; *Dugdale/Stanton*, S. 120 Ziff. 7.41.

[709] *Harris v. Wyre Forest District Council* [1988] 1 All E.R. 691 (CA).

[710] *Harris v. Wyre Forest District Council* [1988] 1 All E.R. 691 (CA).

[711] *Yianni v. Edwin Evans and Sons* [1982] 1 Q.B. 438.

[712] *Clerk & Lindsell*, Rz. 11-40; *Dugdale/Stanton*, S. 120 Ziff. 7.42.

[713] *Clerk & Lindsell*, Rz. 11-07.

Als die Entscheidung in *Harris*[714] getroffen wurde, wurde die Fahrlässigkeitshaftung für primäre Vermögensschäden nach der Entscheidung in *Junior Books*[715] bereits wieder zurückgedrängt. Da *Park* J. in *Yianni*[716] die Sorgfaltspflicht nach Lord *Wilberforce's* „two-stages-test" bejaht hatte, wurde diese Entscheidung ebenfalls kritisiert. Der Court of Appeal lehnte jedoch ein seitens des Beklagten beantragtes Aburteilen von *Yianni* (im Sinne eines „overruling") ab.[717]

Anders als in den Entscheidungen in *Harris*[718] und in *Stevenson v. Nationwide Building Society*[719] erachtete *Dillon* L.J. in der Entscheidung des Court of Appeal in *Smith v. Eric S. Bush*[720] eine formularmäßige Freizeichnungsklausel im Wertgutachten des beklagten Sachverständigen für unwirksam.[721] Demnach widersprachen sich die Entscheidungen des Court of Appeal in *Smith*[722] und *Harris*[723], obwohl die Sachverhalte nahezu identisch waren. Nachdem gegen beide Entscheidungen Rechtsmittel eingelegt worden waren, wurden die Verfahren durch das House of Lords miteinander verbunden und zusammen entschieden. Die höchstrichterliche Entscheidung in *Smith v. Eric S. Bush; Harris v. Wyre Forest District Council*[724] gilt heute als eine Leitentscheidung in der Fallgruppe der Sachverständigenhaftung für Vermögensschäden Dritter wegen fahrlässig falscher Gutachtenerstattung.[725]

b) Leitentscheidung der Sachverständigenhaftung: Smith v. Eric S. Bush, Harris v. Wyre Forest District Council[726]

Die widersprüchlichen Stellungnahmen des Court of Appeal in *Smith*[727] und *Harris*[728] veranlaßten die Lordrichter, zunächst die Anwendbarkeit des „reasonableness-test"

---

[714] *Harris v. Wyre Forest District Council* [1988] 1 All E.R. 691 (CA).

[715] *Junior Books Ltd. v. Veitchi Co. Ltd.* [1983] 1 A.C. 520.

[716] *Yianni v. Edwin Evans and Sons* [1982] 1 Q.B. 438.

[717] *Dugdale/Stanton*, S. 120 Ziff. 7.42. In der Entschediung des House of Lords in *Smith v. Eric S. Bush; Harris v. Wyre Forest District Council* wurde *Yianni* ausdrücklich bestätigt. Siehe anschließend im Text.

[718] *Harris v. Wyre Forest District Council* [1988] 1 All E.R. 691 (CA).

[719] *Stevenson v. Nationwide Building Society* (1984) 272 E.G 663.

[720] *Smith v. Eric S. Bush* [1987] 3 All E.R. 179 (CA).

[721] „(...) where (a surveyor) is dealing with a property at the lower end of the market and he knows that the purchaser is likely to rely on his report, and not instruct his or her own surveyor, I find it very difficult to see why it should be fair and reasonable to allow him to rely on an automatic blanket exclusion of all liability for negligence if his visual inspection of a property turns out not have been reasonably careful.", *Smith v. Eric S. Bush* [1987] 3 All E.R. 179, 184 per *Dillon* LJ.

[722] *Smith v. Eric S. Bush* [1987] 3 All E.R. 179 (CA).

[723] *Harris v. Wyre Forest District Council* [1988] 1 All E.R. 691 (CA).

[724] *Smith v. Eric S. Bush, Harris v. Wyre Forest District Council* [1990] 1 A.C. 831.

[725] *Charlesworth & Percy*, Rz. 8-214.

[726] *Smith v. Eric S. Bush, Harris v. Wyre Forest District Council* [1990] 1 A.C. 831.

[727] *Smith v. Eric S. Bush* [1987] 3 All E.R. 179 (CA).

nach sec. 2 (2) Unfair Contract Terms Act 1977 klarzustellen. Dieser soll in einem Dreipersonenverhältnis zwischen nicht vertraglich miteinander verbundenen Parteien, also dem Sachverständigen und einem Dritten, grundsätzlich Anwendung finden, wenn in diesem Verhältnis eine Sorgfaltspflicht anzunehmen ist.[729] Für das House of Lords stellten sich demnach zwei Fragen: Wann schuldet der Sachverständige einem Dritten Sorgfalt und wie ist eine sorgfaltspflichtausschließende Freizeichnungsklausel zu beurteilen.

aa) „Duty of Care"

Da *Kerr* L.J. in *Harris* unter Ablehnung der Entscheidung in *Yianni*[730] die Existenz einer Sorgfaltspflicht bestritt, bestätigte das House of Lords zunächst ausdrücklich die Richtigkeit der Entscheidung in *Yianni*. Der Schaden des Dritten sei, wenn das Gutachten fahrlässig falsch erstattet werde, vorhersehbar und die Beziehung zwischen dem Sachverständigen und dem Dritten weise die erforderliche besondere Nähe auf und schließlich sei die Annahme der Sorgfaltspflicht „just and reasonable".[731] Die Lordrichter legten demnach zur Begründung der Sorgfaltspflicht des Sachverständigen drei Sachkriterien zugrunde. Es handelte sich dabei um die Vorhersehbarkeit des Schadens, die besondere Nähebeziehung sowie die rechtspolitische Kontrollüberlegung, ob es gerecht und vernünftig ist, dem Sachverständigen eine Haftung aufzuerlegen. Letztere mußte entgegen der Negativprüfung nach dem „two-stages-test" zu einem positiven Ergebnis führen.[732]

Die besondere Nähebeziehung, das zweite Merkmal der neuen Prüfung, müsse wiederum nach eigenen Kriterien bestimmt werden, bei denen es primär auf das Wissen des Sachverständigen von der Verwendung und der Weitergabe des Gutachtens ankomme. Weiterhin sei auf das Wissen des Sachverständigen über die Wahrscheinlichkeit des Vertrauens des Dritten auf die Richtigkeit des Gutachtens abzustellen.[733] Während in

[728] *Harris v. Wyre Forest District Council* [1988] 1 All E.R. 691 (CA).

[729] Die Anwendbarkeit der sec. 2 (2) leitete das Gericht aus einem kumulativen Effekt der Sections 11 (3) und 13 Unfair Contract Terms Act 1977 ab. *Clerk & Lindsell*, Rz. 11-40 und Rz. 11-07.

[730] *Yianni v. Edwin Evans and Sons* [1982] 1 Q.B. 438.

[731] *Clerk & Lindsell*, Rz. 11-40.

[732] *Smith v. Eric S. Bush; Harris v. Wyre Forest District Council* [1990] 1 A.C. 831, 862. Ebenso argumentierte Lord *Jauncey*, S. 871.

[733] „In the case of a surveyor valuing a small house for a building society or local authority, the application of these three criteria (foreseeability, proximity, policy considerations [Verf.]) leads to the conclusion that he owes a duty of care to the purchaser (mortgagor). If the valuation is negligent and is relied on damage in the form of economic loss to the purchaser is obviously foreseeable. The necessary proximity arises from the surveyor's knowledge that the overwhelming probability is that the purchaser will rely upon his valuation, the evidence was that surveyors knew that approximately 90 per cent of purchasers did so, and the fact that the surveyor only obtains the work because the purchaser is willing to pay his fee. It is just and reasonable that the duty should be imposed for the advice is given in a professional as opposed to a social context and liability for breach of duty will be limited both as to its extend and amount. The extend of liability is limited to the purchaser of the house - I

den Entscheidungen in *Hedley Byrne*[734] und *Yianni*[735] für den Aspekt der „proximity" des besonderen Näheverhältnisses auf die freiwillige Annahme von Verantwortung („voluntary assumption of responsibility") abgestellt wurde, betonte Lord *Griffiths* nun stärker die Kenntnis des Sachverständigen von der Geschäftsbezogenheit seines Gutachtens und von dessen Weitergabe an und vertrauensvollen Nutzung durch Dritte. Hierdurch wurde der deliktsrechtliche Ursprung der Sorgfaltspflicht in den Vordergrund gerückt und gleichzeitig von der vertragsrechtlich klingenden Formel der „voluntary assumption of responsibility" abgegrenzt.[736] Die Sorgfaltspflicht ist eben nicht freiwillig oder optional, sondern unterliegt dem nach den Umständen des Einzelfalls[737] anzuwendenden Deliktsrecht. Dies ergibt sich auch daraus, daß die Gerichte selbst dann eine Sorgfaltspflicht bejahten, wenn der Sachverständige seine Verantwortung gegenüber einem Dritten mittels einer Freizeichnungsklausel vermeiden wollte.[738] Lord *Griffiths* war daher der Auffassung, „the phrase 'assumption of responsibility' can only have any real meaning if it is understood as referring to the circumstances in which the law will deem the maker of the statement to have assumed responsibility to the person who acts upon the advice."[739]

Lord *Griffiths* forderte weiterhin, daß die Dritthaftung durch strenge Anforderungen an die Voraussetzungen der Sorgfaltspflicht begrenzt bleiben müsse, um die auskunfterteilenden Berufe nicht mit einem unerträglichen Haftungsrisiko zu belasten.[740]

Dieser Gedanke leitet über zur Frage des Umfangs des Kreises derjenigen Dritten, denen der Sachverständige Sorgfalt schuldet. Lord *Griffiths* hatte sich in diesem Punkt mißverständlich ausgedrückt. Möglicherweise betrachtete er nur den durch den Sachverständigen identifizierbaren Dritten als schutzwürdig. Seine Andeutung kann jedoch

---

would not extend it to subsequent purchasers. The amount of liability cannot be great because it relates to a modest house.", *Smith v. Eric S. Bush; Harris v. Wyre Forest District Council* [1990] 1 A.C. 831, 865 per Lord *Griffiths*.

[734] *Hedley Byrne & Co. Ltd. v. Heller & Partners Ltd.* [1963] 2 All E.R. 575 (HL).

[735] *Yianni v. Edwin Evans and Sons* [1982] 1 Q.B. 438.

[736] *Rogers* in *Winfield & Jolowicz*, S. 276.

[737] Die Einzelfallabhängigkeit zeigt sich besonders deutlich bei der Anwendung des „reasonableness-tests" für Freizeichnungsklauseln.

[738] *Smith v. Eric S. Bush* [1987] 3 All E.R. 179 (CA); *Stanton*, S. 341.

[739] *Smith v. Eric S. Bush; Harris v. Wyre Forest District Council* [1990] 1 A.C. 831, 862 per Lord *Griffiths*.

[740] „I would certainly wish to stress that in cases where the advice has not been given for the specific purpose of the recipient acting upon it, it should only be in cases where the advisor knows that there is a high degree of probability that some other identifiable person will act upon the advice that a duty of care should be imposed. It would impose an intolerable burden upon those who give advice in a professional or commercial context if they were to owe a duty not only to those to whom they give the advice but to any other person who might chose to act upon it.", *Smith v. Eric S. Bush; Harris v. Wyre Forest District Council* [1990] 1 A.C. 831, 865 per Lord *Griffiths*.

auch dahingehend ausgelegt werden, daß lediglich der Ersterwerber, nicht jedoch nachfolgende Erwerber, vor nachlässigen Gutachten geschützt werden sollen.[741] Da Lord *Griffiths* jedoch nicht gefordert hatte, die Entscheidung des House of Lords in *Hedley Byrne*[742] in diesem Punkt nachzubessern, dürfte entgegen der strengen Auslegung davon auszugehen sein, daß die Sorgfalt auch gegenüber einem Mitglied einer bestimmten oder bestimmbaren Gruppe von Personen bestehen kann. Dieses weite Verständnis ergibt sich auch aus *Hedley Byrne.*[743] Gegen eine weite Auslegung spricht nicht die Eingrenzung des Kreises der geschützten Dritten, wie sie Lord *Jauncey* vorgenommen hat.[744] Identifizierbar ist eine Person ebenso wie der Angehörige eines abgrenzbaren Personenkreises. Selbst wenn hier noch Unklarheiten bestehen mögen, so ist sicher, daß ein Sachverständiger demjenigen Dritten keine Sorgfalt schuldet, an den die gutachterliche Information ohne sein Wissen weitergeleitet wird.[745]

bb) „Reasonableness-Test"

Hinsichtlich der zweiten Frage, mit der das House of Lords nach den widersprüchlichen Entscheidungen des Court of Appeal in *Smith*[746] und *Harris*[747] befaßt war, entschieden sich die Lordrichter einstimmig gegen die Wirksamkeit der Freizeichnungsklausel. Die Sorgfaltspflicht des Sachverständigen sei nicht abdingbar, weil die Wertgutachten in beiden Fällen keine schwierige Aufgaben darstellten und die beklagten Sachverständigen wußten oder hätten wissen müssen, daß sich die betroffenen Dritten üblicherweise (zu 90 % bei Immobiliengeschäften im unteren Segment des Immobilienmarkts) auf ein vorhandenes Wertgutachten verließen, ohne einen eigenen Sachverständigen hinzuzuziehen. Dies können sie sich oftmals nicht leisten. Daher wußten die Sachverständigen auch, daß ein Fehler ihres Gutachtens desaströse Folgen für die Dritten haben könnten, während sie selbst durch eine Versicherung abgesichert seien.[748]

Diese Erwägungen lassen sich jedoch nicht verallgemeinern. Die Freizeichnungsklauseln wurden unter ausdrücklicher Hervorhebung der Umstände des Einzelfalls und der Schutzbedürftigkeit der Betroffenen für unwirksam erachtet, so daß bei Bewertungen von Industrieanlagen oder sehr wertvollen Immobilien die Wirksamkeit der in den

---

[741] *Rogers* in *Winfield & Jolowicz*, S. 282 Fn. 61.

[742] *Hedley Byrne & Co. Ltd. v. Heller & Partners Ltd.* [1963] 2 All E.R. 575 (HL).

[743] *Rogers* in *Winfield & Jolowicz*, S. 282 f. Fn. 62. Hierfür spricht ferner die weite Auslegung durch Lord *Oliver* in der bekannten Dritthaftungs-Entscheidung (Wirtschaftsprüfer) des House of Lords in *Caparo Industries Plc. v. Dickman and Others* ([1990] 2 A.C. 605), der sich die Mehrheit der Lordrichter anschlossen.

[744] „(...) some other identifiable person(...) ."

[745] *Stanton*, S. 344.

[746] *Smith v. Eric S. Bush* [1987] 3 All E.R. 179 (CA).

[747] *Harris v. Wyre Forest District Council* [1988] 1 All E.R. 691 (CA).

[748] *Smith v. Eric S. Bush; Harris v. Wyre Forest District Council* [1990] 1 A.C. 831.

Gutachten enthaltenen Freizeichnungsklauseln bejaht werden könnte.[749] Hierauf weist Lord *Griffiths* auch ausdrücklich hin.[750]

c) Etablierung der Sachverständigenhaftung

Die Entscheidung des House of Lords in *Smith*[751] erging vor der Entscheidung in *Murphy v. Brentwood D.C.*[752] Zu diesem Zeitpunkt war der Zwei-Stufen-Test nach Lord *Wilberforce* noch Bestandteil des Common Law. Da die Lordrichter sich in *Smith* jedoch dieses Tests zur Begründung der Sorgfaltspflicht der Sachverständigen nicht bedienten, sondern nach einer neuen dreiphasigen Prüfung und anderen Kriterien vorgingen, bestand für die Auskunftshaftung im allgemeinen und die Sachverständigenhaftung gegenüber Dritten im speziellen zunächst Rechtsunsicherheit.

Kurze Zeit nach *Smith*[753] erließ das House of Lords die Entscheidung in *Caparo Industries Plc. v. Dickman and Others*[754]. In diesem Fall ging es um die Dritthaftung von Wirtschaftsprüfern wegen einer fahrlässig fehlerhaft erstellten Jahresabschlußprüfung einer Aktiengesellschaft, welche der Klägerin und anderen Anteilseignern vor der Jahreshauptversammlung in Kopie übersandt worden war. Im Vertrauen auf die Richtigkeit des Prüfungsberichtes der Beklagten erwarb die Klägerin über 90 % der Aktiengesellschaft. Sie zahlte jedoch einen überhöhten Preis, da in dem Bericht der Beklagten fahrlässig ein Verlust der Gesellschaft in Höhe von £ 400.000 nicht ausgewiesen worden war. Für ihre Vermögenseinbuße verlangte sie von den beklagten Wirtschaftsprüfern Schadensersatz nach „negligence". Im Ergebnis lehnten die Lordrichter die Haftung der Wirtschaftsprüfer ab, da der Zweck des Prüfungsberichts nicht den Schutz potentieller Investoren auf dem Aktienmarkt umfaßt habe, sondern lediglich zur Vorbereitung der Jahreshauptversammlung bestimmt gewesen sei.[755]

In methodischer Hinsicht ist in der Entscheidung in *Caparo*[756] eine Etablierung der Begründung der Sorgfaltspflicht der Sachverständigen nach *Smith*[757] zu sehen. Grund-

---

[749] *Clerk & Lindsell*, Rz. 11-40; *Rogers* in *Winfield & Jolowicz*, S. 280; *Charlesworth & Percy*, Rz. 8-213. Siehe auch die Entscheidung in *Stevenson v. Nationwide Building Society* ((1984) 272 E.G. 663), wo die im Zuge eines geschäftsmäßigen Grunderwerbs verwendete Freizeichnungsklausel für wirksam erachtet wurde.

[750] „With very large sums of money at stake prudence would seem to demand that the purchaser obtain his own structural survey to guide him in his purchase and, it may be reasonable for the surveyors valuing on behalf of those who are providing the finance either to exclude or limit their liability to the purchaser.", *Smith v. Eric S. Bush; Harris v. Wyre Forest District Council* [1990] 1 A.C. 831, 859 f. per Lord *Griffiths*.

[751] *Smith v. Eric S. Bush; Harris v. Wyre Forest District Council* [1990] 1 A.C. 831.

[752] *Murphy v. Brentwood District Council* [1990] 2 All E.R. 908.

[753] *Smith v. Eric S. Bush; Harris v. Wyre Forest District Council* [1990] 1 A.C. 831.

[754] *Caparo Industries Plc. v. Dickman and Others* [1990] 2 A.C. 605.

[755] *Caparo Industries Plc. v. Dickman and Others* [1990] 2 A.C. 605. *James* (1990) 6 P.N. 69.

[756] *Caparo Industries Plc. v. Dickman and Others* [1990] 2 A.C. 605.

[757] *Smith v. Eric S. Bush; Harris v. Wyre Forest District Council* [1990] 1 A.C. 831.

sätzlich wendet sich das House of Lords zwar gegen die Anerkennung einer generellen Rechtsregel der Auskunftshaftung gegenüber Dritten für Vermögensschäden, sondern befürwortet die Rückkehr zu einer induktiven Rechtsfindungsmethode „from case to case".[758] Darin ist jedoch keine Ablehnung des dreiteiligen Prüfungsschemas für die Sorgfaltspflicht des Auskunftgebers gegenüber einem Dritten aus *Smith*[759] zu sehen.[760] Hierfür spricht, daß der dreiphasige Aufbau („foreseeability, proximity, policy considerations") vorinstanzlich vom Court of Appeal in *Caparo* verwendet wurde[761] und vom House of Lords nicht für unrichtig erklärt wurde. Außerdem findet sich diese Prüfungsreihenfolge auch in Entscheidungen nach *Caparo*.[762]

In *Caparo*[763] wurde eine neue Methode zur Bestimmung des Merkmals der „proximity" als Voraussetzung der besonderen Nähebeziehung angewandt. Während Lord *Bridge* drei Voraussetzungen der „sufficient proximity" formulierte[764], gelangte Lord *Oliver* zu einem vierstufigen Prüfungsschema.[765] Das Schema sollte jedoch weder endgültig noch abschließend sein, sondern für Interpretationen nach den jeweiligen Umständen des Einzelfalls offen sein.[766]

---

[758] *Stanton* (1994) 10 P.N. 110, 112. Siehe zur Abkehr von der deduktiven Rechtsfindungsmethode nach *Anns* oben § 9 II. 5.

[759] *Smith v. Eric S. Bush; Harris v. Wyre Forest District Council* [1990] 1 A.C. 831.

[760] Dies war in der englischen Literatur teilweise umstritten, dürfte heute jedoch durch die Entwicklung der Rechtsprechung geklärt sein; siehe anschließend im Text. Eine Darstellung des Streits findet sich bei *Fredy Müller, S.* 251 ff.

[761] *James* (1990) 6 P.N. 69.

[762] *Fredy Müller, S.* 252 Fn. 320; a.A. *Decku*, S. 108 beide m.w.N.

[763] *Caparo Industries Plc. v. Dickman and Others* [1990] 2 A.C. 605.

[764] „The salient feature of all these cases is that the defendant giving advice or information was fully aware of the nature of the transaction which the plantiff had in contemplation, knew that the advice or information would be communicated to him, directly or indirectly and knew that it was very likely that the plaintiff would rely on that advice or information in deciding whether or not to engage in the transaction in contemplation." *Caparo Industries Plc. v. Dickman and Others* [1990] 2 A.C. 605, 620 f. per Lord *Bridge*.

[765] „What can be deducted from the Hedley Byrne case ([1963] 2 All E.R. 575 (HL) [Verf.]), therefore, is that the necessary relationship between the maker of a statement or giver of advice (the adviser) and the recipient who acts in reliance upon it (the advisee) may typically held to exist where (1) the adviser is required for a purpose, whether particularly specified or generally described, which is made known, either actually or inferentially, to the adviser at the time when the advice is given, (2) the adviser knows, either actually or inferentially, that his advice will be communicated to the advisee, either specifically or as a member of an ascertainable class, in order that it should be used by the advisee for that purpose, (3) it is known, either actually or inferentially, that the advice so communicated is likely to be acted on by the advisee for that purpose without independent inquiry and (4) it is so acted on by the advisee to his detriment.", *Caparo Industries Plc. v. Dickman and Others* [1990] 2 A.C. 605, 638 per Lord *Oliver*.

[766] *James* (1990) 6 P.N. 69, 73.

Diese vierstufige Prüfung des besonderen Näheverhältnisses ist direkt auf die Fälle der Sachverständigenhaftung gegenüber Dritten anzuwenden, da die Lordrichter ausdrücklich auf ihre Entscheidung in *Smith*[767] Bezug genommen haben, ohne die Fallgruppen abzugrenzen.[768] Die Übertragbarkeit der Prüfung ergibt sich auch aus dem Hinweis, daß die Prüfung weder abschießend noch endgültig, sondern unter anderen Umständen für eine andere Interpretation offen ist. Nachgewiesen wird die Anwendbarkeit des „proximity"-Tests aus *Caparo* auf die Sachverständigenhaftung mit der dreistufigen Sorgfaltspflichtprüfung nach *Hedley Byrne*[769] und *Smith*[770] auch durch die anschließende Rechtsprechung zur Sachverständigenhaftung für primäre Drittvermögensschäden.[771]

4. Ergebnis

Nach alledem ist festzustellen, daß ein privater Sachverständiger im Falle fehlerhafter Erstattung eines Gutachtens für einen dadurch bei einem Dritten eintretenden primären Vermögensschaden nach „negligence" Ersatz zu leisten hat, wenn er bei der Gutachtenerstattung dem Dritten Sorgfalt geschuldet und diese fahrlässig verletzt hat. Für die entscheidende Frage, ob eine Sorgfaltspflicht bestanden hat, kommt es neben der Vorhersehbarkeit des Schadens und rechtspolitischen Erwägungen zugunsten der Auferlegung einer Sorgfaltspflicht insbesondere auf die Frage an, ob zwischen dem Sachverständigen und dem geschädigten Dritten das erforderliche besondere Näheverhältnis bestanden hat. Ein solches liegt vor, wenn vier Voraussetzungen erfüllt sind. Das Gutachten muß zu einem bestimmten oder allgemein beschriebenen Zweck erbeten werden, der dem Sachverständigen tatsächlich bekannt ist oder durch eine Schlußfolgerung zum Zeitpunkt der Gutachtenerstattung hätte bekannt sein müssen. Ferner muß dem Sachverständigen bewußt sein, daß sein Gutachten an einen bestimmten oder als Mitglied einer abgrenzbaren Personengruppe bestimmbaren Dritten weitergeleitet und durch diesen zu dem obigen Zweck verwendet wird; mangels positiver Kenntnis muß dem Sachverständigen dies mindestens aufgrund einer Schlußfolgerung bewußt sein. Der Sachverständige muß weiterhin wissen, daß der Dritte aller Wahrscheinlichkeit nach im Vertrauen auf die besondere Sachkunde des Sachverständigen handelt und seinen Entschluß auf das Gutachten stützt, ohne eigene Nachforschungen anzustellen.

---

[767] *Smith v. Eric S. Bush; Harris v. Wyre Forest District Council* [1990] 1 A.C. 831.

[768] *Caparo Industries Plc. v. Dickman and Others* [1990] 2 A.C. 605, 638 per Lord *Bridge*, der Lord *Griffiths* aus *Smith v. Eric S. Bush* zitiert.

[769] *Hedley Byrne & Co. Ltd. v. Heller & Partners Ltd.* [1963] 2 All E.R. 575 (HL).

[770] *Smith v. Eric S. Bush; Harris v. Wyre Forest District Council* [1990] 1 A.C. 831.

[771] *Beaumont v. Humberts* [1990] 2 E.G.L.R. 166; *Lloyd v. Butler* [1990] 2 E.G.L.R. 155; *Beaton v. Nationwide Building Society* [1991] 2 E.G.L.R. 145; *Peach v. Iain G Chalmers & Co.* [1992] 2 E.G.L.R. 135; *Marc Rich & Co. A.G v. Bishop Rock Marine Co. Ltd.* [1995] 3 W.L.R. 227; *Spring v. Guardian Assurance Plc. and others* [1994] 3 All E.R. 129. Siehe auch entsprechende Stellungnahmen bei *Stanton*, S. 343 f.; *Stanton* (1994) 10 P.N. 110, 111 f.; *Charlesworth & Percy*, Rz. 8-212; *Fredy Müller*, S. 252.

Schließlich muß der Dritte im Vertrauen auf die Richtigkeit des Gutachtens zu seinem Schaden handeln.

Handelt es sich bei dem Zweck des Sachverständigengutachtens um ein Geschäft im unteren Segment des Immobilienmarkts und erstattet der Sachverständige das Gutachten im Auftrag der finanzkräftigeren Partei, so sind besondere Schutzgedanken zu berücksichtigen. Es kommt nicht darauf an, daß das Gutachten dem geschädigten Dritten, der sich mangels finanzieller Möglichkeiten auf das ihm mitgeteilte Ergebnis des Gutachtens verläßt, nicht persönlich vorgelegt wird. Außerdem kann eine im Sachverständigengutachten enthaltene Freizeichnungsklausel aufgrund vorgenannten Schutzgedankens gerichtlich für unwirksam befunden werden.

Die gegenwärtige Sachverständigenhaftung für primäre Vermögensschäden Dritter, die durch fahrlässig unrichtige Gutachtenerstattung verursacht werden, ist auf die Entscheidung in *Hedley Byrne*[772] als Grundlage der allgemeinen Auskunftshaftung für primäre Vermögensschäden zurückzuführen. Die Kriterien der Sachverständigenhaftung wurden wesentlich durch die Entscheidung in *Smith*[773] konkretisiert und durch die Entscheidung in *Caparo v. Dickman*[774] bestätigt.[775]

II. Reformvorschlag der Law Commission

1. Vorarbeiten

Die „third party rule" ist seit langem der Kritik englischer Rechtsgelehrter[776], Richter[777] und rechtsreformierender Einrichtungen[778] ausgesetzt. Nachdem der Reformvorschlag des Law Revision Committee von 1937[779], ein vertraglich ausdrücklich zugunsten eines Dritten bestimmtes Recht solle durch diesen im eigenen Namen durchgesetzt werden können, zu keiner legislativen Veränderung Anstoß geben konnte, wurde im Jahre 1965 die englische Law Commission eingesetzt, die als ersten Punkt die Kodifikation des englischen Privatrechts auf ihr Programm setzte. Dieser Programmpunkt,

---

[772] *Hedley Byrne & Co. Ltd. v. Heller & Partners Ltd.* [1963] 2 All E.R. 575 (HL).

[773] *Smith v. Eric S. Bush; Harris v. Wyre Forest District Council* [1990] 1 A.C. 831.

[774] *Caparo Industries Plc. v. Dickman and Others* [1990] 2 A.C. 605.

[775] *James* (1990) 6 P.N. 69, 74.

[776] *Furmston* (1960) 23 M.L.R. 373; *Markesinis* (1987) 103 L.Q.R. 354; *Flannigan* (1987) 103 L.Q.R. 564; *Reynolds* (1989) 105 L.Q.R. 1; *Beyleveld/Brownsword* (1991) 54 M.L.R. 48. Siehe auch *Law Commission*, Consultation Paper (1991) No. 121, S. 2 Fn. 5 m.w.N.

[777] *Beswick v. Beswick* [1968] A.C. 58, 72 per Lord *Reid*; *Swain and Another v. Law Society* [1983] 1 A.C. 598, 611 per Lord *Diplock*; *Woodar Investment Development Ltd. v. Wimpey Construction* U.K. Ltd. [1980] 1 W.L.R. 277, 291 per Lord *Salmon*, 300 per Lord *Scarman*.

[778] *Law Revision Committee* (1937) Cmd. 5449; *Law Commission*, Consultation Paper (1991) No. 121; *Law Commission*, Consultation Paper (1996) No. 242 (Abschlußbericht).

[779] *Law Revision Committee* (1937) Cmd. 5449. Eine Zusammenfassung findet sich bei *Law Commission*, Consultation Paper (1991) No. 121, S. 90-92.

der 1973 zugunsten einzelner mittlerweile verwirklichter Projekte[780] wieder fallen gelassen wurde, war ergänzt durch den Auftrag, die „third party rights“ auf ihre Regelungsmöglichkeit hin zu untersuchen. Obgleich die Richter des House of Lords die Möglichkeit gehabt hätten, das Common Law in diesem Punkt selbst im Wege der Rechtsfortbildung zu entwickeln, entsprach es allgemeiner Auffassung in der Rechtsprechung, daß dies Aufgabe der Parlaments sei.[781]

Die Law Commission ist durch die Entwicklung der Rechtsprechung zum Ersatz deliktisch verursachter primärer Vermögensschäden sowie durch die Erforschung der Rechte Dritter im Rahmen des See-Gütertransports wieder auf die third party rights aufmerksam geworden.[782] Die daraufhin im Jahre 1991 ausgesprochene Empfehlung der Law Commission ging dahin, Dritten grundsätzlich zu gestatten, sich auf vertragliche Vereinbarungen zu berufen, die zu ihren Gunsten getroffen wurden.[783] Nachdem das Consultation Paper No. 121 zwischen 1991 und 1992 einem großen Kreis von Richtern, Anwälten, berufsständischen Organisationen und Wissenschaftlern vorgelegt worden war, was eine deutliche Mehrheit von Befürwortern der Reform ergab[784], hat die Law Commission einen Gesetzgebungsvorschlag ausgearbeitet.

Im Folgenden soll auf die Grundgedanken der in Aussicht genommenen Reform eingegangen werden. Die wesentlichen Motive der Reform werden zuvor dargestellt. Anschließend soll untersucht werden, inwiefern der Reformvorschlag der Law Commission die derzeitige Haftung des privaten Sachverständigen gegenüber Dritten betrifft und ob im Falle einer legislativen Umsetzung des Vorschlags mit einer Änderung der Rechtsprechung zu rechnen ist.

2. Reformmotive

a) „Privity of Contract“ - Beseitigung eines Fremdkörpers

Ein wesentliches Motiv für die in Aussicht genommene Reform der „third party rights“ bestand darin, der Vertragsfreiheit vollständig Geltung zu verschaffen. Die Kritik an der „third party rule“ richtet sich stets gegen das Verbot, Rechte durch Vertrag auf eine Person übertragen zu können, die nicht Vertragspartei („privy to the contract“) ist. Weiterhin wird bemängelt, daß vertragliche Sekundärrechte, insbesondere Schadensersatz wegen „breach of contract“, nur ausnahmsweise vom Versprechensempfänger im Interesse des Dritten, nicht jedoch durch den Dritten selbst, geltend gemacht werden können. Das Verbot des Vertrags zu Lasten eines Dritten wird dagegen einstimmig ak-

[780] Eine Liste der verwirklichten Gesetzgebungsprojekte findet sich bei *Law Commission*, Consultation Paper (1991) No. 121, S. 4 Fn. 14.

[781] *Beswick v. Beswick* [1968] A.C. 58, 72 per Lord *Reid*; *Midland Silicones Ltd. v. Scruttons Ltd.* [1962] A.C. 446, 468 per Lord *Viscount Simonds*. Siehe auch *Downes*, S. 342 f.

[782] *Law Commission*, Consultation Paper (1991) No. 121, S. 4.

[783] *Law Commission*, Consultation Paper (1991) No. 121, S. 6, 132.

[784] *Law Commission*, Consultation Paper No. 242, S. 3; *Lorenz*, JZ 1997, 105, 109.

zeptiert, nicht zuletzt, weil hierdurch ein schwererer Eingriff in die Vertragsfreiheit (des Dritten) verhindert wird.[785]

Während die Vertragsfreiheit wegen der liberalen Einflüsse des neunzehnten Jahrhunderts im englischen Vertragsrecht einen überragenden Stellenwert besitzt, steht die strenge Relativität der Vertragsverhältnisse aufgrund der „doctrine of privity" dem entgegen, da der Gestaltungsspielraum der Vertragsparteien beschnitten wird. Selbst wenn nach dem ausdrücklichen Willen beider Vertragsparteien ein Recht zugunsten eines Dritten begründet werden soll, welches der Dritte in eigenem Namen geltend machen kann, so ist dies nach der „doctrine of privity" ausgeschlossen.[786]

aa) Tragfähigkeit der „Doctrine of Privity"

Eine Rechtfertigung des Ausschlusses echter (durchsetzbarer) vertraglicher Drittbegünstigung bereitet Schwierigkeiten.[787] Das Argument, ein Vertrag sei eine persönliche Angelegenheit, die nur die Vertragsparteien etwas angehe, ist keine Begründung der strengen Relativität, sondern eine Behauptung, die selbst eine Begründung erfordert.[788] Diese könnte in den Voraussetzungen für den Erwerb eines Vertragsrechts zu suchen sein, Angebot und Annahme, die dem Schutz der Autonomie des Einzelnen dienen. Da der Dritte an der Einigung nicht beteiligt ist, soll er durch einen Vertrag nicht betroffen werden können; andernfalls werde seine Autonomie gefährdet. Dabei wird übersehen, daß dies nur bei einem Vertrag zu Lasten eines Dritten der Fall sein kann, der nicht in Rede steht. Erlaubt man einem Dritten, ein zu seinen Gunsten vereinbartes Recht durchzusetzen, so wird sogar dem Willen der Vertragsparteien effektiver Rechnung getragen.[789]

Als weitere Rechtfertigung der „privity-doctrine" wird genannt, daß es ungerecht sei, jemandem ein Klagerecht aufgrund eines Vertrags zu verschaffen, aus dem dieser nicht in Anspruch genommen werden kann.[790] Hiergegen wird jedoch eingewandt, daß dem englischen Recht einseitig verpflichtende Verträge durchaus bekannt sind.[791] Desweiteren sind die Interessen des Versprechenden, auch wenn er den Begünstigten nicht in

---

[785] *Downes*, S. 340; *Treitel*, S. 539.

[786] *Tweddle v. Atkinson* (1861) 1 B & S 393: „(...) it is now established that no stranger to the consideration can take advantage of a contract, although made for his benefit". *Gandy v. Gandy* (1885) 30 Ch.D. 57, 69 per *Bowen* L.J. Heute gilt als Leitentscheidung *Beswick v. Beswick* [1968] A.C. 58. Zur Entwicklung *Treitel*, S. 540 f.

[787] *Downes*, S. 340, 342; *Treitel*, S. 539. Eine übersichtliche Zusammenfassung der Argumente pro und contra „privity of contract" findet sich bei *Law Commission*, Consultation Paper (1991) No. 121, S. 66 ff. Auf S. 94 lautet das Ergebnis: „The rule is comparatively modern development in English law, the juridicial basis of which is obscure."

[788] *Treitel*, S. 539.

[789] *Law Commission*, Consultation Paper (1991) No. 121, S. 68.

[790] *Downes*, S. 342.

[791] *Treitel*, S. 539.

Anspruch nehmen kann, durch den Anspruch gegen den Versprechensempfänger gesichert.[792]

Weiterhin wird befürchtet, daß ein Vertrag zugunsten eines Dritten die Rechte der Vertragsparteien, den Vertrag zu ändern oder rückgängig zu machen, beschränken könnte.[793] Wiederum soll die Autonomie der Vertragsparteien geschützt werden. Im deutschen Recht ist dies in § 328 Abs. 2 BGB geregelt. Die Verbindlichkeit eines drittbegünstigenden Vertrags ist durch Auslegung nach den jeweiligen Umständen des Einzelfalls zu bestimmen.[794] Die „doctrine of privity" schießt hier über das Ziel hinaus. Sie stellt einen etwaigen zukünftigen Parteiwillen dem aktuellen ausdrücklichen Willen voran, um eine, nach englischem Verständnis, „unsichere" Auslegung zu vermeiden. Das deutsche Recht zeigt, daß die Rangfolge der beteiligten Interessen für den Zweifelsfall geregelt werden muß, diese Bedingung jedoch eine Regelung der Rechte Dritter nicht zwingend ausschließt.[795]

Schließlich wird einer durchsetzbaren Drittbegünstigung entgegengehalten, daß der Dritte das Recht oftmals unentgeltlich erwerbe.[796] Der Dritte könne dann ein Recht durchsetzen, welches nicht einmal der Versprechensempfänger selbst einfordern könne, dem ein Recht unentgeltlich versprochen werde. Da der Dritte keine Gegenleistung („consideration") erbracht habe, dürfe er nach der „doctrine of consideration" aus dem Leistungsversprechen nicht klagen.[797] Obwohl zwischen der „doctrine of privity" und der „doctrine of consideration" eine enge Verknüpfung besteht[798], meint die Law Commission, daß zwei getrennte Dinge miteinander vermischt würden. Daher stehe die „doctrine of consideration" einer Reform der „doctrine of privity" nicht entgegen.[799]

bb) Trennung der „Third Party Rule"

Wegen der engen Verknüpfung beider Theorien stand die Law Commission zunächst vor der Frage, ob es möglich wäre, die „doctrine of privity" ohne Eingriff in die „doctrine of consideration" zu reformieren. Während dies im Jahre 1965 noch als ausgeschlossen galt[800], stützt die Law Commission ihre positive Haltung darauf, daß die

---

[792] *Beyleveld/Brownsword* (1991) 54 M.L.R. 48, 61; *Law Commission*, Consultation Paper (1991) No. 121, S. 69.

[793] *Downes*, S. 342; *Treitel*, S. 539.

[794] Siehe die Auslegungsregeln in §§ 329, 330 BGB sowie die drittschützenden Auslegungsregelungen in §§ 331 Abs. 2 und 332 BGB.

[795] *Law Commission*, Consultation Paper (1991) No. 121, S. 70.

[796] *Downes*, S. 342; *Treitel*, S. 540.

[797] „ A system of law which does not give a gratuitous promisee a right to enforce the promise is not likely to give this right to a gratuitous beneficiary who is not even a promisee.", *Treitel*, S. 540. Ähnlich *Downes*, S. 342.

[798] Siehe oben § 10 I. 1.

[799] *Law Commission*, Consultation Paper (1991) No. 121, S. 69 f.

[800] *Law Commission*, Consultation Paper (1991) No. 121, S. 3.

„privity-doctrine" es mit der allein interessierenden Frage zu tun habe, wer aus einem Vertrag zu klagen berechtigt ist, während die „consideration-doctrine" das Problem betreffe, welche Leistungsversprechen rechtlich durchsetzbar sind.[801]

Die Trennung der „third party rule" in zwei getrennte, unabhängige Grundsätze wird zunächst mit dem Votum von Viscount *Haldane* L.C. in *Dunlop Pneumatic Tyre Co. Ltd. v. Selfridge & Co. Ltd.*[802] begründet.[803] Außerdem wird auf folgendes Beispiel des Law Revision Committee in Bezug genommen: A, B und C schließen einen Vertrag, in welchem A dem B und dem C verspricht, an C £ 100 zu zahlen, wenn B für A eine Tätigkeit ausübt. Wenn A, nachdem B geleistet hat, grundlos die Zahlung an C verweigert, kann C ihn nicht zur Zahlung zwingen. C ist zwar Vertragspartei, aber auch „(...) third party to the consideration (...)"[804] Nach der traditionellen Lehre im englischen Vertragsrecht, die im Votum von Viscount *Haldane* L.C. Ausdruck findet, ist dies entscheidend. Denn C ist nur an einem „agreement" beteiligt, aber in Ermangelung einer eigenen Gegenleistung nicht Partner eines „contract", aus dem allein ein Klagerecht folgen könnte.[805] Demgegenüber hat sich in der Law Commission die Gegenauffassung durchgesetzt, die dem C ein eigenes Klagerecht einräumt. Ein Leistungsversprechen, das mehreren Personen gegenüber gemeinsam abgegeben werde, gelte gewissermaßen einem Kollektiv („joint promisee principle"), so daß es ausreiche, wenn nur einer der Versprechensempfänger die Gegenleistung erbringe.[806] Unter dieser Prämisse gelangt die Law Commission zu dem Ergebnis, daß lediglich die „doctrine of privity" der echten Drittbegünstigung entgegenstehe. Sie vertritt daher den Standpunkt, daß die in Aussicht genommene Kodifikation der „third party rights" ohne Eingriff in die „consideration-doctrine" stattfinden könne. So könne bestehendes Vertragsrecht fortentwickelt und mit der „doctrine of privity" lediglich ein Fremdkörper, der die Privatautonomie einschränke, aus dem Vertragsrecht entfernt werden.[807] Die „doctrine of privity", so das Fazit der Law Commission, sei kein wesentlicher Bestandteil des Ver-

---

[801] *Law Commission*, Consultation Paper (1991) No. 121, S. 4.

[802] *Dunlop Pneumatic Tyre Co. Ltd. v. Selfridge & Co. Ltd.* [1915] A.C. 847.

[803] „My Lords, in the law of England certain principles are fundamental. One is that only a person who is party to the contract can sue on it (...) A second principle is that if a person with whom a contract not under seal has been made is to be able to enforce it consideration must have been given by him to the promisor or to some other person at the promisor's request.", *Dunlop Pneumatic Tyre Co. Ltd. v. Selfridge & Co. Ltd.* [1915] A.C. 847, 853 per Viscount *Haldane* L.C.

[804] *Law Revision Committee* (1937) Cmd. 5449, para. 37, zitiert nach *Law Commission*, Consultation Paper (1991) No. 121, S. 11.

[805] *Lorenz*, JZ 1997, 105, 106.

[806] *Law Commission*, Consultation Paper (1991) No. 121, S. 11 mit weiteren Nachweisen aus der Literatur, insbesondere *Atiyah*, Consideration in Contracts, S. 40, der diese Meinung unterstützt. Siehe auch *Lorenz*, JZ 1997, 105, 109; *Lorenz*, FS *Kaufmann*, S. 709, 724 f.

[807] *Law Commission*, Consultation Paper (1991) No. 121, S. 6.

tragsrechts und könne daher zugunsten der bedeutenderen Vertragsfreiheit reformiert werden.[808]

b) Vereinfachung vertraglicher Drittbegünstigung

Von Befürwortern wird zur Abmilderung der Härten der „third party rule" darauf verwiesen, daß das englische Recht ausreichende Möglichkeiten biete, die „third party rule" zu umgehen, um eine effektive Drittbegünstigung zu erreichen.[809] Es sei deshalb nicht erforderlich, überkommene Grundsätze des englischen Rechts zu reformieren. Gegen dieses konservative Argument ist mit Recht einzuwenden, daß in der Realität der Laie auf sich allein gestellt ist und deshalb oftmals die besonderen Ausnahmeanforderungen einer effektiven Drittbegünstigung durch eine Umgehung der „privity-doctrine" verfehlen wird. Das zeigen die modernen Fälle der englischen Rechtsprechung, in denen die „third party rule" Schwierigkeiten bereitet hat, obwohl die Parteien rechtlich beraten waren oder ein vermeintliches Umgehungsgeschäft abgeschlossen hatten.[810] Für die Reform wird daher angeführt, daß durch sie eine echte Drittbegünstigung vereinfacht und dem Laien ebenso wie dem beratenen Rechtsanwender mehr Rechtssicherheit verschafft wird.[811]

c) Sicherheit des kaufmännischen Rechtsverkehrs

Für eine Vereinfachung der Drittbegünstigung spreche weiterhin, daß die diversen rechtstechnischen Hürden, die für eine wirksame Umgehung der „privity-doctrine" überwunden werden müßten, den kaufmännischen Rechtsverkehr unnötig behinderten und verkomplizierten. Dies berge immer eine gewisse Rechtsunsicherheit, da die Voraussetzungen vielfach Argumente lieferten, die einem wirksamen Rechtserwerb eines Dritten später entgegengehalten werden könnten.[812] Dies gelte besonders in kaufmännischen Bereichen, wo eine komplexe Vielzahl von Rechtsverhältnissen auf die Erreichung eines gemeinsamen Ziels gerichtet ist, und wo die traditionellen Voraussetzungen des Vertragsabschlusses, also Angebot, Annahme und „consideration", nicht immer exakt nachgehalten werden könnten.[813] Es widerspreche kaufmännischen Interessen, einen Dritten von der Durchsetzung eines Rechts auszuschließen, das ihm durch

---

[808] *Law Commission*, Consultation Paper (1991) No. 121, S. 71 f. sowie S. 6, 132.

[809] Eine Darstellung der „Exceptions and Circumventions of the Third Party Rule" findet sich bei *Law Commission*, Consultation Paper (1991) No. 121, S. 20-64.

[810] *Law Commission*, Consultation Paper (1991) No. 121, S. 68 unter Hinweis auf die „modern leading cases" der privity-doctrine: *Beswick v. Beswick* [1968] A.C. 58; *Woodar Investment Development Ltd. v. Wimpey Construction U.K. Ltd.* [1980] 1 W.L.R. 277.

[811] *Law Commission*, Consultation Paper (1991) No. 121, S. 68 m.w.N.

[812] *Law Commission*, Consultation Paper (1991) No. 121, S. 65.

[813] Gemeint sind insbesondere die vielfältigen Rechtsverhältnisse im Zusammenhang mit Bauvorhaben und dem Transport von Gütern.

einen Vertrag eingeräumt werde, mit dessen Parteien der Dritte in ständiger Geschäftsverbindung stehe.[814]

d) Anerkennung sekundärer Vertragsrechte Dritter

Ein weiteres Motiv für die Reform ist nicht zuletzt, daß der Ausschluß originärer vertraglicher Drittbegünstigung gemeinsam mit der Regelung, daß der Versprechungsempfänger nur seinen eigenen Schaden, nicht aber den eines Dritten, ersetzt verlangen darf, zu untragbaren Ergebnissen führen kann.[815] Dieses Motiv dürfte die Haftung des privaten Sachverständigen für solche Schäden betreffen, die aufgrund seiner unzutreffenden vertraglichen Gutachtenleistung bei einem Dritten eintreten, an den das Gutachten in Kenntnis des Sachverständigen für einen geschäftlichen Zweck weitergeleitet wurde.

So stellt die Law Commission die Frage der „liability from the making of statements" als eine der kritischen praktischen Auswirkungen der „third party rule" dar. Mit Blick auf die deutsche Rechtslage wird festgestellt: „These cases involve what would be characterised in Germany as contracts with protective effects vis-a-vis third parties."[816] Die schwierige Frage nach der Begründung des Inhalts des Vertrags mit Schutzwirkung für einen Dritten, insbesondere hinsichtlich der Feststellbarkeit des Parteiwillens, dem Dritten im Schadensfalle einen einklagbaren Schadensersatzanspruch zu verschaffen, wird dabei nicht übersehen.[817] Gleichwohl hält die Law Commission die Geltendmachung eines vergleichbaren, vertraglichen Schadensersatzanspruchs nach einer Reform grundsätzlich für möglich.[818] Eine Überprüfung dieser Einschätzung soll der Untersuchung der Auswirkungen des Gesetzesentwurfs der Law Commission auf die derzeitige Dritthaftung des privaten Sachverständigen vorbehalten bleiben.[819]

3. Grundzüge der Reform

a) Methode und Schwerpunkt der Reform

Die Law Commission hat die zentralen Probleme der Regelung vertraglicher Drittbegünstigung ausgearbeitet[820] und aufgrund dessen sowie aufgrund der eingeholten Stellungnahmen einen Gesetzgebungsentwurf präsentiert.[821] Der Entwurf ist stark durch das englische Falldenken geprägt. Dominieren bei der deutschen gesetzlichen Regelung des Vertrags zugunsten Dritter (§§ 328 ff. BGB) die Auslegungsvorschriften, die - am Rande bemerkt - aufgrund ihrer Flexibilität seit ihrer Einführung unverändert er-

---

[814] *Law Commission*, Consultation Paper (1991) No. 121, S. 72 m.w.N.

[815] *Law Commission*, Consultation Paper (1991) No. 121, S. 65.

[816] *Law Commission*, Consultation Paper (1991) No. 121, S. 79 und Appendix, para. 29.

[817] *Law Commission*, Consultation Paper (1991) No. 121, S. 79 f.

[818] *Law Commission*, Consultation Paper (1991) No. 121, S. 79.

[819] Siehe unten § 10 II. 4. und III.

[820] *Law Commission*, Consultation Paper (1991) No. 121, S. 97-130.

[821] *Law Commission*, Consultation Paper (1996) No. 242.

halten geblieben sind, so handelt es sich bei dem Vorschlag der Law Commission um eine detaillierte Normierung.[822] In England verspricht man sich nur von einem bis ins einzelne gehenden Gesetz die nötige Rechtssicherheit.[823]

Neben zwei weiteren Reformmethoden[824] hat die Law Commission statt des Gesetzgebungsvorschlags auch erwogen, dem Versprechensempfänger gesetzlich eine Drittschadensliquidation zu ermöglichen, um den Schaden eines geschützten Dritten einklagen zu können. Der Gedanke wurde fallen gelassen, da hierin keine adäquate Lösung gesehen wurde. Zu Recht wurde bezweifelt, daß der Versprechensempfänger immer Willens und in der Lage sei, den Schaden des Dritten einzuklagen.[825] Mit dieser Weichenstellung wurde der Schwerpunkt der Reform auf die Anerkennung echter vertraglicher Drittbegünstigung bestimmt. Zentralproblem ist die Frage, unter welchen Voraussetzungen vertragsfremde Dritte ein eigenes Forderungsrecht erwerben können.

Die Anerkennung einer vertraglichen Schadensersatzpflicht wegen „breach of contract" gegenüber einem Dritten bildet keinen selbständigen Schwerpunkt des Reformvorschlags. Die Anerkennung echter vertraglicher Sekundäransprüche zugunsten Dritter ist jedoch durch die Anerkennung einer durchsetzbaren vertraglichen Drittbegünstigung eingeschlossen. Daher sind Auswirkungen der Reform auf die gegenwärtige Sachverständigenhaftung zu erwarten. Von der Reform unberührt bleiben bestehende gesetzliche und fallrechtliche Drittbegünstigungen des englischen Privatrechts. Aus Gründen der Rechtssicherheit sollen gesetzliche Ausnahmen von der „third party rule"[826] erhalten bleiben.[827] Von der Reform ebenfalls ausgenommen ist die Frage der Anspruchskonkurrenz deliktischer und vertraglicher Schadensersatzansprüche, da es sich hierbei um kein Problem handelt, das auf Dreipersonenverhältnisse beschränkt ist, sondern auch zweiseitige Vertragsverhältnisses betrifft. Daher stelle, so die Law Commission, die Regelung der Anspruchskonkurrenz ein allgemeines vertragsrechtliches Problem dar und solle deshalb in dieser Reform der „third party rights" unterbleiben.[828]

b) Tatbestandliche Voraussetzungen der Drittbegünstigung

Die tatbestandlichen Voraussetzungen der Drittbegünstigung bilden das Zentralproblem der Reform. In zwei Vorschriften wird im einzelnen geregelt, unter welchen Voraussetzungen der Dritte ein durchsetzbares Recht erwirbt und ob die Vertragsschlie-

---

[822] Soweit *Lorenz*, JZ 1997, 105, 109; *Lorenz* in *Markesinis*, The Gradual Convergence, S. 65.

[823] *Lorenz*, JZ 1997, 105, 109.

[824] *Law Commission*, Consultation Paper (1991) No. 121, S. 97 f. (Anerkennung weiterer Ausnahmen), S. 99 f. (Gesetz, daß mangels privity of contract kein Dritter an der Durchsetzung eines zu seinen Gunsten begründeten Rechts gehindert sein soll).

[825] *Law Commission*, Consultation Paper (1991) No. 121, S. 98 f.

[826] Eine Aufzählung der gesetzlichen Ausnahmen findet sich bei *Law Commission*, Consultation Paper (1991) No. 121, S. 57 ff.

[827] *Law Commission*, Consultation Paper (1991) No. 121, S. 125; *Lorenz*, JZ 1997, 105, 109.

[828] *Law Commission*, Consultation Paper (1991) No. 121, S. 127.

ßenden dies nachträglich ändern oder aufheben können. Angesichts des Falldenkens englischer Juristen hätte eine dem deutschen Recht vergleichbare Auslegungsvorschrift, wonach der Parteiwille „in the light of the contract and the surrounding circumstances" zu ermitteln wäre, zu einer unannehmbaren Rechtsunsicherheit geführt.[829]

Kernstück des Gesetzgebungsvorschlags ist ein zweistufiger „test of enforceable benefit". Die Vertragsschließenden müssen den übereinstimmenden Willen haben, daß der Dritte die versprochene Leistung erwerben soll. Sie müssen ferner dem Dritten einen durchsetzbaren Anspruch verschaffen wollen („dual intention test").[830] Ein Dritter soll nicht allein aufgrund eines ihn begünstigenden Reflexes einer Erfüllungshandlung ein durchsetzbares Recht erwerben. Ferner soll dies nicht der Fall sein, wenn der Dritte nach dem Willen der Parteien zwar begünstigt werden soll und hierauf auch vertrauen mag, die zweite Voraussetzung des „dual intention test" jedoch zu verneinen ist.[831] Unproblematisch ist somit nur der Fall, daß der Vertrag ausdrücklich beide Willenselemente verlautbart. Ist dies für die zweite Stufe des Tests nicht der Fall, so ist der Wille der Vertragsparteien nach objektiven Maßstäben festzustellen.[832] Durch eine genaue Auslegung muß ermittelt werden, ob die Parteien wollen, daß der Dritte aus dem Vertrag nicht soll klagen können. Damit wird für diesen Fall eine widerlegliche Vermutung zugunsten des Rechtserwerbs des Dritten aufgestellt. Die Beweislast liegt bei den Vertragsparteien, praktisch also bei dem Versprechenden.[833]

Es bedarf keiner vertiefenden Ausführung, daß die Durchsetzbarkeit der Drittbegünstigung voraussetzt, daß der Vertrag wirksam abgeschlossen wurde und weder Anfechtung noch Rücktritt erfolgt sind. Ferner muß der Versprechensempfänger die vereinbarte Gegenleistung erbracht haben.

Aus rechtsvergleichender Sicht ist interessant, daß der Reformvorschlag, ebenso wie das deutsche Recht, zwischen echten und unechten Verträgen zugunsten Dritter unterscheidet. Ähnlich ist außerdem, daß der die selbständige Durchsetzbarkeit betreffende Parteiwille auf der zweiten Stufe des Tests nach objektiven Maßstäben festzustellen ist. Die empfohlene Auslegungsregel dürfte angesichts der in England üblichen engen Auslegungsweise als kühner Reformvorschlag gewertet werden. Die zugunsten des

---

[829] *Law Commission*, Consultation Paper (1996) No. 242, S. 75.

[830] „(...) a third party should be able to enforce a contract in which the parties intend that he should receive the benefit of the promised performance and also intend to create a legal obligation enforceable by him.", so lautet bereits die Empfehlung der *Law Commission*, Consultation Paper (1991) No. 121, S. 103.

[831] *Law Commission*, Consultation Paper (1991) No. 121, S. 103.

[832] „Intention should not necessarily be associated with motive. (...) Whether or not a contract is intended to create a legal obligation enforceable by the third party is to be derived from the terms of the contract and the surrounding circumstances.", *Law Commission*, Consultation Paper (1991) No. 121, S. 104.

[833] *Law Commission*, Consultation Paper (1996) No. 242, a.a.O. Zur Wertung der Beweislast siehe *Lorenz*, JZ 1997, 105, 110.

Dritten ausgefallene Beweislastverteilung dürfte eine Absicherung des Reformzwecks darstellen, da eine enge Auslegung des „dual intention test" seitens der englischen Richterschaft zu befürchten und damit praktisch die Anerkennung durchsetzbarer Drittansprüche gefährdet war.

c) Bestimmtheit und Bestimmbarkeit des begünstigten Dritten

Die Bestimmung des begünstigten Dritten beziehungsweise die Bestimmbarkeit eines nicht namentlich benannten Dritten stellen eine wichtige zusätzliche Voraussetzung der Drittbegünstigung dar. Denn hiernach richtet sich der personelle Umfang vertraglichen Drittschutzes aus einem Gutachtenvertrag.

Die Bedingung, daß der begünstigte Dritte namentlich benannt werden müsse, wurde als untauglich erachtet.[834] In Anlehnung an eine neuseeländische Reformvorschrift zu den „third party rights" wurde daher empfohlen, „(a third party may be) designated by name, description or reference to a class."[835] Der Dritte kann also nach seinem Namen, Zugehörigkeit zu einer Gruppe („class") oder aufgrund näherer Beschreibung identifiziert werden (Gesetzesentwurf, clause 1 [3]). Dies ermöglicht es, ein ungeborenes Kind, einen künftigen Ehegatten oder eine noch zu gründende Gesellschaft zu begünstigen.[836] Ebenso ermöglicht diese Formel, einen namentlich nicht bekannten, aber einer bestimmten abgrenzbaren Personengruppe angehörenden Dritten, der ein Sachverständigengutachten verwendet, zu bestimmen.

d) Umfang etwaiger Drittbegünstigung

Liegen die Voraussetzungen nach dem „dual intention test" sowie personelle Bestimmtheit beziehungsweise Bestimmbarkeit des begünstigten Dritten vor, so hat dieser eigene durchsetzbare Primär- wie auch Sekundäransprüche gegen den Versprechenden. Der Gesetzentwurf stellt ausdrücklich klar, daß der Dritte alle Rechtsbehelfe hat, „as would have been able to him in an action for breach of the contract if he had been a party to it." (Gesetzesentwurf, clause 1 [4]). Wenn der Vertrag die Haftung eines Dritten ausschließt oder begrenzt, so kann dieser sich unter denselben tatbestandlichen Voraussetzungen, die für die Durchsetzbarkeit eines Anspruchs aus einem fremden Vertrag gelten, auf die Haftungsfreizeichnung zu seinen Gunsten berufen (Gesetzesentwurf, clause 1 [5])

e) Bestandskraft der Drittbegünstigung

Der Schutz der Autonomie der Parteien, einen drittbegünstigenden Vertrag nach dessen Abschluß ändern oder aufheben zu können, war ein wichtiges Argument für die „doctrine of privity" und mußte daher in dem Gesetzentwurf behandelt werden.[837] Dieser

---

[834] *Law Commission*, Consultation Paper (1991) No. 121, S. 108.

[835] Sec. 4 New Zealand Contracts (Privity) Act 1982, zitiert nach *Law Commission*, Consultation Paper (1991) No. 121, S. 108 f., ebenso die Ergänzung in eckigen Klammern.

[836] *Law Commission*, Consultation Paper (1991) No. 121, S. 109; *Lorenz*, JZ 1997, 105, 110.

[837] Ausführliche Vorbereitung durch *Law Commission*, Consultation Paper (1991) No. 121, S. 114-120.

enthält deshalb eine detaillierte Regelung zur Änderung oder Aufhebung des Rechts des Dritten (Gesetzesentwurf, clause 2). Unproblematisch ist, wenn sich die Parteien dies ausdrücklich im Vertrag vorbehalten haben. Wo ein solcher Vorbehalt fehlt, ist eine Änderung oder Aufhebung des Rechts ohne Zustimmung des Dritten nicht mehr möglich, wenn dieser dem Versprechenden sein Einverständnis mit dem Vertrag erklärt hat (Gesetzesentwurf, clause 2 [3]). Dasselbe gilt, wenn dem Versprechenden bewußt ist oder wenn von ihm vernünftigerweise die Voraussicht erwartet werden kann, daß der Dritte auf den Vertrag vertraut hat, was dann auch tatsächlich der Fall sein muß (Gesetzesentwurf, clause 2 [1]).

Diese Regelung soll einen Ausgleich der Interessen der Vertragsparteien und des Dritten schaffen. Anhaltspunkt für die empfohlene Bestimmung waren eine australische und eine neuseeländische Drittschutzregelung, zu denen nunmehr ein Mittelweg gesucht wurde. Die Drittbegünstigung wird nach australischem Recht unwiderruflich, wenn der Dritte den Vertrag zu seinen Gunsten ausdrücklich oder konkludent angenommen hat.[838] In Neuseeland kann ein Vertrag zugunsten eines Dritten solange geändert oder aufgehoben werden, bis der Dritte seine materielle Position im Vertrauen auf die Begünstigung ändert.[839] Im deutschen Recht muß ein Änderungsvorbehalt in einen Vertrag zugunsten eines Dritten nicht ausdrücklich aufgenommen werden. Nach § 328 Abs. 2 BGB genügt vielmehr, wenn sich ein dahingehender Wille der Vertragsparteien „aus den Umständen, insbesondere aus dem Zweck des Vertrags" ergibt. Ob das Recht des Dritten ohne seine Zustimmung nicht mehr aufgehoben oder geändert werden kann, ist umstritten.[840] Ohne hierauf einzugehen, ist festzustellen, daß das tatsächliche Vertrauen des Dritten auf seine Begünstigung jedenfalls nicht im Vordergrund steht. Vielmehr bestimmt der Wille der Vertragsparteien zum Zeitpunkt des Vertragsabschlusses und der mit dem Vertrag beabsichtigte Zweck das Maß der Verbindlichkeit, wie sich den Bestimmungen der §§ 331 Abs. 2 und 332 BGB entnehmen läßt.[841]

f) Drittwirkung von Einwendungen

Aufgrund der aktuellen Entwicklung der deutschen Rechtsprechung zum stillschweigenden Ausschluß der Einwendungen des Versprechenden gegenüber dem Dritten nach § 334 BGB[842] soll noch auf die Empfehlung des Gesetzgebungentwurfes zu diesem Punkt eingegangen werden (Gesetzesentwurf, clause 3).

Während sich § 334 BGB durch Kürze auszeichnet, ist das englische Äquivalent um ein Vielfaches länger. Beide Regelungen unterscheiden sich jedoch nur in Details. So hat der Versprechende nach dem Gesetzgebungsvorschlag gegenüber dem Dritten alle

---

[838] Sec 11 (3) Western Australia Property Law Act 1969; sec. 55 (6) (a) Queensland Property Law Act 1974 zitiert nach *Law Commission*, Consultation Paper (1991) No. 121, S. 116 Fn. 57 f.

[839] *Law Commission*, Consultation Paper (1991) No. 121, S. 116.

[840] MüKo-*Gottwald*, BGB, § 328 Rz. 29; *Staudinger-Jagmann*, BGB, § 328 Rz. 52 m.w.N.

[841] *Staudinger-Jagmann*, BGB, § 328 Rz. 52.

[842] Siehe oben § 7 I. 2. c).

Gegenrechte und Aufrechnungsmöglichkeiten, die dieser einer Klage des Versprechensempfängers entgegensetzen könnte, sofern sich Gegenrechte und Aufrechnungsmöglichkeiten aus dem Vertrag oder in Verbindung mit dem Vertrag ergeben (Gesetzesentwurf, clause 3 [2]). Unproblematisch sind daher Einwendungen, die das Bestehen, die Gültigkeit oder die Durchsetzbarkeit des gesamten Vertrags betreffen.[843] Uneingeschränkt zulässig sind ferner Gegenrechte, die der Versprechende nur gegenüber dem Dritten hat; obwohl dies selbstverständlich ist, da diese Gegenrechte mit dem Vertrag zugunsten des Dritten nichts zu tun haben, hat die Law Commission in dem Bestreben, eine möglichst lückenlose Regelung zu treffen, dies ausdrücklich in den Gesetzgebungsvorschlag aufgenommen (Gesetzesentwurf, clause 3 [4]).[844] Ebenso wie im deutschen Recht ist eine Regelung wie zu § 334 BGB über die gegen den Dritten zustehenden Einwendungen nicht zwingend. Den Parteien bleibt es überlassen, durch ausdrückliche, nicht hingegen schlüssige, Bestimmung jegliche Einwendung des Versprechenden auszuschließen (Gesetzesentwurf, clause 3 [3] und [5]). Zur Klarstellung wird schließlich die entsprechende Anwendung dieser Vorschriften auf die Drittwirkung von Haftungsfreizeichnungen zugunsten des Versprechenden ausdrücklich normiert (Gesetzesentwurf, clause 3 [6]).

Da die Abbedingung der Einwendungen ausdrücklich erfolgen muß (Gesetzesentwurf, clause 3 [3] und [5]), wird sich die in der deutschen Rechtsprechung festgestellte Tendenz, mangels entgegenstehender Anhaltspunkte zur Erlangung einer erhöhten Beweiskraft eines Gutachtens von der konkludenten Abbedingung des § 334 BGB auszugehen, nicht auf das englische Recht übertragen lassen. Der Gedanke, auf diesem Wege dem Drittinteresse an der vertraglichen Leistung größere Geltung zu verschaffen, hätte sicherlich mit der empfohlenen Regelung zur Bestandskraft der Drittbegünstigung gut harmoniert.

4. Bewertung

Soweit ersichtlich, ist der Gesetzesvorschlag der Law Commission weitestgehend auf Zustimmung gestoßen. So wird die Reform als ein wichtiger Schritt in Richtung auf die Privatrechtsangleichung in Europa, aber auch als Brücke über die zu anderen Ländern des Common Law entstandene Kluft gewertet.[845] Angesichts der zögerlichen Rechtsentwicklungen durch das englische Parlament bleibt abzuwarten, ob der Reformvorschlag zu den gewünschten Veränderungen beitragen kann. Aber selbst wenn dies nicht der Fall sein sollte, mag die englische Rechtsprechung ihre unverkennbare Tendenz zur Einschränkung der „third party rule“, inspiriert durch die vielfältigen und fundierten Gedanken der Law Commission, fortsetzen oder gar verstärken.

---

[843] *Lorenz*, JZ 1997, 105, 111.

[844] Zur Wertung *Lorenz*, JZ 1997, 105, 111.

[845] *Lorenz*, JZ 1997, 105, 111.

III. Ausblick: Reformwirkungen

Der Gesetzesentwurf der Law Commission hat - wenn er umgesetzt wird - ohne Zweifel Auswirkungen auf die deliktische Haftung des privaten Sachverständigen gegenüber einem Dritten wegen eines fehlerhaften Gutachtens. Denn die Reform der „third party rule" beziehungsweise der „doctrine of privity of contract" beseitigt eine entscheidende Hürde für die Anerkennung der vertraglichen Dritthaftung des Sachverständigen. Im Folgenden soll versucht werden, einen Ausblick auf die Dritthaftung des privaten Sachverständigen nach dem reformierten Vertragsrecht zu geben, indem der Sachverhalt der Leitentscheidung der privaten Sachverständigenhaftung, *Smith v. Eric S. Bush; Harris v. Wyre Forest District Council*[846], den Anforderungen des „dual intention test" unterzogen wird. Anschließend soll geprüft werden, ob die Kritik an dem Gesetzgebungsvorschlag, daß dieser aufgrund der fortbestehenden „doctrine of consideration" nicht die erhoffte Reformwirkung erzielen könne[847], gerechtfertigt ist.

1. Anwendung des „Dual Intention Test"

Die Anerkennung der vertraglichen Dritthaftung des privaten Sachverständigen stand nicht im Mittelpunkt der Reformbemühungen der Law Commission. Der Gesetzgebungsvorschlag schließt die Anerkennung durchsetzbarer Sekundäransprüche zugunsten Dritter aber auch nicht aus. Es bietet sich daher an, zur Überprüfung der Effektivität der Reform im Bereich der Dritthaftung für fehlerhafte Gutachtenleistungen, den typischen Sachverhalt dieser Fallgruppe der Auskunftshaftung nach *Hedley Byrne*[848], wie er der Entscheidung des House of Lords in *Smith v. Eric S. Bush; Harris v. Wyre Forest District Council*[849] zugrunde gelegen hat, einer Prüfung nach dem „dual intention test" zu unterziehen. Von zentralem Interesse ist dabei, ob die Haftung des privaten Sachverständigen gegenüber dem geschädigten Dritten ausgeweitet wird. Eine Einschränkung der bestehenden Haftung nach „negligence" kommt nicht in Betracht, da vertragliche und deliktische Ansprüche bekanntlich nebeneinander geltend gemacht werden können.

Grundlage eines Schadensersatzanspruchs des Klägers in *Smith*[850] wäre nach Umsetzung des Reformvorschlags „breach of contract" des Gutachtenvertrags zwischen der Bausparkasse („building society") und dem beklagten Gebäudesachverständigen („valuer"). Letzterer war mit der Bewertung eines Hausgrundstücks beauftragt worden, welches der Kläger im Vertrauen auf die vermeintliche Richtigkeit des Gutachtens gekauft und dadurch einen Vermögensschaden erlitten hatte.

---

[846] *Smith v. Eric S. Bush, Harris v. Wyre Forest District Council* [1990] 1 A.C. 831.

[847] *Lorenz*, JZ 1997, 105, 109.

[848] *Hedley Byrne & Co. Ltd. v. Heller & Partners Ltd.* [1963] 2 All E.R. 575 (HL).

[849] *Smith v. Eric S. Bush, Harris v. Wyre Forest District Council* [1990] 1 A.C. 831.

[850] *Smith v. Eric S. Bush, Harris v. Wyre Forest District Council* [1990] 1 A.C. 831.

Da die übrigen Anspruchsvoraussetzungen („breach of contract", „damage" und „causation") keinen Zweifeln unterliegen, ist allein fraglich, ob echter Drittschutz zugunsten des Klägers nach dem „dual intention test" zu bejahen ist. Dies erfordert auf der ersten Stufe, daß die Parteien den übereinstimmenden Willen hatten, dem vertragsfremden Kläger einen Vorteil zukommen zu lassen. Da der Beklagte in Absprache mit seiner Auftraggeberin, der Bausparkasse, eine Kopie des Gutachtens an den Kläger versandte, könnte diese Frage zu bejahen sein. Obwohl der Kläger somit entsprechend dem übereinstimmenden Willen der Vertragsparteien an der vertraglichen Leistung partizipierte, könnte lediglich ein für die Drittbegünstigung irrelevanter Begünstigungsreflex vorliegen, der nach dem Vorschlag der Law Commission nicht zu einem durchsetzbaren Recht verhelfen soll. Gegen eine Drittbegünstigung spricht, daß der Sachverständige das Gutachten für seine Auftraggeberin erstellte, nicht hingegen in deren Auftrag zugunsten des Klägers handelte. Beiden Parteien muß jedoch die Statistik bewußt gewesen sein, wonach sich Interessenten einer Immobilie im unteren Segment des Markts, zu denen der Kläger zählte, in aller Regel auf ein Wertgutachten ihrer Bausparkasse, für dessen Einholung sie eine Gebühr entrichten müssen, verlassen, ohne einen eigenen Sachverständigen hinzuzuziehen. Unterstellt man diese Kenntnis, so muß die Absprache der Vertragsparteien, dem Kläger eine Kopie des Gutachtens zukommen zu lassen, als eine übereinstimmend gewollte Drittbegünstigung gesehen werden. Anderenfalls hätte der Kläger finanzielle Aufwendungen gehabt, um ein Sachverständigengutachten zu erhalten. Auf diese Weise konnte er das Gutachten des Beklagten bestimmungsgemäß verwenden.

Auf der zweiten Stufe des „dual intention test" ist der Wille der Vertragsparteien zu ermitteln, ob der Kläger nicht in der Lage sein soll, die ihm zugewandte Begünstigung selbständig durchzusetzen. Da eine ausdrückliche Übereinstimmung der Parteien in diesem Punkt nicht festzustellen ist, muß deren Wille durch genaue Auslegung des Vertrags und der Umstände des Einzelfalls nach objektiven Maßstäben ermittelt werden. In der Entscheidung in *Smith*[851] wurde festgestellt, daß der Kläger durch seine Bausparkasse ausdrücklich darauf hingewiesen worden war, ein eigenes Sachverständigengutachten einzuholen, wenn er darauf seinen Entschluß für die Investition in die Immobilie stützen möchte. Mag der Kläger diesen Hinweis auch nicht realisiert haben, so ist diesem doch der Wille der Bausparkasse zu entnehmen, durch Überlassung des Gutachtens keine verbindliche Zusicherung eines bestimmten Immobilienwerts oder -zustands abgeben zu wollen. Das Gutachten sollte demnach allein der Information der Bausparkasse selbst dienen, da sie zur Prüfung der Sicherung ihrer Finanzierung ebenfalls genauer Informationen über Wert und Zustand des zu finanzierenden Objekts bedurfte. Diese Umstände deuten darauf hin, daß die Bausparkasse nicht den Willen hatte, dem Kläger einen durchsetzbaren Schadensersatzanspruch zu verschaffen.

---

[851] *Smith v. Eric S. Bush; Harris v. Wyre Forest District Council* [1990] 1 A.C. 831.

Steht das negative Auslegungsergebnis hinsichtlich des Willens der Bausparkasse möglicherweise nicht vollkommen fest, so liegt es für den Willen des Sachverständigen doch auf der Hand. Sicheres Indiz ist die im Gutachten enthaltene Freizeichnungsklausel, wonach der Sachverständige gegenüber dem Kläger nicht für das Gutachten einzustehen hat. Während diese formularmäßige Klausel im unmittelbaren Verhältnis zum Kläger mit dem „reasonableness-test" nach dem Unfair Contract Terms Act 1977 nicht für vereinbar und daher unwirksam befunden wurde, spricht die Klausel gleichwohl gegen einen drittbegünstigenden Willen des Sachverständigen. Gegen den Willen des beklagten Sachverständigen, dem Kläger einen eigenen Schadensersatzanspruch zuzuwenden, spricht ferner, daß der Beklagte sich dadurch Ansprüchen eines zusätzlichen Gläubigers aussetzen würde, ohne hierfür eine Gegenleistung zu erhalten. Es mag zutreffen, daß das Argument des vervielfachten Haftungsrisikos die „doctrine of privity" nicht rechtfertigt.[852] Es liegt jedoch fern, daß ein wirtschaftlich denkender Sachverständiger ein doppeltes Haftungsrisiko eingeht, ohne sich dies von Auftraggeber und Drittem vergüten zu lassen.[853] Nach alledem kann nicht angenommen werden, daß der Sachverständige dem Kläger ein Klagerecht aus dem Gutachtenvertrag verschaffen wollte.

Somit scheidet eine durchsetzbare Drittbegünstigung des Klägers nach dem „dual intention test" aus, da ein übereinstimmender Wille der Vertragsparteien, dem Kläger einen durchsetzbaren Schadensersatzanspruch zu verschaffen, nicht ermittelt werden kann. Mag eine diesbezügliche Motivation auf Seiten der Bausparkasse unter Umständen feststellbar sein, so scheitert sie jedenfalls an dem nicht vorhandenen Willen des beklagten Sachverständigen. Aus der deutschen Rechtsprechung zum Vertrag mit Schutzwirkung zugunsten eines Dritten bei entgegenstehenden Interessen des Gläubigers der Gutachtenleistung und des Dritten, ist bekannt, daß der Interessengegensatz kein zwingendes Hindernis für die Begünstigung des Dritten sein muß.[854] Dieses Auslegungsergebnis scheidet jedoch aus, wenn der Parteiwille anhand ausdrücklicher Willenserklärungen ermittelt werden kann, wie es hier bei der Haftungsfreizeichnung der Fall ist. Auch mit der „kreativen Auslegung" des BGH kann die zweite Stufe des „dual intention test" nicht zugunsten einer Drittbegünstigung abgeschlossen werden.

Zur Kontrolle dieses Zwischenergebnisses ist die Frage zu prüfen, ob die Vertragsparteien dem Kläger einen durchsetzbaren Primäranspruch verschaffen wollten, indem sie vereinbarten, daß dem Kläger eine Kopie des Gutachtens zu überlassen ist. Nach deutschem Recht führt diese Überlegung bei der Haftung aus einem Vertrag mit Schutzwirkung zugunsten eines Dritten zu keinem aussagekräftigen Ergebnis, da dieses Haftungsinstitut ohnehin nur zu einem Sekundäranspruch verhilft. Der Reformvorschlag

---

[852] Siehe oben § 10 II. 2. a) aa).

[853] Die *Law Commission* erkennt dieses Argument als berechtigten Einwand gegen die Anerkennung einer echten Sekundärbegünstigung an, Consultation Paper (1991) No. 121, S. 81.

[854] Siehe oben § 7 I. 2. a) bb) (4).

der Law Commission sieht jedoch den Erwerb eines Schadensersatzanspruchs immer nur als eine zwingende Folge des primären Rechtserwerbes vor. Demnach kann der Dritte, solange keine ausdrücklich anderslautende Vereinbarung besteht, einen vertraglichen Schadensersatzanspruch nur durchsetzen, wenn er auch den Primäranspruch durchzusetzen berechtigt ist. Ein Auseinanderfallen dieser Rechte ist in dem Gesetzesvorschlag nicht vorgesehen und mag daher allenfalls bei einer ausdrücklichen Vereinbarung der Vertragsparteien Geltung erlangen. Selbst daran dürften jedoch Zweifel bestehen, zieht man die stets sehr enge Auslegung von Gesetzen durch die englischen Gerichte in Betracht.

Als Ergebnis des Anwendungsversuches des „dual intention test" ist festzustellen, daß der Kläger in *Smith*[855] unterlegen haben dürfte, wenn sein Anspruch allein unter den Voraussetzungen des reformierten Vertragsrechts entschieden worden wäre. Da dieser Fall den typischen Sachverhalt für die Auskunftshaftung des privaten Sachverständigen gegenüber einem Dritten wegen einer fehlerhaften Gutachtenerstattung repräsentiert, kann davon ausgegangen werden, daß diese Sachverhalte auch nach Umsetzung des Reformvorschlags der Law Commission auf der Grundlage von *Hedley Byrne*[856] und *Smith*[857] nach dem deliktischen Haftungstatbestand der „negligence" entschieden werden. Diese Prognose richtet sich damit eher gegen eine erwartete Privatrechtsangleichung.

2. Vereitelung der Reform durch „Consideration-Doctrine"?

Die Law Commission hat sich bekanntlich entschieden, die Reform der „third party rights" ohne Eingriff in die „doctrine of consideration" durchzuführen.[858] Ihr war dabei das Risiko bewußt, daß der Reformerfolg durch die enge Verknüpfung der „doctrine of privity" mit der „doctrine of consideration" vereitelt werden könnte.[859] Letztere betreffe jedoch nicht die Frage, *wer* einen Anspruch geltend machen könne, sondern *welche* Ansprüche geltend gemacht werden könnten. Dabei handele es sich um ein von der echten Drittbegünstigung zu unterscheidendes Problem, daß im übrigen durch die „joint consideration" umgangen werden könne. Damit hat sich die Law Commission von dem Argument leiten lassen, daß ein Leistungsversprechen, das gleichzeitig gegenüber zwei Personen (Leistungsgläubiger und Drittem) erfolgt, diesen gemeinsam gilt, so daß ein einziges Gegenleistungsversprechen des einen genügt und nicht von jedem einzelnen abgegeben werden muß.[860] Dagegen wird eingewandt, daß „der solchermaßen in ein Vertragskollektiv einbezogene Dritte auch Schuldner des Versprechenden werden müßte. Man hätte dann aber, um im Bilde zu bleiben, mit einem Ver-

---

[855] *Smith v. Eric S. Bush; Harris v. Wyre Forest District Council* [1990] 1 A.C. 831.

[856] *Hedley Byrne & Co. Ltd. v. Heller & Partners Ltd.* [1963] 2 All E.R. 575 (HL).

[857] *Smith v. Eric S. Bush; Harris v. Wyre Forest District Council* [1990] 1 A.C. 831.

[858] *Law Commission*, Consultation Paper (1991) No. 121, S. 4.

[859] *Law Commission*, Consultation Paper (1991) No. 121, S. 10.

[860] *Law Commission*, Consultation Paper (1991) No. 121, S. 11 f.; *Lorenz*, JZ 1997, 105, 109.

trag zu Lasten eines Dritten zu tun. Die 'third party rule' ist deshalb, genau genommen, ohne eine Einschränkung der 'doctrine of consideration' nicht zu überwinden."[861]

Dieser Argumentation ist nichts entgegen zu setzen, da die Begünstigung mit einem Sekundäranspruch nicht von der Zuwendung eines Primäranspruchs getrennt werden kann, sofern eine darauf gerichtete ausdrückliche Parteivereinbarung nicht besteht. Ebensowenig lassen sich die Parteiversprechen von Leistung und Gegenleistung nach dem Gesetzgebungsentwurf voneinander trennen. Dies ist weder ausdrücklich geregelt noch wurde dieses Problem in den Vorarbeiten der Law Commission berücksichtigt.[862] Wenn die Gegenleistung aber zugunsten eines Dritten Berücksichtigung findet, dann ist nicht ohne weiteres einsehbar, warum diese nicht auch zu Lasten des Dritten gelten soll, worauf auch der Wortlaut der Law Commission hindeutet. Letzteres ist freilich nicht möglich. Da sich auch die Law Commission des Verbots eines Vertrags zu Lasten Dritter bewußt war[863], könnte der Reformvorschlag so auszulegen sein, daß diese Selbstverständlichkeit keiner Regelung bedarf. Wäre dies die Meinung der Law Commission gewesen, hätte sie diese sicherlich im Rahmen ihrer Argumentation gegen einen reformerischen Eingriff in die „doctrine of consideration" geäußert.

3. Ergebnis

Eine enge Auslegung des Reformvorschlags[864] hinsichtlich des Erfordernisses, daß ein gleichzeitig gegenüber zwei Personen (Leistungsgläubiger und Drittem) erfolgtes Leistungsversprechen, diesen gemeinsam gilt, wenn es mit einem stellvertretendem Gegenleistungsversprechen („joint consideration") des einen beantwortet wird, könnte zur Folge haben, daß die Reform der „third party rule" nur dort zum Tragen kommt, wo diese Anforderungen an den Sachverhalt eindeutig erfüllt sind. Andernfalls müßten die Richter einen Verstoß gegen die „consideration-doctrine" befürchten, an deren Geltung sie sich jedoch weiterhin gebunden fühlen werden. Diese Schwäche kann den Erfolg der Reform vereiteln, da die englische Rechtsprechung bei der Auslegung sehr strenge Maßstäbe ansetzt.

Somit scheint die Reform der „third party rights" halbherzig zu sein, da die „consideration-doctrine" - läßt man die traditionsbefrachtete Betrachtung außer Acht - ohne zwingenden Grund erhalten bleiben soll. Die Kritik, daß die „third party rule" ohne eine Einschränkung der „consideration-doctrine" nicht zu überwinden sei, ist daher berechtigt.

---

[861] *Lorenz*, JZ 1997, 105, 109.

[862] Sie meinte vielmehr: „Where a promise is made to two or more persons jointly, it is made to them collectively, and, if the consideration is given on behalf of them all and thus moves from them all, it does not have to be furnished by them separately.", *Law Commission*, Consultation Paper (1991) No. 121, S. 11 m.w.N.

[863] *Law Commission*, Consultation Paper (1991) No. 121, S. 7, 92 f.

[864] Dieser Reformvorschlag ist mit der königlichen Zustimmung (royal assent) zur „Third party rule" vom 11.11.1999 Gesetz geworden.

Zweiter Teil: Die Haftung des gerichtlichen Sachverständigen

Gerichte werden oft mit Tatsachenfragen befaßt, zu deren Beurteilung die Sachkunde des Spruchkörpers nicht ausreicht. In den deutschen Verfahrensordnungen ist deshalb vorgesehen, daß das Gericht in der Beweisstation einen Sachverständigen hinzuziehen kann. Wird das Gericht durch ein falsches Gutachten eines gerichtlichen Sachverständigen zu einer unrichtigen Endentscheidung verleitet, durch die eine Prozeßpartei in ihren Rechten oder Rechtsgütern verletzt wird, stellt sich die Frage nach der Haftung des Sachverständigen.

§ 11 Die gerichtliche Sachverständigentätigkeit

I. Deutschland

1. Begriff

Der gerichtliche Sachverständige ist der vom Gericht „zum Sachverständigen Ernannte". Er zählt zu den Beweismitteln, § 407 Abs. 1 ZPO, § 75 Abs. 1 StPO.[1] Die Ernennung erfolgt nach pflichtgemäßer richterlicher Ermessensausübung von Amts wegen oder auf Antrag einer Partei durch gerichtlichen Beweisbeschluß.[2] Für den Zivilprozeß ist die Hinzuziehung des Sachverständigen als Beweismittel in den §§ 402 bis 414 ZPO geregelt. Gemäß § 402 ZPO sind daneben die Vorschriften über den Zeugenbeweis anzuwenden, soweit die §§ 402 ff. ZPO keine abweichenden Bestimmungen enthalten.[3] Für das verwaltungsgerichtliche Verfahren gelten gemäß § 98 VwGO die zivilprozessualen Vorschriften über Sachverständige entsprechend.[4] Für den Anwendungsbereich der Strafprozeßordnung richtet sich die Hinzuziehung des gerichtlichen Sachverständigen nach §§ 72 bis 85 StPO; ergänzend gelten gemäß § 72 StPO auch hier die Vorschriften über den Zeugenbeweis.[5] Seitens der Staatsanwaltschaften und ihrer Hilfsbeamten sowie seitens der im Ordnungswidrigkeitenverfahren tätigen Verfolgungsbehörden sind gemäß § 161a StPO und § 46 Abs. 1 OWiG die Vorschriften der Strafprozeßordnung anzuwenden.[6]

Der gerichtliche Sachverständige ist vom Zeugen nach juristischen Kriterien zu unterscheiden. Dies kann im Einzelfall Schwierigkeiten bereiten.[7] Gesetzlich geregelt ist der

---

[1] *Jessnitzer/Frieling*, S. 1; *Bayerlein* in PraxisHdb SachverständigenR, § 10 Rz. 2.

[2] *Jessnitzer/Frieling*, Rz. 2; *Bayerlein* in PraxisHdb SachverständigenR, § 10 Rz. 2.

[3] Eine Liste der anwendbaren ZPO-Bestimmungen findet sich bei *Stein/Jonas-Leipold*, ZPO, § 402 Rz. 1 ff.

[4] Ebenso in der Freiwilligen Gerichtsbarkeit (§ 15 Abs. 1 FGG), im arbeitsgerichtlichen Verfahren (§ 46 Abs. 2 ArbGG), im finanzgerichtlichen Verfahren (§ 82 FGO) und im Verfahren vor dem Sozialgericht (§ 118 Abs. 1 SGG).

[5] Eine Liste aller anwendbaren StPO-Vorschriften findet sich bei *Löwe-Rosenberg-Dahs*, StPO, § 72 Rz. 1.

[6] *Kopp*, VwGO, § 98 Rz. 13; *Kleinknecht/Meyer-Goßner*, StPO, § 161a Rz. 11,12; *Göhler*, OwiG, § 59 Rz. 86.

[7] Siehe dazu *Jessnitzer/Frieling*, Rz. 17 f.

Fall des sogenannten sachverständigen Zeugen in §§ 414 ZPO, 85 StPO. Der sachverständige Zeuge ist nicht gerichtlicher Sachverständiger, sondern zählt zum Zeugenbeweis.[8]

Hier besteht eine interessante Parallele zum Sachverständigenbeweis nach englischem Zivilprozeßrecht[9], weil dies ebenfalls zwischen dem gerichtlichen Sachverständigen („court expert") und dem zum Zeugenbeweis zählenden „expert witness", dem sachverständigen Zeugen, unterscheidet. Im Unterschied zur deutschen Prozeßpraxis wird ein gerichtlicher Sachverständiger in England allerdings nur sehr selten bemüht, so daß der „expert witness" dort die praktische Bedeutung des gerichtlichen Sachverständigen in Deutschland hat.

2. Der Sachverständige im Prozeß

Der gerichtliche Sachverständige wird gemäß §§ 404 Abs. 1 ZPO, 73 Abs. 1 StPO vom Gericht ausgewählt und ernannt. Durch die Ernennung entsteht zwischen dem Sachverständigen und dem Gericht ein öffentlich-rechtliches Rechtsverhältnis.[10] Der gerichtliche Sachverständige übt keine rechtsprechende Gewalt aus. Diese ist gemäß Art. 92 und 97 GG dem Richter anvertraut, der an das Sachverständigengutachten nicht gebunden ist. Es unterliegt seiner freien Beweiswürdigung gemäß §§ 286 ZPO, 261 StPO. Das Recht der freien Beweiswürdigung beinhaltet die Pflicht des Richters, das Gutachten einer selbständigen eigenverantwortlichen Prüfung zu unterziehen. Denn der Richter darf sich bei seiner Überzeugungsbildung nur von dem Sachverständigen helfen lassen. Deshalb darf auch der Sachverständige sich nicht darauf beschränken, dem Gericht das Ergebnis seiner sachkundigen Beurteilung mitzuteilen. Er hat in seinem Gutachten nachvollziehbar darzulegen, auf welcher Grundlage das Ergebnis beruht und welche Überlegungen er dazu angestellt hat.[11]

Die Parteien haben auf die Bestellung und die Tätigkeit des gerichtlichen Sachverständigen nur geringen Einfluß. Ob ein Sachverständiger hinzugezogen wird, entscheidet das Gericht nach pflichtgemäßem Ermessen unter dem Gesichtspunkt, ob es selbst die zur Beantwortung der Beweisfrage nötige Sachkunde nicht besitzt. Benennnen die Parteien keinen Sachverständigen, so muß das Gericht im Rahmen des ihm Zumutbaren den Sachverständigen von Amts wegen ermitteln, § 404 Abs. 4 ZPO.[12] Im Strafprozeß erfolgt die Auswahl der zuzuziehenden Sachverständigen und ihrer Anzahl ebenfalls durch den Richter. Die Verfahrensbeteiligten haben aber die Möglichkeit, eigene Sachverständige zum Hauptverhandlungstermin zu laden, §§ 214 Abs. 3, 220

bg216

[8] Die Haftung des sachverständigen Zeugen ist deshalb nicht Gegenstand dieser Untersuchung.

[9] Siehe im Detail unten § 11 II.

[10] BGHZ 59, 310, 311; *Bremer*, S. 64; *Döbereiner*, BauR 1979, 282.

[11] BGHSt 8, 113; BVerwG NJW 1964, 607; *Baumbach/Lauterbach/Albers/Hartmann*, ZPO, Übers. § 402 Rz. 1.

[12] *Baumbach/Lauterbach/Albers/Hartmann*, ZPO, § 404 Rz. 5.

StPO. Diese werden zu gerichtlichen Sachverständigen, wenn das Gericht deren Vernehmung gemäß § 245 Abs. 1 StPO anordnet.

In allen Gerichtsverfahren kann ein Sachverständiger abgelehnt werden, § 406 Abs. 1 Satz 1 ZPO, § 74 Abs. 1 Satz 1 StPO.[13] Die Ablehnung des gerichtlichen Sachverständigen ist das negative Korrektiv zu der eingeschränkten Einflußmöglichkeit der Prozeßbeteiligten auf die gerichtliche Auswahl des Sachverständigen.[14] Sie haben jedoch keinen Einfluß auf Art und Weise der Gutachtenerstattung. Zwischen ihnen und dem gerichtlichen Sachverständigen besteht kein Rechtsverhältnis, aus dem sich ein Weisungsrecht herleiten lassen könnte.[15]

3. Pflichten

Die Pflichten des gerichtlichen Sachverständigen sind nur vereinzelt gesetzlich geregelt. Gemäß §§ 410 Abs. 1 ZPO, 79 Abs. 2 StPO hat er sein Gutachten unparteiisch und nach bestem Wissen und Gewissen zu erstatten. Unparteilichkeit erfordert eine objektive Grundhaltung des Sachverständigen gegenüber den am Verfahren Beteiligten. Er hat das Vorbringen der Parteien objektiv, sachlich und unvoreingenommen zu beurteilen[16] und darf sich nicht von Gefühlen leiten lassen.[17] Er hat schon den Anschein der Befangenheit zu vermeiden, da er andernfalls wegen der Besorgnis der Befangenheit abgelehnt werden kann, § 406 ZPO, § 74 StPO. Unter den Voraussetzungen der §§ 407 ZPO, 75 StPO hat der Sachverständige seiner Ernennung Folge zu leisten. Er ist zur Gutachtenerstattung verpflichtet, wenn er einer der dort genannten Gruppen angehört.[18] Diese Pflicht entfällt, wenn der Sachverständige ein begründetes Weigerungsrecht geltend macht oder unter den Voraussetzungen der §§ 404 Abs. 1 Satz 3, 408 Abs. 1 Satz 2, Abs. 3 ZPO durch das Gericht von der Gutachtenpflicht entbunden wird. Außerdem kann der Sachverständige das Gutachten verweigern, wenn er als Zeuge ein Zeugnisverweigerungsrecht hätte, § 408 Abs. 1 Satz 1 ZPO, 76 Abs. 1 Satz 1 StPO. Desweiteren hat der gerichtliche Sachverständige zum Gerichtstermin pünktlich zu erscheinen, §§ 402, 380 Abs. 1 ZPO und 72, 51 Abs. 1 StPO. Gemäß §§ 410 Abs. 1 ZPO, 79 Abs. 1 Satz 2 StPO wird er auf Antrag vor oder nach der Gutachtenerstattung vereidigt.[19] Aus Gründen, die ihn zur Verweigerung der Gutachtener-

---

[13] Die Parteien können den Sachverständigen nur unter den Voraussetzungen ablehnen, die für die Ablehnung eines Richters vorliegen müssen, § 406 Abs. 1 Satz 1 ZPO, § 74 Abs. 1 Satz 1 StPO. *Jessnitzer/Frieling*, Rz. 188, 126; *Franzki* in PraxisHdb SachverständigenR, § 19 Rz. 9.

[14] *Jessnitzer/Frieling*, Rz. 188.

[15] *Thomas/Putzo*, ZPO, Vor. § 402 Rz. 6.

[16] OLG München, JVBl. 1963, 96; *Jessnitzer/Frieling*, Rz. 857.

[17] *Jessnitzer/Frieling*, Rz. 183f.

[18] *Bayerlein* in PraxisHdb SachverständigenR § 18 Rz. 1; *Zöller*, ZPO, § 407 Rz. 1.

[19] Die Beeidigung nach ZPO bezieht sich sowohl auf Personen als auf Aussagen und Gutachtenerstattung. Die Vereidigung nach StPO hingegen bezieht sich grundsätzlich nur auf eine Person, *Creifelds*, Rechtswörterbuch, S. 150. Für den Sachverständigenbeweis nach der StPO erstreckt sich der Eid ausnahmsweise wie nach ZPO auf das Gutachten, nicht auf die Personal- und Generalfragen nach

stattung berechtigen, kann der Sachverständige die Eidesleistung verweigern. Gemäß §§ 203 Abs. 2 Nr. 5, 204 StGB ist der gerichtliche Sachverständige schließlich zur Verschwiegenheit verpflichtet. Außerdem wurde durch das Rechtspflegevereinfachungsgesetz der Pflichtenkatalog des § 407a ZPO eingeführt, der an die in § 407 ZPO geregelte Gutachtenerstattungspflicht des Sachverständigen anknüpft.[20]

Einzelne Sachverständigenpflichten wurden auch durch Rechtsprechung und Literatur entwickelt. So muß sich der gerichtliche Sachverständige in fachlicher Hinsicht auf die Gutachtenerstattung vorbereiten. Mangelnde Kenntnisse hat er zu ergänzen. Ferner hat er streng darauf zu achten, daß er seinem Gutachten nur solche Lehren und Untersuchungsmethoden zugrunde legt, die in den maßgebenden Fachkreisen allgemein und zweifelsfrei als richtig und zuverlässig anerkannt sind.[21] Schließt sich der Sachverständige einer von mehreren vertretenen Auffassungen an und würde eine andere zu einem abweichenden Ergebnis führen, so muß er hierauf hinweisen.[22]

II. England

1. Begriffe

In England zählt der gerichtliche Sachverständige ebenfalls zu den Beweismitteln („evidence").[23] Der Sachverständige kann vom Gericht zum gerichtlichen Sachverständigen („court expert") ernannt oder durch eine oder mehrere Prozeßparteien als sachverständiger Zeuge („expert witness") vorgebracht werden. Es ist demnach zwischen „court expert" und „expert witness" zu unterscheiden.

a) „Expert witness"

Dieser Begriff läßt zu Recht vermuten, daß das englische ebenso wie das deutsche Prozeßrecht den sachverständigen Zeugen dem Zeugenbeweis zuordnet. Auf den „expert witness" finden neben den Regelungen über den Zeugenbeweis einige Sonderbestimmungen Anwendung.[24] So kann das Gericht nach ord. 38 r. 4 RSC die Zahl der sachverständigen Zeugen beschränken.

In England werden fünf Arten des Sachverständigenbeweises, die durch den „expert witness" erbracht werden können, unterschieden: (i) Beurteilungen von Tatsachen, (ii) Unterrichtung in technischen Abläufen und Begriffen, (iii) Beweis solcher Tatsachen,

---

§ 68 StPO; insoweit kann der Sachverständige, ggfs. unter Verbindung beider Eidesformeln, besonders vereidigt werden, *Kleinknecht/Meyer-Goßner*, StPO, § 79 Rz. 9.

[20] *Zöller*, ZPO, § 407a Rz. 1; *Jessnitzer/Frieling*, Rz. 280. Für das Strafverfahren gilt § 75 StPO. Ein Pflichtenkatalog wie in § 407 a ZPO ist in der StPO nicht vorhanden, die daraus erwachsenden Pflichten dürften aber für das Strafverfahren entsprechend gelten.

[21] BGHSt 5, 34, 36; BGH NJW 1954, 649, 650.

[22] *Jessnitzer/Frieling*, Rz. 295.

[23] Monograpische Darstellungen bei *Hodgkinson*, Expert Evidence: Law and Practice; *Hall/Smith*, The Expert Witness.

[24] Ord. 38 Part IV der Rules of the Supreme Court - RSC -.

deren Feststellung, Verständnis oder Beschreibung besondere Sachkunde erfordert, (iv) Beweis solcher Tatsachen, deren Feststellung, Verständnis oder Beschreibung zwar keiner besonderen Sachkunde bedarf, die jedoch zwingende Voraussetzung der Beweiserhebung in den anderen vier Arten des Sachverständigenbeweises sind, und (v) zulässiger Hörensagenbeweis in einem speziellen Sachgebiet.[25] Da diese Beweisthemen nach deutschem Verfahrensrecht dem Sachverständigenbeweis unterliegen, ist der „expert witness" mit dem deutschen gerichtlichen Sachverständigen vergleichbar.

b) „Court expert"

Gemäß ord. 40 r. 1 para. 1 und 2 RSC kann das Gericht jederzeit oder auf Antrag einer Prozeßpartei einen „court expert" berufen, auf dessen Person die Parteien sich möglichst zuvor geeinigt haben sollen.[26] Von dieser Möglichkeit wird, wie bereits erwähnt, kaum Gebrauch gemacht. Es wird angenommen, daß ein „court expert" dort bestellt werden soll, wo den Parteien die Möglichkeit verschafft werden soll, durch die Einigung auf einen unabhängigen, gerichtlich bestellten Sachverständigen finanzielle Aufwendungen für eigene „expert witnesses" zu sparen. Außerdem soll ord. 40 RSC sicherstellen, daß das Gericht nicht ohne sachverständige Unterstützung auskommen muß, wenn die von den Parteien vorgebrachten Sachverständigen gegensätzliche Gutachten erstatten, deren jeweilige Richtigkeit der Richter nicht ohne einen dritten, gerichtlich bestellten Sachverständigen beurteilen kann.[27]

In England wird heute in der überwiegenden Zahl der Fälle ein „expert witness" von einer Prozeßpartei mit der Anfertigung eines Gutachtens beauftragt, das dem Gericht zu Beweiszwecken überreicht wird. Bis zum Ende des 17. Jahrhunderts wurde der Sachverständigenbeweis fast ausschließlich mittels des „court expert" erhoben.[28] Da der „court expert" seit Ende des 17. Jahrhunderts in der englischen Gerichtspraxis keine Bedeutung mehr besitzt, sind die folgenden Ausführungen zur Stellung des Sachverständigen im Prozeß sowie zu seinen Pflichten auf den „expert witness" beschränkt.

2. Der Sachverständige im Prozeß

Rr. 35 bis 44 der ord. 38 RCS beinhalten spezielle Bestimmungen für den Sachverständigenbeweis. Die Zulässigkeit des Sachverständigenbeweises richtet sich nach ord. 38 r. 36 RCS. Sie ist gegeben, wenn das Gericht mit beweiserheblichen Umständen befaßt ist, die zu ihrem Verständnis, zu ihrer Beschreibung oder Feststellung spezieller Fachkenntnisse bedürfen, über die das Gericht nicht verfügt. Weitere Zulässigkeitsvoraussetzung des Sachverständigenbeweises mittels eines „expert witness" ist, daß der Sachverständige über die erforderlichen Fachkenntnisse verfügt.[29] Schließlich

---

[25] *Hodgkinson*, S. 9.

[26] Siehe zu Einzelheiten des Verfahrens RSC Ord. 40 rr. 1-6.

[27] RSC Ord. 40 r. 1-6 Rz. 40/1-6/1.

[28] *Hodgkinson*, S. 60; RSC Ord. 40 rr. 1-6 Rz. 40/1-6/2.

[29] *Hodgkinson*, S. 10 m.w.N.

muß das Gericht dem Beweisantrag zustimmen oder die Parteien müssen sich über die Erhebung des Sachverständigenbeweises einigen.[30]

Beauftragt eine Prozeßpartei einen Sachverständigen mit der Anfertigung eines Gutachtens zum Zwecke des Sachverständigenbeweises, so tritt der Sachverständige in eine unmittelbare vertragliche Rechtsbeziehung zu der Partei.[31] Da der Sachverständige mit dem Ziel beauftragt wird, dem Richter als Gehilfe in einer Sachfrage zu dienen, unterliegt er nicht nur den Weisungen seines Auftraggebers, sondern auch denen des Gerichts. In der Regel erläutert der Sachverständige das Gutachten mündlich vor Gericht und hat sich anschließend einer „cross-examination“ der Gegenpartei zu stellen.

3. Pflichten

Die Pflichten des „expert witness“ im Zivilprozeß wurden jüngst von *Cresswell* J. in der Entscheidung des High Court in *„The Ikarian Reefer“*[32] zusammengefaßt. So soll das Sachverständigengutachten, das dem Gericht überreicht wird, unabhängiges Produkt eines durch die Interessen des Rechtsstreits unbeeinflußten Sachverständigen sein. Dieser soll dem Gericht unabhängige Unterstützung leisten, vor allem durch objektive Beantwortung der in sein Fachgebiet fallenden Beweisfragen. Dabei soll der Sachverständige niemals die Stellung eines Prozeßbevollmächtigten einer Partei einnehmen. Demnach darf er weder die Interessen seines Auftraggebers vertreten noch zu rechtlichen Fragen Position beziehen.[33] Da der Richter durch den Sachverständigen in die Lage versetzt werden soll, selbständig das Urteil zu sprechen, ist erforderlich, daß der Sachverständige die grundlegenden Umstände seiner sachverständigen Feststellungen im Gutachten mitteilt; etwaige Fotos, Pläne, Berechnungen, Messungen oder ähnliche Unterlagen hat er dem Gutachten beizufügen.[34]

Fallen Beweisfragen aus dem Fachgebiet des Sachverständigen, so hat er hierauf hinzuweisen. Ebenso hat er darauf hinzuweisen, wenn er der Auffassung ist, daß das der sachverständigen Feststellung zugrunde gelegte Tatsachenmaterial unzureichend oder mutmaßlich unwahr ist. Ändert ein Sachverständiger nach Übergabe des Gutachtens an das Gericht und die Gegenseite seine wissenschaftliche Meinung zu einer entscheidungserheblichen Frage, so hat er dies durch die Bevollmächtigten seiner Auftraggeber der Gegenseite und dem Gericht unverzüglich mitzuteilen.[35]

4. Übereinstimmungen

Es können übereinstimmende Ziele des Sachverständigenbeweises nach deutschem und nach englischem Recht festgestellt werden. Dem Richter soll nach beiden Prozeß-

[30] Weitere Alternativen ergeben sich aus ord. 38 r. 36 para 1 (a) und (b) sowie para. 2 RSC.

[31] *Hall/Smith*, S. 123.

[32] *„The Ikarian Reefer“* [1993] 2 Lloyd's Rep. 69.

[33] *„The Ikarian Reefer“* [1993] 2 Lloyd's Rep. 69, 81 per *Cresswell* J.

[34] *„The Ikarian Reefer“* [1993] 2 Lloyd's Rep. 69, 81 per *Cresswell* J.

[35] *„The Ikarian Reefer“* [1993] 2 Lloyd's Rep. 69, 81 per *Cresswell* J.

ordnungen ein sachverständiger Gehilfe zur Seite gegeben werden, der mangelnde wissenschaftliche und technische Fachkenntnisse des Richters ergänzt und diesen in die Lage versetzt, den Rechtsstreit selbständig und eigenverantwortlich zu entscheiden. Die Pflichten der Sachverständigen in Deutschland und England hinsichtlich Unabhängigkeit, Unparteilichkeit und Gewissenhaftigkeit sind nahezu identisch. Es ist interessant festzustellen, daß die Ziele des Sachverständigenbeweises durch ähnliche Sachverständigenpflichten in Deutschland und England gewährleistet werden, obwohl sich die Rechtsverhältnisses zwischen dem Sachverständigen, der Prozeßpartei und dem Gericht in beiden Ländern unterscheiden.

A. Deutschland

§ 12 Vertragliche Haftung nach deutschem Recht

Eine vertragliche oder vertragsähnliche Haftung des gerichtlichen Sachverständigen wird in Rechtsprechung und Literatur abgelehnt.[36] Durch die gerichtliche Ernennung werde zwischen dem Sachverständigen und einer Partei kein vertragliches Verhältnis begründet; eine Ausnahme bestehe lediglich für den schiedsgerichtlichen Sachverständigen.[37]

I. Privatrechtlicher Vertrag mit Schutzwirkung für Dritte

Unklar ist hingegen, ob zwischen dem Gericht[38] und dem Sachverständigen durch den Gutachtenauftrag ein vertragliches oder vertragsähnliches Verhältnis zustande kommt, das zugunsten einer geschädigten Prozeßpartei eine drittschützende Wirkung entfaltet. Das Verhältnis zwischen Gericht und Sachverständigem trägt werkvertragliche Züge im Sinne der §§ 631 ff. BGB. Der gerichtliche Sachverständige ist nach seiner Ernennung zur Gutachtenerstattung verpflichtet und kann hierfür eine Entschädigung beanspruchen, § 3 Abs. 1 ZSEG.[39] Da auch ein geistiger Erfolg als Gegenstand eines Werkvertrags in Betracht kommt, stellt das gerichtliche Sachverständigengutachten zudem einen tauglichen werkvertraglichen Erfolg dar.[40] Schließlich kann der Entschädigungsanspruch des Sachverständigen gekürzt oder versagt werden, wenn das Gutachten un-

---

[36] BGH NJW 1991, 3271; BGHZ 59, 310, 311; OLG Frankfurt/Main, BauR 2000. 1521; OLG Brandenburg, BauR 2000, 1518; *Blomeyer*, S. 162 ff.; *Jessnitzer/Frieling*, Rz. 675; *Döbereiner/v. Keyserlingk*, Rz. 238.

[37] BGHZ NJW 1965, 298, 299; *Döbereiner/v. Keyserlingk*, Rz. 275.

[38] Das Gericht ist im Folgenden Synonym für die im Rahmen der Justiz zuständige Stelle für den Abschluß eines Vertrags, deren Bestimmung entbehrlich ist, wenn kein solches oder ähnliches Verhältnis feststellbar ist.

[39] Die Entschädigung entspricht nicht der marktgerechten Vergütung. *Roeßner* in PraxisHdb SachverständigenR, § 41 Rz. 2.

[40] *Palandt-Thomas*, BGB, Einf. vor § 631 Rz. 14; *Eickmeier*, S. 58.

verwertbar ist.[41] Ein Werkvertrag zwischen dem Sachverständigen und dem Gericht setzt jedoch auch voraus, daß es sich um ein privatrechtliches Rechtsverhältnis handelt.

Die Abgrenzung öffentlich-rechtlicher und privatrechtlicher Rechtsverhältnisse ist anhand der verschiedenen Abgrenzungsmethoden vorzunehmen, von denen sich die Subjektstheorie in der Praxis durchgesetzt hat, ohne daß in Zweifelsfällen auf die anderen Theorien verzichtet wird. Nach der Subjektstheorie liegt eine öffentlich-rechtliche Rechtsbeziehung vor, wenn die einer Rechtsbeziehung zugrundeliegenden Rechtsnormen dem öffentlichen Recht zuzuordnen sind.[42] Da die Verfahrensordnungen der ZPO und der StPO jedoch zum öffentlichen Recht zählen[43], ist nach der Subjektionstheorie zwischen Sachverständigem und Gericht ein öffentlich-rechtliches Rechtsverhältnis anzunehmen.[44] Die Subordinationstheorie, nach der eine Rechtsbeziehung dem öffentlichen Recht zuzuordnen ist, wenn der beteiligte Hoheitsträger in einem Über-Unterordungsverhältnis mit hoheitlichen, dem Privatrecht fremden Eingriffsformen handelt[45], führt zum gleichen Ergebnis. Denn der Sachverständige wird durch die gerichtliche Bestellung einseitig zur Erstattung seines Gutachtens verpflichtet, §§ 407 Abs. 1 ZPO, 75 StPO. Außerdem ist das Gericht gemäß § 404a Abs. 1 ZPO befugt, die Tätigkeit des Sachverständigen zu leiten und ihm Weisungen zu erteilen.[46]

Die Annahme eines Werkvertrags zwischen dem Gericht und dem Sachverständigen scheidet somit aus. Daraus folgt, daß ein Schadensersatzanspruch einer Prozeßpartei aus einem privatrechtlichen Vertrag zwischen dem Sachverständigen und dem Gericht mit Schutzwirkung zugunsten einer Prozeßpartei nicht hergeleitet werden kann.[47]

II. Öffentlich-rechtlicher Vertrag mit Schutzwirkung für Dritte

Vereinzelte Stimmen in Literatur und Rechtsprechung bejahen aber einen öffentlich-rechtlichen Vertrag. Innerhalb dieser Meinung ist umstritten, ob dieser öffentlich-rechtliche Vertrag drittschützenden Charakter besitzt.[48]

Das Zustandekommen des öffentlich-rechtlichen Vertrags wird damit begründet, daß es keinen Sinn mache, daß der oftmals vermögensrelevanten Tätigkeit gerichtlicher Sachverständiger keine Haftung für - zumindest grob fahrlässig herbeigeführte - primäre Vermögensschäden der am Verfahren Beteiligten gegenüberstehe. Das Vermögen gehöre ebenso wie das Leben, die Freiheit und das Eigentum zu den besonders geschützten

---

[41] *Roeßner* in PraxisHdb SachverständigenR, § 41 Rz. 87ff.

[42] *Maurer*, § 3 III, Rz. 21.

[43] *Rosenberg/Gottwald*, § 1 VI; *Peters*, § 3 I.

[44] BGHZ 59, 310, 311; *Bremer*, S. 64; *Döbereiner*, BauR 1979, 282; *Maurer*, § 3 III, Rz. 21; *Rosenberg/Gottwald*, § 1 VI; *Peters*, § 3 I.

[45] *v. Münch* in *Erichsen/Martens*, § 2 II 1; *Maurer*, § 3, Rz. 16.

[46] *Eickmeier*, S. 66.

[47] So auch *Bleutge* in *Landmann/Rohmer*, GewO (I), § 36 Rz. 30 m.w.N.

[48] *Wasner*, NJW 1986, 119; *Weimar*, VersR 1955, 263.

Rechtsgütern der Verfassung, insbesondere des Art. 14 GG. Ferner sei die Privilegierung gerichtlicher Sachverständiger im Vergleich zu privaten Sachverständigen nicht zu rechtfertigen.[49] Daher seien nach dem Institut des Vertrags mit Schutzwirkung zugunsten Dritter aus dem zwischen Gericht und Sachverständigem anzunehmenden öffentlich-rechtlichen Vertrag zugunsten der Prozeßparteien oder des Beschuldigten Schadensersatzansprüche herzuleiten.[50]

Diese Schlußfolgerung verneint die Gegenmeinung innerhalb der den öffentlichen rechtlichen Vertrag bejahenden Auffassungen. Zwar sei ein öffentlich-rechtliches Vertragsverhältnis zu bejahen, Ansprüche der Prozeßparteien gegen den Sachverständigen müßten gleichwohl abgelehnt werden, da der Vertrag nicht zugunsten eines Dritten abgeschlossen werde.[51]

Die Frage der drittschützenden Wirkung kann offen bleiben, da bereits die Annahme eines öffentlich-rechtlichen Vertragsverhältnisses zwischen Sachverständigem und Gericht abzulehnen ist.[52] § 54 VwVfG, in dem die Zulässigkeit öffentlich-rechtlicher Verträge geregelt ist, knüpft an den zivilrechtlichen Vertragsbegriff an, so daß auch ein öffentlich-rechtlicher Vertrag durch den übereinstimmend erklärten Willen zweier Rechtssubjekte über die Herbeiführung einer bestimmten öffentlich-rechtlichen Rechtsfolge zustande kommt.[53] Das folgt auch aus § 62 Satz 2 VwVfG, der bestimmt, daß neben den Vorschriften des VwVfG ergänzend die Vorschriften des BGB gelten, mithin die Vorschriften der §§ 145 ff. BGB. Diese sehen zur Begründung eines Vertrags Antrag und Annahme vor. Der gerichtliche Sachverständige wird jedoch gemäß §§ 407 Abs. 1 ZPO, 75 Abs. 1 StPO durch Beweisbeschluß des Gerichts einseitig bestellt, so daß es an einer vertragsbegründenden Einigung des Sachverständigen und des Gerichts fehlt. Der Sachverständige hat keinen Einfluß auf seine Ernennung, da er die Gutachtenerstattung lediglich ausnahmsweise verweigern kann. Somit begründet der gerichtliche Auftrag keinen öffentlich-rechtlichen Vertrag.

III. Vertragsähnliche Sonderrechtsverhältnisse

Schließlich werden von Teilen der Literatur verschiedene Möglichkeiten erörtert, gerichtliche Sachverständige aus sogenannten Sonderrechtsbeziehungen in Anspruch zu nehmen. Die Haftung aus einer Sonderrechtsbeziehung wird als eine „dritte Spur" neben der vertraglichen und deliktischen Haftung bezeichnet.[54] In Anlehnung an Untersuchungen zum Ersatz von Vermögensschäden aufgrund von Schutzpflichtverletzun-

---

[49] *Wasner*, NJW 1986, 119.

[50] *Wasner*, NJW 1986, 119, 120.

[51] So die frühere Rechtsprechung in LG Stuttgart, NJW 1954, 1411; OLG Hamm, MDR 1950, 222. Einziger Literaturvertreter ist *Weimar*, VersR 1955, 263.

[52] *Döbereiner/v. Keyserlingk*, Rz. 238.

[53] *Maurer*, § 14 II. 1. a).

[54] Siehe zu den Vertrauenshaftungslösungen nach *Canaris* und *Lorenz* oben § 7 II. 3.

gen in Sonderrechtsbeziehungen[55] wird vereinzelt geprüft, ob das Vertrauen der Parteien eines Zivilprozesses in die beruflichen Fähigkeiten eines gerichtlichen Sachverständigen ein quasivertragliches Vertrauensverhältnis begründet und somit - ähnlich einem vorvertraglichen Schuldverhältnis bei der culpa in contrahendo - Schutzpflichten auslöst, deren Verletzung den Sachverständigen zum Schadensersatz gegenüber den Prozeßparteien verpflichten.[56] Da der Sachverständige seine Ausführungen jedoch an das Gericht wendet, kommt das Sachverständigengutachten nicht als Dispositionsgrundlage für die Parteien in Betracht.[57] Die Vertrauenshaftung des gerichtlichen Sachverständigen aus einer Sonderrechtsbeziehung im Verhältnis zu den Prozeßparteien ist deshalb abzulehnen.

In der jüngeren Literatur wird vereinzelt angenommen, daß das durch die Bestellung zwischen dem Gericht und dem Sachverständigen entstehende öffentlich-rechtliche Rechtsverhältnis als vertragsähnliches Schuldverhältnis zu qualifizieren sei. Es stelle ebenso wie ein privatrechtlicher Vertrag ein Sonderrechtsverhältnis dar, so daß darauf die bürgerlich-rechtlichen Haftungsinstitute analog anwendbar seien. Folglich fänden auch die werkvertraglichen Gewährleistungsrechte analoge Anwendung auf gerichtliche Sachverständigengutachten[58], die grundsätzlich das Gericht als Gläubiger der Sachverständigenleistung geltend machen könne.[59] Ausnahmsweise solle jedoch die durch ein fehlerhaftes Gutachten geschädigte Prozeßpartei Schadensersatz als eigenen Anspruch gegenüber dem Sachverständigen verlangen können, wenn die Voraussetzungen eines Vertrags mit Schutzwirkung zugunsten Dritter gegeben seien.[60] Das sei der Fall, da die Prozeßparteien mit der geschuldeten Hauptleistung des Sachverständigen bestimmungsgemäß in Berührung kommen und die Einbeziehung der Parteien in den Schutzbereich des Sonderrechtsverhältnisses für den Sachverständigen auch erkennbar sei.[61] Auf die Prüfung, ob das Gericht an einer Einbeziehung der Prozeßparteien einen etwaigen Schutzbereich des Sonderrechtsverhältnisses interessiert sei, werde verzichtet, da es sich um ein willensunabhängiges vertragliches Schutzverhältnis ohne primäre Leistungspflichten handele.[62]

Diese Konstruktion ist jedoch abzulehnen. Zweck des Vertrags mit Schutzwirkung zugunsten Dritter ist es, demjenigen Dritten die Vorteile vertraglicher Ansprüche zuzubilligen, den die Risiken der Vertragserfüllung genauso treffen können wie den Ver-

---

[55] *Canaris*, Vertrauenshaftung S. 424 - 439; *Canaris*, FS *Larenz* 1983, S. 27 ff.

[56] *Klein*, S. 51-98.

[57] *Canaris*, FS *Larenz* 1983, S. 27, 97; *Klein*, S. 95, 98.

[58] *Eickmeier*, § 10 und § 17.

[59] *Eickmeier*, §§ 18, 19.

[60] *Eickmeier*, S. 172.

[61] *Eickmeier*, S. 173-175, 179.

[62] *Eickmeier*, S. 171, 176 ff.

tragsgläubiger selbst.[63] Das Gericht kann aber durch eine fehlerhafte Gutachtenleistung nicht betroffen werden. Folglich kann auch eine geschädigte Prozeßpartei aus der Beziehung zwischen dem Gericht und dem Sachverständigen keinen Ersatzanspruch herleiten.[64] Denn der Sachverständige hat nach dem Vertrag mit Schutzwirkung zugunsten Dritter nur für solche Schäden einzustehen, für die er auch seinem Vertragspartner Ersatz leisten müßte. Dem Dritten kann kein weitergehender vertraglicher Schutz zukommen als dem Vertragspartner des Schädigers.[65] Deshalb kann eine vertragliche Haftungsfreizeichnung zugunsten der schädigenden Partei den Drittschutz zu Lasten eines in den vertraglichen Schutzbereich einbezogenen Dritten begrenzen.[66]

Unterstellte man beispielsweise, Entschädigungsleistungen der Staatskasse an einen aufgrund fahrlässig fehlerhaften Sachverständigengutachtens eingesperrten Beschuldigten seien ein ersatzfähiger Schaden des Gerichts, so daß für das Gericht eine Betroffenheit festgestellt werden könnte, müßte man annehmen, die Haftung des Sachverständigen gegenüber Dritten sei durch stillschweigende Vereinbarung mit dem Gericht ausgeschlossen worden.[67] Es kann nicht davon ausgegangen werden, daß das nur für Vorsatz haftende Gericht dem als seinem Gehilfen tätigen Sachverständigen die alleinige Verantwortung für alle fahrlässig verursachten Schäden auferlegen wolle. Damit dürfte auch der Sachverständige kaum einverstanden sein.[68] Nicht zuletzt wäre die Verteilung der größeren Verantwortung auf den Sachverständigen in Anbetracht der geringen Sachverständigenentschädigung nicht nachvollziehbar. Da die Begrenzung des Drittschutzes auch durch vertragliche Haftungsfreizeichnung zwischen den Vertragsparteien erfolgen kann, müßte ein Ersatzanspruch der geschädigten Prozeßpartei abgelehnt werden, da der Sachverständige der geschädigten Partei dieselben Einwendungen entgegenhalten könnte wie dem Gericht.[69]

Durch die Haftung aus einer öffentlich-rechtlichen Sonderrechtsverbindung mit Schutzwirkung zugunsten Dritter wird die Einstandspflicht des gerichtlichen Sachverständigen gegenüber den Prozeßbeteiligten über das Maß hinaus ausgedehnt, das gegenüber dem Gericht als vermeintlichem Gläubiger der Gutachtenleitung denkbar wäre. Diese Erweiterung widerspricht nicht nur der Zielsetzung des Vertrags mit Schutzwirkung zugunsten Dritter, sondern stellt darüber hinausgehend eine Haftungsbegründung zu Lasten Sachverständiger dar. Verträge zu Lasten Dritter sind der Rechtsord-

---

[63] *Staudinger-Jagmann*, BGB, Vorbem. zu §§ 328 ff. Rz. 94; *Erman-Westermann*, BGB, § 328 Rz. 11.

[64] *Schreiber*, ZZP 105 (1992), 129, 133.

[65] BGHZ 127, 378, 384 = JZ 1995, 306, 307 f. mit Anm. *Medicus*.

[66] BGHZ 127, 378, 385, 56, 269, 272.

[67] BGHZ 42, 313, 316 f.; 15, 12, 15.

[68] BGHZ 42, 313, 316 f.

[69] BGHZ 127, 378, 385, 56, 269, 272; *Schreiber*, ZZP 105 (1992), 129, 133.

nung jedoch nicht bekannt und mit dem Grundsatz der Privatautonomie unvereinbar und deshalb als unzulässig abzulehnen.[70]

§ 13 Deliktische Haftung nach deutschem Recht

Da gegenüber dem gerichtlichen Sachverständigen keine vertraglichen oder vertragsähnlichen Schadensersatzansprüche bestehen, kommt dessen Haftung nur aus unerlaubter Handlung in Betracht.

I. § 823 Abs. 1 BGB

Ein Schadensersatzanspruch der geschädigten Prozeßpartei gegen den gerichtlichen Sachverständigen wegen einer unerlaubten Handlung gemäß § 823 Abs. 1 BGB setzt voraus, daß der Sachverständige ein fehlerhaftes Gutachten erstellt hat, aufgrund dessen eine unrichtige Gerichtsentscheidung ergangen ist. Diese wiederum muß zur Verletzung eines absolutes Rechts der anspruchstellenden Prozeßpartei geführt haben.

Nachfolgend soll nur auf die Verletzung der Freiheit eines Prozeßbeteiligten durch ein falsches Gutachten eingegangen werden, da falsche Sachverständigengutachten ansonsten zumeist primäre Vermögensschäden zur Folge haben, die nach § 823 Abs. 1 BGB nicht ersatzfähig sind. Die Haftung nach § 823 Abs. 1 BGB betrifft vornehmlich den strafgerichtlichen Sachverständigen, da eine Freiheitsverletzung aufgrund einer unzutreffenden strafgerichtlichen Entscheidung in Betracht kommt.

1. Freiheitsverletzung

Zunächst war der BGH der Auffassung, daß die Freiheitsentziehung, die nach einem mit allen Rechtsgarantien ausgestalteten strafgerichtlichen Verfahren ausgesprochen worden ist, nicht mit einer Freiheitsverletzung im Sinne des § 823 Abs. 1 BGB gleichzusetzen sei. Die Anwendung dieser Bestimmung auf den gerichtlichen Sachverständigen würde deshalb zu einem Ergebnis führen, das vom Gesetzgeber mit Sicherheit nicht gewollt gewesen sei.[71] Diese Aufassung stieß zu Recht vielfach auf Kritik, da der BGH die Differenzierung zwischen Freiheitsverletzung und objektiv ungerechtfertigter Freiheitsentziehung nicht begründet hatte. Außerdem müßte konsequenterweise selbst die vorsätzliche Freiheitsentziehung durch einen gerichtlichen Sachverständigen als tatbestandliche Freiheitsverletzung gemäß § 823 Abs. 1 BGB verneint werden.[72]

Daraufhin hat der BGH diese Auffassung aufgegeben und die tatbestandliche Freiheitsverletzung im Sinne des § 823 Abs. 1 BGB bejaht.[73] Der Kläger war aufgrund eines falschen Sachverständigengutachtens in ein psychiatrisches Krankenhaus eingeliefert worden. Da diese Einweisung tatsächlich nicht gerechtfertigt war, wurde er in

---

[70] BGHZ 78, 369, 374 f.; 61, 359, 361 (Vertrag zu Lasten Dritter); *Palandt-Heinrichs*, BGB, Einf v § 328 Rz. 10; *Schreiber*, ZZP 105 (1992), 129, 133.

[71] BGH NJW 1968, 787, 788.

[72] *Schreiber*, ZZP 105 (1992), 129, 134; *Hopt*, JZ 1974, 551; *Bartling*, S. 11.

[73] BGHZ 62, 54 ff.

seiner gemäß Art. 2 Abs. 2 GG gewährleisteten körperlichen Bewegungsfreiheit beeinträchtigt. Diese Beeinträchtigung war eine Verletzung des Freiheitsrechts im Sinne des § 823 Abs. 1 BGB, wie das Bundesverfassungsgericht später bestätigte.[74]

2. Kausalität

Der nach § 823 Abs. 1 BGB erforderliche Ursachenzusammenhang zwischen der Rechts- oder Rechtsgutsverletzung und dem fehlerhaften Gutachten des gerichtlichen Sachverständigen beurteilt sich zunächst nach der Bedingungstheorie. Danach ist eine Handlung die Ursache für einen Erfolg, wenn die Handlung nicht hinweg gedacht werden kann, ohne daß der Erfolg entfiele, wobei alle Ursachen als gleichwertig anzusehen sind.[75] Diese Voraussetzungen sind erfüllt, wenn ein fehlerhaftes, gerichtliches Sachverständigengutachten eingeholt, die gerichtliche Entscheidung hierauf gestützt und ein Prozeßbeteiligter durch die unrichtige Entscheidung in seinen Rechten oder Rechtsgütern betroffen wird. Dabei ist es ohne Bedeutung, ob das Gericht die Entscheidung auch auf weitere Beweismittel stützt, da alle Ursachen zur Herbeiführung des Verletzungserfolgs als gleichwertig anzusehen sind.[76] Nach der Adäquanztheorie ist sodann ein fehlerhaftes Gutachten kausal für den Schaden eines Prozeßbeteiligten, wenn mit dem Schadenseintritt nach allgemeiner Lebenserfahrung vom Standpunkt des kundigen, nachträglich urteilenden Richters gerechnet werden kann.[77] Das ist unproblematisch der Fall, wenn das Gericht sich ausdrücklich zur Begründung seiner Entscheidung auf das Gutachten beruft.[78]

Zweifel an der Kausalität bestehen lediglich unter dem Gesichtspunkt, ob die Kausalität zwischen fehlerhafter Begutachtung und Verletzungserfolg durch die gerichtliche Entscheidung unterbrochen wird. Das wäre dann der Fall, wenn die gerichtliche Entscheidung vorsätzlich oder zumindest bewußt falsch vorgenommen wird.[79] Dem Gericht ist jedoch die objektive Unrichtigkeit der Entscheidung gerade nicht bewußt, da es mangels eigener Sachkunde das Gutachten des Sachverständigen nicht kontrollieren kann. Da es somit am kognitiven Element des Vorsatztatbestands mangelt, scheidet eine Unterbrechung der Kausalität durch die gerichtliche Entscheidung aus. Eine Unterbrechung kommt ferner in Betracht, wenn der erste Akt den zweiten Akt einer Kausalkette herausfordert.[80] Der erste Akt bleibt maßgeblicher Zurechnungsfaktor, wenn er tendenziell geeignet ist, den schädigenden zweiten Akt zu begünstigen und der zweite Akt eine nicht außerhalb aller Lebenserfahrung liegende Reaktion auf das erste Ereig-

---

[74] BVerfGE 49, 305, 320.

[75] BGHSt 1, 332; 2, 20, 24; 7, 112, 114; *Tröndle*, StGB, Vor § 13 Rz. 16.

[76] LG Ansbach, NJW 1956, 1205, 1296; *Bartling*, S. 16; *Klaus Müller*, Rz. 963; *Eickmeier*, S. 97.

[77] Leipziger Kommentar-*Jeschek*, StGB, Vor § 13 Rz. 57; RGZ 50, 219, 222; BGHZ 7, 198, 204.

[78] *Damm*, JuS 1976, 359, 363; *Bartling*, S. 16f.; *Eickmeier*, S. 97.

[79] BGHZ 57, 25; BGH NJW 1985, 671; 1971, 1982; BGH VersR 1976, 540; 1967, 580.

[80] *Larenz*, Schuldrecht Bd. I, § 27 III. 4.; *Deutsch*, VersR 1987, 113, 115.

nis darstellt.[81] Bei der Beauftragung eines gerichtlichen Sachverständigen wird die Verwertung des Gutachtens für die gerichtliche Entscheidung bezweckt, so daß die Entscheidung maßgeblich durch das Ergebnis des Sachverständigengutachtens beeinflußt wird. Eine unrichtige Entscheidung ist deshalb eine typische Folge eines fehlerhaften gerichtlichen Sachverständigengutachtens. Demnach scheidet auch nach dem zweiten Unterbrechungstatbestand eine Unterbrechung der Kausalität zwischen dem unrichtigen Sachverständigengutachten und der Verletzung des Prozeßbeteiligten aus.[82]

3. Verschulden

Nach dem Wortlaut des Gesetzes erfordert § 823 Abs. 1 BGB weiterhin die vorsätzliche oder fahrlässige Herbeiführung des Verletzungserfolgs. Bei einer Freiheitsverletzung ist umstritten, ob der gerichtliche Sachverständige nur für eine vorsätzliche oder auch für eine leicht oder grob fahrlässig verursachte (Freiheits-)Verletzung einzustehen habe.[83] Der BGH meint, daß ein gerichtlicher Sachverständiger nur bei vorsätzlicher Freiheitsentziehung hafte.[84] Diese Einschränkung der deliktischen Haftung des Sachverständigen entgegen dem Wortlaut des Gesetzes stützt der BGH darauf, daß die innere Unabhängigkeit des gerichtlichen Sachverständigen gewährleistet bleiben müsse. Als Gehilfe des Richters habe der Sachverständige bei der Urteilsfindung großen Einfluß auf den Ausgang einer Entscheidung. Im Interesse der am Verfahren Beteiligten und im Hinblick auf die Belange der Allgemeinheit am Funktionieren der Rechtspflege könne es deshalb nicht zugelassen werden, daß der Sachverständige bei der Anfertigung seines Gutachtens unter dem Druck und der Drohung eines möglichen Rückgriffs stehe.[85] Ferner sei es aus Gründen der Rechtssicherheit unumgänglich, Einwendungen abzugrenzen und zu beschränken, die auf die Wiederaufrollung und Abänderung eines

---

[81] *Palandt-Heinrichs*, BGB, Vorbem. v. § 249 Rz. 77; *Esser/Schmidt*, § 33 II. 2.2.

[82] *Deutsch*, Unerlaubte Handlungen, S. 35 ff. Rz. 64 ff.; *Deutsch*, VersR 1987, 113, 115; *Bartling*, S. 18; *Eickmeier*, S. 97f.; *Hopt*, JZ 1974, 551; *Damm*, Jus 1976, 359, 363; *Klaus Müller*, Rz. 963. Siehe auch BGH NJW 1990, 2882.

[83] *Jessnitzer/Frieling*, Rz. 679 f.; *Eickmeier*, S. 99 ff.; *Schreiber*, ZZP 105 (1992), 129, 137 ff.

[84] BGHZ 62, 54 ff. Im sog. Weigand-Fall erging gegen den Kläger wegen Beleidigung und anderer Delikte ein Beschluß, durch den seine Einweisung in eine Heilanstalt gemäß § 81 StPO angeordnet wurde, um ein Gutachten über seine strafrechtliche Verantwortlichkeit zu ermöglichen. Der Beklagte wurde als medizinischer Sachverständiger bestellt. Er erklärte den Kläger für unzurechnungsfähig. Das Gericht stützte auf diese Feststellung einen Unterbringungsbefehl gemäß § 126 a StPO, woraufhin sich der Kläger drei Monate im festen Haus eines Landeskrankenhauses befand. In der Hauptverhandlung verneinte das Gericht jedoch eine Einschränkung der Zurechnungsfähigkeit des Klägers, weil es den Gutachten anderer Sachverständiger folgte. Im darauf gegen den Erst-Sachverständigen erhobenen Zivilrechtsstreit verlangte der Kläger von dem Beklagten Schadensersatz, da dieser das Gutachten schuldhaft unrichtig erstattet und hierdurch die persönliche Freiheit des Klägers verletzt habe.

[85] BGHZ 62, 54, 59.

durch gerichtliches Urteil geschaffenen Rechtszustands abzielten.[86] Schließlich handele der Sachverständige bei der Gutachtenerstattung in Ausübung einer staatsbürgerlichen Pflicht gegenüber dem Gericht. Demgegenüber müßten privatrechtliche Belange zurücktreten, soweit sie nicht durch die Strafandrohung für falsche eidliche oder uneidliche Aussagen geschützt seien.[87]

Dieses Urteil wurde durch das Bundesverfassungsgericht[88] wegen Verletzung von Art. 2 GG aufgehoben, da der BGH durch den Ausschluß der Haftung für grob fahrlässig verursachte Freiheitsrechtsverletzungen die verfassungsrechtlichen Grenzen richterlicher Rechtsfortbildung überschritten habe. Die Verbürgung des verfassungsrechtlichen Freiheitsrechts gemäß Art. 2 Abs. 2 GG werde durch das geltende Deliktsrecht konkretisiert, indem es Sanktionen für dessen Beeinträchtigung durch Dritte bereithalte. Die Haftungsregelung des § 823 Abs. 1 BGB erweise sich als Ausprägung des besonderen Schutzgehalts dieses Grundrechts, so daß der Richter diese Regelung nicht in der Weise korrigieren dürfe, daß er die in § 823 Abs. 1 BGB statuierte Jedermann-Haftung zugunsten bestimmter Personen auf vorsätzliches Handeln einschränkt.[89] Demnach verneint das Bundesverfassungsgericht eine Privilegierung des gerichtlichen Sachverständigen bei vorsätzlicher Freiheitsverletzung.[90]

Die Frage, ob die Feststellung des Bundesverfassungsgerichts auf andere Schutzgüter des § 823 Abs. 1 BGB auszudehnen ist, soll offen bleiben, da falsche Gutachten gerichtlicher Sachverständiger - wie schon gesagt - außer zu Freiheitsverletzungen zumeist nur zu primären Vermögensschäden führen. Allerdings kann der gerichtliche Sachverständige Leben, Körper oder Gesundheit eines Prozeßbeteiligten bei der Anfertigung des Gutachtens, also nicht mittelbar durch das Gutachten, unmittelbar verletzen. Im Falle eines Chefarztes, der zum gerichtlichen Sachverständigen bestellt worden war, um über die Erwerbsfähigkeit des späteren Klägers ein Gutachten zu erstatten, entschied der BGH, daß der Sachverständige für eine unmittelbare Verletzung der Gesundheit des Klägers uneingeschränkt gemäß § 823 Abs. 1 BGB einzustehen habe.[91]

II. § 823 Abs. 2 BGB

Der gerichtliche Sachverständige haftet gemäß § 823 Abs. 2 BGB, wenn er gegen ein Gesetz verstößt, das den Schutz eines anderen bezweckt. Die Frage nach dem Verschuldensmaßstab stellt sich im Rahmen der Haftung gemäß § 823 Abs. 2 BGB nicht, da lediglich der Verstoß gegen das Schutzgesetz vom Verschulden des gerichtlichen

[86] BGHZ 62, 54, 59 unter Hinweis auf BGHZ 42, 313, 318, wo der VII. Senat mit dieser Erwägung die zivilrechtliche Haftung eines schiedsgerichtlichen Sachverständigen verneinte.

[87] BGHZ 62, 54, 60.

[88] BVerfGE 49, 304 ff. Siehe zur Kritik in der Literatur nur *Jessnitzer/Frieling*, Rz. 680 m.w.N.

[89] BVerfG NJW 1979, 305, 306.

[90] BVerfG NJW 1979, 305, 306 m.w.N.

[91] BGHZ 59, 310 ff.

Sachverständigen umfaßt sein muß. Nur wenn das Schutzgesetz kein Verschulden erfordert, richtet sich der Grad der Sorgfaltspflichtverletzung nach § 823 Abs. 2 S. 2 BGB.

1. §§ 153-163 StGB

a) Schutzgesetzcharakter der Aussagedelikte

Die Aussagedelikte der §§ 153-163 StGB sind Schutzgesetze im Sinne des § 823 Abs. 2 BGB, da sie neben den Belangen der Rechtspflege auch die Parteien eines Gerichtsverfahrens vor den Folgen falscher Aussagen schützen.[92] Das ergibt sich aus dem Wortlaut der §§ 158, 163 Abs. 2 StGB. Danach sind die Strafmilderungsgründe für eine rechtzeitige Berichtigung einer Falschaussage ausgeschlossen, wenn die falsche Aussage bereits bei einem anderen einen Nachteil hervorgerufen hat, der auch in einer primären Vermögenseinbuße bestehen kann.[93]

b) Mündliche Gutachtenerstattung

Zunächst begeht ein gerichtlicher Sachverständiger einen vorsätzlichen Meineid im Sinne des § 154 StGB, wenn er vor Gericht unter Eid aussagt, er habe das ihm übertragene Gutachten unparteiisch und nach bestem Wissen und Gewissen erstattet, während er positiv weiß oder mindestens billigend in Kauf nimmt, daß das Gutachten fehlerhaft ist.[94] Die Tathandlung des vorsätzlichen Falschschwörens ist ferner zu bejahen, wenn sich der Sachverständige bei der Erstattung eines bewußt fehlerhaften Gutachtens auf die allgemeine Vereidigung zum öffentlich bestellten Sachverständigen beruft, §§ 410 Abs. 2, 1. Halbs. ZPO, 79 Abs. 3 StPO. Dies steht der Berufung auf einen früher geleisteten Eid gleich, § 155 Nr. 2 StGB.[95]

Wenn der Sachverständige schwört, er habe das Gutachten nach bestem Wissen und Gewissen erstattet, obwohl es objektiv unrichtig ist, so ist ein fahrlässiger Falscheid gemäß § 163 StGB anzunehmen, wenn er den Fehler nach seinen persönlichen Fähigkeiten und den sonstigen Umständen des Einzelfalls hätte erkennen können und müssen. Da der Sachverständige gemäß §§ 410 Abs. 1 Satz 2 ZPO, 79 Abs. 2 StPO nicht die objektive Richtigkeit seines Gutachtens beschwört, sondern daß er dieses nach seiner subjektiven Überzeugung unparteiisch und nach bestem Wissen und Gewissen erstellen werde, umfaßt die Bekräftigung lediglich, daß das Gutachten nach seiner Überzeugung fehlerfrei ist. Deshalb liegt kein fahrlässiger Falscheid vor, wenn der Sachverständige falsche Schlüsse aus den von ihm festgestellten Tatsachen zieht und nach ge-

---

[92] RGZ 59, 236, 238; BGHZ 62, 54, 57; OLG Düsseldorf, NJW 1986, 2891; *Palandt-Thomas*, BGB, § 823 Rz. 149.

[93] Für die Gewährung des Schutzes primärer Vermögensinteressen sprach sich bereits das Reichsgericht aus: RGZ 39, 228.

[94] *Döbereiner/v. Keyserlingk*, Rz. 244.

[95] *Tröndle*, StGB, § 155 Rz. 3; *Jessnitzer/Frieling*, Rz. 686, 479; *Wessel* in PraxisHdb SachverständigenR, § 34 Rz. 15.

wissenhafter und sorgfältiger Prüfung zu der subjektiven Überzeugung kommt, daß seine Auffassung richtig sei.[96]

Schließlich macht sich der gerichtliche Sachverständige einer uneidlichen Falschaussage gemäß § 153 StGB schuldig, wenn er im Rahmen seiner Gutachtenerstattung vor Gericht vorsätzlich falsch aussagt. Die fahrlässige uneidliche Falschaussage ist dagegen nicht strafbar, so daß sie keine Haftung nach sich zieht.

Wird die Entscheidung des Gerichts durch ein in strafbarer Art und Weise erstattetes Gutachten zum Nachteil eines Prozeßbeteiligten beeinflußt, haftet der gerichtliche Sachverständige gegenüber diesem Prozeßbeteiligten gemäß § 823 Abs. 2 BGB in Verbindung mit dem jeweils durch die Tat des Sachverständigen erfüllten Aussagedelikts für den daraus entstehenden Schaden, der auch primären Vermögensschaden umfassen kann. Im Falle der fahrlässigen uneidlichen Falschaussage kommt den Prozeßbeteiligten jedoch mangels Verwirklichung eines Aussagedelikts kein Vermögens- und Rechtsgüterschutz zu.

c) Schriftliche Gutachtenerstattung

Der gerichtliche Sachverständige kann das Gutachten schriftlich erstatten, ohne im Termin vor Gericht eine mündliche Aussage zu machen. Obwohl die mündliche Gutachtenerstattung den gesetzlichen Regelfall darstellt, wird in der Praxis der Zivilgerichte überwiegend gemäß § 411 Abs. 1 ZPO die schriftliche Begutachtung angeordnet.[97] Während somit in den nach der ZPO durchgeführten Gerichtsverfahren schriftliche und mündliche Begutachtung gleichgestellt sind, gilt im Strafverfahren nur das Mündlichkeitsprinzip gemäß § 261 StPO. Hier kommt deshalb kein schriftliches Sachverständigengutachten als Beweismittel in Betracht.[98] Daher ist zweifelhaft, ob das objektive Tatbestandsmerkmal der Aussage erfüllt ist, wenn der gerichtliche Sachverständige lediglich ein schriftliches Gutachten erstattet.

aa) Tatbestandsmäßige Aussage

Nach überwiegender Auffassung setzt eine Aussage das gesprochene Wort voraus.[99] Danach ist eine Aussage selbst dann zu verneinen, wenn ein Fall der gerichtlich angeordneten schriftlichen Begutachtung im Sinne des § 411 Abs. 1 ZPO vorliegt.[100] Ein Teil der Rechtsprechung zieht zur Begründung eine Parallele zur schriftlichen Bekundung eines Zeugen (§ 377 ZPO). Diese Vorschrift regelte früher die Bekräftigung einer

---

[96] *Tröndle*, StGB, § 163 Rz. 6; *Döbereiner/v. Keyserlingk*, Rz. 245.

[97] BGHZ 6, 398, 400; *Baumbach/Lauterbach/Albers/Hartmann*, ZPO, § 411 Rz. 1; *Jessnitzer/Frieling*, Rz. 413 u. 664.

[98] Der Sachverständige reicht dem Gericht regelmäßig eine schriftliche Erläuterung seines mündlichen Gutachtens nach. *Otto*, JuS 1984, 161, 164; *Kleinknecht/Meyer-Goßner*, StPO, § 261 Rz. 8.

[99] OLG Düsseldorf, NJW 1986, 2891; OLG München, VersR 1984, 59; *Tröndle*, StGB, § 153 Rz. 2; SK-*Rudophi*, StGB, § 153 Rz. 2; Leipziger Kommentar-*Willms*, StGB, § 153 Rz. 4; *Otto*, JuS 1984, 161, 166.

[100] OLG München, MDR 1968, 939.

schriftlichen Bekundung durch eidesstattliche Versicherung.[101] Die schriftliche Bekundung eines Zeugen hatte danach nur Beweiswert, wenn deren Richtigkeit an Eides Statt versichert wurde. Andernfalls fehlte es an einer Zeugenaussage im Sinne des § 153 StGB.[102] Daraus folgert ein Teil der Rechtsprechung, daß ein Sachverständiger, ohne eine eidesstattliche Versicherung abzugeben, gemäß § 153 StGB bestraft werden könnte, obwohl dies Delikt sogar eine höhere Strafe als die falsche Versicherung an Eides statt (§ 156 StGB) androhe. Wenn sich ein Zeuge aber durch eine unwahre schriftliche Bekundung nicht gemäß § 153 StGB strafbar mache, sondern nur für die falsche eidesstattliche Versicherung gemäß § 156 StGB bestraft werden könne, sei kein Grund ersichtlich, daß ein Sachverständiger, der uneidlich ein falsches schriftliches Gutachten erstatte, wegen falscher uneidlicher Aussage gemäß § 153 StGB zu bestrafen sei.[103]

Die Gegenmeinung wendet die Aussagedelikte auf falsche schriftliche Sachverständigengutachten an, wenn sie den mündlichen durch die Verfahrensordnung gleichgestellt sind. Soweit eine Verfahrensordnung nur mündliche Aussagen kenne, stelle eine schriftliche Erklärung keine Aussage im Sinne der §§ 153 ff. StGB dar.[104] Diese Lösung ist vorzuziehen, da sie die in den Verfahrensordnungen getroffene Unterscheidung zwischen mündlichen und schriftlichen Angaben hinreichend berücksichtigt. Die vom BGH angenommene Gleichstellung mündlicher und schriftlicher Sachverständigengutachten bedeutet neben der gleichwertigen Verwendbarkeit im Zivilprozeß auch deren Gleichstellung in strafrechtlicher Hinsicht. Durch die Entfernung der eidesstattlichen Versicherung einer schriftlichen Zeugenaussage aus § 377 ZPO ist der Begründung der Gegenmeinung der Boden entzogen. Die ZPO sieht nicht vor, daß das Gericht den Sachverständigen zur Abgabe einer eidesstattlichen Versicherung auffordern kann. Die befürchtete Diskrepanz zwischen den Strafandrohungen des § 153 StGB und § 156 StGB kann nicht eintreten. Demnach erfüllt ein gerichtlicher Sachverständiger den objektiven Tatbestand der Aussagedelikte, wenn er in einem Verfahren nach der Zivilprozeßordnung ein falsches schriftliches Gutachten erstattet, da auch die schriftliche Äußerung eine Aussage darstellt.[105]

---

[101] § 377 Abs. 3 ZPO wurde durch das Rechtspflegevereinfachungsgesetz geändert und § 377 Abs. 4 gestrichen. *Zöller*, ZPO, § 377 vor Rz. 1.

[102] OLG München, MDR 1968, 939 unter Hinweis auf *Baumbach/Lauterbach/Albers/Hartmann*, ZPO, 29.Aufl., § 377 Anm. 3 A.

[103] OLG München, MDR 1968, 939.

[104] *Schönke/Schröder/Lenckner*, StGB, Vorbem. v. §§ 153ff. Rz. 22; *Jessnitzer/Frieling*, Rz. 665; *Eickmeier*, S. 111.

[105] OLG Oldenburg, VersR 1989, 108, 109; *Peters*, NJW 1990, 1832, 1834; *Bartling*, S. 35; *Schönke/Schröder/Lenkner*, StGB, Vorbem. v. §§ 153 ff. Rz. 22; *Jessnitzer/Frieling*, Rz. 665; *Eickmeier*, S. 111.

bb) Tatbestandsmäßiger Meineid

Zweifelhaft ist, ob der gerichtliche Sachverständige einen Meineid ablegt, wenn er ein falsches schriftliches Gutachten beschwört, indem er sich darin auf einen früher geleisteten Eid bezieht. Gemäß § 410 Abs. 2 ZPO genügt zur Eidesleistung des Sachverständigen die Berufung auf den für die Erstattung von Gutachten der geleisteten Art allgemein abgelegten Eid, der auch in einem schriftlichen Gutachten erklärt werden kann. Ein Meineid kommt nur in Betracht, wenn die Eidesleistung durch das Gericht angeordnet wurde. Zur Vereidigung des Sachverständigen ist ein Beschluß des Prozeßgerichts erforderlich, §§ 402, 391 ZPO. Ist ein solcher Beschluß nicht festzustellen, scheidet der Meineid aus.[106] Die oftmals geübte Praxis, am Ende eines gerichtlichen Gutachtens unaufgefordert auf einen allgemein geleisteten Sachverständigeneid Bezug zu nehmen, ist daher strafrechtlich unerheblich und für die Haftung des gerichtlichen Sachverständigen irrelevant.

2. §§ 410 Abs. 1 ZPO, 79 Abs. 2 StPO

Die fahrlässige uneidliche Falschaussage ist nicht strafbar. Daher hat ein Prozeßbeteiligter gegen den gerichtlichen Sachverständigen mangels Verstoßes gegen ein Schutzgesetz keinen Anspruch auf Ersatz eines fahrlässig verursachten primären Vermögensschadens gemäß § 823 Abs. 2 BGB. Wegen des dadurch lückenhaften Vermögensschutzes ist umstritten, ob die Eidesnormen der §§ 410 Abs. 1 ZPO, 79 Abs. 2 StPO, wonach der Sachverständige beschwört, daß er das Gutachten unparteiisch und nach bestem Wissen und Gewissen erstattet, (Vermögens-)Schutzgesetze sind. Wäre der Schutzgesetzcharakter der Eidesnormen anzunehmen, so haftete der Sachverständige selbst dann wegen einer fahrlässigen Falschbegutachtung in Verbindung mit § 823 Abs. 2 BGB, wenn er keinen Eid leistet.

Die Rechtsprechung hat wiederholt festgestellt, daß die Vorschriften der §§ 410 Abs. 1 ZPO, 79 Abs. 2 StPO zwar den Parteien dienlich seien, jedoch keine Schutzgesetze darstellten, da es sich um Ordnungsvorschriften handele, welche die Eidesfassung und den Zeitpunkt der Abnahme des Eides regelten. Die Pflichten des gerichtlichen Sachverständigen zu unparteiischer und gewissenhafter Gutachtenerstattung würden dagegen nicht durch die Eidesnormen geregelt, sondern von diesen vorausgesetzt. Die Rechte, die den Parteien bei unrichtigen Sachverständigengutachten zustehen, habe das Gesetz an anderer Stelle vorgesehen.[107]

Die den Schutzgesetzcharakter befürwortende Auffassung meint dagegen, die Verpflichtung zu unparteiischer und gewissenhafter Gutachtenerstattung diene nicht le-

---

[106] *Peters*, NJW 1990, 1832, 1833; *Zöller*, ZPO, § 410 Rz. 2; *Bremer*, S. 127.

[107] BGH NJW 1984, 870; 1974, 312; 68, 787; 65, 298; OLG Hamm, BB 1993, 2407, 2408; OLG Oldenburg, VersR 1989, 108, 109; OLG Düsseldorf, NJW 1986, 2891; OLG München, VersR 1984, 590; MDR 1977, 482, 483; OLG Köln, NJW 1977, 482, 483; 1962, 1773; OLG Köln, NJW 1962, 1773; OLG Celle, NJW 1960, 387; Oberster Gerichtshof der Britischen Zone, Urt. v. 26.11.1948, OGH HEZ 2, 236. Eine andere Auffassung vertrat nur OLG Hamm, MDR 1950, 221, 222.

diglich den Belangen der Rechtspflege, sondern auch den Prozeßparteien. Aus den Eidesnormen sei zu schließen, daß ganz allgemein für den Sachverständigen eine Rechtsnorm bestehe, sein Gutachten nach bestem Wissen und Gewissen zu erstatten. Der Schutzcharakter der Wahrheitspflicht ergebe sich unmittelbar aus dem Sinn des Prozesses als Rechtsschutzeinrichtung. Objektiv solle mit der Wahrheitspflicht des Sachverständigen der Wahrheitsfindung in den Entscheidungen gedient werden, so daß die fahrlässige Erstattung eines unrichtigen Gutachtens als schuldhafter Verstoß gegen die dem Sachverständigen obliegende Wahrheitspflicht bereits der umfassenden Anspruchsgrundlage des § 823 Abs. 2 BGB unterfalle.[108] Zudem sei es unbefriedigend, wenn die Ersatzpflicht des gerichtlichen Sachverständigen allein von dessen Vereidigung abhänge, da die Parteien hierauf keinen Einfluß hätten.[109]

Dem ist jedoch nicht zu folgen. Zunächst ist mit dem Ausschluß der Haftung bei fahrlässig fehlerhafter und unbeeidigter Gutachtenerstattung keineswegs eine Gesetzes- beziehungsweise Haftungslücke verbunden. Denn die geschädigte Partei hat einen Regreßanspruch gegen ihren Prozeßbevollmächtigten, der die Beeidigung des Sachverständigen nicht beantragt hat, da er seinem Mandanten durch sein Verhalten einen etwaigen Schadensersatzanspruch gegen den Sachverständigen vereitelt.[110] Außerdem liegt ein Schutzgesetz nur vor, wenn der Gesetzgeber bei Erlaß den Schutz bestimmter Personen oder Personengruppen gewollt oder zumindest mitgewollt hat.[111] Die §§ 410 Abs. 1 ZPO, 79 Abs. 2 StPO dienen jedoch ausschließlich der Wahrheitsfindung durch die Rechtspflege, indem sie die Fassung des Eides und den Zeitpunkt seiner Abnahme regeln.[112] Sollte dadurch zugunsten der Interessen einzelner Prozeßparteien ein Schutzreflex entstehen, ist das ohne Bedeutung. Denn der Schutz der Prozeßparteien ist an anderer Stelle abschließend geregelt, etwa durch das Ablehnungsrecht gemäß § 406 ZPO oder durch die Aussagedelikte.[113] Folglich ist der Schutzgesetzcharakter der Eidesnormen §§ 410 Abs. 1 ZPO, 79 Abs. 2 StPO zu verneinen.

---

[108] *Blomeyer*, S. 188 ff., 192 ff., 197; *Klaus Müller*, Rz. 974; *Andresen*, NJW 1962, 1759, 1760; *Hendrix*, BB 1961, 996, 997.

[109] *Klaus Müller*, Rz. 975; *Schreiber*, ZZP 105 (1992), 129, 135; *Damm*, JuS 1976, 359, 362.

[110] *Schreiber*, ZZP 105 (1992), 129, 135.

[111] BGHZ 64, 232, 237; 40, 306, 307; OLG München, MDR 1983, 403, 404; *Weimar*, VersR 1955, 263, 264; MüKo-*Mertens*, BGB, § 823 Rz. 141; RGRK-*Steffen*, BGB, § 823 Rz. 540; *Staudinger-Schäfer*, BGB, § 823 Rz. 580.

[112] OLG Köln, NJW 1962, 1773; OLG Celle, NJW 1960, 387; *Staudinger-Schäfer*, BGB, § 839 Rz. 457.

[113] BGH NJW 1965, 298, 299; LG Stuttgart, NJW 1954, 1411, 1412; *Weimar*, VersR 1955, 263, 264. *Eickmeier*, S. 117-120, vertritt ein zusätzliches systematisches Argument. Die Pflichten nach §§ 410 Abs. 1 ZPO, 79 Abs. 2 ZPO wirkten nur obligatorisch, da lediglich die Sonderrechtsverbindung zwischen Gericht und Sachverständigen näher ausgestaltet werde. Bejahe man den Schutzgesetzcharakter, so müsse bei Verletzung von Vertragsnormen ebenfalls ein Anspruch in Verbindung mit § 823 Abs. 2 BGB angenommen werden. Dieses Argument beruht jedoch auf der oben abgelehnten Prämisse, daß durch die Ernennung des gerichtlichen Sachverständigen eine vertragsähnliche öffent-

3. Ergebnis

Ein Schadensersatzanspruch gegen den gerichtlichen Sachverständigen wegen fahrlässig fehlerhafter Gutachtenerstattung scheidet nach § 823 Abs. 2 BGB aus, wenn der Sachverständige unvereidigt geblieben ist. Die Eidesnormen der §§ 410 Abs. 1 ZPO, 79 Abs. 2 StPO haben keinen Schutzgesetzcharakter. Da schriftliche und unvereidigte Gutachtenerstattung des gerichtlichen Sachverständigen zudem die Regel darstellen, entsteht eine empfindliche Lücke im Schutz gegen primären Vermögensschaden, der durch eine aufgrund eines unzutreffenden Gutachtens hervorgerufene gerichtliche Fehlentscheidung kausal verursacht werden kann.

III. § 826 BGB

Die Haftung des gerichtlichen Sachverständigen wegen einer sittenwidrigen vorsätzlichen Schädigung eines Prozeßbeteiligten nach § 826 BGB richtet sich nach denselben Grundsätzen wie bei dem privaten Sachverständigen.[114] Der gerichtliche Sachverständige handelt mit bedingtem Schädigungsvorsatz, wenn er die Möglichkeit eines unrichtigen Gutachtens, das Ergehen einer unrichtigen gerichtlichen Entscheidung und den dadurch vermittelten Eintritt eines Schadens erkennt und billigend in Kauf nimmt.[115] Ist ein Anspruch nach § 826 BGB gegeben, so beziffert sich die Anspruchshöhe nach dem Wert der adäquat verursachten Nachteile, die einem Prozeßbeteiligten durch die fehlerhafte Gerichtsentscheidung entstehen. Hiervon sind insbesondere auch primäre Vermögensschäden umfaßt.[116] Da die tatsächlichen Anforderungen dieser Anspruchsgrundlage jedoch sehr hoch sind, wird der Schutz primärer Vermögensinteressen der Prozeßbeteiligten nicht deutlich verbessert. Da der Sachverständige eng in die gerichtliche Entscheidung einbezogen wird, bleibt als Vermögensschutz gewährende Anspruchsgrundlage nur noch die Amtshaftung zu prüfen.

IV. § 839 Abs. 1 BGB, Art. 34 S. 1 GG

Nach § 839 Abs. 1 S. 1 BGB hat ein Beamter, der vorsätzlich oder fahrlässig eine ihm gegenüber einem Dritten obliegende Amtspflicht verletzt, den daraus entstehenden Schaden zu ersetzen.[117] Die Ersatzpflicht des Beamten wird gemäß Art. 34 S. 1 GG auf den Staat oder die Anstellungskörperschaft übergeleitet, so daß die Eigenhaftung des

---

lich-rechtliche Sonderbeziehung zum Gericht entstehe, auf welche die Privatrechtsnormen entsprechende Anwendung finden müßten.

[114] Siehe oben § 6 III.

[115] BGH BB 1993, 2407, 2408; 1991, 2401, 2402; OLG München, MDR 1983, 403, 404; *Klaus Müller*, Rz. 977 b, und *Eickmeier*, S. 123, nehmen das für den Fall an, daß der gerichtliche Sachverständige selbst Zweifel an der Richtigkeit seines Gutachtens hat.

[116] *Klaus Müller*, Rz. 980 u. 976.

[117] Der Anspruch gilt subsidiär gegenüber anderweitigen Ersatzmöglichkeiten, sofern dem Beamten Fahrlässigkeit zur Last fällt, § 839 Abs. 1 S. 2 BGB.

Beamten entfällt.[118] Nunmehr ist zu untersuchen, ob die § 839 Abs. 1 BGB, Art. 34 S. 1 GG auf den gerichtlichen Sachverständigen Anwendung finden, so daß die Haftung des gerichtlichen Sachverständigen auf das Land als Anstellungskörperschaft übergeleitet wird.

1. Haftungsrechtlicher Beamtenbegriff

Art. 34 S. 1 GG erfordert, daß der Beamte hoheitlich tätig wird. Für die Anwendung des § 839 Abs. 1 BGB ist danach zu unterscheiden, ob der Beamte für eine private Handlung oder für eine hoheitliche Tätigkeit haftet. Im ersteren Fall findet § 839 Abs. 1 BGB nur auf den sogenannten staatsrechtlichen Beamten Anwendung. Das ist, wer nach den geltenden Beamtengesetzen wirksam zum Beamten ernannt worden ist.[119] Da Art. 34 S. 1 GG eine Haftungsüberleitung für jede hoheitliche Tätigkeit[120] vorsieht, ist der Beamtenbegriff des § 839 Abs. 1 BGB im Lichte des höherrangigen Art. 34 S. 1 GG auszulegen, so daß das Beamtenverhältnis im staatsrechtlichen Sinne keine zwingende Voraussetzung mehr ist (haftungsrechtlicher Beamtenbegriff). Somit ist Beamter im Sinne des § 839 Abs. 1 BGB, wer hoheitlich tätig ist, mithin ein öffentliches Amt ausübt.[121]

2. Ausübung eines öffentlichen Amts

Die Überleitung der Haftung des gerichtlichen Sachverständigen erfordert, daß der gerichtliche Sachverständige ein öffentliches Amt ausübt.[122] Oben wurde bereits festgestellt, daß der gerichtliche Sachverständige mit dem Gericht durch ein öffentlich-rechtliches Rechtsverhältnis verbunden ist.[123] Zweifelhaft ist jedoch, ob der Sachverständige hoheitlich tätig wird, da das Gericht die Entscheidung trifft. Für das Tatbestandsmerkmal der Ausübung eines öffentlichen Amts ist auf den engen und unmittelbaren inneren Zusammenhang zwischen der Handlung der Privatperson und der öffentlichen Aufgabe abzustellen.[124] Ob im Falle der gerichtlichen Sachverständigentätigkeit ein ausreichend enger und unmittelbarer innerer Zusammenhang zu der gerichtlichen Entscheidung besteht, ist umstritten.[125]

---

[118] *Palandt-Thomas*, BGB, § 839 Rz. 26; *Staudinger-Schäfer*, BGB, § 839 Rz. 26 mit Hinweisen auf die ständige Rechtsprechung.

[119] *Ossenbühl*, § 6 Anm. 1. a). Siehe ferner § 6 Abs. 2 BBG für Bundesbeamte und § 5 BRRG für Landesbeamte.

[120] *Bryde* in *v. Münch/Kunig*, GG, Art. 34 Rz. 12 m.w.N.

[121] BGH VersR 1996, 202; *Ossenbühl*, § 6 Anm. 1. a); *Palandt-Thomas*, BGB, § 839 Rz. 27.

[122] *Staudinger-Schäfer*, BGB, § 839 Rz. 65; *Palandt-Thomas*, BGB, § 839 Rz. 29 m.w.N.

[123] Siehe oben § 11 I. 2. und § 12 I. Ferner *Jarass/Pieroth*, GG, Art. 34 Rz. 5; *Bryde* in *v. Münch/Kunig*, GG, Art. 34 Rz. 17.

[124] BGHZ 42, 176; 11, 181; BGH VersR 1996, 202, 203; BGH NJW 1992, 1227, 1228 jeweils m.w.N.; *Dagtoglou* in Bonner Kommentar, GG, Art. 34 Rz. 99; *Bryde* in *v. Münch/Kunig*, GG, Art. 34 Rz. 19; MüKo-*Papier*, BGB, § 839 Rz. 162; *Ossenbühl*, § 6 Anm. 1. b).

[125] Streitstand bei *Bartling*, S. 140 ff.

a) Ablehnung des inneren Zusammenhangs

Die Rechtsprechung lehnt einen engen und unmittelbaren inneren Zusammenhang ab, da der Sachverständige keine hoheitliche Aufgabe des Gerichts und keine Pflicht des Staates übernehme, sondern lediglich eine staatsbürgerliche Pflicht gegenüber dem Staat erfülle, die nicht über die Pflicht eines Zeugen hinausgehe. Der Zusammenhang zwischen der Tätigkeit des gerichtlichen Sachverständigen und der gerichtlichen Spruchtätigkeit sei, so der BGH, insgesamt nicht so eng, daß die Gutachtertätigkeit bereits dem Staat wie eigene hoheitliche Betätigung zugerechnet werden könne.[126]

Diese Auffassung wird von weiten Teilen der Literatur geteilt.[127] Zum Teil werden jedoch vermittelnde Lösungen vertreten, wonach ausnahmsweise die Amtshaftung eingreife, wenn die Gutachtenerstattung eine behördliche Pflicht darstelle[128], wenn ein Beamter (im staatsrechtlichen Sinne) zum Sachverständigen bestellt werde und das Gutachten zu seinen Dienstaufgaben zähle, oder wenn der Sachverständige durch die Staatsanwaltschaft ermächtigt werde, bei der Gutachtenerstattung Zwangsmaßnahmen anzuwenden.[129]

b) Gegenauffassung

Die Ablehnung des inneren Zusammenhangs zwischen der gerichtlichen Sachverständigentätigkeit und der hoheitlichen richterlichen Entscheidung wird mit beachtlichen Argumenten kritisiert.[130] Es treffe nicht zu, daß dem Gericht eine fehlerhafte Sachverständigenleistung nicht zugerechnet werden könne. Dafür spreche zunächst die Übereinstimmung der gerichtlichen Sachverständigentätigkeit[131] mit der Erfüllung staatlicher Aufgaben durch Private, wie etwa durch den amtlich anerkannten Sachverständigen[132] in der staatlichen präventiven Gefahrenabwehr. Die Grundsätze über die Amts-

[126] BGHZ 59, 310, 315; OLG Schleswig, Rechtspfleger 1975, 88, 89; OLG München, VersR 1977, 482.

[127] *Blomeyer*, S. 118, 120; *Blomeyer*, ZRP 1974, 214, 217; *Deutsch*, VersR 1987, 113; *Hendrix*, BB 1961, 996, 997; *Andresen*, NJW 1962, 1759; *Eickmeier*, S. 125ff.; *Klein*, S. 157; *Wessel* in PraxisHdb SachverständigenR, *Bremer*, S. 69; § 34 Rz. 18; *Staudinger-Schäfer*, BGB, § 839 Rz. 457; *Palandt-Thomas*, BGB, § 823 Rz. 117; *Friedrichs*, DRiZ 1973, 113, 114; *Arndt*, DRiZ 1973, 272; *Klaus Müller*, Rz. 981a; *Jessnitzer/Frieling*, Rz. 695.

[128] *Klaus Müller*, Rz. 981a.

[129] *Jessnitzer/Frieling*, Rz. 696 ff.

[130] *Bartling*, S. 151 ff., 185; *v. Mutius*, VerwArch 64 (1973), 433 ff; *Pieper/Breunung/Stahlmann*, S. 48.

[131] In BGHZ 62, 54, 59 hat der BGH festgestellt: „Wenn er (der gerichtliche Sachverständige [der Verf.]) auch keine richterlichen Funktionen ausübt, so kann er doch als Gehilfe mit besonderer Sachkunde wesentlichen Einfluß auf die Entscheidung gewinnen."

[132] Zur Begründung der Amtshaftung für einen TÜV-Sachverständigen bejaht der BGH (BGHZ 49, 108, 112) den inneren Zusammenhang mit der Behörde: „Wenn der Sachverständige auch nicht selbst die Erlaubnis zu erteilen oder zu versagen hat, so die Entscheidung hierüber doch praktisch gefallen, wenn er sein Gutachten erstattet (...) hat." Siehe zur Haftung des amtlich anerkannten Sachverständigen in der technischen Überwachung unten § 17 II. 2.

haftung für den amtlich anerkannten Sachverständigen müßten konsequenterweise auf den gerichtlichen Sachverständigen Anwendung finden.[133] Der Sachverständige übe eine maßgebliche Tätigkeit im Rahmen der richterlichen Tatsachenfeststellung aus, die ein Richter selbst ausüben würde, wenn er über die erforderliche Sachkunde verfügte.[134] Zudem beantworte er oftmals Rechtsfragen, wenn diese mit der Tatsachenfeststellung derart eng verknüpft sind, daß dadurch bereits die rechtliche Subsumtion vollzogen werde.[135] Dies führe zu einer Überschneidung der Aufgabenbereiche des Richters und des Sachverständigen.[136] Hieran ändere auch die freie Beweiswürdigung des Gutachtens durch den Richter nichts, da der Richter mangels besonderer Sachkunde nur eine begrenzte Kontrollmöglichkeit besitze. Zudem sei der Richter verpflichtet, eine Abweichung von sachverständigen Feststellungen unter Nachweis seiner eigenen Sachkunde in der Entscheidung so zu begründen, daß dies durch ein Revisionsgericht nachgeprüft werden kann.[137] Hierdurch werde der Richter sogar gezwungen, ein Gutachten zu übernehmen.[138] Dabei wendet sich die Gegenauffassung gegen die Gleichstellung des gerichtlichen Sachverständigen und des Zeugen, da unterschiedliche Funktion und Stellung beider Beweismittel nicht hinreichend gewürdigt würden.[139] Anders als das Sachverständigengutachten unterliege die Zeugenaussage der freien Beweiswürdigung durch den Richter, da deren Beurteilung keine besondere Sachkunde erfordere.[140] Nicht zuletzt trage auch der Gesetzgeber der unmittelbaren Verknüpfung sachverständiger Erfahrungssätze und rechtlicher Subsumtion Rechnung, da gefestigte sachverständige Erfahrungssätze als Rechtsnormen übernommen würden.[141] Nach alledem komme dem Sachverständigen eine entscheidende materielle Verantwortung für die gerichtliche Entscheidung zu.[142] Daher bestehe auch ein enger und unmittelbarer innerer Zusammenhang zwischen der gerichtlichen Sachverständigentätigkeit und der richterlichen Entscheidung.

---

[133] *Bartling*, S. 155.

[134] *Bartling*, S. 157

[135] *Bartling*, S. 162.

[136] *Bartling*, S. 164 f.; *v. Mutius*, VerwArch 64 (1973), 433, 437.

[137] BGH FamRZ 1974, 85, 86; NJW 1961, 2061; OLG Stuttgart, VersR 1958, 791. Im sozialgerichtlichen Verfahren darf sich das Gericht seit dem Urteil des BSG *Breithaupt*, Sammlung von Entscheidungen auf dem Gebiete der Sozialversicherung, 1955, S. 1212, nicht ohne weiteres über solche guatchterlichen Äußerungen des Sachverständigen hinwegsetzen, hinsichtlich derer ihm die erforderliche Sachkenntnis fehlt!

[138] *Bartling*, S. 167, 175.

[139] *Pieper/Breunung/Stahlmann*, S 48f; *Bartling*, S. 179.

[140] *Bartling*, S. 179.

[141] Beispiele seien die Deliktsunfähigkeit von Kindern bis 7 Jahren (§ 828 Abs. 1 BGB) und die unwiderlegliche Vermutung der Schuldunfähigkeit von Kindern unter 14 Jahren (§ 19 StGB) sowie die Anerkennung der unverzüglichen Mängelrüge als Handelsbrauch (§§ 377, 378 HGB).

[142] *Bartling*, S. 178; v. *Mutius*, VerwArch 64 (1973), S. 433, 437f; zustimmend *Pieper/Breunung/Stahlmann*, S 48f.

c) Stellungnahme

Die Argumente der Gegenauffassung überzeugen. Es mag zutreffen, daß nicht jedermann, der zur Erfüllung staatlicher Aufgaben herangezogen wird, ein öffentliches Amt ausübt.[143] Bei der gerichtlichen Sachverständigentätigkeit kann der enge und unmittelbare innere Zusammenhang zur Entscheidung des staatlichen Gerichts jedoch nicht verneint werden. Es macht keinen Unterschied, ob der Richter bei der Feststellung der entscheidungserheblichen Tatsachen auf seine eigenen Sinnesorgane vertraut oder sich, mangels eigener Sachkunde, dabei auf die geschulten Sinne des Sachverständigen verläßt. Daher bejahte auch das OLG Hamm einmal den erforderlichen inneren Zusammenhang. Der Sachverständige nehme, so das OLG, als selbständig handelnder Gehilfe des Gerichts Aufgaben der Sachaufklärung wahr, die an sich dem Gericht zukämen.[144] Dem ist zuzustimmen. Die Tatsache der freien gerichtlichen Beweiswürdigung rechtfertigt keine andere Beurteilung. Die tatsächlichen Hemmnisse für die richterliche Kontrolle des Gutachtens sind hinreichend bekannt.

Rechtliche Grenzen der Beweiswürdigung ergeben sich aus der höchstrichterlichen Rechtsprechung.[145] Diese schließt vielfach die Möglichkeit der freien Beweiswürdigung vollkommen aus[146], was eine logische Konsequenz der tatsächlichen Hürden der Beweiswürdigung darstellt. Hier hat der Richter nur noch eine formale Verantwortung für seine Entscheidung, da diese inhaltlich dem Sachverständigen obliegt. Weitere rechtliche Grenzen ergeben sich aus dem Gesetz.[147] Gemäß § 74a Abs. 5 ZVG ist der Wert eines Grundstücks im Zwangsversteigerungsverfahren vom Vollstreckungsgericht, das von Amts wegen alle werterheblichen Umstände zu ermitteln hat, nötigenfalls nach Anhörung eines Sachverständigen festzusetzen.[148] Der Sachverständige hat dadurch maßgeblichen Einfluß auf den Inhalt des gerichtlichen Verkehrswertfestsetzungsbeschlusses (§ 74a Abs. 1 ZVG). Letztlich trifft der Sachverständige die nur noch formal dem Gericht zuzuordnende Entscheidung über den Verkehrswert. Auf dieser Linie liegt die Amtsermittlung durch das Vormundschaftsgericht nach § 12 FGG[149]. Nach § 68b Abs. 1 FGG kann das Vormundschaftsgericht erst einen Betreuer bestellen,

---

[143] BGHZ 59, 310, 312.

[144] OLG Hamm, BB 1970, 1324, 1325.

[145] BGH FamRZ 1974, 85, 86; NJW 1961, 2061; OLG Stuttgart, VersR 1958, 791; BSG, *Breithaupt*, 1955, S. 1212.

[146] BGHZ 2, 6, 9; 12, 22, 25 (Vaterschaftsausschluß aufgrund von Blutgruppenmerkmalen nach sachverständiger Blutgruppenbestimmung); BGHSt 21, 157, 159 (Feststellung der Grenze absoluter Fahruntüchtigkeit, BAK 1,3 ‰).

[147] So wird die Mitwirkung des gerichtlichen Sachverständigen für das Verkehrswertfestsetzungsverfahren gemäß § 74a Abs. 5 ZVG sowie für die vormundschaftsgerichtlichen Entscheidungen gemäß §§ 68b Abs. 1 und Abs. 4 und 70 Abs. 1 i.V.m. 70e Abs. 1 FGG ausdrücklich bestimmt.

[148] *Zeller/Stöber*, ZVG, § 74a Rz. 7.8 - 7.9.

[149] § 12 FGG: „Das Gericht hat von Amts wegen die zur Feststellung der Tatsachen erforderlichen Ermittlungen zu veranstalten und die geeignet erscheinenden Beweise aufzunehmen."

wenn ein Sachverständigengutachten über die Notwendigkeit der Betreuung eingeholt wurde. Gemäß § 68b Abs. 4 FGG darf die Unterbringung zur Beobachtung ebenfalls erst nach Anhörung eines Sachverständigen erfolgen. Entsprechendes gilt gemäß § 70e Abs. 1 FGG[150] für die Unterbringung nach § 70 Abs. 1 FGG.[151] Das Vormundschaftsgericht kann in diesen Fällen nicht ohne einen Sachverständigen entscheiden.[152] Es zeigt sich außerdem, daß mit den vom Sachverständigen festzustellenden Tatsachen gleichzeitig erhebliche Rechtsfragen beantwortet werden. Eine unmittelbare Mitwirkung[153] des Sachverständigen an der gerichtlichen Entscheidung ist somit zu bejahen.

Als Zwischenergebnis ist daher festzuhalten, daß zwischen der gerichtlichen Sachverständigentätigkeit und der gerichtlichen Entscheidung ein enger und unmittelbarer Zusammenhang besteht, weil der Sachverständige als selbständig handelnder Gehilfe des Gerichts Aufgaben der Sachverhaltsaufklärung wahrnimmt, die an sich dem Gericht zukommen. Folglich findet die Amtshaftung gemäß § 839 Abs. 1 BGB, Art. 34 S. 1 GG auf den gerichtlichen Sachverständigen Anwendung.

3. Amtspflicht der gewissenhaften Gutachtenerstattung

Ein Eingreifen der Amtshaftung wegen eines fehlerhaften Gutachtens des gerichtlichen Sachverständigen setzt weiterhin voraus, daß der Sachverständige eine Amtspflicht verletzt, die ihm gegenüber der geschädigten Prozeßpartei obliegt. Das ist im Falle einer unerlaubten Handlung zum Nachteil einer Prozeßpartei stets der Fall.[154] Folglich stellen unerlaubte Handlungen des gerichtlichen Sachverständigen nach § 823 Abs. 1 und Abs. 2 BGB eine Amtspflichtverletzung im Sinne des § 839 Abs. 1 S. 1 BGB dar.

Nunmehr ist zu prüfen, ob die Amtshaftung auch für primäre Vermögensschäden einer Prozeßpartei eingreift, die durch ein fahrlässig falsch erstattetes Gutachten eines unvereidigten gerichtlichen Sachverständigen verursacht werden. Oben wurde festgestellt, daß bei dieser Sachlage keine unerlaubte Handlung des Sachverständigen vorliegt.[155] Daher müßte die fahrlässig falsche Erstattung des gerichtlichen Gutachtens die

---

[150] *Keidel/Kuntze/Winkler*, FGG, § 68b Rz. 1. § 70e Abs. 1 FGG: „Vor einer Unterbringungsmaßnahme nach § 70 Abs. 1 S. 2 Nr. 1 und 3 hat das Gericht das Gutachten eines Sachverständigen einzuholen, der den Betroffenen persönlich zu untersuchen oder zu befragen hat. Der Sachverständige soll in der Regel Arzt für Psychiatrie sein; in jedem Fall muß er Arzt mit Erfahrungen auf dem Gebiet der Psychiatrie sein. Für eine Unterbringungsmaßnahme nach § 70 Abs. 1 S. 2 Nr. 2 genügt ein ärztliches Zeugnis."

[151] *Keidel/Kuntze/Winkler*, FGG, § 70e Rz. 2; *Zimmermann*, FamRZ 1990, 1308, 1313.

[152] *Keidel/Kuntze/Winkler*, FGG, § 70e Rz. 6.

[153] Die Maßstäbe „Mitwirkung" beziehungsweise „Vorbereitung" hat der BGH in BGHZ 59, 310, 314 gesetzt.

[154] RGZ 155, 362, 367; BGHZ 16, 111, 113; 23, 36, 47; *Ossenbühl*, § 6 Anm. 2. b) aa); *Palandt-Thomas*, BGB, § 839 Rz. 39 m.w.N.

[155] Siehe oben § 13 I. und II.

Verletzung einer Amtspflicht darstellen.[156] Was zu den Amtspflichten zu rechnen ist, ergibt sich aus den allgemeinen und besonderen Rechtssätzen, der ständigen Rechtsprechung sowie aus dem der schädigenden Handlung vorangegangenen Tun des Amtsträgers.[157] Ob die Pflicht des gerichtlichen Sachverständigen zur gewissenhaften Gutachtenerstattung eine Amtspflicht ist, soll insbesondere mit Blick auf die Rechtsprechung beantwortet werden.

Der BGH stellte zur Frage der Amtspflichtverletzung in Entnazifizierungsverfahren durch die Gutachter-Kommission für Kulturschaffende im Bayerischen Staatsministerium für Unterricht und Kultus fest, daß der Gutachter-Kommission bei der Gutachtenerstattung die Amtspflicht zur Erstattung sorgfältiger Gutachten auch gegenüber dem Betroffenen obliege.[158] Die Gutachter-Kommission übe bei der Erstattung von Gutachten für den öffentlichen Ankläger hoheitliche Gewalt aus und sei als Gehilfe der öffentlichen Ankläger tätig gewesen.[159] Da der staatsanwaltschaftliche dem gerichtlichen Gutachtenauftrag gleichgestellt ist, muß diese Rechtsprechung hier Berücksichtigung finden. In einem anderen Amtshaftungsfall[160] wegen eines in einem Strafverfahren fahrlässig falsch erstatteten Gutachtens eines Regierungsgewerberats meinte der BGH: „Hatte (...) das Gewerbeaufsichtsamt (...) den Auftrag übernommen, so hatten die Beamten, die den Auftrag bearbeiteten, die Amtspflicht, der Bearbeitung die gleiche Sorgfalt wie allen dienstlichen Angelegenheiten zuzuwenden und das Gutachten (...) unparteiisch, richtig, sachkundig und vollständig zu erstatten. Diese Amtspflicht bestand in erster Linie gegenüber der Allgemeinheit und der ersuchenden Staatsanwaltschaft; sie bestand aber nach der Natur des Amtsgeschäfts auch gegenüber dem Kläger, um dessen Verhältnisse es eigentlich und erkennbar ging."[161]

Das Bundesverfassungsgericht[162] bemängelte, daß Grund und Höhe der Haftung des gerichtlichen Sachverständigen davon abhängig seien, ob der Sachverständige beeidigt werde oder nicht. Es fragte deshalb, ob es nicht dem durch das Rechtsstaatsprinzip gebotenen Rechtsschutz der Prozeßbeteiligten zugute kommen könnte, wenn neben der strafrechtlichen Regelung auch die in den Eidesnormen vorausgesetzte Sachverständigenpflicht zur gewissenhaften Gutachtenerstattung als Schutzgesetz aufgefaßt werden sollte.[163] Es konnte leider nicht prüfen, ob eine Amtspflicht zur gewissenhaften Gut-

---

[156] Selbst die Literaturvertreter, die das Eingreifen der Amtshaftung für den gerichtlichen Sachverständigen befürworten, haben hierzu keine Stellung bezogen. Siehe *Bartling*, S. 188 f.; *v. Mutius*, VerwArch 64 (1973), 433 ff.; *Pieper/Breunung/Stahlmann*, S 48f.

[157] *Wolff*, § 64 Anm. I. 4., S. 482.

[158] BGH LM Nr. 1 zu Art. 97 Bayer Verf.

[159] BGH LM Nr. 1 zu Art. 97 Bayer Verf.

[160] BGH VersR 1662, 1205.

[161] BGH VersR 1662, 1205, 1206.

[162] BVerfG NJW 1979, 305 (Weigand-Fall).

[163] BVerfG NJW 1979, 305.

achtenerstattung im Rahmen der Amtshaftung des gerichtlichen Sachverständigen anzunehmen ist, da dies mit der Verfassungsbeschwerde gegen das Urteil des BGH[164] nicht zur Überprüfung anstand. Der Suggestivfrage des Bundesverfassungsgerichts ist jedoch eine deutliche Sympathie für eine weniger zufällige Haftung des gerichtlichen Sachverständigen zu entnehmen.[165]

Demnach bestehen bereits nach der Rechtsprechung hinreichende Anhaltspunkte für die Bejahung der Amtspflicht des gerichtlichen Sachverständigen zur gewissenhaften Gutachtenerstattung. Der BGH stellt dies sogar ausdrücklich klar. Für die Amtspflicht spricht weiterhin, daß diese Lösung zu einer gerechten und vorhersehbaren Rechtslage bei fahrlässig fehlerhafter Gutachtenerstattung des unbeeidigten gerichtlichen Sachverständigen führt. Dies dürfte der vom Bundesverfassungsgericht[166] gewünschten Annäherung der Haftung des gerichtlichen Sachverständigen an das Rechtsstaatsprinzip zuträglich sein. Die Amtshaftungslösung ermöglicht zudem, daß das zweifelhafte Argument des BGH, daß das persönliche Haftungsrisiko des gerichtlichen Sachverständigen zugunsten seiner inneren Freiheit begrenzt werden müsse, nicht mehr zu Lasten der geschädigten Prozeßpartei geht. Da sich der Amtshaftungsanspruch der Prozeßpartei gegen das Land als Anstellungskörperschaft des gerichtlichen Sachverständigen wendet, hat der Sachverständige seine Inanspruchnahme nur bei Vorsatz und grober Fahrlässigkeit im Falle des Regresses zu fürchten, so daß seinem Interesse nach innerer Freiheit bei der Begutachtung ausreichend Rechnung getragen wird.

4. Drittbezogenheit der Amtspflicht

Ein Amtshaftungsanspruch wegen fahrlässig falscher Gutachtenerstattung des unbeeidigten gerichtlichen Sachverständigen erfordert gemäß § 839 Abs. 1 BGB, Art. 34 S. 1 GG ferner, daß die Amtspflicht zur gewissenhaften Gutachtenerstattung zumindest auch den Schutz der geschädigten Prozeßpartei bezweckt.[167] Dies nimmt der BGH in den oben genannten Stellungnahmen ausdrücklich an.[168] Dies zutreffende Ergebnis ist wie folgt zu untermauern. Die Gutachtenerstattung dient der Ordnung der Rechtspflege und der Allgemeinheit und damit zumindest auch den jeweiligen Interessen der Prozeßbeteiligten. Der Sachverständige weiß aufgrund seiner besonderen Kenntnisse und der Umstände des Einzelfalls, welche Parteiinteressen durch seine Gutachtentätigkeit berührt werden. Er hat deshalb die berechtigten Interessen der Prozeßparteien bei der Gutachtenerstattung angemessen zu berücksichtigen und diese nicht durch eine ungewissenhafte Gutachtenerstattung zu gefährden. Er weiß, daß er an der richterlichen Entscheidung mitwirkt und daß diese im Falle seiner nachlässigen Gutachtenerstattung

---

[164] BGHZ 62, 54.

[165] Sympathie des BVerfG für eine von der Rechtsprechung des BGH abweichende Lösung erkennt auch *Wasner*, NJW 1986, 119. Siehe zu dessen - freilich abzulehnender - Auffassung oben § 12 II.

[166] BVerfG NJW 1979, 305 (Weigand-Fall).

[167] BGH NJW 1995, 2412; 1994, 1647; 1976, 186;

[168] BGH LM Nr. 1 zu Art. 97 Bayer Verf.; BGH VersR 1662, 1205, 1206.

zum Nachteil einer oder mehrerer Prozeßparteien ausfällt, da sich der Gutachtenfehler zwangsläufig in einer objektiv unrichtigen Entscheidung realisiert. Der Sachverständige hat deshalb seine Pflicht zur gewissenhaften Gutachtenerstattung auch gegenüber den Prozeßparteien zu wahren, so daß die Drittbezogenheit der Amtspflicht angenommen werden kann.

5. Schuld

Die Verschuldensanforderung für einen Amtshaftungsanspruch ergibt sich aus § 839 Abs. 1 S. 1 BGB, mag sie in Art. 34 S. 1 GG auch keine Erwähnung finden. Da sich die Amtshaftung chronologisch von der persönlichen Beamtenhaftung nach § 839 BGB zur übergeleiteten Staatshaftung nach Art. 34 GG entwickelt hat, tritt eine Amtshaftung nur bei Verschulden des Amtswalters ein. Anknüpfungspunkt der Schuld ist die Amtspflichtverletzung des Amtswalters[169], für die die Rechtsprechung die Sorgfaltsanforderungen zum Schutz des Bürgers hoch ansetzt.[170]

Demnach wäre ein Amtshaftungsanspruch wegen eines leicht fahrlässig falsch erstatteten Gutachtens des gerichtlichen Sachverständigen, das zu einem objektiv unrichtigen Urteil führt und so einen Schaden hervorruft, begründet.[171]

a) Keine Haftungsprivilegierung

Zweifelhaft ist, ob diese Rechtsfolge ein sachgerechtes Ergebnis darstellt. Es besteht die Gefahr, daß viele unter Mitwirkung eines gerichtlichen Sachverständigen entschiedene Gerichtsverfahren durch die Inanspruchnahme des gerichtlichen Sachverständigen nochmals aufgerollt werden müssten. Dieser rechtspolitisch unerwünschten Wirkung könnte anhand einer Haftungsprivilegierung des gerichtlichen Sachverständigen begegnet werden, indem die subjektive Haftungsbedingung der Schuld auf grobe Fahrlässigkeit und Vorsatz beschränkt wird.

Der BGH[172] hat eine Haftungsprivilegierung des gerichtlichen Sachverständigen wegen einer Freiheitsentziehung im Sinne des § 823 Abs. 1 BGB damit begründet, daß die innere Unabhängigkeit des gerichtlichen Sachverständiger gewährleistet werden müsse[173], und daß es aus Gründen der Rechtssicherheit unumgänglich sei, Einwendungen abzugrenzen und zu beschränken, die auf das Wiederaufrollen eines durch gerichtliches Urteil geschaffenen Ergebnisses abzielten.[174] Außerdem müßten privatrechtliche Belange gegenüber der staatsbürgerlichen Pflicht, die der Sachverständige gegenüber

---

[169] *Ossenbühl*, § 6 Anm. 5.

[170] *Jauernig-Teichmann*, BGB, § 839 Anm. II. 1. f) m.w.N.

[171] Siehe zum Konkurrenzverhältnis von § 839 BGB zu § 823 Abs. 1 und Abs. 2 BGB unten § 17 II. 6.

[172] BGHZ 62, 54. Siehe auch BVerfG NJW 1979, 305 (Weigand-Fall).

[173] BGHZ 62, 54, 59.

[174] BGHZ 62, 54, 59 unter Hinweis auf BGHZ 42, 313, 318, wo der VII. Senat mit dieser Erwägung die zivilrechtliche Haftung eines schiedsgerichtlichen Sachverständigen verneinte.

dem Gericht ausübe, zurücktreten.[175] Fraglich ist, ob sich diese Argumente, die zur Beschränkung des § 839 Abs. 1 BGB dienen könnten, als tragfähig erweisen.

aa) Innere Unabhängigkeit des gerichtlichen Sachverständigen

Zunächst ist dem Schutz der inneren Unabhängigkeit des gerichtlichen Sachverständigen entgegenzuhalten, daß dieser dadurch im Vergleich zu anderen Berufsgruppen unangemessen bevorzugt wird.[176] Andere Berufsgruppen (Steuerberater, Rechtsanwälte, Wirtschaftsprüfer), deren Auskünfte vielfach zur Grundlage wichtiger Entscheidungen gemacht werden, stehen bei der Ausübung ihrer Tätigkeit ebenfalls unter dem Druck und der Drohung des Regresses. Dies hat sich insbesondere im Rahmen der Haftung des privaten Sachverständigen wegen eines fehlerhaften Gutachtens gezeigt. Gleichwohl kommen weder der private Sachverständige noch die anderen besonders sachkundigen Berufsgruppen in den Genuß einer Haftungsprivilegierung. Entsprechendes gilt im übrigen für den behördlichen Sachverständigen.[177] Gegen den Schutz der inneren Unabhängigkeit des gerichtlichen Sachverständigen spricht außerdem, daß ein solcher Schutz nicht einmal den Richtern in Grundbuch-, Nachlaß- oder Insolvenzsachen zugute kommt. Diese sind nicht durch das Spruchrichterprivileg nach § 839 Abs. 2 S. 1 BGB umfaßt. Es wird daher zu Recht kritisiert, daß der gerichtliche Sachverständige nicht besser gestellt sein kann als die Richter in Grundbuch-, Nachlaß- oder Insolvenzsachen.[178] Außerdem wird die innere Unabhängigkeit des gerichtlichen Sachverständigen unter der Prämisse, daß die Amtshaftung nach § 839 Abs. 1 BGB, Art. 34 S. 1 GG auf diesen Anwendung findet, bereits ausreichend dadurch geschützt, daß die Rückgriffshaftung des Sachverständigen gegenüber dem Land auf Vorsatz und grobe Fahrlässigkeit beschränkt ist.[179]

bb) Rechtssicherheit

Der Gedanke der Rechtssicherheit ist auf das Gutachten des gerichtlichen Sachverständigen nicht anwendbar, da dieses nicht in Rechtskraft erwächst. Die Rechtskraftwirkung eines falschen Strafurteils umfaßt nicht die im Wege des Sachverständigenbeweises festgestellten Tatsachen, § 14 Abs. 2 Nr. 1 EGZPO, so daß es der zivilrechtlichen Inanspruchnahme des Sachverständigen nicht entgegensteht.[180] Außerdem wird nicht die Beweiswürdigung des Strafrichters zur Überprüfung gestellt, sondern das zugrundeliegende Sachverständigengutachten.[181] Dies gilt auch für ein unrichtiges Gutachten, auf dem ein schädigendes Zivilurteil beruht. Gemäß § 322 Abs. 1 ZPO sind

---

[175] BGHZ 62, 54, 60.

[176] *Bartling*, S. 62.

[177] Siehe unten § 17 II. 4.

[178] *Schreiber*, ZZP 105 (1992), 129, 139; *Schneider*, JurBüro 1975, 433, 436; *Hopt*, JZ 1974, 551, 552.

[179] *Bartling*, S. 191; *Staudiger-Schäfer*, BGB, § 839 Rz. 209; *Ossenbühl*, § 7 Anm. 1.

[180] *Baumbach/Lauterbach/Albers/Hartmann*, EGZPO, §§ 14 Rz. 1.

[181] Bedenken gegen eine unendliche Kette von Prozessen hat *Blomeyer*, S. 218.

(zivilgerichtliche) Urteile der Rechtskraft nur insoweit fähig, als über den durch die Klage erhobenen Anspruch entschieden wird. Da jedoch Schadensersatzansprüche der geschädigten Prozeßpartei gegen den Sachverständigen nicht Gegenstand dieses Urteils sind, können sie auch nach Eintritt der Rechtskraft dieses Urteils noch geltend gemacht werden.[182] Gegen die personelle Rechtskrafterstreckung spricht außerdem, daß sich der Amtshaftungsanspruch der geschädigten Prozeßpartei gegen das Land richtet.

cc) Vorrang staatsbürgerlicher Sachverständigenpflicht

Es wird schließlich bezweifelt, ob der staatsbürgerlichen Gutachtenpflicht des gerichtlichen Sachverständigen der Vorrang vor den Interessen der durch ein unrichtiges Gutachten geschädigten Prozeßpartei wegen einer Interessenkollision einzuräumen ist.[183] Sollte jedoch eine Interessenkollision anzunehmen sein, so ist der Sachverständige gerade nicht schutzwürdig, wenn er nachlässigerweise ein falsches Gutachten erstattet.[184] Letztlich ist aber unter der Prämisse, daß die Amtshaftung auf den gerichtlichen Sachverständigen Anwendung findet, ein Konflikt zwischen der staatsbürgerlichen Gutachtenpflicht des Sachverständigen und den privaten Belangen der geschädigten Prozeßpartei gar nicht feststellbar, da der Sachverständige nur dem eingeschränkten Rückgriff ausgesetzt ist. Erst im Falle einer Inanspruchnahme könnte von einer Interessenkollision die Rede sein. Dieser Konflikt wird jedoch durch die Regelung des Art. 34 S. 2 GG auf Verfassungsebene zu Lasten des Sachverständigen entschieden, denn unter den Bedingungen eines derartigen Sorgfaltspflichtverstoßes ist kein Beamter schutzwürdig.

Demnach rechtfertigt die Argumentation des BGH keine Beschränkung des nach § 839 Abs. 1 BGB geltenden Haftungsmaßstabs des gerichtlichen Sachverständigen.

b) Unanwendbarkeit des Spruchrichterprivilegs

Die Begrenzung der Haftung auf Vorsatz und grobe Fahrlässigkeit könnte jedoch auf eine analoge Anwendung des Spruchrichterprivilegs gemäß § 839 Abs. 2 S. 1 BGB zu stützen sein. Ob jedoch eine planwidrige Regelungslücke des BGB hinsichtlich der Haftungsbeschränkung gerichtlicher Sachverständiger zu bejahen ist, wird bezweifelt. Der Gesetzgeber nahm bewußt davon Abstand, Vorschriften über die Sachverständigenhaftung in das BGB aufzunehmen.[185] Es wurde ausdrücklich auf die Regelung einer Haftungsbeschränkung für gerichtliche Sachverständige verzichtet, obwohl das

---

[182] *Schreiber*, ZZP 105 (1992), 129, 140.

[183] Selbst der BGH hat im Weigand-Fall keine Interessenkollision festgestellt. BGHZ 62, 54, 60.

[184] Diese berechtigten Zweifel hegt *Schreiber*, ZZP 105 (1992), 129, 140.

[185] Motive zu dem Entwurfe eines Bürgerlichen Gesetzbuches für das Deutsche Reich, Band II, 1888, S. 827f.

Haftungsproblem aus dem römischen Recht[186] und einigen Länderentwürfen zum Bürgerlichen Gesetzbuch[187] bekannt war.[188]

Unterstellte man gleichwohl eine Regelungslücke, so wäre als weitere Voraussetzung einer Analogie erforderlich, daß zwischen dem ungeregelten Sachverhalt und dem geregelten Sachverhalt eine rechtliche Vergleichbarkeit besteht. Dies erfordert, daß die ratio der gesetzlichen Regelung mit der Interessenlage des zu beurteilenden Sachverhalts übereinstimmt.[189]

Das Spruchrichterprivileg des § 839 Abs. 2 S. 1 BGB dient dem Schutz der richterlichen Unabhängigkeit. Der Richter soll im Interesse seiner inneren Freiheit und Unbefangenheit nicht befürchten müssen, daß sein Verhalten ihm als Fehlverhalten angelastet und zur Grundlage eines Ersatzanspruchs gemacht wird.[190] Begrenzt wird diese Freiheit lediglich durch die Überschreitung von Strafvorschriften, da der Richter im Unrecht keinen Schutz verdient. Der Sachverständige kann hingegen sein Haftungsrisiko durch Abschluß einer Berufshaftpflichtversicherung begrenzen und bereits auf diesem Wege seine innere Unabhängigkeit gewährleisten.[191] Da die Amtshaftung auf den gerichtlichen Sachverständigen anzuwenden ist, braucht er ohnehin nur wegen grober Fahrlässigkeit oder Vorsatz eine persönliche Haftung zu befürchten. Im Bereich dieses gesteigerten Haftungsvorwurfs ist jedoch für ein Freistellungsbedürfnis kein Raum. Andernfalls würde die gerichtliche Gutachtentätigkeit zum Freigelände für grob fahrlässige Sachverständige. Außerdem findet das Spruchrichterprivileg nicht einmal auf die Richtertätigkeit in Grundbuch-, Nachlaß- oder Insolvenzsachen Anwendung, so daß dessen analoge Anwendung auf den gerichtlichen Sachverständigen zu einem unüberwindbaren Wertungswiderspruch führen würde.[192]

Demnach sind die Sachverhalte des § 839 Abs. 2 S. 1 BGB und der Haftung des gerichtlichen Sachverständigen nicht in rechtlicher Hinsicht miteinander vergleichbar. Eine analoge Anwendbarkeit des Spruchrichterprivilegs auf den gerichtlichen Sachverständigen scheidet daher aus.[193]

---

[186] Nach römischem Recht war der mensor, der Feldmesser, seinem Auftraggeber nur bei dolus und culpa lata, also nicht bei culpa levis, für den durch eine Falschmesung entstandenen Schaden verantwortlich, vgl. § 839 D.11.6.1 und D.11.6.5 pr. (hlp. 24 ed.).

[187] Siehe § 1508 des sächs. BGB und Art. 1030 des Dresdner Entwurfs zum BGB sowie Art. 685 des hessischen Entwurfs zum BGB und Art. 954 des bayerischen Entwurfs zum BGB.

[188] *Blomeyer*, S. 130.

[189] *Larenz*, S. 381.

[190] BGHZ 50, 14, 19f.; *Staudinger-Schäfer*, BGB, § 839 Rz. 424.

[191] *Eickmeier*, S. 104; *Schreiber*, ZZP 105 (1992), 129, 138; *Bartling*, S. 67.

[192] *Bartling*, S. 64 m.w.N.

[193] So auch *Schreiber*, ZZP 105 (1992), 129, 138ff.; *Damm*, JuS 1976, 359, 361; *Hopt*, JZ 1974, 551, 552; *Eickmeier*, S. 105.

6. Ergebnis

Somit ist als Ergebnis für die Haftung des gerichtlichen Sachverständigen festzustellen, daß nach der hier vertretenen Auffassung die persönliche Haftung des gerichtlichen Sachverständigen nach Amtshaftungsgrundsätzen gemäß § 839 Abs. 1 S. 1 BGB, Art. 34 S. 1 GG auf das Land übergeleitet wird, wenn der gerichtliche Sachverständige eine unerlaubte Handlung begeht oder fahrlässig die ihm gegenüber den Prozeßparteien obliegende Amtspflicht zur gewissenhaften Gutachtenerstattung verletzt und dadurch einen Schaden, der auch in einem primären Vermögensschaden bestehen kann, verursacht.

V. Reformvorschlag der Bundesregierung der13. Legislaturperiode

1. § 839a BGB de lege ferenda

Die Bundesregierung der 13. Legislaturperiode hat im Entwurf des zweiten Gesetzes zur Änderung schadensersatzrechtlicher Vorschriften (Zweites Schadensersatzrechtsänderungsgesetz - 2. SchadÄndG) vom 27.03.1998 die Einfügung einer gesetzlichen Schadensersatzregelung zur Haftung des gerichtlichen Sachverständigen in das Deliktsrecht vorgeschlagen. Gemäß Art. 2 Nr. 4 2. SchadÄndG soll im Anschluß an die Bestimmung des § 839 BGB geregelt werden, daß der gerichtliche Sachverständige für ein vorsätzlich oder grob fahrlässig unrichtig erstattetes Gutachten zivilrechtlich verantwortlich gemacht werden kann, unabhängig davon, ob er vereidigt wurde oder nicht.[194]

2. Begründung

Mit dieser Neuregelung solle, so die Bundesregierung, der bisher bestehende, sachlich nicht gerechtfertigte Unterschied zwischen der Haftung des beeideten und des nicht beeideten gerichtlichen Sachverständigen beseitigt werden. Während der unbeeidete Sachverständige nach § 823 Abs. 1 BGB lediglich für die Verletzung absoluter Rechtsgüter einzustehen habe und diese Haftung nach der Rechtsprechung des BGH auf Vorsatz beschränkt sei[195], hafte der beeidete Sachverständige nach § 823 Abs. 2 BGB wegen Verstoßes gegen ein Schutzgesetz (§ 154, 163 StGB) für sämtliche Vermögensschäden und für jede Form der Fahrlässigkeit. Die in der Praxis nicht in jedem Fall

---

[194] „§ 839a: (1) Erstattet ein vom Gericht ernannter Sachverständiger vorsätzlich oder grob fahrlässig ein unrichtiges Gutachten, so ist er zum Ersatz des Schadens verpflichtet, der einem Verfahrensbeteiligten durch eine das Verfahren abschließende Entscheidung entsteht, die auf seinem Gutachten beruht.
(2) § 839 Abs. 3 findet entsprechende Anwendung.", BR-Drucks. 265/98, S. 5, 17.

[195] BGHZ 62, 54. Die Begründung der Bundesregierung berücksichtigt nicht, daß diese Entscheidung des BGH durch das BVerfG (NJW 1979, 305 ff.) wegen Verstoßes gegen Art. 2 GG aufghoben und zurückverwiesen wurde und deshalb eine Beschränkung nur auf grobe Fahrlässigkeit und Vorsatz angenommen wird.

erfolgende Beeidigung des Sachverständigen sei jedoch kein geeignetes Kriterium für den Haftungsmaßstab.[196]

Der Verschuldensmaßstab sei auf Vorsatz und grobe Fahrlässigkeit zu beschränken; eine Haftung für leichte Fahrlässigkeit scheide aus, da sie dem Sachverständigen die innere Freiheit nehme, deren er bedürfe, um sein Gutachten unabhängig und ohne Druck eines möglichen Rückgriffs erstatten zu können.[197]

Durch den Verweis auf die Regelung des § 839 Abs. 3 BGB in Absatz 2 der Vorschrift werde sichergestellt, daß die schuldhafte Nichteinlegung eines Rechtsmittels zum völligen Haftungsausschluß führe.[198]

3. Bewertung

Mit der vorgeschlagenen Regelung soll ein neuer Haftungstatbestand geschaffen werden, der die Haftung des gerichtlichen Sachverständigen abschließend regelt. Unerheblich ist insbesondere, ob der Sachverständige vereidigt wird, da der Sachverständige in jedem Fall für Vorsatz und grobe Fahrlässigkeit haftet. Im Kern wird damit der Vorschlag der ZPO-Kommission verwirklicht, die sich auch für eine eigenständige Vorschrift für die Haftung des gerichtlichen Sachverständigen ausgesprochen hatte.[199]

Der Vorschlag der Bundesregierung weicht sowohl hinsichtlich der Anspruchsgrundlage beziehungsweise des Anspruchsgegners als auch hinsichtlich des Haftungsmaßstabs von der hier verfolgten Amtshaftungslösung ab.

Obwohl die gesetzestechnische Einordnung hinter § 839 BGB zunächst den Anschein erweckt, als ob auch die Bundesregierung der 13. Legislaturperiode die gerichtliche Sachverständigentätigkeit als hoheitlich bewerte, gibt der Vorschlag der Bundesregierung der persönlichen Haftung des Sachverständigen vor einer Amtshaftung mit Rückgriffsmöglichkeit den Vorzug. Da in der Begründung hierzu keine Ausführungen gemacht werden, ist zu vermuten, daß sich die Väter dieses Gesetzgebungsvorschlags die Begründung der ZPO-Kommission zu eigen gemacht haben, wonach für eine unmittelbare Haftung des Sachverständigen spreche, daß diese der persönlichen Verantwortung des Sachverständigen für sein Gutachten besser Rechnung trage und daß es sich hierbei in der Regel um ein versicherbares Risiko handele.

Diese Begründung überzeugt jedoch nicht, da der Sachverständige gleichermaßen für sein Gutachten zur persönlichen Verantwortung gezogen wird, wenn er durch die geschädigte Prozeßpartei unmittelbar oder durch den Staat im Wege des Regresses in An-

---

[196] BR-Drucks. 265/98, S. 45 f.

[197] BR-Drucks. 265/98, S. 46 f.

[198] BR-Drucks. 265/98, S. 47.

[199] Danach sollte die Vorschift des § 839 a BGB den nahezu identischen Wortlaut erhalten: „Wer als gerichtlicher Sachverständiger vorsätzlich oder grob fahrlässig ein unrichtiges Gutachten erstattet, ist zum Ersatz des Schadens verpflichtet, der einem Prozeßbeteiligten durch eine auf der Unrichtigkeit beruhende, das Verfahren abschließende Entscheidung entsteht."

spruch genommen wird; in jedem Fall hat er für den Schaden einzustehen, den er durch sein Gutachten verursacht hat. Die Versicherbarkeit des Risikos spricht allenfalls für eine uneingeschränkte Haftung des Sachverständigen, gibt jedoch keinen Anhaltspunkt für den richtigen Anspruchsgegner der geschädigten Prozeßpartei, so daß hiermit eine unmittelbare Haftung ebenfalls nicht begründet werden kann. Die Beschränkung des Haftungsmaßstabs auf grobe Fahrlässigkeit und Vorsatz ist allein unter dem Gesichtspunkt der Rechtssicherheit zu begrüßen. Dem Schutz der inneren Unabhängigkeit des gerichtlichen Sachverständigen kann jedoch aus den oben genannten Gründen nicht zugestimmt werden.[200]

Leider stellt sich der Gesetzesvorschlag zur Haftung des gerichtlichen Sachverständigen als Fortschreibung eines in den Grundzügen unzutreffenden Lösungsansatzes der Rechtsprechung dar. Da die Rechtsprechung unzutreffend die Amtshaftung für den gerichtlichen Sachverständigen ablehnt und deshalb unter Inkaufnahme einer im Vergleich zum privaten und behördlichen Sachverständigen widersprüchlichen Haftungsbegründung der unmittelbaren Haftung nach den Vorschriften der unerlaubten Handlung den Vorzug gibt, entsteht ein Bedürfnis für einen Gesetzgebungsvorschlag, wie er nunmehr von der Bundesregierung vorgelegt wurde. Der Gesetzgebungsvorschlag zementiert jedoch gerade die falsche Lösung der Rechtsprechung, da er die neue Regelung mit dem ungeeigneten Kriterium der Beeidigung (§ 823 Abs. 2 BGB) als Haftungsmaßstab begründet. Statt dessen hätte die Bundesregierung im Rahmen der Prüfung des Bedürfnisses für eine neue Haftungsregelung bereits bei der Anspruchsgrundlage ansetzen müssen. Es wird jedoch vielmehr unter Mißachtung der Entscheidung des Bundesverfassungsgerichts[201] die Rechtssprechungslösung kritiklos übernommen.

4. Ergebnis

Es wird mit § 839a BGB ein Haftungstatbestand geschaffen, die aus gesetzessystematischer Sicht der im Deliktsrecht geregelten Jedermann-Haftung widerspricht, da sie für die Passivlegitimation des Anspruchsgegners besondere personelle Anforderungen stellt („vom Gericht ernannter Sachverständiger"). Bisher sieht das Deliktsrecht jedoch personelle Anforderungen für den Verpflichteten nur in § 839 BGB vor. Von diesem Regel-Ausnahme-Verhältnis abzuweichen, besteht kein Anlaß. Denn es reicht nach der hier vertretenen Auffassung zur Haftung des gerichtlichen Sachverständigen aus, eine klarstellende Regelung in § 839 BGB aufzunehmen, daß die Amtshaftung auch auf den gerichtlichen Sachverständigen anzuwenden ist. Für diese gesetzliche Klarstellung der Anwendbarkeit der Amtshaftung auf den gerichtlichen Sachverständigen in § 839 BGB spricht nicht zuletzt die widerspruchslose Einfügung dieser Lösung in das geltende Recht.

---

[200] Siehe oben § 13 IV. 5. a) aa).

[201] BVerfG NJW 1979, 305 (Weigand-Fall).

B. England

§ 14 Relative Haftungsimmunität nach englischem Recht

Der „expert witness" wird durch eine Partei beauftragt und dem Gericht als Beweismittel vorgeschlagen.[202] Die Partei und der Sachverständige schließen hierzu einen Gutachtenvertrag. Im Unterschied zum deutschen Recht kommt somit eine unmittelbare privatrechtliche Rechtsbeziehung zwischen der Prozeßpartei und dem gerichtlichen Sachverständige zustande. Eine Haftung des gerichtlichen Sachverständigen gegenüber seinem Auftraggeber aus „breach of contract" und/oder aus dem deliktischen Haftungstatbestand der „negligence" ist daher möglich. Es kommt ebenfalls eine Haftung des Sachverständigen gegenüber einem Dritten, etwa der anderen Prozeßpartei, in Betracht. Das Common Law unterscheidet für die Haftung des gerichtlichen Sachverständigen nach der vorprozessualen Sachverständigentätigkeit und der sachverständigen Bekundungen im Rahmen der gerichtlichen Beweisaufnahme.[203]

I. Haftung für vorprozessuales Gutachten

Die Haftung des gerichtlichen Sachverständigen für ein fehlerhaft erstattetes, vorprozessuales Gutachten scheidet nach deutschem Recht aus, da der Sachverständige erst vom Gericht durch Beweisbeschluß bestimmt wird. Daher steht er den Parteien vorprozessual in der Regel nicht zur Verfügung. Dies gilt entsprechend für den englischen „court expert", dem freilich in der englischen Gerichtspraxis keine Bedeutung mehr zukommt, der aber ebenfalls durch das Gericht ernannt wurde. Nach englischem Recht kann der Sachverständige, der von einer zukünftigen Prozeßpartei vor Klageerhebung beauftragt wird und als „expert witness" dem Gericht vorgeschlagen werden soll, auf vertraglicher und/oder deliktischer Grundlage durch den Auftraggeber oder einen Dritten in Anspruch genommen werden.[204] Die Haftung richtet sich nach den Grundsätzen der Haftung des privaten Sachverständigen[205], da der Sachverständige als privater Sachverständiger seines Auftraggebers handelt, solange er nicht durch das Gericht zum „expert witness" zugelassen wird.

II. „Immunity of Expert Witness from Civil Action"

In der Regel scheidet eine zivilrechtliche Inanspruchnahme des „expert witness" und des „court expert" für eine unrichtige Aussage vor Gericht, die einen wie auch immer gearteten Schaden verursacht, aus. In Betracht kommt lediglich eine Strafverfolgung der Sachverständigen wegen Meineids nach sec. 1 (1) Perjury Act 1911.[206] Dieser ein-

---

[202] Siehe oben § 11 II. 1. a).

[203] *Hall/Smith*, S. 122.

[204] *Hall/Smith*, S. 122 ff.

[205] Siehe oben §§ 8-10.

[206] Ein Meineid ist zu bejahen, wenn der Sachverständige in einem juristischen Verfahren durch eine zur Abnahme eines Eides befugte Stelle ordnungsgemäß vereidigt wird und vorsätzlich eine ent-

schränkungslos geltende Grundsatz geht zurück auf die Entscheidung in *R.* (The Queen) *v. Skinner*[207] aus dem Jahre 1772.

In *Henderson v. Broomhead*[208] aus dem Jahre 1859 ging es um die Frage, ob eine Schmerzensgeldklage wegen einer den Kläger beleidigenden eidesstattlichen Versicherung zulässig sei. *Erle* J. verneinte dies.[209] Er wies die Schadensersatzklage wegen Diffamierung demnach zurück, da andernfalls Zeugen einer Prozeßgefahr ausgesetzt würden. Mit dieser Entscheidung wird gleichfalls die absolute Haftungsimmunität des „expert witness" bestätigt. Dieser Grundsatz wird allenfalls dadurch eingeschränkt, daß der Sachverständige nur wegen solcher fehlerhafter Feststellungen nicht in Anspruch genommen werden kann, „(...) which are relevant to the litigation (...)"[210], mithin die gerichtliche Entscheidung tragen.

In der jüngeren Rechtsprechung des House of Lords wurde der Grundsatz der absoluten Immunität des „expert witness" ausdrücklich bestätigt. In *Sutcliffe v. Thackrah*[211] beanspruchte der Kläger von den beklagten Architekten u.a. Schadensersatz wegen Einbußen, die er aufgrund fahrlässig fehlerhaft erteilter Baufortschrittsanzeigen erlitten hatte. Dabei wurde die Frage relevant, ob ein Architekt durch Abgabe einer Baufortschrittsanzeige als Schiedsrichter tätig wird, was letztlich verneint wurde.[212] Lord *Salmon* nahm diese Frage zum Anlaß, auf die absolute Immunität des (schieds-) gerichtlichen Sachverständigen einzugehen: „It is well settled that Judges, Barristers, Solicitors, Jurors and Witnesses enjoy an absolute immunity from any civil action being brought against them in respect of anything they say or do during the course of a trial."[213] Diesen Haftungsausschluß begründete Lord *Salmon* mit rechtspolitischen Erwägungen. Ein Prozeßbeteiligter solle seine Funktion im Prozeß ausüben können, ohne befürchten zu müssen, von einer unterlegenen Partei anschließend in Anspruch ge-

---

scheidungserhebliche Aussage macht, die nach seinem Wissen falsch ist oder an deren Richtigkeit er nicht glaubt.

[207] *R. v. Skinner* [1772] Lofft 55 per Lord *Mansfield*, zitiert nach *Hall/Smith*, S. 126.

[208] *Henderson v. Broomhead* [1859] 4 H and N 569, zitiert nach *Hall/Smith*, S. 126 f.

[209] „An action will not lie for defamatory words spoken in the course of litigation which are relevant to the litigation (...) The party may be punished for perjury. It is said that the civil remedy should be allowed for the purpose of indemnifying the party injured. But the balance of inconvenience is strong against such an action. Witnesses would be subjected to peril.", *Henderson v. Broomhead* [1859] 4 H and N 569 per *Erle* J, zitiert nach *Hall/Smith*, S. 127.

[210] *Henderson v. Broomhead* [1859] 4 H and N 569 per *Erle* J.

[211] *Sutcliffe v. Thackrah and Others* [1974] A.C. 727.

[212] „This appeal raises the immediate question as to whether or not an immunity against being sued for negligence extends to an architect who, because of his negligence, has caused damage to his client. This question cannot, however, be satisfactorily answered without considering a wider issue, namely, the limits of immunity which the law affords against claims of negligence in general.", *Sutcliffe v. Thackrah and Others* [1974] A.C. 727, 757 per Lord *Salmon*. Siehe auch *Hall/Smith*, S. 129.

[213] *Sutcliffe v. Thackrah and Others* [1974] A.C. 727, 757 per Lord *Salmon*.

nommen zu werden. Das öffentliche Bedürfnis nach uneingeschränktem Schutz der Funktionen der Justiz und ihrer Beteiligten durch die Immunität überwiege das Risiko der Schädigung Einzelner durch etwaige Fahrlässigkeit der Justiz oder ihrer Beteiligter, deren unbeeinträchtigte Funktion unentbehrliche Voraussetzung für Effizienz und Ökonomie der Rechtsprechung sei.[214] Diese Erwägungen entsprechen fast wörtlich dem ersten und zweiten Argument des BGH für die Annahme der Haftungsprivilegierung zugunsten des gerichtlichen Sachverständigen wegen einer durch ein fehlerhaftes Gutachten verursachten Freiheitsentziehung.[215]

Der Umfang der Immunität erstreckt sich auch auf die Sachverständigentätigkeit, die mit der Vorbereitung des vor Gericht zu erstattenden Gutachtens in unmittelbarem Zusammenhang steht. So kann der Sachverständige nicht für Fehler bei der Sammlung und Analyse des Materials haftbar gemacht werden, das später zur Verteidigung des Angeklagten verwendet werden soll.[216]

Die Haftung des gerichtlichen Sachverständigen nach englischem Recht ist dahingehend zusammenzufassen, daß diese sich nach den Grundsätzen der Haftung des privaten Sachverständigen richtet, sofern die Schädigung nicht auf einer prozeß- und entscheidungsrelevanten Handlung des „expert witness" beruht oder mit dieser in unmittelbarem Zusammenhang steht. Die daraus folgende Haftungsimmunität des „expert witness" kann daher als eingeschränkt auf das eigentliche Prozeßgeschehen - und insofern als „relativ" - bezeichnet werden.

---

[214] *Hall/Smith*, S. 128. *Sutcliffe v. Thackrah and Others* [1974] A.C. 727, 757 per Lord *Salmon*.

[215] BGHZ 62, 54, 59 (Weigand-Fall).

[216] *Marrinan v. Vibart* [1963] 1 Q.B. 528; *Evans v. London Hospital Medical College (University of London) and Others* [1981] 1 WLR 184; *Hall/Smith*, S. 130.

Dritter Teil: Die Haftung des behördlichen Sachverständigen

Behörden sind, ebenso wie Gerichte, oftmals mit schwierigen Sachverhalten befaßt, die sie ohne sachverständige Hilfe nicht bearbeiten können. In einer Vielzahl von Regelungen des allgemeinen und besonderen Verwaltungsrechts ist deshalb die Hinzuziehung von Sachverständigen in das behördliche Verwaltungsverfahren vorgesehen.

§ 15 Die behördliche Sachverständigentätigkeit

I. Deutschland

In den Verwaltungsverfahren nach dem Verwaltungsverfahrensgesetz[1] dient der Sachverständige vor allem als Beweismittel. In den besonderen Verwaltungsverfahren hat der behördliche Sachverständige dagegen selbständig Feststellungen zu treffen, Tatsachen zu beurteilen oder Erfahrungssätze zu vermitteln.[2] Zumeist sind die Funktionen des behördlichen Sachverständigen gesetzlich bestimmt. Die Vielfalt der behördlichen Sachverständigentätigkeit soll nachfolgend anhand einiger Beispiele veranschaulicht werden.

1. Beweismittel nach VwVfG

Gemäß §§ 24 Abs. 1 S. 1, 63 Abs. 2 VwVfG unterliegt eine Behörde dem Aufklärungsgrundsatz.[3] Sie hat den entscheidungserheblichen Sachverhalt von Amts wegen aufzuklären und hierzu nach pflichtgemäßem Ermessen Beweismittel gemäß § 26 Abs. 1 Satz 1 VwVfG einzusetzen. Nach § 26 Abs. 1 Satz 2 Nr. 2 VwVfG kann sie Sachverständige vernehmen oder deren schriftliche Äußerung einholen.

Der Sachverständigenbeweis richtet sich nach der Art des Verwaltungsverfahrens. Das VwVfG unterscheidet das nichtförmliche Verwaltungsverfahren (§ 10 VwVfG), das an keine Form gebunden und zweckmäßig durchzuführen ist, und das förmliche Verwaltungsverfahren (§§ 63 ff. VwVfG), welches nur stattfindet, wenn es gesetzlich angeordnet ist. Im nichtförmlichen Verwaltungsverfahren ist der Sachverständige zur Gutachtenerstattung nicht gesetzlich verpflichtet. Die Behörde ist auf seine freiwillige Mitwirkung, ggf. im Rahmen einer vertraglichen Beauftragung, angewiesen.[4] Für das förmliche Verwaltungsverfahren ist der Sachverständigenbeweis in § 65 VwVfG in Verbindung mit den Vorschriften der ZPO geregelt. Das förmliche Verwaltungsverfahren unterscheidet sich vom nichtförmlichen Verwaltungsverfahren durch verstärkte Mitwirkungs- und Einwirkungsrechte der Beteiligten, größere Formstrenge und eine mündliche Verhandlung. Insgesamt ist das förmliche Verwaltungsverfahren dem ge-

---

[1] Im Folgenden wird auf das Verwaltungsverfahrensgesetz des Bundes - VwVfG - Bezug genommen, das mit den relevanten Bestimmungen der Verwaltungsverfahrensgesetze der Länder übereinstimmt.

[2] *Jessnitzer/Frieling*, Rz. 727.

[3] *Kopp*, VwVfG § 24 Rz. 2.

[4] *Bayerlein* in PraxisHdb SachverständigenR, § 24 Rz. 18 f.

richtlichen Verfahren angenähert.[5] Gemäß § 63 Abs. 2 VwVfG gelten die Vorschriften über das nichtförmliche Verwaltungsverfahren ergänzend. § 65 Abs. 1 S. 1 VwVfG beinhaltet für den Sachverständigenbeweis einige Sonderregelungen. Danach ist der Sachverständige zur Erstattung des Gutachtens verpflichtet.[6] Er hat der behördlichen Ernennung Folge zu leisten, wenn er zur Erstattung von Gutachten der erforderten Art öffentlich bestellt ist oder die Wissenschaft, Kunst oder das Gewerbe, wovon Kenntnisse Voraussetzung der Begutachtung sind, öffentlich zum Erwerb ausübt. Verweigert der Sachverständige zu Unrecht seine Dienste, so kann die Behörde gemäß § 65 Abs. 2 VwVfG das zuständige Verwaltungsgericht um die Vernehmung ersuchen. Außerdem kann die Behörde das Gericht nach § 65 Abs. 3 VwVfG ersuchen, den Sachverständigen eidlich zu vernehmen. Für die Verwertung des Sachverständigengutachtens bestehen keine Besonderheiten zum nichtförmlichen Verwaltungsverfahren. Es gilt ebenfalls der Grundsatz der freien Beweiswürdigung.[7]

2. Beurteilung persönlicher Eignung

Für die Bereiche des Straßen- und des Luftverkehrs sind Sachverständige gesetzlich vorgesehen, um die Fähigkeiten der Antragsteller zu prüfen und deren persönliche Eignung für den Straßen- oder Luftverkehr zu beurteilen.

a) Fahrerlaubnis

Nach § 2 Abs. 1 S. 1 2. Halbs. StVG wird die Fahrerlaubnis erteilt, wenn der Antragsteller seine Befähigung durch eine Prüfung dargetan hat. Der praktische Teil der Prüfung wird von einem amtlich anerkannten Sachverständigen oder Prüfer für den Kraftfahrzeugverkehr[8] abgenommen. Dieser hat gemäß § 10 Abs. 1 Satz 3 StVZO zu prüfen, ob der Antragsteller für das Führen von Kraftfahrzeugen der beantragten Klasse befähigt ist und ob er die Grundzüge der energiesparenden Fahrweise beherrscht. Er hat sich davon zu überzeugen, daß der Prüfling ausreichende Kenntnisse der gesetzlichen Vorschriften hat und mit den Gefahren des Straßenverkehrs vertraut ist, § 11 Abs. 3 StVZO. Nach bestandener Prüfung händigt der Sachverständige den Führerschein an den Antragsteller aus. Hierdurch wird die Fahrerlaubnis erteilt, § 10 Abs. 1 letzter Satz StVZO. Da die außenwirksame Regelung durch den Sachverständigen getroffen wird, ist der Prüfbescheid des Sachverständigen ein Verwaltungsakt.[9]

---

[5] *Kopp*, VwVfG, § 63 Rz. 2.

[6] Die Vorschriften der §§ 407 ff. ZPO über die Sachverständigenpflichten gelten gemäß § 65 Abs. 1 S. 2 VwVfG entsprechend.

[7] *Kopp*, VwVfG, § 69 Rz. 6; *Knack*, VwVfG, § 69 Rz. 3; *Stelkens/Bonk/Sachs*, VwVfG, § 69 Rz. 3.

[8] Die Anforderungen an die amtlich anerkannten Sachverständigen (und Prüfer) im Sinne der StVZO werden im Kraftfahrsachverständigengesetz - KfSachvG - geregelt. Zur - haftungsrechtlich unerheblichen - Unterscheidung zwischen Sachverständigen und Prüfern siehe § 1 KfSachvG; Prüfer sind insoweit unter den hier verwendeten Sachverständigenbegriff zu fassen.

[9] *Jagusch/Hentschel*, StVZO, § 10 Rz. 10.

b) Luftfahrterlaubnis

Die Luftfahrterlaubnis für Personen bestimmt sich nach §§ 1 bis 5 LuftVG sowie den einschlägigen Rechtsverordnungen. Die für den Erwerb der Luftfahrterlaubnis von dem Antragsteller nachzuweisenden theoretischen und praktischen Kenntnisse sind gemäß § 128 Abs. 1 der Verordnung über Luftfahrtpersonal (LuftPersV) vor einem Prüfungsrat abzulegen, sofern keine Überprüfung durch einen von der Erlaubnisbehörde amtlich anerkannten Sachverständigen vorgesehen ist. Solche Überprüfungen durch Sachverständige finden vor allem im Rahmen der auf die Verlängerung ablaufender und der auf die Erneuerung abgelaufener Luftfahrterlaubnisse gerichteten Verwaltungsverfahren statt.

Beispielsweise kann die für eine Verlängerung der Luftfahrterlaubnis nachzuweisende Anzahl von Flugstunden durch einen Überprüfungsflug mit einem amtlich anerkannten Sachverständigen ersetzt werden, §§ 5 Abs. 2 letzter Satz, 11 Abs. 2 letzter Satz oder 17 Abs. 2 S. 1 LuftPersV. Da der Antragsteller nach der LuftPersV die Darlegungs- und Beweislast für die Voraussetzungen der Erlaubnisverlängerung trägt, hat er den Überprüfungsflug seinerseits zu veranlassen und hierzu den Sachverständigen zu beauftragen.

Dem amtlich anerkannten Sachverständigen kommt nach der LuftPersV keine eigene Verwaltungsaktskompetenz zu. Seine Funktion beschränkt sich gemäß § 128 Abs. 6 S. 1, Abs. 10 LuftPersV auf die Feststellung, ob das Prüfergebnis „bestanden" oder „nicht bestanden" ist. Die Erteilung, die Verlängerung oder die Erneuerung der Erlaubnis erfolgt, je nach Luftfahrtgerät, durch die nach Landesrecht zuständige Luftfahrtbehörde, das Luftfahrt-Bundesamt oder einen Beauftragten, §§ 22 Abs. 1 und 2 LuftVZO, 131 LuftPersV. Der Verwaltungsakt wird somit durch die zuständige Behörde ausgesprochen, wobei jedoch die Begutachtung des Sachverständigen eine wesentliche Grundlage der Entscheidung darstellt.[10]

3. Kontrolle technischer Sicherheit

Ein wichtiges Betätigungsfeld des behördlichen Sachverständigen ist die Kontrolle technischer Sicherheit im Rahmen der staatlichen präventiven Gefahrenabwehr. Dies gilt zunächst für die regelmäßige Kfz-Hauptuntersuchung nach der StVZO. Ebenso bedeutend ist die Kontrolle überwachungsbedürftiger Anlagen.

a) Kfz-Hauptuntersuchung

Die regelmäßige Hauptuntersuchung für Kraftfahrzeuge und Anhänger gemäß § 29 Abs. 1 StVZO bezweckt die Überwachung der Sicherheit des Kraftfahrzeugverkehrs und verpflichtet jeden Kraftfahrzeughalter zur regelmäßigen Vorführung seines Fahrzeugs. Die Prüfplakette, die den Zeitpunkt nachweist, zu dem das Fahrzeug zur Hauptuntersuchung spätestens angemeldet werden muß, erteilt die Zulassungsstelle oder der Sachverständige, § 29 Abs. 2 S. 2 StVZO.

---

[10] *Hofmann/Grabherr*, LuftVG, § 4 Rz. 33.

Die Hauptuntersuchung ist von einem amtlich anerkannten Sachverständigen oder Prüfer für den Kraftfahrzeugverkehr durchführen zu lassen. Dieser muß nach § 2 Abs. 1 Nr. 6 KfSachvG einer technischen Prüfstelle für den Kraftfahrzeugverkehr (TÜV) angehören. Daneben besteht nach den Ziffern 4.2.1 ff. der Anlage VIII zur StVZO die Möglichkeit, die Untersuchung durch einen Kraftfahrzeugsachverständigen von einer amtlich anerkannten Überwachungsorganisation (DEKRA) durchführen zu lassen. Das Prüfungsverfahren der Hauptuntersuchung bestimmt sich nach den Ziffern 3.1 bis 3.3 der Anlage VIII zur StVZO. Den Prüfungsumfang bestimmt der Sachverständige nach pflichtgemäßem Ermessen. Bestehen gegen die Vorschriftsmäßigkeit des Fahrzeugs keine Bedenken, hat der Sachverständige die Prüfplakette zuzuteilen, § 29 Abs. 2 S. 2 StVZO.

b) Kontrolle überwachungsbedürftiger Anlagen

Das Gesetz über technische Arbeitsmittel (GSG) bestimmt in Verbindung mit den Rechtsverordnungen für die in § 2 Abs. 2 a GSG genannten überwachungsbedürftigen Anlagen[11], wie die technische Sicherheit dieser Anlagen zu kontrollieren ist.[12] Überwachungsbedürftige Anlagen bedürfen insbesondere vorsorglicher technischer Sicherheitsüberprüfungen.

aa) Sachverständige in der technischen Überwachung

Die Prüfungen sind grundsätzlich von amtlichen oder amtlich für diesen Zweck anerkannten Sachverständigen[13], die in technischen Überwachungsorganisationen (TÜV) zusammengefaßt sind, vorzunehmen, § 14 Abs. 1 GSG. Dies gilt jedoch nur, soweit in den nach § 11 Abs. 1 GSG ergangenen Rechtsverordnungen nicht anderes bestimmt ist.[14]

Wegen der Annäherung der nationalen Wirtschaftsräume werden zunächst im Rahmen der europäischen Einigung Ausnahmen zugelassen. Nach § 31 der Druckbehälterverordnung (DruckbehV) sind für die aus der EU nach Deutschland eingeführten Druckbehälter bestimmte Prüfstellen des jeweiligen europäischen Mitgliedsstaates aner-

---

[11] Überwachungsbedürftige Anlagen nach § 2 Abs. 2 a) GSG sind Dampfkesselanlagen, Druckbehälter (außer Dampfkessel), Anlagen zur Abfüllung von verdichteten, verflüssigten oder unter Druck gelösten Gasen, Leitungen unter innerem Überdruck für brennbare, ätzende oder giftige Gase, Dämpfe oder Flüssigkeiten, ferner Aufzugsanlagen, elektrische Anlagen in besonders gefährdeten Räumen, Getränkeschankanlagen und Acetylenanlagen.

[12] Siehe zur Geschichte *Weyand* in Das deutsche Bundesrecht, V B 80, S. 9 ff. Ausführlich zum GSG: *Meyer* in *Landmann/Rohmer*, GewO (II).

[13] Siehe oben § 1 I. 2.

[14] Danach können auch freie, zertifizierte oder öffentlich bestelle Sachverständige Prüfungen vornehmen; ferner kommen anerkannte oder zertifizierte Prüforganisationen, spezielle Behörden oder Vereine in Betracht. *Meyer* in *Landmann/Rohmer*, GSG, § 14 Rz. 25.

kannt.[15] Zudem können nach § 24 Abs. 4 der Dampfkesselverordnung (DampfkV) und § 31 Abs. 7 DruckbehV Prüfungen von Sachverständigen vorgenommen werden, die bei einer ausländischen technischen Überwachungsorganisation angestellt sind, soweit diese von zuständigen Landesbehörde anerkannt wurde.[16]

Nach § 31 Abs. 1 Nr. 3 DruckbehV sowie nach § 15 Abs. 1 Nr. 3 der Verordnung über elektrische Anlagen in explosionsgefährdeten Bereichen (ElexV) können ausnahmsweise Sachverständige eines Unternehmens für Prüfungen herangezogen werden, wenn in dem Unternehmen die Prüfung durch Werksangehörige angezeigt ist und diese Werksangehörigen von der zuständigen Behörde für die Prüfung der in diesem Unternehmen betriebenen überwachungsbedürftigen Anlagen anerkannt sind (Eigenüberwachung).[17] Die Eigenüberwachung ist eine organisatorische Sonderregelung, welche die Pflichten der amtlich anerkannten Sachverständigen und deren behördliche Überwachung unberührt läßt.

Weiterhin können nach § 18 Abs. 1 S. 2 der Aufzugsverordnung (AufzV) Aufzugsanlagen in ausschließlich zu Wohnzwecken dienenden Gebäuden von öffentlich bestellten und vereidigten Sachverständigen geprüft werden. Um die Gleichmäßigkeit der Überwachung zu gewährleisten, müssen die öffentlich bestellten Sachverständigen jedoch einer technischen Überwachungsorganisation angehören, die den Anforderungen in Ziffern 1-6 des § 18 Abs. 1 AufzV entspricht.[18]

Schließlich bestehen die Ausnahmebestimmungen der §§ 15 Abs. 1 Nr. 2 ElexV, 18 Abs. 1 Nr. 1 Acetylenverordnung (AcetV). Hier sind die Physikalisch-Technische Bundesanstalt für Prüfungen nach der ElexV und die Bundesanstalt für Materialforschung und -prüfung für Prüfungen nach der AcetV vorgesehen.

Die Prüfungsaufgaben dieser Sachverständigen nach den sogenannten 11er-Verordnungen betreffen oftmals Verbote mit Erlaubnisvorbehalt, wobei die Erlaubnis ein positives Gutachtenergebnis des Sachverständigen bedingt. Daneben existieren re-

---

[15] Zugelassen sind nur diejenigen Prüfstellen, die gemäß Art. 13 der Richtlinie 76/767/EWG - sog. Rahmenrichtlinie für Druckbehälter - vom 27.07.1976 förmlich mitgeteilt wurden. *Meyer* in *Landmann/Rohmer*, GewO (II), § 14 GSG Rz. 37.

[16] Die Anerkennung Sachverständiger ausländischer technischer Überwachungsorganisationen in dieser und anderen Verordnungen nach § 11 GSG ist eine Folge der EG-Richtlinien auf dem Gebiet der überwachungsbedürftigen Anlagen. Siehe dazu *Meyer* in *Landmann/Rohmer*, GewO (II), § 14 GSG Rz. 36 und (ausführlich) § 24 DampfkV Rz. 4-7.

[17] Siehe zur Eigenüberwachung unten § 17 II. 3. a). Ausführlich *Meyer* in *Landmann/Rohmer*, GewO (II), § 14 GSG Rz. 33 und 38 f.

[18] Dies ist streitig. § 14 Abs. 1 S. 2 GSG gibt keinen Hinweis. Die Frage ist gleichwohl zu bejahen. Auch wenn in § 18 Abs. 1 S. 2 AufzV nur von „Organisationen" die Rede ist, kann dies in der Sache keinen Unterschied bedeuten, so daß auch diese Organisationen den Anforderungen entsprechen müssen, die gemäß § 14 Abs. 4 GSG in Verbindung mit den Länder-OrganisationsVOen über die technische Überwachung bestimmt sind. Siehe *Meyer* in *Landmann/Rohmer*, GewO (II), § 18 AufzV Rz. 5.

gelmäßige Prüfungen und außerordentliche, sogenannte angeordnete Prüfungen vor Wiederinbetriebnahme einer Anlage oder nach einem Schadensfall.

bb) Verbote mit Erlaubnisvorbehalt

Nach § 10 Abs. 1 DampfkV sind Errichtung und Betrieb einer Dampfkesselanlage grundsätzlich verboten und bedürfen der behördlichen Erlaubnis. Diese ist zu erteilen, wenn die in den Antragsunterlagen angegebene Bauart und Betriebsweise der Dampfkesselanlage den Anforderungen der DampfkV entsprechen oder, soweit die Anlage oder Teile nach § 14 Abs. 2 DampfkV der Bauart nach zugelassen sind, diese der Zulassung entsprechen, § 10 Abs. 4 DampfkV. Die Vorprüfung der Antragsunterlagen obliegt dem Sachverständigen, bei dem auch Antrag und Unterlagen einzureichen sind, § 10 Abs. 3 DampfkV. Er prüft die Übereinstimmung mit der DampfkV, versieht die Unterlagen mit einem Prüfvermerk und übersendet alle Unterlagen der Erlaubnisbehörde.

Später darf die Dampfkesselanlage erst in Betrieb genommen werden, nachdem der Sachverständige die Anlage daraufhin geprüft hat, ob sie entsprechend der Erlaubnis oder Bauartzulassung errichtet worden ist, § 15 Abs. 1 DampfkV.[19] Entsprechendes gilt auch für bestimmte Arten von Druckbehältern.[20] Ausnahmsweise dürfen diese erst in Betrieb genommen werden, nachdem der Sachverständige die Druckbehälter einer erstmaligen Prüfung (§ 9 Abs. 3 S. 1 DruckbehV) und einer Abnahmeprüfung (§ 9 Abs. 3 S. 2 DruckbehV) unterzogen und bescheinigt hat, daß diese sich in einem ordnungsgemäßem Zustand befinden.

Nach § 8 AufzV ist eine Erlaubnis zum Betrieb einer Aufzugsanlage für Mühlen-, Lagerhaus- und Behindertenaufzüge erforderlich und nach Vorprüfung und Erteilung des Prüfvermerkes durch den Sachverständigen von der Erlaubnisbehörde zu erteilen, wenn die Anlage den Anforderungen der AufzV entspricht.

§ 9 Abs. 1 ElexV regelt schließlich ein Verbot mit Erlaubnisvorbehalt zum Betrieb eines instandgesetzten, elektrischen Betriebsmittels, von dem der Explosionsschutz abhängt. Dieses darf erst wieder in Betrieb genommen werden, nachdem der Sachverständige festgestellt hat, daß es der ElexV entspricht, und nachdem er hierüber eine Bescheinigung (§ 14 ElexV) erteilt oder das Betriebsmittel mit einem Prüfzeichen versehen hat.

cc) Angeordnete Prüfungen

In besonderen Fällen kann die Aufsichtsbehörde dem Betreiber einer überwachungsbedürftigen Anlage eine außerordentliche Prüfung anordnen, so daß er zur Beauftragung eines Sachverständigen verpflichtet ist.

---

[19] Entsprechende Regelungen finden sich in §§ 16, 18 und 19 DampfkV.

[20] Die Errichtung und der Betrieb einer Füllanlage bedürfen dagegen gemäß § 26 Abs. 1 DruckbehV der behördlichen Erlaubnis. Wegen des Verfahrens siehe zuvor § 10 DampfkV.

Dies ist für Dampfkesselanlagen in § 20 DampfkV bei Schadensfällen vorgesehen, die nicht bereits durch § 19 DampfkV abgedeckt werden, so daß nach § 23 DampfkV die Prüfung des Kessels durch einen Sachverständigen zu veranlassen ist. Umfang und Einzelheiten der Prüfung bestimmt die Behörde zusammen mit dem Sachverständigen.[21] Für Druckbehälteranlagen werden außerordentliche Prüfungen in §§ 11 Abs. 5, 30c Abs. 3 DruckbehV geregelt. §§ 10, 30b DruckbehV beinhalten zudem wiederkehrende Prüfungen und die §§ 11, 30c DruckbehV Prüfungen in besonderen Fällen, welche durch den Sachverständigen eigenständig und ohne Absprache mit der Behörde vorgenommen werden. Sollte der Sachverständige jedoch bei der außerordentlichen oder wiederkehrenden Prüfung eines Druckbehälters feststellen, daß dieser nicht in ordnungsgemäßem Zustand ist, so entscheidet auf Antrag die zuständige Behörde, §§ 9 Abs. 7, 10 Abs. 11, 30a Abs. 4 DruckbehV.

Der Betreiber einer Aufzugsanlage ist ebenfalls verpflichtet, nach einem Schadensfall oder sonstigen besonderen Anlaß eine Prüfung durch einen Sachverständigen zu veranlassen, wenn er ein Tätigwerden der Behörde im Wege der Ersatzvornahme vermeiden will, §§ 13, 16 AufzV. In § 12 Abs. 4 S. 1 und 2 ElexV findet sich eine entsprechende Regelung für die Betreiber elektrischer Anlagen in gefährdeten Räumen. Der Sachverständige hat die Freigabe der Anlagen durch Prüfbescheinigung zu erklären, wenn die Anlage den Anforderungen der AufzV entspricht. Einen Abdruck der Bescheinigung übersendet er der Aufsichtsbehörde.

4. Zusammenfassung

Die Tätigkeit behördlicher Sachverständiger kann dahingehend zusammengefaßt werden, daß sie im Rahmen der Verwaltungsverfahren nach dem VwVfG als Beweismittel Verwendung finden, wodurch sie gerichtlichen Sachverständigen ähneln; sie sind Gehilfen der entscheidenden Verwaltungsbehörden und deren Weisungen unterworfen. Über weitergehende und oftmals selbständig ausübbare Kompetenzen verfügen die behördlichen Sachverständigen, die im Rahmen der staatlichen präventiven Gefahrenabwehr die persönliche Eignung von Betreibern von Gefahrenquellen oder die technische Sicherheit von Anlagen und Arbeitsmitteln überwachen.

II. England

Eine dem deutschen behördlichen Sachverständigenwesen entsprechende Darstellung der Tätigkeitsbereiche behördlicher Sachverständiger in England gestaltet sich schwierig, da die örtlichen Verwaltungsbehörden („local authorities"), die Sachverständige beschäftigen oder beauftragen, keine Organe der Zentralregierung sind.[22] Viele Amtspflichten sind zudem in örtlichen oder regionalen „statutes" und „bye-laws" der unabhängigen „local governments" geregelt. Angesichts des Umfangs englischer Gesetze

---

[21] *Meyer* in *Landmann/Rohmer*, GewO (II), DampfkV, § 21 Rz. 2.

[22] „Each local authority has a separate existence, and power to take decisions and to act within the extent of the particular powers entrusted to it by statute.", *Jones/Thompson*, S. 455.

würde es den Rahmen dieser Untersuchung sprengen, diese Regelungen auf die Hinzuziehung Sachverständiger durch englische Behörden hin zu untersuchen. Dies ist für die angestrebte Untersuchung der Haftung behördlicher Sachverständiger auch nicht erforderlich, da die erforderlichen Erkenntnisse zur Stellung des behördlichen Sachverständigen in England auch der Darstellung folgender Grundlagen der öffentlichen Verwaltung entnommen werden können.

1. Träger der öffentlichen Verwaltung

Die Unabhängigkeit der örtlichen Verwaltungsbehörden hat einen geschichtlichen Ursprung, der insbesondere in der individuellen Entwicklung der Städte besteht. Diese konnten ihre vom König erhaltenen Privilegien, eigene Steuern zu erheben und eigene Richter zu bestimmen, zunächst bis ins 19. Jahrhundert bewahren. Diese selbständigen Stadtverwaltungen waren Vorbild für die im Jahre 1835 auf der Grundlage des Municipal Corporations Act gebildeten Regional- und Ortsverwaltungen („Urban and Rural District Councils"). Während bis 1974 als Rechtsgrundlage der örtlichen Verwaltungen sowohl parlamentarisches Recht als auch hoheitliches Vorrecht der Krone diente, bestehen seit 1974 einheitlich für alle Orts- und Regionalverwaltungen gesetzliche Grundlagen.[23]

Heute ist jede „local authority" eine eigene juristische Rechtspersönlichkeit, die sich zunächst von einem natürlichen Rechtsträger nicht unterscheidet. Sie kann Eigentum erwerben, klagen und verklagt werden. Ihre Kompetenzen, die sich nach Art und Umfang unterscheiden können, sind auf ein bestimmtes Gebiet beschränkt. Sie finanzieren sich, zumindest zu einem Teil, durch örtliche Steuern, die direkt von den Einwohnern, welche unmittelbar die Repräsentanten ihres Verwaltungsbezirkes wählen, erhoben werden. „Local authorities" sind demnach die Träger der örtlichen und regionalen Selbstverwaltung.

Daneben existieren eine Reihe weiterer Verwaltungsbehörden. Zu nennen sind zunächst die für spezielle Zwecke eingerichteten Behörden, die zwar strukturell den örtlichen Verwaltungsbehörden entsprechen, jedoch nicht direkt gewählt werden. Zumeist werden diese Behörden von mehreren „local authorities" einer Region aufgrund Gesetzes oder ministerieller Verordnung eingerichtet („joint board" oder „joint authority"). Gemeinsame Behörden bestehen unter anderem im Rahmen der Gesundheitsüberwachung der Hafengebiete[24], der Städte- und Landschaftsplanung[25] und der Polizeiverwaltung[26]. Diese selbständigen Behörden sind von den sogenannten „joint committees" zu trennen, die durch zwei oder mehr „local authorities" konstituiert und mit Rechten,

[23] *Jones/Thompson*, S. 455 f.

[24] Sec. 2 Public Health (Control of Disease) Act 1984.

[25] Sec. 2 Town and Country Planning Act 1990.

[26] Police Act 1964.

Finanzen und Personal ausgestattet werden, jedoch keine eigene Rechtspersönlichkeit aufweisen.[27]

Weiterhin ist auf den Teil der englischen Exekutive hinzuweisen, der mit dem Begriff „The Crown" als Synonym für die seinerzeitige Macht des Monarchen bezeichnet wird[28], die heute im Rahmen der konstitutionellen Monarchie durch einen demokratisch legitimierten Verwaltungsapparat der britischen Zentralregierung ausgeübt wird.[29] Diese verfügt über einen behördlichen Unterbau, der aus regionalen oder örtlichen Abteilungen bestehen kann, die von den selbständigen Ortsverwaltungen und Spezialbehörden getrennt sind.

Vor 1947 genoß die Krone absolute Immunität gegenüber zivilrechtlicher Inanspruchnahme. Dieses Privileg wurde durch Erlaß des Crown Proceedings Act 1947 erheblich eingeschränkt, so daß die Krone heute beinahe wie jeder andere natürliche oder juristische Rechtsträger verklagt werden kann.[30] Eine Klage ist jedoch nicht unmittelbar gegen die Krone, sondern gegen bestimmte ermächtigte Behörden der Krone oder einen anderen Vertreter zu richten. Die Feststellung, welche Behörden unter dem Begriff „The Crown" zu subsumieren sind, ist regelmäßig problematisch, da die Behörden der Krone alternativ aufgrund Gesetzes oder aufgrund „Common Law" bestehen und ihre Identität und Bezeichnung ändern können.[31] Daher gestaltet es sich oftmals schwierig, in einer gegen die Krone gerichteten Klage den richtigen Gegner zu bestimmen. Das englische Finanzministerium veröffentlicht deshalb eine Liste, in der die Verwaltungsbehörden der Krone aufgezählt werden, gegen die eine zivilrechtliche Klage anzustrengen ist.[32] Bestehen Zweifel über den richtigen Klagegegner, so kann eine Klage gegen die Krone gegen den „Attorney-General" gerichtet werden.[33]

Die Verwaltungstätigkeit wird durch Mitarbeiter der Behörden ausgeführt. Es besteht jedoch kein Berufsbeamtentum wie in Deutschland. Eine arbeitsrechtliche Sonderbehandlung von Behördenangestellten mag dahingestellt bleiben, in arbeitsvertraglicher Hinsicht unterscheiden sich Behördenangestellte jedenfalls nicht von anderen Arbeitnehmern.[34] Deshalb sind die Rechtsverhältnisse zwischen Angestellten und einem zivilen Arbeitgeber mit denen zu einem öffentlichen Arbeitgeber vergleichbar. In haf-

---

[27] *Jones/Thompson*, S. 466 f.

[28] So *Town Investments Ltd. v. Department of the Environment* [1978] A.C. 359, 397 per Lord *Simon*; *Woolf/Jowell*, Rz. 4-007.

[29] *Woolf/Jowell*, Rz. 4-004.

[30] Crown Proceedings Act 1947: sec. 1 (contractual liability), sec. 2 (tortious liability). Siehe auch *Woolf/Jowell*, Rz. 4-014; *Foulkes*, S. 466 f.

[31] *Woolf/Jowell*, Rz. 4-008.

[32] sec. 17 (1) Crown Proceedings Act 1947.

[33] *Woolf/Jowell*, Rz. 4-015.

[34] *Woolf/Jowell*, Rz. 3-057.

tungsrechtlicher Hinsicht unterliegen sie ebenfalls gleichen Anforderungen. Dies gilt auch für Sachverständige in der öffentlichen Verwaltung.

2. Sachverständige in der öffentlichen Verwaltung

Das Rechtsverhältnis des Sachverständigen zu der Behörde, die diesen zur Vorbereitung einer bestimmten Entscheidung oder in anderem Zusammenhang hinzuzieht, richtet sich zunächst danach, ob der Sachverständige bei der Behörde angestellt ist oder von der Behörde im Einzelfall vertraglich beauftragt wird. Liegt eine feste Anstellung vor, so ist desweiteren hinsichtlich der Anstellungskörperschaft zwischen den örtlichen Selbstverwaltungsbehörden der „public authorities" und den zur Krone zählenden Verwaltungsbehörden zu unterscheiden.[35]

Die Pflichten des Sachverständigen in der öffentlichen Verwaltung bestimmen sich also entweder aufgrund Vertrags im Einzelfall, nach den Pflichten der Verwaltungsbehörde, die durch Angestellte auszuführen sind, oder schließlich aufgrund Gesetzes, wenn hierdurch dem Sachverständigen unmittelbar Pflichten auferlegt werden.[36] Da ein wie auch immer in der öffentlichen Verwaltung beschäftigter Sachverständiger auch dem „Common Law of Tort" unterliegt, hat er ferner die sich daraus für ihn gegenüber anderen ergebenden Sorgfaltspflichten zu beachten.[37]

A. Deutschland

§ 16 Vertragliche Haftung nach deutschem Recht

Für den behördlichen Sachverständigen im förmlichen Verwaltungsverfahren gelten die Ausführungen zur vertraglichen und quasivertraglichen Haftung des gerichtlichen Sachverständigen entsprechend, da das förmliche Verwaltungsverfahren dem Gerichtsverfahren stark angenähert ist.[38] Demnach kommt durch die Ernennung zwischen der Behörde und dem Sachverständigen keine vertragliche Beziehung zustande, so daß eine vertragliche oder quasivertragliche Haftung des behördlichen Sachverständigen ausscheidet.

Das gilt grundsätzlich auch für den Sachverständigen im nichtförmlichen Verwaltungsverfahren. Da er die Behörde jedoch freiwillig unterstützt und nicht gesetzlich zur Gutachtenerstattung verpflichtet ist, wie es für den gerichtlichen Sachverständigen oder den behördlichen Sachverständigen im förmlichen Verwaltungsverfahren der Fall ist, ist zu differenzieren.[39] Es fragt sich, ob durch die freiwillige Mitwirkung des Sachverständigen im nichtförmlichen Verwaltungsverfahren ein privatrechtliches Vertrags-

---

[35] Einzelheiten bei *Woolf/Jowell*, Rz. 4-019 f. („Ministers, Agents and servants of the Crown"), Rz. 3-055 ff. („Public Emploment"); *Foulkes*, S. 464 ff. („Employment in the public sector").

[36] *Foulkes*, S. 465.

[37] Siehe zunächst nur *Jones/Thompson*, S. 368.

[38] Siehe oben § 12 I. bis III.

[39] Zu undifferenziert *Jessnitzer/Frieling*, Rz. 737; *Bayerlein* in PraxisHdb SachverständigenR, § 24 Rz. 22.

verhältnis zustande kommt. Dagegen spricht jedoch, daß die Rechtsgrundlage des Sachverständigenbeweises im nichtförmlichen Verwaltungsverfahren, § 26 VwVfG, zum öffentlichen Recht zählt. Daher entsteht mit der Hinzuziehung des Sachverständigen allenfalls ein öffentlich-rechtliches Gefälligkeitsverhältnis.

Der Abschluß eines privatrechtlichen Gutachtenvertrags der Behörde mit dem Sachverständigen ist in vielen Fällen nötig[40], um den Sachverständigen im nichtförmlichen Verwaltungsverfahren zu einer schriftlichen oder mündlichen Gutachtenerstattung zu bewegen. Das ist insbesondere bei sehr komplizierten Sachverhalten der Fall, wie etwa bei atomtechnischen Anlagen, bei deren Beurteilung die Behörde alle vertretbaren wissenschaftlichen Erkenntnisse zu Rate zu ziehen hat.[41] Der privatrechtliche Vertragsabschluß mit dem Sachverständigen zählt zu den fiskalischen Hilfsgeschäften der Verwaltung[42] und bleibt für die Beurteilung des öffentlich-rechtlichen Gefälligkeitsverhältnis nach § 26 VwVfG außer Betracht. Liegt ein Gutachtenvertrag[43] zwischen der Behörde und dem Sachverständigen vor, gelten im Innenverhältnis zwischen Behörde und Sachverständigen die obigen Ausführungen zur Haftung des privaten Sachverständigen entsprechend.[44]

Selbst wenn sich die gutachtenbezogenen Rechte und Pflichten der Behörde und des Sachverständigen nach einem Gutachtenvertrag richten, lassen sich daraus jedoch keine vertraglichen Ansprüche eines Dritten herleiten. Der Gutachtenvertrag ist allein auf die Daseinsvorsorge der Behörde gerichtet, da die Beschaffung einer für die Verwaltung erforderlichen Dienstleistung bezweckt wird. Weder der Vertrag noch das öffentlich-rechtliche Gefälligkeitsverhältnis entwickeln daher Schutzwirkungen zugunsten eines Beteiligten des Verwaltungsverfahrens. Im Außenverhältnis zwischen der Behörde beziehungsweise dem Sachverständigen und einem Beteiligten des Verwaltungsverfahrens zählt der Sachverständige zum Kreis der für die Behörde tätigen Personen.[45] Etwaige Zutritts-, Unterstützungs- und Auskunftsrechte (§§ 13 GSG, 19 Abs. 3 AtomG) stehen dem Sachverständigen nicht als eigene Befugnisse zu, sondern werden durch ihn für die Behörde wahrgenommen.[46] Da sich das Außenverhältnis somit ausschließlich nach öffentlich-rechtlichen Bestimmungen regelt, scheidet eine vertragliche Haftung des Sachverständigen gegenüber dem Bürger hier ebenfalls aus.

---

[40] Ebenso *Stelkens/Bonk/Sachs*, VwVfG, § 26 Rz. 74; a.A. *Haedrich*, AtomG, § 20 Rz. 16.

[41] BVerwGE 72, 300, 316; *Haedrich*, AtomG, § 20 Rz. 8; *Haedrich* in Das Deutsche Bundesrecht, III E 50, Erl. zu § 20 Rz. 16; *Roßnagel*, DVBl. 1995, 644 m.w.N.

[42] Siehe dazu *Maurer*, § 3 Rz. 7.

[43] *Haedrich* geht von einem Dienstvertrag aus. Für die Anwendung des Werkvertragsrechts dagegen BGH NJW 1967, 719; BB 1974, 758; DB 1976, 1473.

[44] Siehe oben §§ 5 u. 6.

[45] VGH Kassel, NVwZ-RR 1997, 75 f.

[46] VGH Kassel, NVwZ-RR 1997, 75, 76; *Maurer*, § 23 Rz. 56, 60.

Demnach kommt für den behördlichen Sachverständigen im förmlichen oder nichtförmlichen Verwaltungsverfahren ausschließlich eine Haftung nach dem Recht der unerlaubten Handlung in Betracht, wobei ein besonderes Augenmerk auf das Eintreten der Amtshaftung zu richten sein wird.

§ 17 Deliktische Haftung nach deutschem Recht

I. §§ 823, 826 BGB

Da die Vereidigung des behördlichen Sachverständigen lediglich im förmlichen Verwaltungsverfahren nach § 65 Abs. 3 VwVfG vorgesehen ist, jedoch keine praktische Bedeutung hat, scheidet der Haftungstatbestand des § 823 Abs. 2 BGB in Verbindung mit den Aussagedelikten letztlich aus. Hinsichtlich der Haftung nach §§ 823 Abs. 1 und 826 BGB ergeben sich keine Besonderheiten zur deliktischen Haftung des privaten Sachverständigen.[47]

II. § 839 Abs. 1 BGB, Art. 34 S. 1 GG

Der Amtshaftungsanspruch wegen eines etwaigen Fehlverhaltens eines behördlichen Sachverständigen, der für die deliktische Haftung nach deutschem Recht von zentraler Bedeutung ist, erfordert, daß der Sachverständige unter den haftungsrechtlichen Beamtenbegriff des § 839 Abs. 1 BGB zu subsumieren ist. Zur Begründung der Amtshaftung des gerichtlichen Sachverständigen wurde dieser Frage hinsichtlich des amtlich anerkannten (TÜV-)Sachverständigen bei der Kfz-Hauptuntersuchung bereits vorgegriffen.[48] Freilich spiegelt die Kfz-Hauptuntersuchung, wie der Überblick über die vielfältige Tätigkeit des behördlichen Sachverständigen gezeigt hat, nur einen kleinen Teil dessen wider. Daher ist im Folgenden zunächst zu untersuchen, ob der behördliche Sachverständige im nichtförmlichen und förmlichen Verwaltungsverfahren ein öffentliches Amt im Sinne des Art. 34 S. 1 GG ausübt.

1. Der behördliche Sachverständige im nichtförmlichen und förmlichen Verwaltungsverfahren

a) Rechtsprechung

Die Rechtsprechung war mit der Haftung des zu Beweiszwecken herangezogenen behördlichen Sachverständigen in einem nichtförmlichen oder förmlichen Verwaltungsverfahren bisher nicht befaßt.

Die Rechtsprechung des BGH zur Haftung des Prüfingenieurs für Baustatik deutet jedoch darauf hin, daß der Tätigkeit des Sachverständigen insoweit im nichtförmlichen oder förmlichen Verwaltungsverfahren ein hoheitlicher Charakter beigemessen werden würde.[49] Nach dem Bauordnungsrecht der Länder sind die Baugenehmigungsbehörden

---

[47] Siehe daher oben §§ 6 und 13.

[48] Siehe oben § 13 IV. 2. c), wo allerdings nur auf die Position der Rechtsprechung abgestellt wurde, um deren widersprüchliche Haltung zum Problem der Ausübung eines öffentlichen Amts durch gerichtliche im Vergleich zu (behördlichen) TÜV-Sachverständigen zu verdeutlichen.

[49] BGHZ 39, 358; *Palandt-Thomas*, BGB, § 839 Rz. 93 m.w.N.

verpflichtet, bestimmte Bauwerke bautechnischen Prüfungen zu unterziehen (Standsicherheitsnachweise, Feuerwiderstandsklassen der tragenden Bauteile, Schallschutznachweise). Sie können diese Prüfungen selbst vornehmen oder durch ein Prüfamt für Baustatik oder einen anerkannten Prüfingenieur für Baustatik durchführen lassen.[50] Demnach kann die Behörde den außerhalb der Behörde privat tätigen Prüfingenieur für Baustatik fakultativ zur Erfüllung ihrer gesetzlichen Verwaltungsaufgaben beauftragen. Dies ist bei der Hinzuziehung des behördlichen Sachverständigen im nichtförmlichen und förmlichen Verwaltungsverfahren nach §§ 24, 26 Abs. 1 S. 2 Nr. 2, 65 VwVfG ebenfalls der Fall. Für die Vergleichbarkeit der Sachverhalte spricht außerdem, daß der Prüfingenieur für Baustatik[51] und der behördliche Sachverständige durch die jeweils zuständige Behörde vergütet werden und nicht in eine unmittelbare Rechtsbeziehung zu dem durch das Verwaltungsverfahren betroffenen Bürger treten. Die für eine Tätigkeit als Prüfingenieur erforderliche staatliche Anerkennung spricht nicht gegen die Vergleichbarkeit der zugrundeliegenden Sachverhalte. Der BGH hat entschieden, daß der Prüfingenieur nicht durch die zur Ausübung seiner Tätigkeit erforderliche staatliche Anerkennung, sondern durch den Auftrag zur Prüfung einer statischen Berechnung in die hoheitliche Verwaltung einbezogen wird.[52]

Für die Ausübung eines öffentlichen Amts durch den behördlichen Sachverständigen im nichtförmlichen oder förmlichen Verwaltungsverfahren spricht ferner die verwaltungsgerichtliche Rechtsprechung zur Stellung des Sachverständigen im atomrechtlichen Genehmigungsverfahren. Auf dieses Verfahren sind die Vorschriften der §§ 24, 26 VwVfG subsidiär anzuwenden. Der VGH Kassel hat ausdrücklich festgestellt, daß der Sachverständige im Außenverhältnis zum Betreiber in den Kreis der für die Behörde tätigen Personen einbezogen wird und etwaige behördliche Befugnisse kraft Gesetzes für die Behörde wahrnimmt.[53]

b) Literatur

Die juristische Literatur geht auf die Frage der Ausübung eines öffentlichen Amts durch den als Beweismittel in einem nichtförmlichen oder förmlichen Verwaltungsverfahren hinzugezogenen Sachverständigen nicht vertieft ein. Soweit dies geschieht, wird kurzerhand auf die Rechtsprechung des BGH[54] zur privilegierten Haftung des *gerichtlichen* Sachverständigen verwiesen.[55]

---

[50] Siehe etwa § 18 Abs. 1 der Verordnung über bautechnische Prüfungen für das Land Nordrhein-Westfalen - BauPrüfVO NW -.

[51] BGHZ 39, 358, 361 f.

[52] BGHZ 39, 358, 361.

[53] VGH Kassel, NVwZ-RR 1997, 75 f.; OVG Lüneburg, RdE 1995, 116.

[54] BGHZ 62, 54 (Weigand-Fall).

[55] *Jessnitzer/Frieling*, Rz. 737; *Bayerlein* in PraxisHdb SachverständigenR, § 24 Rz. 22; *Stelkens/Bonk/Sachs*, VwVfG, § 26 Rz. 87. Dies ist nicht mit dem Eintreten der Amtshaftung für den gerichtlichen Sachverständigen zu verwechseln, siehe dazu oben § 13 IV.

c) Stellungnahme

Gegen diese Gleichstellung bestehen erhebliche Zweifel. Da die Vereidigung des behördlichen Sachverständigen im förmlichen Verwaltungsverfahren nach § 65 Abs. 3 VwVfG keine praktische Bedeutung hat und im nichtförmlichen Verwaltungsverfahren ohnehin nicht möglich ist, scheidet der Haftungstatbestand des § 823 Abs. 2 BGB in Verbindung mit den Aussagedelikten aus. Unter dieser Prämisse führen die Literaturauffassungen zu einem weitgehenden Haftungsausschluß zu Gunsten des behördlichen Sachverständigen in einem nichtförmlichen oder förmlichen Verwaltungsverfahren. Der behördliche Sachverständige unterliegt nach diesen Meinungen einem geringeren Haftungsrisiko als der gerichtliche Sachverständige. Dies kann nicht beabsichtigt sein, wie sich aus den unterschiedlichen Stellenwerten der nichtförmlichen oder förmlichen Verwaltungsverfahren und dem unbestreitbar höheren Stellenwert des gerichtlichen Verfahrens ergibt. Darüberhinaus hat der Gesetzgeber, indem er in § 26 VwVfG keine Möglichkeit der Vereidigung des behördlichen Sachverständigen im nichtförmlichen Verfahren vorgesehen hat, sicherlich nicht gewollt, daß der Sachverständige im nichtförmlichen Verfahren gegenüber dem Sachverständigen im förmlichen Verfahren hinsichtlich der Haftung gemäß § 823 Abs. 2 BGB in Verbindung mit § 154 StGB privilegiert wird. Daher ist die Haftung des behördlichen Sachverständigen im nichtförmlichen oder förmlichen Verwaltungsverfahren nach der BGH-Lösung zur privilegierten Haftung des gerichtlichen Sachverständigen, auf die in der Literatur vereinzelt verwiesen wird, abzulehnen.

d) Amtshaftung

Statt dessen ist für die Haftung des behördlichen Sachverständigen im nichtförmlichen oder förmlichen Verwaltungsverfahren auf die oben hergeleitete Amtshaftungslösung (für den gerichtlichen Sachverständigen) zu verweisen.[56] Die Bedingungen der Amtshaftung nach § 839 Abs. 1 BGB, Art. 34 S. 1 GG liegen vor. Der behördliche Sachverständigen im nichtförmlichen und förmlichen Verwaltungsverfahren erfüllt die Voraussetzungen des haftungsrechtlichen Beamtenbegriffs nach § 839 Abs. 1 BGB, da er ein öffentliches Amt im Sinne des Art. 34 S. 1 GG ausübt. Dies ergibt sich zunächst aus der Übereinstimmung der Rechtsverhältnisse zwischen Behörde, Sachverständigem und Bürger mit den tatsächlichen und rechtlichen Rahmenbedingungen der gerichtlichen Sachverständigentätigkeit. Der erforderliche enge und unmittelbare Zusammenhang zwischen der behördlichen Gutachtentätigkeit des Sachverständigen im nichtförmlichen und förmlichen Verwaltungsverfahren und der behördlichen Entscheidung ist im Folgenden herzuleiten.

aa) Nichtförmliches Verwaltungsverfahren

Das Sachverständigengutachten des behördlichen Sachverständigen im nichtförmlichen Verwaltungsverfahren unterliegt der freien Beweiswürdigung der Behörde. Es enthebt sie jedoch nicht ihrer eigenen Urteilsbildung. Sie darf das Ergebnis des Gut-

---

[56] Siehe oben § 13 IV.

achtens nicht ungeprüft übernehmen, sondern hat dieses unter Berücksichtigung aller Umstände des Einzelfalls abzuwägen.[57] Diese Pflicht kann die Behörde im Rahmen der freien Beweiswürdigung jedoch aus denselben Gründen wie das Gericht bei der Würdigung eines gerichtlichen Sachverständigengutachtens nur eingeschränkt wahrnehmen.[58] Denn die Behörde beauftragt den Sachverständigen nur, wenn sie und die verfügbaren Fachbehörden nicht über ausreichende Sachkunde verfügen. Erst wenn das vorliegende Gutachten selbst für den nicht Sachkundigen erkennbare Mängel aufweist, von unzutreffenden tatsächlichen Voraussetzungen ausgeht, unlösbare Widersprüche beinhaltet oder Zweifel an Unparteilichkeit oder Sachkunde des Sachverständigen rechtfertigt, ist die Einholung eines Obergutachtens erforderlich.[59] Daher ist die behördliche Prüfung des Erstgutachtens auf die Auffindung vorgenannter Indizien zur Einholung eines Obergutachtes beschränkt. Solange solche Mängel nicht vorliegen, ist die Behörde gemäß § 24 Abs. 1 VwVfG zur Verwertung des Gutachtens verpflichtet, da sie ermessensfehlerhaft handelt, wenn sie nicht alle vernünftigerweise zu Gebote stehenden, rechtlich zulässigen Möglichkeiten der Sachverhaltserforschung ausschöpft.[60] Die ermessensfehlerhafte Mißachtung eines Sachverständigengutachtens kann die Rechtswidrigkeit der behördlichen Entscheidung und sogar die Amtshaftung zur Folge haben.[61]

Demnach besteht zwischen der behördlichen Sachverständigentätigkeit im nichtförmlichen Verwaltungsverfahren und der behördlichen Entscheidung ein enger und unmittelbarer Zusammenhang, so daß wie für den gerichtlichen Sachverständigen die rechtliche Schlußfolgerung gerechtfertigt ist, daß der Sachverständige im nichtförmlichen Verwaltungsverfahren ein öffentliches Amt im Sinne des Art. 34 S. 1 GG ausübt.[62]

bb) Förmliches Verwaltungsverfahren

Für die Verwertung des Sachverständigengutachtens im förmlichen Verwaltungsverfahren bestehen keine Besonderheiten zum nichtförmlichen Verwaltungsverfahren. Es gilt ebenfalls der Grundsatz der freien Beweiswürdigung[63], so daß die Behörde im förmlichen wie im nichtförmlichen Verwaltungsverfahren oder wie das Gericht an die natürlichen und rechtlichen Grenzen der freien Beweiswürdigung bei der Beurteilung eines Sachverständigengutachtens gebunden ist. Somit kann die rechtliche Folge, daß der behördliche Sachverständige ein öffentliches Amt im Sinne des Art. 34 S. 1 GG ausübt, auf die Tätigkeit des Sachverständigen im förmlichen Verwaltungsverfahren übertragen werden.

---

[57] *Knack*, VwVfG, § 24 Rz. 5 m.w.N.

[58] Siehe oben § 13 IV. 2.

[59] BVerwGE 71, 38, 45 m.w.N.; *Kopp*, VwVfG, § 26 Rz. 23.

[60] BGH NJW 1989, 99; *Brühl*, JA 1992, 193, 196; *Kopp*, VwVfG, § 24 Rz. 7.

[61] BGH NJW 1989, 99 m.w.N.

[62] Siehe oben § 13 IV. 2.

[63] *Kopp*, VwVfG, § 69 Rz. 6; *Knack*, VwVfG, § 69 Rz. 3; *Stelkens/Bonk/Sachs*, VwVfG, § 69 Rz. 3.

cc) Ergebnis

Der behördliche Sachverständige im nichtförmlichen oder förmlichen Verwaltungsverfahren (§§ 26, 65 VwVfG) übt, ebenso wie der gerichtliche Sachverständige, ein öffentliches Amt im Sinne des Art. 34 S. 1 GG aus. Dieses Ergebnis wird durch die oben genannte Rechtsprechung zur Haftung des Prüfingenieurs für Baustatik und zur Stellung des Sachverständigen im atomrechtlichen Genehmigungsverfahren gestützt. Folglich sind die Grundsätze der Amtshaftung gemäß § 839 Abs. 1 BGB, Art. 34 S. 1 GG anzuwenden. Der Ersatzanspruch wegen eines im nichtförmlichen oder förmlichen Verwaltungsverfahren unrichtig erstatteten Gutachtens des behördlichen Sachverständigen, das mittels einer darauf beruhenden behördlichen Entscheidung bei dem durch das Verwaltungsverfahren betroffenen Bürger zu einem Schaden geführt hat, ist gegen den Träger der Behörde zu richten, die den Sachverständigen als Beweismittel hinzugezogen hat. Die weiteren tatbestandlichen Voraussetzungen des Amtshaftungsanspruchs (Amtspflichtverletzung, Drittgerichtetheit der Amtspflicht, Verschulden) hängen von den Umständen des Einzelfalls ab. Wie für den gerichtlichen Sachverständigen ist auch für den behördlichen Sachverständigen im nichtförmlichen oder förmlichen Verwaltungsverfahren die Amtspflicht zur gewissenhaften Gutachtenerstattung anzunehmen, die dem Sachverständigen zumindest auch zum Schutz des durch das Verwaltungsverfahren betroffenen Bürgers obliegt.

Zusammenfassend ist festzustellen, daß sich die Haftung des als Beweismittel im nichtförmlichen oder förmlichen Verwaltungsverfahren hinzugezogenen behördlichen Sachverständigen nach der oben für den gerichtlichen Sachverständigen vertretenen Amtshaftungslösung richtet.

2. Der amtlich anerkannte Sachverständige in der technischen Überwachung

In der staatlichen präventiven Überwachung der technischen Sicherheit ist die Ausübung eines öffentlichen Amts durch den behördlichen Sachverständigen zweifellos dort anzunehmen, wo diese durch staatliche Stellen vorgenommen wird; dies ist in Hessen und Hamburg, wo das Landesrecht amtliche Sachverständige vorsieht oder nach Bundesrecht im Bereich elektrischer Anlagen in explosionsgefährdeten Räumen (Physikalisch-Technische Bundesanstalt, § 15 Abs. 1 Nr. 2 ElexV) der Fall.[64]

a) Ausübung eines öffentlichen Amts

Die Ausübung eines öffentlichen Amts wurde lange dort bezweifelt, wo zur Wahrnehmung staatlicher Überwachungspflichten Privatpersonen in Anspruch genommen wurden, wie dies auch heute noch bei den amtlich anerkannten Sachverständigen der technischen Überwachung im Rahmen der staatlichen präventiven Gefahrenabwehr der Fall ist. Für die technische Überwachungstätigkeit des amtlich anerkannten Sachverständigen des TÜV war umstritten, ob dieser gegenüber dem Bürger hoheitlich oder

[64] *Hübner*, NJW 1988, 441; *Meyer* in *Landmann/Rohmer*, GewO (II), § 14 GSG Rz. 13 ff., 16 und 63 sowie Rz. 22.

privatrechtlich tätig wurde.[65] Während die juristische Literatur hierüber einmal geteilter Ansicht war[66], ist gegenwärtig keine Stellungnahme mehr ersichtlich, die an einer privatrechtlichen Tätigkeit des behördlichen Sachverständigen in der technischen Überwachung festhält.[67] Die Rechtsprechung nimmt ebenfalls an, daß der behördliche Sachverständige hier ein öffentliches Amt ausübt.[68] Für den Bereich der Kraftfahrzeugüberwachung wird diese Meinung sogar ausdrücklich vom Gesetzgeber geteilt, wie § 10 Abs. 4 KfsachvG zu entnehmen ist.[69] Eine Auseinandersetzung mit der insoweit überholten Literatur kann daher unterbleiben. Im Folgenden soll deshalb nur die Entwicklung der Rechtsprechung zur Frage der hoheitlichen Tätigkeit des behördlichen Sachverständigen in der technischen Überwachung dargestellt werden.

b) Entwicklung der Rechtsprechung

Da die staatlichen Aufgaben der technischen Überwachung zur präventiven Gewährleistung technischer Sicherheit vor allem im Bereich des Kraftfahrzeugwesens durch die gesetzlich angeordnete Inanspruchnahme der Privatperson des amtlich anerkannten Sachverständigen erfüllt werden, stammen auch die ersten Gerichtsurteile aus diesem Bereich. Während in den frühen 50er Jahren bereits eine Reihe von Instanzgerichten mit Zustimmung eines Teils der Literatur[70] die Tätigkeit des amtlich anerkannten Sachverständigen nach der StVZO als Ausübung eines öffentlichen Amts ansahen[71], hatte sich der BGH zunächst noch nicht festgelegt:

aa) Bis zur Anerkennung des öffentlichen Amts

Der BGH bezog zunächst keine Stellung zu dem Problem, ob der amtlich anerkannte Sachverständige ein öffentliches Amt ausübe, wenn er im Rahmen des Zulassungsverfahrens für ein Einzelfahrzeug nach § 21 StVZO im Kraftfahrzeugbrief bescheinigt,

---

[65] Übersicht bei *Meyer* in *Landmann/Rohmer*, GewO (II), § 14 GSG Rz. 50.

[66] Ablehnend *Herschel*, Rechtsfragen der technischen Überwachung; *Herschel*, NJW 1969, 817 ff.; *Götz/Lukes*, S. 35; *Wiesenack*, S. 143 ff. jeweils m.w.N. Für hoheitliche Tätigkeit seit der 30. Erg.-Lief. *Meyer* in *Landmann/Rohmer*, GewO (II), § 14 GSG Rz. 51; *Jagusch/Hentschel*, StVZO, § 29 Rz. 22.

[67] So hat *Meyer* in *Landmann/Rohmer*, GewO (II), § 14 GSG Rz. 50 seinen bis zur 29. Erg.-Lief. vertreten Standpunkt, daß die Sachverständigen bei der Durchführung ihrer Aufgaben nach den 11er-Verordnungen privat und nicht hoheitlich tätig werden, aufgegeben. Weitere Stellungnahme unter Berücksichtigung der neueren Rechtsprechung bei *Wessel* in PraxisHdb SachverständigenR, § 34 Rz. 24 u. 24 a).

[68] BGHZ 122, 85 ff.; OLG Schleswig, NJW 1996, 1218 jeweils m.w.N.

[69] Danach hat die mit der Unterhaltung einer technischen Prüfstelle beauftragte Stelle das Land, in dessen Gebiet die technische Prüfstelle tätig wird, von allen Ansprüche Dritter wegen Schäden freizustellen, die durch Sachverständige, Prüfer oder Hilfskräfte in Ausübung der ihnen übertragenen Aufgaben verursacht werden. Diese gesetzliche Freistellungsverpflichtung ergibt nur dann einen Sinn, wenn zunächst primär das Land aus § 839 BGB, Art. 34 GG haftet.

[70] *Hellingrath*, DAR 1952, 30; *Rupp*, Privateigentum an Staatsfunktionen?, S. 19 f.

[71] VG Bremen, ADAC-Mitteilungen 1951 Nr. 109; OLG Celle, MDR 1953, 676; OVG Münster, NJW 1954, 1663; OLG Düsseldorf, DAR 1957, 353.

das Fahrzeug sei richtig beschrieben und entspreche den geltenden Vorschriften.[72] Den Anspruch auf Ersatz eines primären Vermögensschadens, den der Kläger im zugrundeliegenden Fall durch den Erwerb des Einzelfahrzeugs erlitten hatte, das nicht der Beschreibung des Sachverständigen im Kfz-Brief entsprach, lehnte der BGH ab, da der Sachverständige keine dem Kläger gegenüber obliegende Amtspflicht verletzt habe.[73] Später sprach derselbe Senat in einer Entscheidung über einen Enteignungsentschädigungsanspruch der hessischen TÜV gegen das Land Hessen, das ihnen seinerzeit die technische Überwachung entzogen und den heute noch zuständigen Überwachungsämtern übertragen hatte, beiläufig von „öffentlich-rechtlichen Kompetenzen" der TÜV.[74] Außerdem, so der BGH, entlaste die Tätigkeit der TÜV den Staat, der zudem auf eine bestimmte Ordnung des Vereins einwirke, etwa hinsichtlich der beamtenrechtlichen Besoldung und Versorgung der Prüfingenieure.[75] Da der hoheitliche Charakter der Tätigkeit der TÜV-Sachverständigen für den Enteignungsentschädigungsanspruch des klagenden TÜV unerheblich war, bezog der BGH zu deren rechtlicher Stellung wiederum keine Position. Erst mehr als zehn Jahre später stellte das Gericht fest, daß der amtlich anerkannte Sachverständige für den Kraftfahrzeugverkehr ein öffentliches Amt im Sinne des Art. 34 S. 1 GG ausübe.[76]

bb) Entscheidung zum Prüfingenieur für Baustatik

Dem ging jedoch das Urteil zur Amtshaftung für den Prüfingenieur für Baustatik voraus.[77] Obwohl sich diese Entscheidung strukturell nicht nahtlos in die Haftung des amtlich anerkannten Sachverständigen einfügt, wird sie oftmals als Grundentscheidung für die Anwendung der Amtshaftung auf den amtlich anerkannten Sachverständigen gewertet.[78] Der BGH formulierte in dieser Entscheidung den wichtigen Grundsatz, daß eine gesetzlich dem Staat zugewiesene obligatorische Überwachungspflicht ihre hoheitliche Natur nicht verliere, wenn die jeweils zuständige Behörde für die Erfüllung dieser Aufgabe außerhalb der Behörde tätige private Kräfte heranziehe.[79] Folgerichtig sah es das Gericht für die Amtshaftung als unerheblich an, ob der haftungsbegründende Fehler dem Sachbearbeiter der Behörde zur Last falle oder ob dieser sich auf die Ausführungen des beauftragten Prüfingenieurs verlassen dürfe und daher dieser für den Fehler verantwortlich sei.[80] Der BGH meinte daher, daß der Prüfingenieur aufgrund des behördlichen Prüfungsauftrages amtlich tätig geworden sei; folglich treffe

---

[72] BGHZ 18, 110.

[73] BGHZ 18, 110, 117.

[74] BGHZ 25, 266.

[75] BGHZ 25, 266, 269.

[76] BGHZ 49, 108 ff.

[77] BGHZ 39, 358 ff. Siehe ferner oben § 17 II. 1. a).

[78] BGHZ 49, 108, 113; *Hübner*, VersR 1985, 701, 702.

[79] BGHZ 39, 358, 361.

[80] BGHZ 39, 358, 362; NJW 1963, 1821, 1822.

die Haftung für ein Versehen des Prüfingenieurs den Träger der Baugenehmigungsbehörde, die den Prüfingenieur zur Mitwirkung bei ihrer hoheitlichen Aufgabe berufen habe und deren öffentliche Gewalt ausgeübt habe.[81]

cc) Entscheidung zum amtlich anerkannten Sachverständigen für den Kraftfahrzeugverkehr

Als der VII. Zivilsenat[82] des BGH schließlich feststellte, daß der amtlich anerkannte Sachverständige für den Kraftfahrzeugverkehr bei der ihm durch die StVZO übertragenen Tätigkeit ein öffentliches Amt ausübe, stützte er dies entscheidend auf Art und Bedeutung der Sachverständigentätigkeit. Diese spreche dafür, daß der Sachverständige selbst eine hoheitliche Tätigkeit ausübe. Der amtlich anerkannte Sachverständige für den Kraftfahrzeugverkehr werde in der dem Staat obliegenden Überwachung des Kraftfahrzeugverkehrs zum Schutz der Allgemeinheit vor Gefahren tätig. Diese Tätigkeit sei für die behördliche Entscheidung maßgeblich, da der amtlich anerkannte Sachverständige für den Kraftfahrzeugverkehr durch die Abnahme von Prüfungen und durch die Erstattung von Gutachten praktisch die Entscheidung über die behördliche Erlaubnis treffe, selbst wenn nicht er, sondern die Verwaltungsbehörde, den Verwaltungsakt erlasse. Die Gutachten- und Prüftätigkeit hänge danach mit der behördlichen Erteilung der Erlaubnis aufs engste zusammen und bilde geradezu einen Bestandteil der von der Verwaltungsbehörde ausgeübten und sich in ihrem Verwaltungsakt niederschlagenden hoheitlichen Tätigkeit. Deshalb sei es, so der BGH, „berechtigt zu sagen, daß der Sachverständige selbst hoheitliche Tätigkeit ausübt.“[83] Darüberhinaus stellte der BGH ausdrücklich fest, daß der amtlich anerkannte Sachverständige für den Kraftfahrzeugverkehr nach den Vorschriften der §§ 19 Abs. 2, 22 und 29 StVZO öffentliche Funktionen ausübe.[84] Diese Auffassung fand die nahezu ungeteilte Zustimmung der Instanzgerichte[85] und der einschlägigen Literatur[86] zum Straßenverkehrsrecht.

dd) Strukturelle Unterschiede

Der strukturelle Unterschied der Entscheidungen des BGH zur Amtshaftung für den Prüfingenieur und zur Amtshaftung für den amtlich anerkannten Sachverständigen besteht zunächst darin, daß der Prüfingenieur für Baustatik im Einzelfall durch die Baubehörde hinzugezogen wird, während dem amtlich anerkannten Sachverständigen im Rahmen der präventiven staatlichen Überwachung der technischen Sicherheit zwin-

---

[81] BGHZ 39, 358, 362; NJW 1963, 1821, 1822. Die hoheitliche Einstufung der Prüftätigkeit ist seither allgemeine Auffassung. OLG Hamm, NVwZ 1989, 502 m.w.N. auf Rechtsprechung und Literatur.

[82] BGHZ 49, 108 ff.

[83] BGHZ 49, 108, 112 f.

[84] BGHZ 49, 108, 117.

[85] OLG Braunschweig, NJW 1990, 2629 f.; OLG Köln, NJW 1989, 2065 f.; a.A. LG Saarbrücken, VersR 1970, 1136 f., dessen Annahme eines privatrechtlichen Vertrags bei Annahme eines Fahrzeugs zur Überprüfung nach § 29 StVZO im o.g. Urteil des OLG Köln ausführlich abgelehnt wird.

[86] *Rüth/Berr/Berz*, StVR, § 29 StVZO Rz. 19; *Jagusch/Hentschel*, StVZO, § 29 Rz. 22.

gend durch Gesetz bestimmte Aufgaben zugewiesen werden. Außerdem tritt der Prüfingenieur für Baustatik, ebenso wie der als Beweismittel im nichtförmlichen oder förmlichen Verwaltungsverfahren nach §§ 26, 65 VwVfG hinzugezogene behördliche Sachverständige, in keine Rechtsbeziehung zu dem durch das Baugenehmigungsverfahren betroffenen Bauherrn. Demgegenüber hat sich der von einem Verwaltungsverfahren im Rahmen der technischen Überwachung Betroffene, sei es ein Bürger oder ein Unternehmen, oftmals unmittelbar an den zuständigen amtlich anerkannten Sachverständigen zu wenden, so daß hier eine unmittelbare Rechtsbeziehung entsteht. Demnach entspricht die Beauftragung des Prüfingenieurs durch die Baugenehmigungsbehörde eher der Hinzuziehung des behördlichen Sachverständigen als Beweismittel im nichtförmlichen oder förmlichen Verwaltungsverfahren nach §§ 26, 65 VwVfG.[87] Die Entscheidung des BGH zur Amtshaftung für den Prüfingenieur für Baustatik unterstreicht folglich die oben entwickelte Lösung zur Amtshaftung für den behördlichen Sachverständigen im nichtförmlichen oder förmlichen Verwaltungsverfahren.[88]

Der BGH nahm in der Entscheidung zur Amtshaftung für den amtlich anerkannten Sachverständigen für den Kraftfahrzeugverkehr den Standpunkt ein, daß etwaige Unterschiede der rechtlichen Positionen des amtlich anerkannten Sachverständigen für den Kraftfahrzeugverkehr und des Prüfingenieurs für Baustatik keine abweichende Beurteilung der hoheitlichen Tätigkeit beider Sachverständiger rechtfertige.[89] Die ministerielle Anerkennung des Prüfingenieurs für Baustatik gebe ihm nur eine Befähigung, aber noch kein Amt. So werde der Prüfingenieur erst durch den Prüfauftrag einer Behörde in die hoheitliche Verwaltung einbezogen. Bei dem amtlich anerkannten Sachverständigen für den Kraftfahrzeugverkehr ergebe sich die Einbeziehung in die hoheitliche Verwaltung aus den ihm zwingend bestimmte Aufgaben zuweisenden Vorschriften der StVZO. Damit er diese ausüben könne, werde ihm von der zuständigen Landesbehörde die amtliche Anerkennung nach der KfSachVO erteilt.[90] Es widerspreche auch nicht den Ausführungen des III. Zivilsenats zum Prüfingenieur für Baustatik, daß der amtlichen Anerkennung maßgebliche Bedeutung für die Ausstattung des Sachverständigen mit Hoheitsbefugnissen beigelegt werde. Es beruhe lediglich auf der Systematik von StVZO und KfSachVO, daß der amtlich anerkannte Sachverständige bei den ihm durch die StVZO zugewiesenen Aufgaben eine öffentliche Funktion ausübe, ohne eines auf den Einzelfall bezogenen öffentlichen Auftrags zu bedürfen. Kein rechtserheblicher Unterschied, so der VII. Senat, bestehe ferner darin, daß der amtlich anerkannte Sachverständige im Gegensatz zum Prüfingenieur für Baustatik keine Vergütung von der Verwaltungsbehörde erhalte, sondern die Gebühr von dem jeweiligen Antragsteller an die technische Prüfstelle zu zahlen sei. Denn letztlich werde in beiden

[87] Siehe oben § 17 II. 1. a).

[88] Siehe oben § 17 II. 1. d).

[89] BGHZ 49, 108, 113 f.

[90] BGHZ 49, 108, 113 u. 116.

Fällen eine Gebühr dafür eingezogen, daß die Verwaltungsbehörde in seinem Interesse tätig werde und einen Sachverständigen einschalte.[91]

ee) Jüngere Rechtsprechung zur Amtshaftung

(1) Zugelassener Sachverständiger nach § 19i Abs. 2 S. 3 WHG

Die jüngere Rechtsprechung hat die Anerkennung der Tätigkeit des amtlich anerkannten Sachverständigen als Ausübung eines öffentlichen Amts auf andere Bereiche der technischen Überwachung ausgedehnt. So werde der zugelassene Sachverständige im Sinne des § 19i Abs. 2 S. 3 Wasserhaushaltsgesetz (WHG) im Rahmen der turnusmäßigen Überwachung einer Ölheizungsanlage hoheitlich tätig.[92] Die Regelung des WHG stimmt mit einer landesrechtlichen Bestimmung des im zugrundeliegenden Fall erheblichen niedersächsischen Wassergesetzes überein, wonach der Betreiber einer Ölheizungsanlage verpflichtet wird, diese regelmäßig „durch einen zugelassenen Sachverständigen auf den ordnungsgemäßen Zustand überprüfen zu lassen." Der Sachverständige ist seinerseits verpflichtet, darüber der unteren Wasserbehörde und dem Betreiber unverzüglich einen Prüfbericht vorzulegen. Neben der Prüfungspflicht besteht in Niedersachsen, ebenso wie nach dem bundesrechtlichen Rahmengesetz, eine Verpflichtung zur Selbstüberwachung der Anlage, § 19i Abs. 2 S. 2 WHG.[93] Die Zulassung des Sachverständigen erfolgt nach Landesrecht, ist jedoch mit der amtlichen Anerkennung vergleichbar, da sie ebenfalls eine Erteilung der Befähigung zur Ausführung der Prüftätigkeit im Sinne des § 19i WHG beinhaltet. Wegen des engen Zusammenhangs der wasser- und gewerberechtlichen Regelungen wird als Sachverständiger in erster Linie ein amtlich anerkannter Sachverständiger des TÜV (§ 14 GSG) zugelassen.[94]

Das Gericht hat die Prüftätigkeit des zugelassenen Sachverständigen nach § 19i Abs. 2 S. 3 WHG als Ausübung eines öffentlichen Amtes eingestuft, da diese nach dem Charakter, ihrer Bedeutung und nach ihrem Sinn und Zweck mit derjenigen zu vergleichen sei, die der amtlich anerkannte Sachverständige für den Kraftfahrzeugverkehr im Rahmen der ihm durch die StVZO zugewiesenen Aufgaben ausübe. Während letztere die Sicherheit des Straßenverkehrs bezweckten, verfolge die Prüftätigkeit des zugelassenen Sachverständigen die Reinhaltung der Gewässer zum Schutz der Allgemeinheit und der Umwelt. In beiden Fällen handele es sich um staatliche, hoheitliche Aufgaben zur Abwehr von Gefahren latent gefährlicher Anlagen. Die Prüftätigkeit nach § 19i Abs. 2 S. 3 WHG stelle einen Teil der behördlichen Überwachung dar, selbst wenn der Prüfbericht des Sachverständigen nicht Voraussetzung für die Erteilung einer Erlaubnis sei, sondern nur dafür, daß hoheitliches Verwaltungshandeln unterbleibe. Es handele

---

[91] BGHZ 49, 108, 114; OLG Schleswig, NJW 1996, 1218, 1219 (Freie Kalkulation der Prüfkosten bei anerkannten Werkstätten nach § 47 a StVZO).

[92] OLG Oldenburg, NVwZ-RR 1992, 284.

[93] *Gieseke/Wiedemann/Czychowski*, WHG, § 19 i Rz. 10 f.

[94] *Gieseke/Wiedemann/Czychowski*, WHG, § 19 i Rz. 11 mit einer Aufzählung der landesrechtlichen Zulassungsbestimmungen.

sich auch nicht um die bloße privatrechtliche Übernahme einer dem Betreiber obliegenden Pflicht zur Selbstüberwachung. Diese bleibe vielmehr durch die wiederkehrende Überprüfung der Heizungsanlage unberührt, ebenso wie die Pflicht des Kraftfahrzeughalters zur Selbstüberwachung der Verkehrssicherheit des Kraftfahrzeuges durch die regelmäßige Hauptuntersuchung nach § 29 StVZO unberührt bleibe.[95]

(2) TÜV-Sachverständiger nach der Druckbehälterverordnung

Die Grundsätze der Amtshaftung hat der III. Senat des BGH auch für den amtlich anerkannten (TÜV-)Sachverständigen zur technischen Überwachung auf dessen Tätigkeit angewandt. Er entschied, daß für Pflichtverletzungen eines TÜV-Sachverständigen bei der Vorprüfung einer überwachungsbedürftigen Anlage[96] nicht der technische Überwachungsverein, der den Sachverständigen beschäftigt, sondern das Land, das ihm die amtliche Anerkennung erteilt hat, hafte.[97] Im zugrundeliegenden Fall beanspruchte der Kläger vom TÜV Schadensersatz in Höhe der Kosten, die er aufgrund eines fehlerhaften Gutachtens eines amtlich anerkannten Sachverständigen des beklagten Vereins durch Einbau und Wiederausbau von Verstärkungsringen in einen Druckbehälter vergeblich aufgewendet hatte. Der Sachverständige hatte das Gutachten auf Antrag des Klägers im Rahmen eines Prüfverfahrens vor Inbetriebnahme des Druckbehälters nach einer wesentlichen Änderung gemäß §§ 9, 11 DruckbehV erstattet.[98]

Unter Bezugnahme auf die Begründung des VII. Zivilsenats des BGH zur hoheitlichen Tätigkeit des amtlich anerkannten Sachverständigen für den Kraftfahrzeugverkehr stellte der III. Senat fest, daß der Sachverständige im Rahmen derartiger gesetzlicher Prüfungsverfahren aus ähnlichen Gründen als Beamter im haftungsrechtlichen Sinne anzusehen sei und sich daher die Rechtsfolgen etwaiger Pflichtverletzungen nach Amtshaftungsgrundsätzen beurteilen. Das gelte selbst dann, wenn die Prüfung einen ersten Teilschritt im Rahmen eines mehrstufigen, aber bei wertender Betrachtungsweise als einheitlich zu beurteilenden öffentlich-rechtlichen Genehmigungsverfahrens darstelle.[99] Denn hier habe der Kläger die Erfüllung der schadensauslösenden falschen Forderung des Sachverständigen, sechs Versteifungsringe in einen Druckbehälter einzuschweißen, als Voraussetzung dafür auffassen müssen, daß damit die Vorprüfung beendet sei und er den Abschlußvermerk erhalte. Diese Vorgänge genügten, so der BGH, um einen unmittelbaren sachlichen Zusammenhang jener Forderung mit der

---

[95] OLG Oldenburg, NVwZ 1992, 284; OLG Köln, NJW 1989, 2065.

[96] Hier handelte es sich um einen Druckbehälter im Sinne des § 24 GewO a.F. (§ 2 GSG n.F.) in Verbindung mit der Druckbehälterverordnung.

[97] BGHZ 122, 85 ff.

[98] Wie oben dargestellt, hängt die Zulässigkeit der Inbetriebnahme bestimmter Druckbehälter davon ab, daß ein amtlich anerkannter Sachverständiger bestimmte Prüfungen vorgenommen und den ordnungsgemäßen Zustand des Druckbehälters bescheinigt hat; siehe oben § 15 I. 3. b) aa) und bb).

[99] BGHZ 122, 85, 90.

Prüftätigkeit und dem Genehmigungsverfahren herzustellen.[100] Folglich müsse das Handeln des tätig gewordenen Sachverständigen als Ausübung eines öffentlichen Amts im Sinne des § 34 S. 1 GG angesehen werden.[101]

(3) Autowerkstätten bei der Abgasuntersuchung nach § 47a StVZO

Eine weitere Ausdehnung der Amtshaftung erfolgte durch deren Anwendung auf Autowerkstätten, die bei der Abgasuntersuchung nach § 47a StVZO ein öffentliches Amt ausüben.[102] Für die Übertragbarkeit der Grundsätze über die hoheitliche Tätigkeit des amtlich anerkannten Sachverständigen für den Kraftfahrzeugverkehr auf die Autowerkstatt spreche, so das Gericht, daß sowohl Hauptuntersuchung als auch Abgasuntersuchung der Gefahrenabwehr dienen. Weiterhin sei die Abgasuntersuchung durch die Anlage VIII a zu § 47a StVZO in Verbindung mit den darin bestimmten Regelungsbefugnissen der Verkehrsbehörde detailliert geregelt. Im wesentlichen vergleichbar seien auch die Regelungen betreffend die amtliche Anerkennung gemäß KfSachvG, der Überwachungsorganisationen nach Nr. 7 ff. der Anlage VIII zu § 29 StVZO und der Kfz-Werkstätten gemäß § 47a StVZO. Schließlich gehe der Gesetzgeber selbst von einer hoheitlichen Tätigkeit solcher Prüfer auch bei Abgasuntersuchungen aus, wie sich daran zeige, daß er die Freistellung in § 10 Abs. 4 KfSachvG in das Anerkennungsverfahren für Kfz-Werkstätten übernommen habe.[103]

(4) Negativabgrenzung

In der Rechtsprechung erfolgte auch eine Negativabgrenzung der hoheitlichen von der privatrechtlichen Tätigkeit des Sachverständigen in der technischen Überwachung.[104] Der BGH entschied, daß eine ministeriell zugelassene technische Prüfstelle im Sinne des Maschinenschutzgesetzes a.F., die Prüfbescheinigungen für technische Arbeitsmittel ausstellen durfte, nicht hoheitlich tätig werde, weil für das dem Fall zugrundeliegende schadhafte Haushaltsgerät keine allgemeine staatliche Präventivkontrolle gesetzlich angeordnet gewesen sei.[105] Da nach dem heute geltenden GSG auch die nicht zu den überwachungsbedürftigen Anlagen zählenden technischen Arbeitsmittel von zugelassenen technischen Prüfstellen untersucht und mit dem GS-Prüfzeichen für geprüfte technische Sicherheit versehen werden können (§§ 3 und 5 GSG), hat das OLG Hamm ebenfalls ein hoheitliches Tätigwerden der Bediensteten der Prüfstelle für Ge-

[100] Dieser Begründung ist im übrigen zu entnehmen, daß es für die hoheitlichen Tätigkeit des amtlich anerkannten Sachverständigen nicht auf eine irgendwie geartete Beleihung des Sachverständigen ankommt, sondern daß der unmittelbare und innere sachliche Zusammenhang der Prüftätigkeit des Sachverständigen mit der behördlichen Entscheidung im Rahmen der Gefahrenabwehr und technischen Überwachung maßgeblich ist. OLG Oldenburg, NVwZ-RR 1992, 284 und OLG Hamm, NVwZ 1990, 1105, 1106 stellen gleichwohl auf den beliehenen Unternehmer ab.

[101] BGHZ 122, 85, 92.

[102] OLG Schleswig, NJW 1996, 1218 f.

[103] OLG Schleswig, NJW 1996, 1218, 1219.

[104] BGH NJW 1978, 2548 ff.; OLG Hamm, NVwZ 1990, 1105 f.

[105] BGH NJW 1978, 2548.

rätesicherheit abgelehnt.[106] In Übereinstimmung mit dem BGH stützt das OLG seine Entscheidung darauf, daß das GSG keine obligatorische staatliche Sicherheitsüberprüfung für technische Arbeitsmittel vorsehe, bevor diese in den Verkehr gebracht werden dürften. Vielmehr obliege es der Eigenverantwortung der Hersteller und Importeure, für den zur Abwehr von Gefahren erforderlichen Sicherheitsstandard ihrer Geräte zu sorgen (§ 3 Abs. 1 S. 1 und 2 GSG). Die Einschaltung der Prüfstellen hat der Gesetzgeber der freien Entscheidung der betroffenen Wirtschaftskreise überlassen. Da die Prüfstelle somit nicht im Bereich staatlicher Aufgaben tätig werde und kein enger und unmittelbarer Zusammenhang ihrer Tätigkeit zu einer behördlichen Entscheidung im Rahmen der technischen Überwachung festzustellen sei, nehme die Prüfstelle kein öffentliches Amt wahr.[107]

c) Ergebnis: Kriterien der Ausübung eines öffentlichen Amts

Demnach sind die Kriterien für die Ausübung eines öffentlichen Amts im Sinne des Art. 34 S. 1 GG durch den amtlich anerkannten Sachverständigen in der technischen Überwachung nach dem Stand der heutigen Rechtsprechung wie folgt zusammenfassen. Die Prüftätigkeit der amtlich anerkannten Sachverständigen, soll sie als „Ausübung eines öffentlichen Amtes" angesehen werden, muß „integraler Bestandteil"[108] der behördlichen präventiven Gefahrenabwehr sein, um als hoheitliches Handeln angesehen werden zu können.[109] Danach kommt ein öffentliches Amt in Betracht, wenn die Tätigkeit des Sachverständigen dem Staat zuzurechnen ist. Hierzu muß der Sachverständige in einem Bereich tätig werden, der dem Staat als eigene zwingende Aufgabe gesetzlich zugewiesen ist. Grundlage der Tätigkeit muß eine Übertragung oder Einbindung des Sachverständigen in die staatlichen Aufgaben sein. Entweder kann er im Einzelfall durch die Behörde beauftragt werden (Prüfingenieur für Baustatik) oder die Prüftätigkeit wird dem Sachverständigen obligatorisch zugewiesen. In jedem Fall muß die Prüftätigkeit eine maßgebliche Voraussetzung für die behördliche Entscheidung darstellen und eine Genehmigung, Betriebserlaubnis oder Untersagungsverfügung vorbereiten. Dies ist zu bejahen, wenn ein enger und unmittelbarer Zusammenhang der Tätigkeit des Sachverständigen zu der Entscheidung der Behörde feststellbar ist.

3. Der nicht amtlich anerkannte Sachverständige in der technischen Überwachung

Schließlich ist zu untersuchen, ob die nicht amtlich anerkannten Sachverständigen, die nach den sogenannten 11er-Rechtsverordnungen für einige Prüfaufgaben im Rahmen der staatlichen präventiven Überwachung zugelassen sind, etwa der öffentlich bestellte oder der ausländische Sachverständige oder der Sachverständige in der Eigenüberwa-

---

[106] OLG Hamm, NVwZ 1990, 1105.

[107] OLG Hamm, NVwZ 1990, 1105; BGH NJW 1978, 2548.

[108] *Meyer* in *Landmann/Rohmer*, GewO (II), § 14 GSG Rz. 51.

[109] *Meyer* in *Landmann/Rohmer*, GewO (II), § 14 GSG Rz. 51 f.; *Wessel* in PraxisHdb SachverständigenR, § 34 Rz. 24 f; *Hübner*, NJW 1988, 441.

chung[110], ebenfalls ein öffentliches Amt im Sinne des Art. 34 S. 1 GG ausüben, so daß auch für diese Sachverständigen die Amtshaftung anzuwenden ist.

a) Gesetzliche Prüfungsermächtigungen

Nach § 18 Abs. 1 S. 2 AufzV dürfen wiederkehrende Prüfungen an Aufzugsanlagen, die ausschließlich in Wohngebäuden betrieben werden, von hierfür öffentlich bestellten und vereidigten Sachverständigen nach § 36 GewO vorgenommen werden, wenn diese einer Technischen Überwachungsorganisation, etwa einem TÜV, angehören. Oben wurde bereits darauf hingewiesen, daß diese Bestimmung des öffentlich bestellten und vereidigten Sachverständigen - wohl auch zum Zwecke der wettbewerbsmäßigen Gleichstellung - Gelegenheit bietet, in traditionellen Tätigkeitsbereichen der amtlich anerkannten Sachverständigen zu arbeiten.

Gemäß § 24 Abs. 4 DampfkV können die in dieser Verordnung vorgeschriebenen und angeordneten Prüfungen auch durch Sachverständige vorgenommen werden, die bei einer ausländischen technischen Überwachungsorganisation angestellt sind, soweit diese von der nach Landesrecht zuständigen Behörde anerkannt worden ist. Eine entsprechende Regelung enthält § 31 Abs. 7 DruckbehV. Diese Regelungen gelten insbesondere für Prüfungen, die bei den jeweiligen ausländischen Herstellern durch die dort beschäftigten Sachverständigen vorgenommen werden. Dies ergibt sich aus dem Zweck der Bestimmungen, ausländische Sachverständige dort einzuschalten, wo dies zu Verfahrenserleichterungen beim Import von Anlagen oder Anlagenteilen durch deutsche Betreiber führt.[111] Diese Möglichkeit der Verfahrenserleichterung wurde bereits von einigen Bundesländern wahrgenommen, indem verschiedene technische Überwachungsvereine unter anderem in Österreich, Schweden und Norwegen anerkannt wurden.[112]

Eine vergleichbare Verfahrenserleichterung wird für deutsche Betreiber überwachungsbedürftiger Anlagen durch die Möglichkeit zur Eigenüberwachung zur Verfügung gestellt. Eigenüberwachung ist etwa für Druckbehälter (§ 31 Abs. 1 Nr. 3 DruckbehV) und elektrische Anlagen in explosionsgefährdeten Räumen (§ 15 Abs. 1 Nr. 3 ElexV) vorgesehen. Danach können Sachverständige eines Unternehmens herangezogen werden, wenn in dem Unternehmen die Prüfung durch Werksangehörige angezeigt ist und diese Werksangehörigen von der zuständigen Behörde für die Prüfung der in diesem Unternehmen betriebenen Druckbehälter amtlich anerkannt sind.

---

[110] Siehe oben § 15 I. 3. b).

[111] *Meyer* in *Landmann/Rohmer*, GewO (II), § 24 DampfkV Rz. 5.

[112] Eine Liste anerkannter technischer Überwachungsvereine findet sich bei *Meyer* in *Landmann/Rohmer*, GewO (II), § 24 DampfkV Rz. 6.

b) Ergebnis: Gleichbehandlung mit dem amtlich anerkannten Sachverständigen

Die mangelnde amtliche Anerkennung dieser Sachverständigen in der technischen Überwachung rechtfertigt keine andere rechtliche Einstufung ihrer Tätigkeit als im Falle der amtlichen Anerkennung des Sachverständigen. Die Sachverständigen, selbst die der ausländischen technischen Überwachungsorganisationen, handeln hoheitlich, da sie im staatlichen Funktionsbereich auf gesetzlicher Grundlage tätig werden und zwingende Aufgaben der präventiven Gefahrenabwehr wahrnehmen. Ihre Tätigkeit ist auf das engste mit den dadurch vorzubereitenden Entscheidungen der jeweiligen Verwaltungsbehörden verknüpft, so daß der für die Anwendbarkeit der Amtshaftung erforderliche enge und unmittelbare Zusammenhang zu bejahen ist. Die Sachverständigen verfügen zudem über eine behördlich erteilte Befugnis, die mit der amtlichen Anerkennung des Sachverständigen in der technischen Überwachung gleichzusetzen ist und sie zur Ausübung ihres öffentlichen Amts befugt. Diese Befugnis ist bei dem Sachverständigen nach § 18 Abs. 1 S. 2 AufzV in der öffentlichen Bestellung und Vereidigung und bei dem Sachverständigen einer ausländischen technischen Überwachungsorganisationen in der Anerkennung der Organisation durch ein deutsches Bundesland, z.B. aufgrund der DampfkV und der DruckbehV, zu erblicken. Der Sachverständige in der Eigenüberwachung verfügt sogar über eine behördliche Anerkennung. Somit sind Amtspflichtverletzungen der vorgenannten, nicht amtlich anerkannten Sachverständigen in der technischen Überwachung gleichfalls nach den Grundsätzen der Amtshaftung zu behandeln.[113]

4. Passivlegitimation des Anspruchsgegners

Bei der Amtshaftung richtet sich der Schadensersatzanspruch des Geschädigten gemäß Art. 34 S. 1 GG gegen den Staat oder die Körperschaft, in deren Dienst der Beamte im Sinne des § 839 Abs. 1 BGB steht. Die Auslegung des Tatbestandsmerkmales „in deren Dienst er steht" richtet sich nach der in ständiger Rechtsprechung durch den BGH angewendeten Amtsübertragungs- beziehungsweise Anvertrauenstheorie.[114] Danach beantwortet sich die Frage nach dem haftenden Dienstherrn grundsätzlich danach, welche Körperschaft dem Amtsträger das Amt, bei dessen Ausübung er fehlerhaft gehandelt hat, anvertraut hat. Wenn allerdings, wie hier, die Anknüpfung an die Anstellung versagt, weil kein Dienstherr vorhanden ist, ist darauf abzustellen, wer dem Amtsträger die Aufgabe anvertraut hat.[115] Zur Bestimmung des haftenden Dienstherrn kann bei dem behördlichen Sachverständigen in der technischen Überwachung nicht an das Anstellungsverhältnis angeknüpft werden, da kein Dienstherr vorhanden ist. Die TÜV besitzen keine Dienstherrnfähigkeit im Sinne des § 121 BRRG, weil es sich bei ihnen

[113] Ebenso *Wessel* in PraxisHdb SachverständigenR, § 34 Rz. 24 a); *Meyer* in *Landmann/Rohmer*, GewO (II), § 14 GSG Rz. 51.

[114] *Ossenbühl*, § 9; *Hübner*, NJW 1988, 441 jeweils m.w.N.

[115] BGHZ 99, 326, 330.

um privatrechtliche Vereine handelt; sie scheiden daher als haftende Anstellungskörperschaften aus. Da der amtlich anerkannte und die diesem für die präventive technische Überwachung gleichgestellten nicht amtlich anerkannten Sachverständigen sowie auch der als Beweismittel im förmlichen und nichtförmlichen Verwaltungsverfahren hinzugezogene Sachverständige in keinem Anstellungsverhältnis zum Staat stehen, ist zu prüfen, wer dem Sachverständigen die jeweilige Aufgabe überträgt.[116]

Bei dem amtlich anerkannten Sachverständigen ist dies das Land, das die amtliche Anerkennung ausspricht.[117] Das gilt auch für den Sachverständigen einer ausländischen Überwachungsorganisation, die gemäß einer 11er-Verordnung nach § 11 GSG durch eine landesrechtlich zuständige Behörde anerkannt ist.[118] Da sich die Anerkennung des in der Eigenüberwachung tätigen Sachverständigen ebenfalls nach Landesrecht richtet[119], ist auch hier das Land als Anspruchsgegner eines Amtshaftungsanspruchs heranzuziehen.

Für den nicht amtlich anerkannten Sachverständigen haftet der Träger der Behörde, die den Sachverständigen beauftragt.[120] Bei dem öffentlich bestellten Sachverständigen, der nach der AufzV ein öffentliches Amt ausübt, ist dies wiederum das jeweilige Bundesland. Dies gilt auch bei dem als Beweismittel im förmlichen und nichtförmlichen Verwaltungsverfahren durch eine vom Land getragene Verwaltungsbehörde hinzugezogenen Sachverständigen. Sollte der Sachverständige im förmlichen und nichtförmlichen Verwaltungsverfahren durch eine Bundesbehörde als Beweismittel bestellt werden, so wird die Bundesrepublik Deutschland als Anspruchsgegner in Betracht zu ziehen sein.

Wird eine Bundesbehörde selbst als amtlicher Sachverständiger tätig, wie etwa im Bereich elektrischer Anlagen in explosionsgefährdeten Räumen nach § 15 Abs. 1 Nr. 2 ElexV, so besteht die Möglichkeit einer wahlweisen Inanspruchnahme des Trägers der Behörde, für die der Sachverständige tätig geworden ist, mithin des Landes, oder der Anstellungskörperschaft des Sachverständigen, also des Bundes.[121]

5. *Aktivlegitimation des betroffenen Bürgers*

Die Aktivlegitimation des durch ein unrichtiges Gutachten eines behördlichen Sachverständigen betroffenen Bürgers erfordert, daß dem behördlichen Sachverständigen die Amtspflicht zur gewissenhaften, unabhängigen und unparteiischen Gutachtener-

---

[116] *Ossenbühl*, § 9 Anm. 3.

[117] BGHZ 122, 85.

[118] Siehe oben § 15 I. 3. b).

[119] Siehe oben § 15 I. 3. b) aa).

[120] BGHZ 99, 326, 330; *Meyer* in *Landmann/Rohmer*, GewO (II), § 14 GSG Rz. 55.

[121] *Meyer* in *Landmann/Rohmer*, GewO (II), § 14 GSG Rz. 55.

stattung zumindest auch gegenüber dem Bürger obliegt.[122] Begriff und Begründung der Amtspflicht entsprechen der des gerichtlichen Sachverständigen.[123] Die Frage der Drittgerichtetheit der Amtspflicht bestimmt die Aktivlegitimation des Geschädigten und den Umfang des Schadensersatzanspruchs, da nicht jede kausale Schadensfolge einer Amtspflichtwidrigkeit der Amtshaftung unterfällt.[124]

a) Drittgerichtetheit der Amtspflicht

Der Geschädigte gehört zu dem Kreis der „Dritten", wenn die Amtspflicht den Zweck hat, das Interesse gerade dieses Geschädigten wahrzunehmen. Hierzu ist unter Zugrundelegung der die Amtspflicht begründenden Vorschriften und der rechtlichen Bestimmung des öffentlichen Amts der Kreis der geschützten Personen zu bestimmen.[125]

aa) Technische Überwachung

Zur Frage, ob die Vorschriften des besonderen Verwaltungsrechts zur technischen Überwachung die Drittbezogenheit der Amtspflicht zur gewissenhaften Gutachtenerstattung des jeweils herangezogenen behördlichen Sachverständigen gegenüber dem Geschädigten begründen, liegen nur vereinzelte Stellungnahmen in Rechtsprechung und Literatur vor. Es besteht aber Übereinstimmung, daß die staatliche Überwachungstätigkeit durch technische Kontrollen von Sachverständigen zunächst der Allgemeinheit und dem Schutz derjenigen Personen zugute komme, denen Gefahren für Leben, Gesundheit und Eigentum bei einem nicht ordnungsgemäßen Betrieb einer Anlage drohen.[126] Daneben genügt es nach allgemeiner Auffassung, daß den die Amtspflicht begründenden Vorschriften und der Natur des Amtsgeschäfts neben der Erfüllung allgemeiner Interessen auch der Zweck zu entnehmen ist, die Interessen Einzelner zu schützen.[127] Die Pflicht der Baugenehmigungsbehörde, die Baustatik eines Gebäudes zu prüfen, besteht zumindest auch gegenüber dem um die Baugenehmigung nachsuchenden Bauherrn. Die Bestimmungen über die statische Prüfung, so der BGH, bezwecken zwar zunächst, den Gefahren vorzubeugen, die der Allgemeinheit durch den Einsturz standunsicherer Bauwerke drohen. Dieser Schutzzweck könne aber auch dem Eigentümer oder Bauherrn als Teil der Allgemeinheit zugute kommen, wenn er

---

[122] § 839 Abs.1 S. 1 BGB erfordert weiterhin, daß der Amtsträger die ihm obliegende Amtspflicht schuldhaft verletzt hat. Bezugspunkt der Schuld ist die Amtspflichtverletzung des Amtswalters, mithin des behördlichen Sachverständigen. *Ossenbühl*, § 6 Anm. 5; *Hübner*, NJW 1988, 441, 442. Siehe dazu oben § 13 IV. 4. a.E.

[123] Siehe oben § 13 IV. 3.

[124] *Ossenbühl*, § 6 Anm. 3. a).

[125] BGHZ 39, 358, 362; 63, 35, 38 f.; 74, 144, 146 f.; 89, 1, 5; 93, 87, 91 f.; 110, 1, 8 f.; 122, 85, 92 f.; *Ossenbühl*, § 6 Anm. 3. a).

[126] BGHZ 18, 110 ff.; 39, 358 ff.; 122, 85 ff.; BGH NJW 1965, 200 ff.; OLG Köln, NJW 1989, 2065; OLG Braunschweig, NJW 1990, 2629; *Ossenbühl*, § 6 Anm. 3 b) ee); *Hübner*, NJW 1988, 441 ff.; *Hübner*, VersR 1985, 703 ff.

[127] BGHZ 39, 358, 363; 35, 44, 46 f.; *Ossenbühl*, § 6 Anm. 3 a).

bei einer Besichtigung oder als Bewohner des Bauwerkes durch dessen Einsturz Schaden an Körper, Gesundheit oder Eigentum erleide.[128]

In einem Fall aus dem Bereich der überwachungsbedürftigen Anlagen, in dem der Kläger gegen den beklagten TÜV einen Schadensersatzanspruch geltend gemacht hat, weil der Sachverständige bei einer gesetzlichen Vorprüfung nach § 9 DruckbehV ein falsches Gutachten erstattet hatte, hat der BGH ebenfalls entschieden, daß die Beleihung des Technischen Überwachungsvereins mit der Wahrnehmung öffentlicher Befugnisse nach § 24 GewO a.F. (§ 11 GSG n.F.) und der aufgrund dieser Bestimmung ergangenen Rechtsverordnungen in erster Linie dem Schutz der Beschäftigten und Dritter vor Gefahren durch Anlagen, die mit Rücksicht auf ihre Gefährlichkeit einer besonderen Überwachung bedürfen, dient.

Dies entspricht der bereits 30 Jahre zuvor getroffenen Entscheidung desselben Senats im sogenannten „Seilbahnfall“: Hier verlangte der Betreiber einer Seilbahn vom beklagten Land Bayern, dem kraft Gesetzes die regelmäßige Prüfung und Überwachung der Seilbahn oblag, Schadensersatz, weil der zuständige Sachbearbeiter im Staatsministerium seinen Prüfungspflichten im Rahmen der Staatsaufsicht nicht ausreichend nachgekommen sei. Beim Betrieb der Bahn riß das Förderseil, und mehrere Sessel stürzten ab, wobei drei Fahrgäste getötet und acht weitere zum Teil schwer verletzt worden waren. Der Kläger verlangte Ersatz der von ihm über die Deckungssumme seiner Haftpflichtversicherung hinaus zu erbringenden Leistungen.[129] Der BGH entschied, daß die staatliche Aufsicht über technische Betriebe den Zweck habe, die Allgemeinheit vor den bei einem nicht ordnungsgemäß geführten Betrieb entstehenden Gefahren zu bewahren. Damit werde aber nicht der Zweck verfolgt, den Unternehmer selbst im Rahmen der mit dem Betrieb verbundenen finanziellen Risiken zu schützen; folglich wies das Gericht die Klage ab. Die im Rahmen der staatlichen Aufsicht bestehenden Amtspflichten der die Aufsicht handhabenden Beamten seien mithin grundsätzlich nicht solche, die diesen dem Unternehmer gegenüber oblägen.[130] Wie bei der statischen Prüfung eines Bauwerkes werden die Interessen des Unternehmers nur gegen Gefahren für Leben, Gesundheit und Eigentum geschützt, wie sie ihm als Glied der Allgemeinheit zustehen.[131]

bb) Kraftfahrzeugüberwachung

Im Bereich der Kraftfahrzeugüberwachung orientiert sich der BGH mit Zustimmung der Literatur bei der Ermittlung der Aktivlegitimation ebenfalls streng an Wortlaut und Zweck der einschlägigen Bestimmungen.[132] In dem einen Fall, in dem der Erwerber

[128] BGHZ 39, 358, 363 f.

[129] BGH NJW 1965, 200.

[130] BGH NJW 1965, 200.

[131] BGHZ 39, 358, 363 f.

[132] BGHZ 18, 110, 114 ff.; BGH NJW 1973, 458, 460; 1989, 2065, 2066; *Hübner*, VersR 1985, 701, 703; *Hübner*, NJW 1988, 441, 442.

eines Kfz eine Schadensersatzklage erhoben hatte, weil der Sachverständige bei einer Prüfung nach § 21 StVZO einen Mangel des neu zuzulassenden Einzelfahrzeugs nicht erkannt und der Kläger dadurch einen Vermögensschaden erlitten hatte, stellte der BGH fest, daß durch die Einschaltung des Zulassungsverfahrens nach der StVZO ausschließlich von der Allgemeinheit Gefahren abgewendet werden sollten, die durch den Betrieb mit gefährlichen Fahrzeugen entstehen können.[133] Dies folge aus § 1 StVG, wonach solche Kfz zum Verkehr zugelassen werden müssen, die auf öffentlichen Wegen oder Plätzen in Betrieb genommen werden sollen, sowie aus Entstehungsgeschichte, Zweck und Wortlaut der StVZO. Die hierin gesetzlich bestimmte Einschaltung des Sachverständigen und die entsprechenden Amtspflichten dienten damit ebenso wie das ganze Zulassungsverfahren dem Schutz der Allgemeinheit, so daß jedes einzelne Glied der Allgemeinheit, das von den Gefahren betroffen wird, durch sie geschützt sei. Die Bescheinigung des Sachverständigen nach § 21 StVZO stelle jedoch kein Gewährleistungspapier für den Kraftfahrzeughandel dar.[134]

Diese Rechtsprechung wurde auf die Prüfung bei der Hauptuntersuchung eines Fahrzeugs übertragen. Die Überprüfung nach § 29 StVZO mit der daraufhin erteilten Plakette enthalte keine Aussage darüber, daß das Fahrzeug im Wesentlichen mangelfrei und verkehrssicher sei, sondern bescheinige lediglich, daß das Fahrzeug zum Zeitpunkt der Hauptuntersuchung bis auf etwaige geringe Mängel für vorschriftsmäßig befunden worden ist. Eine weitergehende Aussage könne die Begutachtung des Fahrzeugs durch den Sachverständigen auch nicht gegenüber einem späteren Käufer des Fahrzeuges haben.[135] Dabei spiele es keine Rolle, ob die Hauptuntersuchung zum Zwecke des Verkaufs erfolge und dies dem Sachverständigen auch gesagt worden sei. Denn der Umfang der Untersuchung eines Fahrzeugs sei nach § 29 StVZO ebenso vorgegeben wie der Aussagewert (Schutzumfang) der Begutachtung.[136]

cc) Ergebnis

Demnach gilt für die Drittgerichtetheit der Amtspflicht des Sachverständigen in der technischen Überwachung von Kfz und überwachungsbedürftigen Anlagen, daß diese zumindest auch gegenüber den Betreibern, Haltern, Eigentümern oder Käufern der geprüften Gefahrenquellen besteht, soweit der Geschädigte zumindest auch als Glied der Allgemeinheit vor Gefahren für Leben, Gesundheit und Eigentum bei einem nicht ordnungsgemäßen Betrieb geschützt werden soll. Nicht umfaßt ist jedoch der Schutz vor den mit dem Betrieb verbundenen finanziellen Risiken.

b) Umfang des Amtshaftungsanspruchs

Die Drittbezogenheit der Amtspflicht bestimmt neben der Aktivlegitimation ebenfalls den Umfang des Schadensersatzanspruchs des Geschädigten. Die Ersatzfähigkeit eines

---

[133] BGH NJW 1973, 458.

[134] BGH NJW 1973, 458, 459 f.; BGHZ 18, 110, 114 f.

[135] OLG Köln, NJW 1989, 2065, 2066; OLG Hamm, NJW 1980, 2200.

[136] OLG Köln, NJW 1989, 2065, 2066.

Schadens erfordert, daß es sich dabei um die Realisierung einer Gefahr handelt, vor der die Amtspflicht schützen soll.[137] Nach dem oben festgestellten Zweck der Amtspflicht des behördlichen Sachverständigen zur gewissenhaften Gutachtenerstattung kommt demnach nur Schadensersatz für die Verletzung von Körper, Gesundheit und Eigentum in Betracht.

Die Pflicht der Baugenehmigungsbehörde zur gewissenhaften Prüfung der Baustatik eines Gebäudes bezweckt ausschließlich den Schutz vor Schäden an Leib, Gesundheit und Eigentum infolge schuldhafter Verletzung. Dem Bauherrn gebührt kein Schutz gegen finanzielle Risiken, die mit der Errichtung eines standunsicheren Bauwerkes verbunden sind.[138] Entsprechendes gilt für Prüfungen nach der StVZO. Folglich dient die Tätigkeit des amtlich anerkannten Sachverständigen für den Kraftfahrzeugverkehr vor der Zulassung eines Kfz lediglich dem Schutz der öffentlichen Sicherheit, nicht jedoch dem Schutz vor Vermögensschäden, die ein Käufer im Vertrauen auf die Prüfbescheinigungen des Sachverständigen durch den Kauf eines mangelhaften Fahrzeugs erleidet.

In der Entscheidung zur Amtshaftung für eine fehlerhafte Vorprüfung einer genehmigungsbedürftigen Druckbehälteranlage führte der BGH dagegen zum Schadensumfang aus: „(...) die Einschaltung des Beklagten (hatte) jedoch auch den Zweck, den Beteiligten eine zuverlässige Grundlage für die zu erstellende Konstruktion zu verschaffen, die geeignet war, diese Gefahren abzuwenden. Auf dieser 'Verläßlichkeitsgrundlage' sollten auch die wirtschaftlichen und finanziellen Dispositionen aufbauen, die der Verwirklichung dieses Projektes dienten. Durch diese (auch wirtschaftliche) Zielsetzung des dem Beklagten erteilten Prüfungsauftrags unterscheidet sich der vorliegende Sachverhalt von demjenigen, (...)[139], wo entschieden worden ist, daß die Amtshaftung des Trägers der Baugenehmigungsbehörde für Pflichtverletzungen des Prüfingenieurs für Baustatik nicht den Schutzzweck hat, den Bauherrn davor zu bewahren, durch einen statisch falsch berechneten Bau nutzlose finanzielle Aufwendungen zu machen."[140]

Zusammenfassend ist somit festzustellen, daß sich der Umfang des zu ersetzenden Schadens wegen einer fehlerhaften Prüfung grundsätzlich nach dem gesetzlichen Zweck und der rechtlichen Eigenart der Prüfung richtet, so daß nur solche Schäden nach Amtshaftungsgrundsätzen ersetzt verlangt werden können, die eine Realisierung der Gefahren darstellen, vor denen die Allgemeinheit durch die technische Überwachung geschützt werden soll. Darüberhinaus sind ausnahmsweise auch Vermögens-

---

[137] BGHZ 39, 358, 364.

[138] BGHZ 39, 358, 365. Mit Nachdruck BGH NJW 1965, 200 f. Ferner *Ossenbühl*, § 6 Anm. 3 b) ee).

[139] Hier wird auf BGHZ 39, 358 Bezug genommen.

[140] BGHZ 122, 85, 92 f.

schäden ersatzfähig, wenn dem Sachverständigen nach den besonderen Aspekten des Prüfauftrags auch der Vermögensschutz gegenüber dem Geschädigten oblag.

6. Subsidiarität der Amtshaftung

Der Amtshaftungsanspruch gilt nach § 839 Abs. 1 S. 2 BGB subsidiär, wenn dem behördlichen Sachverständigen Fahrlässigkeit zur Last fällt. Ist der Schaden nicht nur durch sein hoheitliches Handeln entstanden, sondern haben auch andere Schädiger mitgewirkt, so haben anderweitige Ersatzmöglichkeiten den Vorrang vor dem Amtshaftungsanspruch. Es handelt sich bei der fehlenden anderweitigen Ersatzmöglichkeit um ein „negatives Tatbestandsmerkmal“[141], so daß im Prozeß die Darlegung der Unmöglichkeit eines anderweitigen Ersatzes zur Behauptungs- und Beweislast der klagenden Partei gehört.[142]

Die Subsidiaritätsklausel des § 839 Abs. 1 S. 2 BGB ist seit der Überleitung der persönlichen Haftung des Beamten auf den Staat durch Art. 34 S. 1 GG teleologisch reduziert auszulegen, da der ursprüngliche Zweck der Verweisungsmöglichkeit, die Entschlußfreude des persönlich haftenden Beamten zu fördern, entfallen ist.[143] Danach kann nur auf anderweitige Ersatzansprüche verwiesen werden, wenn diese den Zweck verfolgen, endgültig Schäden aufzufangen, die ihren Grund in der unerlaubten Handlung eines Dritten haben.[144] Als solche Ersatzansprüche kommen die Gefährdungshaftungstatbestände in Betracht, etwa gemäß § 7 StVG, §§ 33, 54 LuftVG, §§ 25, 26 AtomG oder § 22 WHG.[145]

B. England

§ 18 Vertragliche Haftung nach englischem Recht

In England war die zivilrechtliche Haftung des behördlichen Sachverständigen gegenüber dem Bürger ausschließlich dem Deliktsrecht zuzuordnen, unabhängig davon, ob der Sachverständige bei einer Verwaltungsbehörde dauerhaft angestellt ist oder im Einzelfall für diese ein Gutachten erstattet. Der Bürger, dessen Vermögensinteressen durch eine falsche behördliche Entscheidung oder Auskunft, die auf einem fehlerhaften Sachverständigengutachten beruhte, beeinträchtigt worden sind, konnte für sich keine Rechte aus einem etwaigen Vertrag zwischen der Behörde und dem Sachverständigen herleiten. Dies hat die Darstellung der vertraglichen Haftung und der Dritthaftung des privaten Sachverständigen gezeigt. Diese Rechtslage könnte sich für den Bürger durch das Inkrafttreten des Reformgesetzes zur „third party rule“ verbessert haben.[146] Danach kann dem Bürger gegen den Sachverständigen - anders als im deutschen Recht - ein

---

[141] BGHZ 37, 375, 378.

[142] BGHZ 121, 65, 71; *Ossenbühl*, § 7 Anm. 1; *Palandt-Thomas*, BGB, § 839 Rz. 55.

[143] BGHZ 68, 217, 220 ff.; *Ossenbühl*, § 7 Anm. 1 a).

[144] BGHZ 91, 48, 54; *Ossenbühl*, § 7 Anm. 1 b) aa).

[145] Aufzählung bei *Hübner*, NJW 1988, 441, 442.

[146] Siehe oben § 10.

eigener vertraglicher Anspruch zustehen, wenn der Vertrag zwischen der Behörde und dem Sachverständigen für ihn drittschutz gewähren soll. Dies ist im Einzelfall durch den „dual intention test“ festzustellen.[147] Da die englischen Gerichte Gesetze stets sehr eng auslegen und die „consideration doctrine“ einer Durchsetzung der Ansprüche entgegenstehen kann,[148] bleibt abzuwarten, ob tatsächlich eine Verbesserung der Rechtslage des Bürgers durch die Reform eintreten wird.

Unabhängig von dem Vorliegen der Voraussetzungen der „third party rule“ stehen dem Bürger gegen den Sachverständigen jedoch eigene Ansprüche zu, wenn dieser als Beteiligter eines behördlichen Verfahrens selbst einen Sachverständigen beauftragt. In diesem Fall haftet der Sachverständige ihm gegenüber als privater Sachverständiger nach vertraglichen[149] und deliktischen[150] Grundsätzen.

§ 19 Deliktische Haftung nach englischem Recht

Die deliktische Haftung des behördlichen Sachverständigen beruht auf den bereits dargestellten Grundlagen des „Common Law of Tort“.[151] Drei Entscheidungen, in denen es um die Haftung von privaten Sachverständigen ging, die von Behörden beauftragt oder durch diese in einem Angestelltenverhältnis beschäftigt worden waren, wurden bereits bei der Untersuchung der Entwicklung der Fahrlässigkeitshaftung nach „negligence“ dargestellt.[152] Dieser Haftungstatbestand findet im Rahmen der Haftung des behördlichen Sachverständigen also ebenfalls Anwendung. Es sind mithin einige Besonderheiten zu berücksichtigen, die hier der Erwähnung bedürfen. Ergänzend soll jedoch zunächst auf zwei weitere relevante „torts“ eingegangen werden.

Abschließend ist zu prüfen, ob der Sachverständige in der öffentlichen Verwaltung für etwaige, durch ihn verursachte Schäden persönlich einzustehen hat oder ob, wie bei der deutschen Amtshaftung, eine Überleitung der Haftung auf den Staat oder die Behörde stattfindet.

I. Relevante „Torts“

1. „Misfeasance in Public Office“

Hierbei handelt es sich um einen sehr jungen Deliktstatbestand, dessen Entwicklung noch nicht abgeschlossen ist.[153] Er beinhaltet eine spezielle Anspruchsgrundlage für Schadensersatz wegen vorsätzlichen, schädigenden Verwaltungshandelns durch eine

---

[147] Zu den Voraussetzungen siehe oben § 10, 3 b und zu der Anwendung vgl. § 10 III.

[148] Siehe oben § 10 III 3.

[149] Siehe oben § 8.

[150] Siehe oben § 9.

[151] Siehe oben § 9.

[152] *Anns v. Merton London Borough Council* [1978] A.C. 728; *Dutton v. Bognor Regis Urban District Council* [1972] 1 Q.B. 373; *Murphy v. Brentwood District Council* [1990] 2 All E.R. 908.

[153] Siehe zur geschichtlichen Entwicklung *Evans*, Damages, (1982) 31 I.C.L.Q. 640-643.

Verwaltungsbehörde oder eine „person holding a public office"[154]. Der Anspruch richtet sich gegen die Behörde oder gegen den Schädiger persönlich. Er bezweckt neben der Wiedergutmachung des Schadens die Bestrafung der Behörde beziehungsweise des vorsätzlich unrechtmäßig Handelnden, um eine sorgfältige Einhaltung der Vorschriften zu gewährleisten.[155] Ein Anspruch aus „misfeasance in public office" ist zu bejahen, wenn hoheitliche Gewalt nach Common Law, Gesetz oder einer anderen Rechtsquelle ausgeübt oder deren Ausübung unterlassen wird und die hoheitliche Handlung oder Unterlassung entweder mit bösem Willen oder in Kenntnis der Rechtswidrigkeit der Entscheidung erfolgt. Dem Anspruchsteller muß kausal hierdurch eine ihm zustehende Begünstigung vorenthalten oder ein Nachteil zugefügt worden sein.[156]

Schädigendes hoheitliches Verhalten dieser Art kann durch einen Sachverständigen nur begangen werden, wenn er zur Vornahme hoheitlicher Gewalt befugt ist und diese Gewalt zum Nachteil eines anderen vorsätzlich mißbraucht. Es kommt demnach sehr genau auf den Adressaten der gesetzlichen Befugnis an. Ist der Sachverständige an der schädigenden Entscheidung, die durch ein anderes Behördenmitglied getroffen wird, lediglich mittelbar beteiligt, so daß er selbst keine hoheitliche Gewalt gegenüber dem Geschädigten ausübt, so scheidet diese Anspruchsgrundlage aus. Aber selbst wenn diese Voraussetzung gegeben ist, ist der Beweis der vorsätzlichen Schädigung durch den Anspruchsteller nur schwierig zu führen.[157]

2. *„Breach of Statutory Duty"*

Diese Anspruchsgrundlage des englischen Deliktsrechts eignet sich besonders für die Geltendmachung eines Schadens, der durch gesetzwidriges Handeln einer Verwaltungsbehörde verursacht wird. Sie weist eine gewisse Ähnlichkeit zu der deutschen Amtshaftung auf, auch wenn die Haftung des Schädigers nicht mit dem Effekt auf die Behörde übergeleitet wird, daß die persönliche Haftung eines Schädigers entfällt.[158] Zudem ist der personelle Anwendungsbereich dieses „tort" nicht auf Verwaltungsbehörden beschränkt. Da eine Vielzahl behördlicher Befugnisse jedoch auf gesetzlicher Grundlage beruht, liegt diese Anspruchsgrundlage bei schädigendem behördlichen Fehlverhalten nahe.

Vereinzelt wird die Auffassung vertreten, ein Anspruch sei bereits zu bejahen, wenn eine Behörde die ordnungsgemäße Erfüllung einer gesetzlichen Pflicht versäume und

---

[154] Dabei handelt es sich um eine Person, die mit öffentlichen Geldern bezahlt wird und der Öffentlichkeit gegenüber Verantwortung trägt, daß die ihr obliegenden Verwaltungsaufgaben ordnungsgemäß ausgeführt werden. Siehe *Woolf/Jowell*, Rz. 19-046 Fn. 82.

[155] *Stanton*, S. 469.

[156] *Woolf/Jowell*, Rz. 19-046; *Stanton*, S. 469.

[157] *Stanton*, S. 469; *Woolf/Jowell*, Rz. 19-048 m.w.N.

[158] Es kommt lediglich eine gesamtschuldnerische Haftung des Schädigers und der diesen beschäftigenden Behörde nach der Konstruktion der „vacarious liability" in Betracht. Siehe unten § 19 II.

dadurch einen Schaden verursacht werde.[159] Nach überwiegender Gegenauffassung in der Literatur ist die relevante gesetzliche Pflicht jedoch zunächst dem „statutory purpose test" zu unterziehen. Dieser besagt, daß eine gesetzlich bestimmte Pflicht nur dann Grundlage eines Schadensersatzanspruchs sein könne, wenn diese nicht nur zum Schutz der Allgemeinheit, sondern vor allem auch zum Schutz des Einzelnen oder einer definierbaren Gruppe bestimmt sei.[160] Zudem müsse der Schutzzweck der gesetzlichen Bestimmung die Vermeidung des verursachten[161] Schadens umfassen.[162] Diese Auffassung wird durch die Entscheidung des House of Lords in *X (Minors) v. Bedfordshire County Council*[163] bestätigt. In dieser Entscheidung hat das House of Lords fünf Rechtsmittelverfahren miteinander verbunden, in denen u.a. Schadensersatz wegen „breach of statutory duty" beansprucht wurde. Lord *Browne-Wilkinson* bekräftigte den „statutory purpose test" indem er meinte, „that the basic proposition was that in the ordinary case a breach of statutory duty did not, by itself, give rise to any private law cause of action but such a cause would arise if it could be shown, as a matter of construction of the statute, that the statutory duty was imposed for the protection of a limited class of the public and that Parliament intended to confer on members of that class a private right of action for breach of duty."[164]

Nach diesem Test ist für einen Großteil der verpflichtenden Bestimmungen eine haftungsbegründende Pflicht zu verneinen. Im Rahmen der Amtshaftung nach § 839 Abs. 1 BGB, Art. 34 S. 1 GG wird diese Haftungsbegrenzung durch das vergleichbare Erfordernis des individualisierten Schutzzwecks der Amtspflicht (Drittbezogenheit) erreicht.[165] Als Auslegungshilfe zur Feststellung eines individualisierten Schutzzwecks einer gesetzlichen Bestimmung prüfte Lord *Browne-Wilkinson*, ob dem Geschädigten ein anderweitiges Rechtsmittel oder eine andere Form der Wiedergutmachung im Falle der Verletzung der Bestimmung zur Verfügung stehe. Sei dies nicht der Fall, so komme als wirkungsvolle Sanktion nur ein deliktischer Schadensersatzanspruch des Geschä-

---

[159] *Wade*, S. 772.

[160] *Stanton*, S. 476 ff. mit Nachweisen auf die Rechtsprechung.

[161] Zum erforderlichen Ursachenzusammenhang zwischen schädigender Handlung und Schaden siehe *Rogers* in *Winfield & Jolowicz*, 181 f. und *Charlesworth & Percy*, Rz. 11-34.

[162] *Rogers* in *Winfield & Jolowicz*, 178 f.

[163] Diese Bezeichnung gilt synonym für folgende vollständig bezeichnete Entscheidung *X v. Bedfordshire County Council; M (a Minor) and Another v. Newham London Borough Council and Others; E (a Minor) v. Dorset County Council; Christmas v. Hampshire County Council; Keating v. Bromly London Borough Council* [1995] 3 W.L.R. 152 = [1995] 3 All E.R. 353 = (1995) The Times Law Reports 375.

[164] *X v. Bedfordshire County Council* (1995) The Times Law Reports 375, 376 per Lord *Browne-Wilkinson*.

[165] Siehe oben § 13 IV. 4.

digten gegen den Adressaten der gesetzlichen Pflicht in Betracht, vorausgesetzt, ein diesbezüglicher Wille des Gesetzgebers sei nachweisbar.[166]

In subjektiver Hinsicht erfordert der Anspruch wegen „breach of statutory duty" weder Vorsatz noch Fahrlässigkeit des Schädigers.[167] Man spricht daher von „strict liability", worin ein wesentlicher Unterschied zur deutschen Amtshaftung zu sehen ist.

In den Klagen gegen Bedfordshire C.C. und gegen Newham L.B.C., die mit o.g. Urteil des House of Lords entschieden wurden, ging es unter anderem um die Haftung der beklagten Behörden für von ihnen beschäftigte Sozialarbeiter und Psychologen wegen „breach of statutory duty". Diese waren als Sachverständige der Behörden beauftragt worden, die später als Kläger auftretenden Kinder auf Anzeichen körperlicher und sexueller Mißhandlungen zu untersuchen. Die Sachverständigen gelangten zu falschen Erkenntnissen, was im Bedfordshire-Fall dazu führte, daß schützende Maßnahmen unterlassen wurden, im Newham-Fall dagegen fälschlich die Tochter von ihrer Mutter getrennt wurde. Die hierdurch den klagenden Kindern zugefügten Schäden können, so die Lordrichter, nicht auf der Grundlage des „breach of statutory duty" ersetzt verlangt werden, da die einschlägigen Vorschriften nach dem „statutory purpose test" keine durchsetzbaren, individualisierten Schutzrechte für die Kläger zur Verfügung stellten.[168]

Hinsichtlich der Klage des Minderjährigen gegen Dorset C.C. verneinten die Richter gleichfalls einen Anspruch aus „breach of statutory duty". Hier hatte die Verwaltungsbehörde aufgrund gesetzlicher Ermächtigungsgrundlage psychologische Beratung für Eltern zur Verfügung gestellt. Obwohl der minderjährige Kläger unter einer Lernschwäche litt und einer speziellen Bildungseinrichtung bedurfte, wurde den Eltern von der psychologischen Beratungsstelle eine nicht entsprechend ausgestattete Schule empfohlen. Die Lordrichter entschieden, daß der Kläger seinen hierdurch erlittenen Schaden allenfalls aufgrund „negligence" ersetzt verlangen könne. Aus der fehlerhaften Ausübung gesetzlich eingeräumten Ermessens allein lasse sich kein Anspruch herleiten.[169] Diese Begründung leitet über zu der Frage, welchen Einfluß ein gesetzlich geregelter Rahmen der behördlichen Sachverständigentätigkeit auf die Haftung des behördlichen Sachverständigen nach „negligence" hat.

---

[166] *X v. Bedfordshire County Council* (1995) The Times Law Reports 375, 376 per Lord *Browne-Wilkinson*.

[167] *Stanton*, S. 475; *Charlesworth & Percy*, Rz. 11-01.

[168] *X v. Bedfordshire County Council* (1995) The Times Law Reports 375, 377 per Lord *Browne-Wilkinson*. Ferner *Dugdale* (1994) 10 P.N. 82.

[169] *X v. Bedfordshire County Council* (1995) The Times Law Reports 375, 377 per Lord *Browne-Wilkinson*.

3. *„Negligence in a Statutory Context"*

a) Grundzüge

Wie sich aus der Leitentscheidung des House of Lords in *Smith v. Eric S. Bush; Harris v. Wyre Forest District Council*[170] ergibt, richtet sich die Fahrlässigkeitshaftung des Sachverständigen, der von einer Behörde beschäftigt oder durch eine solche beauftragt wird, nach „negligence"; es gelten also zunächst die Grundlagen der deliktischen Haftung (und Dritthaftung) des privaten Sachverständigen. Im *Harris*-Fall ging es bekanntlich um die Haftung der beklagten Behörde für einen von ihr beschäftigten Sachverständigen, der im Vorfeld eines Grundstücksgeschäfts ein unzutreffendes Wertgutachten erstattet hatte, auf das sich der Kläger zu seinem finanziellen Nachteil verließ.[171]

Während dem Kläger in *Harris* ausnahmsweise primäre Vermögensschäden nach dem *Hedley Byrne*-Prinzip zugesprochen wurden, da eine besondere Nähebeziehung zwischen ihm und dem Sachverständigen vorlag, kommt dies grundsätzlich nach „negligence" nicht in Betracht.[172] Vermögensschäden können nur unter den Voraussetzungen eines „breach of statutory duty" ersetzt verlangt werden, wenn der Schutz vor Vermögensschäden gesetzlich bezweckt wird, wenn also jene sich aus der Sache ergebende Nähebeziehung sich aus dem gesetzlichen Zweck („duty imposed for the protection of a limited class of the public") unmittelbar ergibt.

b) Besonderheiten

Die Haftung einer Behörde nach „negligence" kann vor allem hinsichtlich des ersten Prüfungspunkts der „duty of care" Probleme bereiten, wenn der Behörde hinsichtlich der schädigenden Handlung Ermessen eingeräumt ist. Problemtisch ist insbesondere, ob eine „duty of care" der Behörde gegenüber dem geschädigten Bürger angenommen werden kann, wenn sich nach dem „statutory purpose test" keine individualisierte Schutzpflicht aus den der schädigenden Handlung zugrundeliegenden gesetzlichen Bestimmungen herleiten läßt. Es besteht die Gefahr, daß die Effektivität behördlichen Handelns und hoheitlicher Entscheidungen unterlaufen wird. Vereinzelt wird deshalb ein einheitlicher gesetzlicher Rahmen für die Haftung von Behörden gefordert, was angesichts der „Reformfaulheit" des englischen Gesetzgebers keine legislative Initiative erwarten läßt.[173] Inzwischen hat das Verhältnis behördlichen Ermessens und behördlicher Haftung jedoch seitens der Rechtsprechung erhebliche Aufklärung erfahren.[174]

---

[170] *Smith v. Eric S. Bush, Harris v. Wyre Forest District Council* [1990] 1 A.C. 831.

[171] Siehe oben § 10 I. 3. a) und b).

[172] Siehe oben § 9 III. 5. b) und § 10 I. 2. b) cc).

[173] *Woolf/Jowell*, Rz. 19-038.

[174] Ausführlich *Jones/Thompson*, S. 371 ff.; *Woolf/Jowell*, Rz. 19-039 ff.

So entwickelte der bekannte Lord *Wilberforce* in *Anns*[175] eine hilfreiche Unterscheidung zur Einteilung der behördlichen Ermessensausübung. Es müsse zwischen den „policy aspects" und den „operational aspects" einer behördlichen Ermessensausübung unterschieden werden („policy/operational dichotomy"). Lediglich letztere, so Lord *Wilberforce*, könnten eine Sorgfaltspflicht gegenüber einem Bürger begründen. Erstere seien für eine gerichtliche Überprüfung ungeeignet, da sie nur durch eine Behörde angestellt werden könnten. Könnte die Behörde wegen unrichtiger Ermessensausübung zu Schadensersatz verurteilt werden, so müßte darin ein Eingriff der Gerichte in einen traditionell der Verwaltung obliegenden Bereich gesehen werden, der nicht gewollt sein könne.[176] Deshalb wird hinsichtlich des *Ob* und des *Wie* einer behördlichen Ermessensausübung unterschieden, während lediglich die Art und Weise der Ermessensausübung, das *Wie*, im Falle einer schädigenden Sorgfaltspflichtverletzung eine Schadensersatzpflicht auslösen kann.

Nachdem *Anns*[177] durch die Entscheidung des House of Lords in *Murphy*[178] „overruled" worden war, bestand Unklarheit darüber, ob diese Unterscheidung nach Lord *Wilberforce* aufrecht zu erhalten sei.[179] Diese Ungewißheit ist seit der Entscheidung in *X (Minors) v. Bedfordshire County Council*[180] ausgeräumt. Lord *Browne-Wilkinson* hat sich in seinem leitenden Votum ausführlich mit der Frage der Fahrlässigkeitshaftung „in a statutory context" befaßt. Er bestätigte die „policy/operational dichotomy" nach Lord *Wilberforce* und fügte hinzu, daß keine Ermessensausübung eine Haftung nach „negligence" auslöse, die nicht an einem so schwerwiegenden Mangel leide, daß sie aus der Bandbreite der behördlichen Handlungsmöglichkeiten herausfalle.[181] Demnach ist als erste Voraussetzung eines „negligence"-Anspruchs gegen eine „local authority", soweit ihr eine Ermessensentscheidung eingeräumt ist, zu prüfen, ob der Fehler der Ermessensausübung so schwerwiegend ist, daß diese außerhalb aller denkbaren, rechtmäßigen Entscheidungen liegt, also die Grenze des eingeräumten Ermessensspielraumes verletzt. Positiv könnte diese Voraussetzung auch dahingehend formuliert werden, daß die Behörde ihre gesetzlichen Befugnisse überschritten haben muß. Erst wenn dies zu bejahen ist, kann in einem zweiten Schritt geprüft werden, ob das *Ob* oder das

---

[175] *Anns v. Merton London Borough Council* [1978] A.C. 728.

[176] *Jones/Thompson*, S. 369 f., 373; *Woolf/Jowell*, Rz. 19-039 ff.

[177] *Anns v. Merton London Borough Council* [1978] A.C. 728.

[178] *Murphy v. Brentwood District Council* [1990] 2 All E.R. 908.

[179] *Woolf/Jowell*, Rz. 19-041.

[180] *X v. Bedfordshire County Council* (1995) The Times Law Reports 375.

[181] *X v. Bedfordshire County Council* (1995) The Times Law Reports 375 per Lord *Browne-Wilkinson*: „However, if the decision complained of is so unreasonable that it falls outside the ambit of the discretion conferred upon the local authority, there is no a priori reason for excluding all common law liability.", zitiert nach *Jones/Thompson*, S. 372.

Wie der fehlerhaften Ermessensausübung betroffen ist; nur in letzterem Fall kann die Prüfung fortgesetzt werden.[182]

Dann ist nach den üblichen Voraussetzungen das Bestehen einer „duty of care" zu prüfen. Lord *Browne-Wilkinson* nahm hierzu Bezug auf die Entscheidung des House of Lords in *Caparo Industries plc. v. Dickman and Others.*[183] Danach ist eine Sorgfaltspflicht zu bejahen, wenn der Schadenseintritt für den besonnenen Beobachter vorhersehbar, das Verhältnis zwischen Schädiger und Geschädigtem ausreichend nahe und die Annahme einer Sorgfaltspflicht „just and reasonable" ist.[184]

Aus der Entscheidung des House of Lords in *Governors of the Peabody Donation Fund v. Sir Lindsay Parkinson & Co. Ltd.*[185], die in der Entscheidung in *X (Minors) v. Bedfordshire C. C.* keine Erwähnung findet, ergibt sich, daß eine Sorgfaltspflicht weiterhin dem „statutory purpose test" zu unterziehen ist.[186] Ist der Zweck einer Bestimmung beispielsweise auf den Schutz der Sicherheit und Gesundheit einer individualisierbaren Person gerichtet, so ist eine weitergehende Sorgfaltspflicht auf der Grundlage dieser Vorschrift ausgeschlossen.[187]

Schließlich darf eine Sorgfaltspflicht nach Common Law nicht einer „statutory duty" widersprechen. Im Wege einer Kontrollüberlegung ist zu prüfen, ob sich die nach obiger Prüfung ergebende „duty of care" und eine gesetzliche Befugnis oder Pflicht der Behörde widersprechen.[188] Hierdurch soll der eingangs erwähnten Gefahr begegnet werden, die Effektivität der Verwaltung durch zusätzliche Verpflichtungen nach Common Law zu unterlaufen.

c) Ergebnis

Die „negligence"-Haftung des bei einer Behörde angestellten oder von einer Behörde beschäftigten Sachverständigen unterscheidet sich von der des privaten Sachverständigen in wesentlichen Punkten. Sie muß als strenger bewertet werden muß. Sofern dem Sachverständigen aufgrund gesetzlicher Ermächtigungsgrundlage eigene Befugnisse zustehen, bei deren Ausübung ihm ein eigenes Ermessen zukommt, wird die „negligence"-Haftung auf die Verletzung von „operational aspects" eingeschränkt. Außer-

---

[182] *Jones/Thompson*, S. 373.

[183] *Caparo Industries Plc. v. Dickman and Others* [1990] 2 A.C. 605.

[184] Siehe oben § 10 I. 3. b).

[185] *Governors of the Peabody Donation Fund v. Sir Lindsay Parkinson & Co. Ltd. and Others* [1985] A.C. 210. Auf diesem Prinzip beruhen zudem folgende Entscheidungen: *Investors in Industry Commercial Properties Ltd. v. South Bedfordshire District Council* [1986] 1 All E.R. 787; *Fry v. Robert A. Jackson (Builder & Contractor) Ltd. and Guildford Borough Council* (1987) 7 Construction Law Reports 97, letztere zitiert nach *Bingham's* Negligence Cases, S. 888.

[186] *Woolf/Jowell*, Rz. 19-042.

[187] Beispiel nach *Woolf/Jowell*, Rz. 19-042.

[188] *X v. Bedfordshire County Council* (1995) The Times Law Reports 375, per Lord *Browne-Wilkinson*. Siehe auch *Jones/Thompson*, S. 373.

dem muß die Drittgerichtetheit der Sorgfaltspflicht zusätzlich dem „statutory purpose test“ sowie einer zusätzlichen Kontrollüberlegung mit Blick auf den jeweiligen Gesetzeszweck unterzogen werden, um diesen nicht durch eine widersprüchliche Sorgfaltspflicht zu vereiteln.

II. Gesamtschuldnerische Haftung

Die Frage, ob in England ebenso wie in Deutschland eine Überleitung der Haftung des Sachverständigen auf den Staat stattfindet, ist schon deshalb zu verneinen, weil die Verwaltungskörperschaften eigene Rechtspersönlichkeiten darstellen. Etwaige Überwachungsaufgaben, bei denen sie sich sachverständiger Hilfe bedienen, sind ihnen zur Erfüllung in eigener Verantwortung übertragen. Demnach ist allenfalls eine Haftungsüberleitung auf die „local authority“ in Betracht zu ziehen. Hierfür besteht jedoch weder eine gesetzliche Grundlage noch einschlägige Rechtsprechung. Letztere hat allerdings mit der Respondeat-Superior-Theorie die „vicarious liability“ entwickelt, wonach der Arbeitgeber für eine deliktische Schädigungshandlung seines Angestellten einzustehen hat, wenn dieser eine solche in Ausübung seiner Angestelltentätigkeit begeht.[189] Die Bejahung einer „vicarious liability“ des Arbeitgebers befreit den angestellten Sachverständigen jedoch nicht von seiner persönlichen Haftung, wie dies bei der Haftungsüberleitung nach Art. 34 GG, § 839 BGB der Fall ist. Vielmehr haften Arbeitgeber und Arbeitnehmer gesamtschuldnerisch für die Fahrlässigkeitshandlung des Sachverständigen; der Kläger kann nach seiner Wahl einen oder beide in Anspruch nehmen.[190]

---

[189] *Dugdale/Stanton*, S. 393 Ziff. 22.06.

[190] Zur Abgrenzung Angestellte/Selbständige siehe *Dugdale/Stanton*, S. 393 ff.

Vierter Teil: Ergebnisse und Fazit der Sachverständigenhaftung

Die Ergebnisse der Sachverständigenhaftung nach deutschem und englischem Recht werden nachfolgend gegenübergestellt. Unter Berücksichtigung der gegenwärtigen Reformbestrebungen in beiden Ländern wird sodann ein Fazit gezogen.

I. Haftung des privaten Sachverständigen

Die Haftung des privaten, durch einen Gutachtenvertrag mit einem Auftraggeber verbundenen Sachverständigen richtet sich in Deutschland und England nach vertraglichen und deliktischen Anspruchsgrundlagen, die konkurrierend nebeneinander Anwendung finden. Betrachtet man zunächst das Zweipersonenverhältnis zwischen dem Sachverständigen und dem Auftraggeber, so ist festzustellen, daß sich der Schutz der primären Vermögensinteressen des Auftraggebers, der sich bei privaten Sachverständigenleistungen für beide Rechtsordnungen als vordringlich erwiesen hat, vor allem auf vertragliche Grundlagen stützt, da sich die anspruchsbegründenden Tatsachen der nach deutschem und englischem Recht vermögensschützenden Deliktstatbestände der §§ 823 Abs. 2 und 826 BGB und der „deceit" in den seltensten Fällen nachweisen lassen.

Während sich dies im Zweipersonenverhältnis zwischen vertraglich verbundenen Parteien aufgrund der Konkurrenz mit vertraglichen Schadensersatzansprüchen nach § 635 BGB, pVV und „breach of contract" nicht auswirkt, kommt es zu unbilligen Ergebnissen im Falle des Hinzutretens einer dritten Person, wenn diese im Vertrauen auf das an sie weitergereichte, unrichtige Sachverständigengutachten eine finanzielle Disposition tätig und dadurch einen Vermögensschaden erleidet. Vertragsfremde Dritte verfügen in beiden Ländern gleichermaßen über einen lückenhaften Vermögensschutz.

In einer parallelen Entwicklung beider Haftungssysteme wurde dieses Defizit im Verlaufe des scheidenden Jahrhunderts von den nationalen Gerichten erkannt und mit zumeist interessengerechten Ergebnissen gelöst, freilich auf unterschiedlichen Wegen. Bevor diese zusammengefaßt werden, ist anzumerken, daß die deutsche und die englische Rechtsprechung bisher einem legislativen Eingriff in die Haftung des privaten Sachverständigen vorgegriffen haben. Zumindest in England steht dem nun eine Änderung bevor; der Gesetzgebungsvorschlag der Law Commission zur Reform der „Third Party Rights" wurde dem englischen Parlament zugeleitet.

Nach der deutschen Rechtsprechungslösung des Vertrags mit Schutzwirkung zugunsten Dritter erfordert die Dritthaftung des privaten Sachverständigen neben dem bestimmungsgemäßen Leistungskontakt des Dritten mit dem schadensursächlichen Gutachten, daß die Auslegung des Inhalts und der Begleitumstände des Gutachtenvertrags zwischen dem Auftraggeber und dem Sachverständigen ergibt, daß beide den Dritten in den Schutzbereich des Vertrags einbeziehen wollten. Bestimmte Sachkriterien erlangen für die Auslegung besondere Bedeutung. Ein auf die Einbeziehung des Dritten gerichteter Vertragswille der Parteien wird vor allem auf die staatlich anerkannte besondere Sachkunde des Sachverständigen sowie die erkennbare Absicht des Auftraggebers gestützt, das Gutachten für einen bestimmten Zweck gegenüber einem bestimmbaren Dritten zu verwenden. Der Schutzpflichtenausdehnung auf den Dritten stehen gegenläufige Interessen des Sachverständigen nicht entgegen, da dieser als eine Person mit besonderer Sachkunde an uneingeschränkter Beweiskraft seines Gutachtens interessiert ist. Die Eingrenzung des geschützten Personenkreises erfolgt über den erkennbaren Gutachtenzweck.

Die deutsche Rechtsprechung bedient sich außerdem des sogenannten stillschweigenden Auskunftsvertrags, um zwischen dem auskunfterteilenden Sachverständigen und dem geschädigten Auskunftsempfänger ein vertragliches Band zu knüpfen, welches die Bejahung eines vertraglichen, auf den Ersatz primärer Vermögensnachteile gerichteten Schadensersatzanspruchs rechtfertigt. Der stillschweigende Vertragsabschluß ist ebenfalls Ergebnis einer Auslegung der Parteierklärungen und der Umstände des Einzelfalls. Hervorstechendes Sachkriterium ist wiederum die besondere Sachkunde des Auskunftgebers.

Die Rechtsprechung mißt der besonderen Sachkunde vor allem dann eine auslegungsrelevante Bedeutung bei, wenn diese durch einen hoheitlichen Akt staatlich anerkannt wurde, wie es etwa beim öffentlich bestellten Sachverständigen der Fall ist. Die staatliche Anerkennung steigere das Vertrauen der Öffentlichkeit in die Leistungen des Sachverständigen. Diese unbestreitbare Tatsache wurde vielfach durch die Literatur, deren Vertreter die Lösungen der Rechtsprechung vor allem als Fiktion kritisieren, aufgegriffen und für verschiedene Lösungsvorschläge fruchtbar gemacht, die jedoch keine überzeugende Alternative zur Rechtsprechung darstellen.

Die staatliche Anerkennung hat sich für den privaten Sachverständigen als ein untaugliches Merkmal für das Vorliegen besonderer Sachkunde herausgestellt, da auch nicht öffentlich bestellte Sachverständige aufgrund der für sie geltenden personellen Anforderungen in der Öffentlichkeit als besonders sachkundig angesehen werden. Daher sind die vertraglichen Dritthaftungslösungen der Rechtsprechung nicht nur auf öffentlich bestellte Sachverständige anzuwenden, sondern auf alle Personen, die unter der Berufsbezeichnung des Sachverständigen Gutachtenleistungen öffentlich anbieten und erbringen.

Ein einheitliches, für alle privaten Sachverständigen geltendes, vertragliches Haftungskonzept auf der Grundlage der Rechtsprechungslösungen wird durch die Ergebnisse der Sachverständigenhaftung nach englischem Recht gestützt. Hier werden für die Haftung des Sachverständigen gegenüber einem Dritten keine zusätzlichen objektiven Kriterien als Indizien besonderer Sachkunde vorausgesetzt. Vielmehr ist festzustellen, daß jeder private Sachverständige im Falle fehlerhafter Erstattung eines Gutachtens für einen dadurch bei einem Dritten verursachten primären Vermögensschaden Ersatz zu leisten hat, wenn er dem Dritten Sorgfalt geschuldet und diese fahrlässig verletzt hat. Die maßgebliche Frage der Sorgfaltspflicht wird durch die englische Rechtsprechung gegenwärtig danach beantwortet, ob der Eintritt eines Schadens für den Sachverständigen vorhersehbar war und die Auferlegung einer Sorgfaltspflicht nach rechtspolitischen Erwägungen wünschenswert erscheint. Weiterhin muß zwischen dem Sachverständigen und dem geschädigten Dritten ein besonderes Näheverhältnis bestanden haben. Dazu muß das Gutachten zu einem bestimmten oder allgemein beschriebenen Zweck erbeten worden sein, der dem Sachverständigen bekannt oder erkennbar war. Ferner muß dem Sachverständigen bewußt oder erkennbar gewesen sein, daß sein Gutachten an einen bestimmten oder als Mitglied einer abgrenzbaren Personengruppe bestimmbaren Dritten weitergeleitet und von diesem zur Grundlage einer Entscheidung gemacht wird. Schließlich muß der Sachverständige wissen, daß der Dritte aller Wahrscheinlichkeit nach im Vertrauen auf die besondere Sachkunde des Sachverständigen handelt und seinen Entschluß auf das Gutachten stützt, ohne eigene Nachforschungen anzustellen. Ist dies der Fall, so hat der Sachverständige auch für primäre Vermögensnachteile Schadensersatz nach dem Haftungstatbestand der „negligence" zu leisten, wenn sein fahrlässiger Gutachtenfehler für den Schaden des Dritten kausal war.

Der Befürwortung einer vertraglichen Haftung des privaten Sachverständigen gegenüber einem Dritten nach deutschem Recht kann nicht entgegengehalten werden, daß dessen englische „negligence"-Haftung in das dortige Deliktsrecht einzuordnen ist. Einer vertraglichen Dritthaftungslösung steht die „Third Party Rule" entgegen, die den Gegenstand eines Reformvorschlags der englischen Law Commission bildet. Denn die gegenwärtige Rechtslage wird lediglich als eine Umgehung des Verbots, zugunsten eines Dritten ein durchsetzbares primäres oder sekundäres Vertragsrecht zu begründen, gewertet. Durch die angestrebte Reform der „Third Party Rights" soll die bestehende „negligence"-Haftung zwar zunächst nicht angetastet werden. Mit dem angestrebten Vertrag zugunsten Dritter soll aber die Möglichkeit der vertraglichen Ausdehnung von Schutzpflichten, vergleichbar dem deutschen Vertrag mit Schutzwirkung zugunsten Dritter, einher gehen, um die systemwidrige Einordnung des Vermögensschutzes gegen fahrlässige Verletzung in das Deliktsrecht zu beenden. Ebenso wie in Deutschland strebt England daher auf lange Sicht einer vertraglichen Lösung der Dritthaftungsproblematik des privaten Sachverständigen entgegen.

Sie wird dieses Ziel mit dem aktuellen Reformvorschlag aus zwei Gründen jedoch nicht erreichen. Zunächst sind die nach dem „Dual Intention Test" für eine Drittbegünstigung erforderlichen Voraussetzungen, mithin der übereinstimmende Wille der Vertragsparteien, dem Dritten einen vertraglichen Vorteil zukommen zu lassen, den dieser auch selbständig durchsetzen können soll, schwerlich zu beweisen; widerstreitende Interessen zwischen dem Auftraggeber oder dem Sachverständigen und dem Dritten sind, anders als nach deutscher Rechtsprechung, unüberbrückbar. Außerdem ist die „Third Party Rule" nicht ohne eine gleichzeitige Reform der „Doctrine of Privity of Contract" und der „Consideration-Doctrine" zu überwinden; letztere wurde jedoch ausdrücklich von der Reform ausgenommen.

II. Haftung des gerichtlichen Sachverständigen

Die weitgehende Haftungsprivilegierung des gerichtlichen Sachverständigen durch den Bundesgerichtshof wegen fahrlässiger Freiheitsentziehung scheiterte am Veto des Bundesverfassungsgerichts, das in der richterlichen Rechtsfortbildung eine Verletzung des verfassungsmäßig geschützten Freiheitsrechts des Geschädigten erblickte; seither gilt, daß der gerichtliche Sachverständige gemäß § 823 Abs. 1 BGB nur für grobe Fahrlässigkeit und Vorsatz haftet. In England werden selbst gegen einen absoluten Haftungsausschluß des gerichtlichen Sachverständigen keine Bedenken erhoben. Die ausnahmslos geltende Privilegierung wird nur dadurch relativiert, daß der Sachverständige für vorprozessuale Schädigungshandlungen wie ein privater Sachverständiger haftet, wenn kein enger und unmittelbarer Zusammenhang zu den Beweistatsachen besteht, zu deren Nachweis der Sachverständige gerichtlich als „expert witness" anerkannt wird. Für die Lösung des BGH spricht zwar, daß sich dessen Argumente mit denen der englischen Rechtsprechung für die absolute Haftungsimmunität decken. In beiden Rechtsordnungen werden innere Unabhängigkeit des Sachverständigen und Rechtssicherheit einer Fahrlässigkeitshaftung beziehungsweise der Haftung des gerichtlichen Sachverständigen überhaupt vorgezogen. Während diese rechtspolitischen Erwägungen mit englischem Fallrechtsdenken harmonieren, da durch die größere Flexibilität des Rechts besondere Situationen außerordentlichen Lösungen zugeführt werden dürfen, können die für das deutsche Haftungsrecht festgestellten Widersprüche nicht akzeptiert werden. Die Begründung eines engen und unmittelbaren Zusammenhangs zwischen der gutachterlichen Sachverständigenleistung und der gerichtlichen Entscheidung führen daher zur Bejahung eines öffentlichen Amts, das der gerichtliche Sachverständige für das beweiserhebende Gericht ausübt. Gestützt wird dies Ergebnis von der allgemein anerkannten Ausübung eines öffentlichen Amts durch den amtlich anerkannten Sachverständigen in der staatlichen technischen Überwachung.

Bestätigung findet die Amtshaftungslösung nicht zuletzt durch die rechtspolitischen Argumente des BGH für die Haftungsprivilegierung. Denn die eingeschränkte Rückgriffsmöglichkeit auf den Sachverständigen nach Art. 34 S. 2 GG gewährleistet ausreichende innere Unabhängigkeit des Sachverständigen. Mit Blick auf die Amtshaftung für den behördlichen Sachverständigen ergibt sich zudem ein widerspruchsloses Gesamtbild der Sachverständigenhaftung für den Bereich der Wahrnehmung hoheitlicher Aufgaben durch Private. Dem Argument der Rechtssicherheit, welches vor allem der Prozeßökonomie dient, kann nur durch den Gesetzgeber Rechnung getragen werden. Die Bundesregierung der 13. Legislaturperiode hat daher in einem Gesetzesentwurf vorgeschlagen, durch einen neuen § 839a BGB klarzustellen, daß der gerichtliche Sachverständige gegenüber einem durch ein unrichtiges Gutachten geschädigten Verfahrensbeteiligten nur für Vorsatz und grobe Fahrlässigkeit einzustehen habe. Leider soll durch die Gesetzesinitiative die unrichtige Einordnung der Haftung des gerichtlichen Sachverständigen in die deliktische Jedermanns-Haftung zementiert werden, so daß der Gesetzesvorschlag auch aus systematischen Gründen abzulehnen ist. Statt dessen sollte in § 839 BGB zur Klarstellung ergänzt werden, daß der gerichtliche Sachverständige ein Beamter im haftungsrechtlichen Sinne ist.

III. Haftung des behördlichen Sachverständigen

Für die Haftung des behördlichen Sachverständigen wurde ein einheitliches Ergebnis erzielt, daß sich mit der Haftung des gerichtlichen Sachverständigen widerspruchslos zusammenfügt. Es konnte festgestellt werden, daß der Sachverständige im nichtförmlichen und förmlichen Verwaltungsverfahren als behördliches Beweismittel ebenso ein öffentliches Amt im haftungsrechtlichen Sinne ausübt, wie es bei den amtlich anerkannten und diesen für bestimmte Aufgaben im Rahmen der staatlichen technischen Überwachung gleichgestellten weiteren Sachverständigenarten der Fall ist, so daß die Amtshaftung gleichermaßen eingreift. Die Gleichbehandlung der behördlichen Sachverständigen bestätigt zudem die für den privaten Sachverständigen hergeleitete einheitliche Inpflichtnahme trotz mangelnder staatlicher Anerkennung seiner besonderen Sachkunde.

In England richtet sich die zivilrechtliche Haftung des behördlichen Sachverständigen ausschließlich nach Deliktsrecht; neben dem Vorsatztatbestand der „misfeasance in public office" kommen vor allem „breach of statutory duty" und „negligence" als Anspruchsgrundlagen in Betracht. Die „negligence"-Haftung des bei einer Behörde angestellten oder von dieser beauftragten Sachverständigen unterscheidet sich jedoch von der des privaten Sachverständigen; sie ist auch strenger. Sofern dem Sachverständigen aufgrund gesetzlicher Ermächtigungsgrundlage eigene Befugnisse zustehen, bei deren Ausübung ihm ein Ermessen zukommt, wird die „negligence"-Haftung auf die Verletzung von „operational aspects" eingeschränkt. Die Drittgerichtetheit der Sorgfaltspflicht muß zusätzlich dem „statutory purpose test" sowie einer weiteren Kontrollüberlegung unterzogen werden, ob ein etwaiger Gesetzeszweck im Widerspruch zu der Sorgfaltspflicht des Sachverständigen steht; dann geht die gesetzliche Zielsetzung der Haftung vor.

Eine Amtshaftung nach deutschen Maßstäben ist dem englischen Recht fremd. Es entspricht dem hohen Maß an Selbstregulierung und der Selbständigkeit und Unabhängigkeit der lokalen Verwaltungseinrichtungen in England, daß keine generelle Haftungsüberleitung auf den Staat stattfindet, sondern eine gesamtschuldnerische Haftung des Sachverständigen und der Behörde begründet wird.

IV. Fazit

Die deutsche Sachverständigenhaftung hat durch die ganzheitliche Betrachtung an Klarheit gewonnen, die es aufgrund der oftmals als Zersplitterung kritisierten Vielfalt einzubüßen drohte. Widersprüche der existierenden Haftungslösungen konnten bei der Dritthaftung des privaten und der privilegierten Haftung des gerichtlichen Sachverständigen festgestellt werden. Durch den Verzicht auf das objektive Kriterium der staatlichen Anerkennung besonderer Sachkunde (insbes. öffentliche Bestellung und Vereidigung) wird die einheitliche Anwendung der vertraglichen Dritthaftungslösungen der Rechtsprechung für alle privaten Sachverständigen erzielt. Weiterhin wird durch die Begründung der Anwendbarkeit der Amtshaftung auf den gerichtlichen Sachverständigen ein widerspruchsloser Lösungsvorschlag für die Haftung derjenigen Sachverständigen unterbreitet, die mit der Wahrnehmung staatlicher Aufgaben betraut sind.

Die Sachverständigenhaftung nach englischem Recht verfügt über die für das deutsche Recht angestrebte Einheitlichkeit, da sie sich fast ausschließlich nach der deliktischen Fahrlässigkeitshaftung der „negligence" richtet, wobei für die Haftung des gerichtlichen und des behördlichen Sachverständigen Einschränkungen und Kontrollüberlegungen zum Schutz staatlicher Funktionen zu berücksichtigen sind. Der wesentliche Unterschied beider Haftungssysteme betrifft die Dritthaftung des privaten Sachverständigen für primäre Vermögensschäden, die sich in England unter Durchbrechung der Dichotomie des Haftungsrechts ausnahmsweise nach dem Recht der unerlaubten Handlung richtet. Dieser Unterschied ist auf einen seit langem als Fremdkörper empfundenen, aber tief verwurzelten Grundsatz des Vertragsrechts zurückzuführen, wonach keine durchsetzbaren Rechte zugunsten Dritter durch einfachen schriftlichen oder mündlichen Vertrag begründet werden können. Die Erfolgsaussichten der gegenwärtigen Reformbestrebungen, den Vertrag zugunsten Dritter durch ein Gesetz in das englische Recht einzuführen, hierdurch mittelbar auch die Dritthaftung des privaten Sachverständigen zu reformieren und einer systemkonformen, vertraglichen Grundlage zuzuführen, werden bezweifelt.

Mit Blick auf die Reduzierung internationaler Handelshemmnisse im Rahmen der europäischen Union ist festzustellen, daß eine gemeinschaftsrechtliche Regelung der Sachverständigenhaftung in Ergänzung der Einführung des zertifizierten Sachverständigen, der vielfach als europäischer Sachverständiger der Zukunft angesehen wird, sicherlich hilfreich wäre. Aber selbst, wenn diese unterbleibt, muß ein deutsche Kläger bei der Inanspruchnahme eines privaten Sachverständigen nach englischem Recht keine Überraschungen befürchten. Daher ist schließlich auch der Befürchtung des englische Lordrichters Lord *Diplock* entgegenzutreten, daß die Kluft zwischen „case law" und „code law" unüberbrückbar sei. Ein künstlicher Übergang, der mehr wäre als eine weitere behutsame Annäherung, ist jedenfalls, soweit dies für die Sachverständigenhaftung nach deutschem und englischem Recht festgestellt werden kann, nicht erforderlich.

* * *